정치학의 이해

[제 2 판]

조 용 상 편저

法 文 社

제2판 서문

『정치학의 이해』 초판이 출간 된지도 어언 7년이 되었다. 그 동안 이 책은 여러 대학에서 정치학 기본교재로 사용되면서 많은 사랑을 받아왔다. 이제 몇 가지 측면에서 이 책의 개정판을 준비하게 되었다.

첫째, 급변하는 시대를 살아가는 인간의 가치의식이나 생활양상에 많은 변화가 오고 있으며 이러한 시대변화에 맞추어 인간생활과 가치의식의 변화된 모습을 관찰하고, 이해하는데 도움이 되도록 책의 내용이나 체제를 재정비 할 필요가 있었기 때문이다.

둘째, 오랫동안 강의와 토론을 통해 발견된 개념적·이론적인 문제점들을 보다 체계적으로 정리함으로써 독자들의 정치학에 대한 이해의 폭을 넓히도록 할 필요가 있었다.

셋째, 그 동안 발견된 기술상(記述上)의 약간의 오류들을 수정하였다. 문장 내의 단순한 탈자, 오자 등을 정리하였다.

이 개정판의 출간에 즈음하여, 본서의 각 장을 집필하시고 직접 강의와 토론을 통해 본서의 미진한 부분의 개정에 힘쓰시고 조언해 주신 여러 교수님들께 진심으로 감사드린다.

끝으로 초판 출간부터 이 개정판을 출간하는데 많은 수고를 해주신 이승근 교수와 최병덕박사, 법문사의 관계자 여러분들께 깊은 감사를 드린다.

2013년 정초에

편저자 조 용 상

책머리에

“인간은 정치적 동물이며, 따라서 인간은 정치를 떠나서 살 수 없다”고 한 아리스토텔레스의 말을 빌리지 않더라도 인간과 정치의 밀접한 관계를 우리들의 사회생활에서 늘 볼 수 있다. 이러한 정치적 현상을 설명하는 것은 그리 쉽지 않다. 그 이유는 사람에 따라 상황에 따라 정치에 대한 이해나 태도가 달라지며, 이에 따른 정치적 작용이나 현상이 달리 나타나기 때문이다. 어떤 사람은 희망과 열정을 갖고 정치를 생각하고, 어떤 사람은 정치에 무관심하며, 또 어떤 사람은 정치를 혐오하며 의도적으로 회피하려 한다. 또한 정치현상을 설명함에 있어서도 고대나 중세시대처럼 지배와 복종관계로서 통치자의 절대적 통치력만 부각시키고, 사회의 나머지 구성원들은 관심의 대상이 되지 못한다면 정치란 단순히 다스리는 기술, 즉 통치술에 국한될 수밖에 없을 것이다.

근대 이후 산업발전과 시민사회의 형성으로 정치의 영역은 일방적이고 수직적인 통치형태를 벗어나 지배자와 피지배자 간의 상호주의적 관계로 발전되었고, 이러한 정치적·사회적 변화는 점차 제도화(制度化)과정을 거쳐 더 나은 정치제도를 창출할 수 있도록 하였다. 그러나 그러한 변화들이 정치사회 구성원들의 이상이나 요구들을 모두 충족시킬 수는 없기 때문에 또 다시 변화를 위한 노력과 갈등의 연속이 있게 됨을 알 수 있으며, 이것이 오늘에 이르는 서구사회의 민주주의 발전 과정이었다고 할 수 있다. 오늘날 우리 사회의 정치현상을 보더라도 제도화와 변화(change)의 쌍곡선은 매우 선명하게 나타나며, 시야를 넓혀 각국의 정치현상을 볼 때도 변화의 양상에는 큰 차이를 발견할 수 없다.

정치사회의 이러한 변화와 다양성들은 그 속에 ‘정치작용’이라는 공통분모를 내포하고 있으며, 그 작용들을 이끌어가는 주체는 인간임을 알 수 있다. 그러나 ‘정치작용’이라 할 때, 너무나 그 범위가 방대하고 추상적이며 복잡하여 가닥을 잡기 힘든 개념이라는 것을 알 수 있다. 지금까지 수많은 정치학 서적들이 출간되었지만, 나름대로 결함들을 지니고 있다. 더러는 주제의 불확실성 때문에 설명이 모호하거나 불완전하기도 하였으며, 이론과 실제 간의 괴리를 보이거나 학생들이 소화해 낼 수 없을 정도로 방대한 분량으로 집필되어 공부하는데 어려움이 뒤따랐다.

따라서 이 책의 출판을 기획하면서 수차례의 편집회의를 통해 몇 가지 유의사항을 강조하고 재확인하였다. 첫째, 가능한 한 분량을 줄이고 내용을 쉽게 함으로써 정치학 전공 학생들은 물론 비전공의 학생들과 일반 독자들도 쉽게 접근할 수 있도록 하고, 둘째, 애매한 용어나 개념들을 피하거나 충분한 설명을 통해 이해력을 증진시키며, 셋째, 어려운 한자나 외래어는 가능한 한 피하고, 꼭 필요한 경우 괄호 처리를 하여 독자로 하여금 거부감을 줄이도록 하였으며, 참고문헌이나 자료를 각주(脚註) 혹은 별도로 제시하여 독자들의 이해를 돕도록 하였다.

책의 내용도 기본적으로 우리는 '정치를 어떻게 이해할 것인가?', '정치라 할 때 그 범위와 깊이를 어떻게 설정할 것인가?', '정치의 내용과 특성은 무엇인가?' 등의 초보적인 질문들을 중심으로 이 책을 구성하였다. 정치학을 이해함에 있어서 기본적인 개념 정립은 물론, 내용의 전개도 이에 맞추어 점진적으로 설명할 수 있도록 하였다. 정치의 본질을 파 해치기 위해서는 무엇보다 '정치'라는 개념이 지니는 기본적인 특성들을 추출하고 이에 대한 현상적인 가정(假定)들을 중심으로 그 의미를 재구성하고 그것이 의미하는 내용들을 파악해야 할 것이다. 따라서 본서는 정치의 전반적인 내용을 소개하기 위해 구조적 중요도에 따라 모두 5부(部)로 구성하였으며, 각부를 장(章)과 절(節)로 나누어 집필하였다.

제1부에서는 '현대사회와 정치'를 다루었다. 독자들로 하여금 현대정치의 여러 가지 개념들과 정치현상을 이론적 · 현실적 설명을 중심으로 이해할 수 있도록 구성하였으며, 가능한 한 논리적이며 체계적인 방법으로 설명을 하려고 노력하였다.

제2부는 '정치권력과 국가'에 대한 논의로 제2장에서 정치작용의 가장 기본이 되는 정치권력의 개념과 그 생성(生成) 과정, 정치권력의 파급효과와 영역 등을 다루었다. 제3장에서는 정치작용의 구조적 · 기능적 측면을 가장 잘 나타내면서 정치 분석의 표준적 단위가 되는 근대국가의 탄생과 그 진화과정을 살펴봄으로써 보다 종합적이고 현실적인 정치작용과 현상들을 살펴보았다. 제4장에서는 앞에서 논의한 정치개념들을 바탕으로 정형화(定型化)된 권력구조와 정치제도의 유형과 특징들을 분석 정리하였다. 막연하게 대통령중심제, 의원내각

제, 이원(二元)집정부제 등으로만 알고 있던 제도들의 근원적 의의(意義)와 특성들을 살펴봄으로써 오늘날 우리나라에서도 논란이 되고 있는 권력구조의 개선을 위한 헌법 개정 문제를 바르게 인식 할 수 있도록 하였다.

제3부는 정치제도의 이념적·정신적 요소로서 '정치문화와 민주주의'라는 주제 하에 정치문화와 정치사회화(제5장), 정치이데올로기(제6장), 민주주의와 정치참여(제7장) 등을 소개 하였다. 제 4부는 현대 정치의 꽃이라고 볼 수 있는 정치의 동태적(動態的) 측면, 즉 '정치과정'을 심도 있게 다루었다. 구체적으로 제8장에서는 정당과 선거, 제9장에서는 이익집단·NGO·여론을, 제10장에서는 민주주의의 핵심기구인 의회(議會)를 살펴보았다.

마지막으로, 제5부에서는 '국제정치와 세계화의 도전'과 관련된 논의로 제11장에서 국제정치와 외교, 제12장에서 세계화의 도전과 한국의 진로를 진단해 보았다. 이 부분은 국내 정치의 연장선상에서 '지구촌'이라는 또 하나의 정치 단위를 확인함과 동시에 현대사회의 중요한 정치 환경의 지평을 점검해야 할 필요성에서 기술하였다.

정치의 범위가 방대하고 복잡하여 단독 집필보다는 세부 전공 영역에 따라 필진을 구성하였음을 밝혀 둔다. 이 분들은 변창구, 성장환, 이해영, 윤순갑, 김옥준, 김일수, 이승근, 김관옥, 박형, 이재영, 최병덕 등 여러 교수님들로 그동안의 열의와 헌신적인 집필의 노고에 감사드린다. 집필진들이 각자 맡은 영역에서 많은 연구와 강의를 통한 지식과 경험을 바탕으로 지난 일 년여 동안 집필에 몰두하여 이루어 낸 책이기에 더욱 소중한 결실이라 믿는다. 이 책의 출판 청탁을 기꺼이 승낙하시고 협조해주신 법문사(法文社)의 배효선 사장님께 심심한 사의를 표하며, 김현영 부장님, 예상현 선생님 등 여러분들에게 깊은 감사를 드린다.

이 책의 기획에서부터 출판에 이르는 전 과정을 총괄 진행하며 편집 및 교정에 힘쓰신 이승근 교수님에게 감사드리며, 또한 그 동안 원고 교정에 여름 방학의 귀중한 시간을 할애해 준 성영태 선생과 조교 선생들에게도 고마운 마음을 전하고 싶다.

2005년 8월
성서 캠퍼스 연구실에서
편저자 조 용 상

차　　례

제 1 부　현대사회와 정치

제 1 장　현대정치와 인간　(조용상)

Ⅰ. 정치의 본질 ······ 3

1. 인간과 정치의 불가분성 3　2. '정치' 개념의 다양성 7
3. 정치의 본질 11　4. 정치의 형성 요소 13

Ⅱ. 정치학이란 무엇인가? ······ 18

1. 정치학의 연구대상 19　2. 정치학의 연구방법 22

Ⅲ. 정치학 연구의 제약성과 미래전망 ······ 31

1. 정치학 연구의 제약성 31　2. 정치학의 미래 전망 32

제 2 부　정치권력과 국가

제 2 장　정치권력　(이승근)

Ⅰ. 정치권력의 개념과 구조 ······ 39

1. 정치권력의 의의 39　2. 권력의 개념 41
3. 정치권력의 본질과 특징 44　4. 정치권력의 발생과 구조 45

Ⅱ. 정치권력의 행사 ······ 48

1. 지배수단 48　2. 정치적 상징조작 52
3. 정치권력의 정통성 55

Ⅲ. 정치권력의 변동 ······ 57

1. 정치권력의 변동과정 57 2. 정치권력변동의 제(諸) 양식 59

제 3 장 근대국가의 형성과 특질 (최병덕)

Ⅰ. 근대국가의 형성과 발전 ······ 68

1. 국가의 역사적 기원 68 2. 근대국가의 형성 77
3. 근대국가의 발전 81

Ⅱ. 근대국가의 본질 ······ 86

1. 국가의 개념 86 2. 국가의 구성요소 91
3. 국가의 기능과 특징 99

제 4 장 권력구조와 정치제도 (김관옥)

Ⅰ. 권력구조와 헌법 ······ 105

Ⅱ. 대통령 중심제 ······ 108

1. 대통령제의 원리와 특징 108 2. 대통령제의 장단점 분석 113

Ⅲ. 의원 내각제 ······ 115

1. 의원내각제의 원리와 특징 115 2. 의원내각제의 장단점 분석 119

Ⅳ. 이원집정부제 ······ 121

1. 이원집정부의 원리와 특징 121 2. 이원집정부제의 장단점 분석 125

제 3 부 정치문화와 민주주의

제 5 장 정치문화 · 정치사회화 (박 형)

Ⅰ. 정치문화 ······ 133

1. 문화, 정치문화의 의의 133 2. 문화, 정치문화의 변화 136

Ⅱ. 정치문화 연구 ······ 137

1. 시민문화론 137 2. 사회 자본 142

Ⅲ. 정치사회화 ········· 147

1. 사회화, 정치사회화의 의의 147
2. 사회화와 문화적 변화－탈물질주의 150

Ⅳ. 정보사회와 정치문화 ········· 155

제 6 장 정치이데올로기 (윤순갑)

Ⅰ. 정치이데올로기의 기원과 개념 ········· 162

1. 정치이데올로기의 기원 162
2. 정치이데올로기의 개념 164

Ⅱ. 정치이데올로기의 구조와 유형 ········· 166

1. 정치이데올로기의 구조 166
2. 정치이데올로기의 유형 169

Ⅲ. 정치이데올로기의 기능 ········· 172

1. 가치판단과 인식기능 172
2. 정당화 172
3. 자기정체성의 확립기능 173
4. 조직화와 행동화의 촉진기능 173
5. 지도력과 조작 174
6. 정치적 행동 174
7. 사회적 결속과 통합의 촉진기능 175

Ⅳ. 정치이데올로기의 종류 ········· 175

1. 자유주의(自由主義, liberalism) 175
2. 보수주의(保守主義, conservatism) 178
3. 사회주의(社會主義, socialism) 180
4. 민족주의(民族主義, nationalism) 184
5. 파시즘(fascism) 187
6. 민주주의(民主主義, democracy) 190

제 7 장 민주주의와 정치참여 (김일수)

Ⅰ. 민주주의의 본질 ········· 196

1. 민주주의의 개념 196
2. 민주주의의 본질 199

Ⅱ. 제3의 민주주의 물결과 민주주의 확산 ········· 207

1. 민주주의 물결 논의 207
2. 민주주의 확산의 예 210

Ⅲ. 전자민주주의와 정치참여 ········· 212
1. 정보화 사회와 정치적 변화 212
2. 전자민주주의와 정치참여 213
3. 전자민주주의의 실현가능성 216

제 4 부 정치과정

제 8 장 정당과 선거 (성장환)

Ⅰ. 정당과 선거의 중요성 ········· 225

Ⅱ. 정당과 정당제도 ········· 226
1. 정당의 필요성 226
2. 정당의 개념 228
3. 정당의 발전과정에 따른 정당유형 228
4. 정당의 기능 231
5. 정당제도 233
6. 우리나라 정당정치의 문제점과 대처방안 236

Ⅲ. 선거와 선거제도 ········· 237
1. 선거의 의의 237
2. 선거의 기능 239
3. 선거의 종류 239
4. 선거제도 241
5. 선거와 정치참여 246

제 9 장 이익집단 · NGO · 여론 (이재영)

Ⅰ. 이익집단 ········· 249
1. 이익집단의 개념 249
2. 이익집단의 발생원인 251
3. 이익집단의 형성과정 253
4. 이익집단의 분류 256
5. 이익집단의 자원과 전략 258
6. 이익집단의 평가 261

Ⅱ. NGO ········· 263
1. NGO의 개념 264
2. NGO의 종류 266

3. NGO 활동의 시대적 배경 268 4. NGO의 기능 271
5. 국가와 NGO의 관계 272 6. NGO의 지위와 재정문제 277

Ⅲ. 여 론 ······ 279

1. 여론의 개념 279 2. 여론의 형성 281
3. 여론 형성기관 284 4. 여론의 기능 287
5. 여론조작 290 6. 바람직한 여론형성 방안 293

제10장 의 회 (이해영)

Ⅰ. 의회제도의 발전과 구성 ······ 298

1. 의회의 발전 298 2. 의회의 유형 301
3. 의회의 구성 304

Ⅱ. 의회의 권한과 기능 ······ 310

1. 의회의 권한 310 2. 의회의 기능 313

제5부 국제정치와 세계화의 도전

제11장 국제정치와 외교 (김옥준)

Ⅰ. 국제정치의 특징 ······ 331

1. 국제정치의 개념 331 2. 국제정치와 국내정치 332
3. 국제정치의 행위주체 333 4. 국제정치의 연구목적과 대상 335

Ⅱ. 국제정치를 보는 시각 ······ 336

1. 이상주의 337 2. 현실주의 338
3. 자유주의 340 4. 구조주의 341

Ⅲ. 국가와 국가이익 ······ 343

1. 국가와 국력 343 2. 국가이익 348
3. 강대국과 약소국 349

Ⅳ. 외 교 ··· 351

1. 외교의 정의 351
2. 외교의 범위와 유형 353
3. 외교의 기술과 수단 356

第12장 세계화의 도전과 한국의 진로 (변창구)

Ⅰ. 세계화의 개념과 촉진요인 ··· 363

1. 세계화란 무엇인가 363
2. 세계화의 촉진요인 366

Ⅱ. 세계화의 양면성과 한국에의 함의 ··· 370

1. 야누스의 두 얼굴: 세계화의 양면성 370
2. 세계화의 도전과 한국에의 함의 375

Ⅲ. 지구시대 한국의 진로 ··· 377

1. 지구시대의 정신: 세계화 마인드와 열린 민족주의 378
2. 개혁정책의 추진과 방향 380
3. 한국외교의 진로 383

제1부

현대사회와 정치

제1장 현대정치와 인간

제 1 장 현대정치와 인간

조 용 상*

Ⅰ. 정치의 본질

1. 인간과 정치의 불가분성

(1) 정치적 동물로서의 인간

고대 그리스의 정치 사상가였던 아리스토텔레스는 "인간은 선천적으로 정치적인 동물"이라고 하였다. 그는 그리스의 도시국가 내에서 일어나고 있는 사회현상을 관찰한 후 인간의 '사회적 생존'은 불가피한 현실문제이며, 사회적으로 고립을 원하는 자는 거의 찾아볼 수 없다고 하였다. 인간은 이러한 사회적 생존을 위해 정치적 행위를 하며, 2인 이상의 인간은 일정한 정치적 관계에 놓이게 된다는 것이다.[1)]

인간과 정치는 불가분의 관계를 이루고 있다. 인간사회는 '더불어 살아가는 공동체' 사회이다. 우리는 태어나면서부터 혼자서 살아 갈 수 없으므로 가정을 이루고, 사회를 이루고, 더 크게는 국가를 이루고, 그 속에서 서로 도우며 살아간다. 한편으로 우리는 국가가 정한 법과 제도에 따라 법을 지켜야 하고, 세금을 내고, 교통규칙을 지키며 생활한다. 뿐만 아니라 세계화 속에서 우리는 국제정세의 변화와 그 영향을 피부로 느끼며 살아간다. 인간은 사회에서 생존하기 위해 자기의 존재를 확인하고, 자기의 이익과 가치관을 실현하기 위하여 상대방과 다투기도 하지만 설득하며 살아가고 있다. 인간

---

* 계명대학교 정치외교학과 명예교수.

1) Aristotle, *Politics, 1253: Politica & De Arte Poetica*, 라종일 · 천병희 역, 『정치학 · 시학』(서울: 삼성출판사, 1982), pp. 41-68; Frederick S. J. Copleston, *A History of Philosophy. Vol. II, Greece and Rome*(New York: Image Books, 1962), pp. 92-99.

은 자기가 속한 집단이나 공동체 속에서 규칙이나 도덕적 범주를 벗어나기 어렵다. 이런 맥락에서 보면 인간의 역사가 시작된 후 오늘에 이르기까지 세계 어느 곳을 가든지 인간이 사는 곳에는 정치가 있어 왔다고 할 수 있다.

(2) 인간과 정치

1) 인간행위와 정치

개인이나 집단은 그들이 추구하는 이상과 목표가 있다. 이러한 이상과 목표는 다시 이들 개인이나 집단의 가치기준에 따라 다를 수 있으며, 서로 다른 방법으로 이익을 추구하게 된다. 인간은 일정한 사회적 관계 속에서 생존하며, 정치는 이러한 사회적 관계 속에서 일어나는 인간행위의 집합 속에서 발생한다. 고대 철학자는 물론이요, 마키아벨리, 홉스, 로크, 헤겔 등 정치사상가들은 정치문제를 논할 때 반드시 인간의 행위를 다루었다. 왜냐하면 정치의 본질적 계기가 인간의 통제, 즉 인간을 조직화하는데 있기 때문에 이들은 인간문제를 정치문제 논의의 핵심으로 다루었다. 정치는 외부적으로 실현된 인간의 행위를 중간에서 관계를 맺어줌으로써 성립되며, 구체적으로 인간에 대한 통제와 지배, 또한 조직화도 인간을 현실적으로 움직이게 하는 일이기 때문이다.

2) 인간성과 정치

인간성과 정치의 관계를 설명하는 시각 중 대표적인 것으로는 인간이 선천적으로 선(善)하다고 보는 쪽과 악(惡)하다고 보는 양대 시각이 있고, 또 하나는 선하지도 악하지도 않으며, 오히려 성장하면서 주변 환경에 영향을 받아 선해 질 수도 악해 질 수도 있다는 주장이 있다.[2)]

인간을 선하다고 보는 경우, 인간은 근본적으로 착하고 합리적이라고 본다. 이 경우 개인의 자유를 상당부분 허용하며 자율적인 선택을 할 수 있도록 하여 정치적 실험과 변화를 모색할 수 있다는 주장이다. 반대로 인간을 악하다고 보는 경우, 인간은 선천적으로 탐욕과 공격적 성품을 타고 났기

---

2) Robert A. Heineman, *Political Science: An Introduction*(New York: The McGraw-Hill Companies, Inc., 1996), p. 26.

때문에 개인의 이익추구와 더 많은 것을 가지려는 욕심을 가진 존재이므로 엄격한 정치적 통제와 규율을 통한 질서유지가 필요하다는 시각이다.

그런데 인간성에 대한 이러한 상반되는 시각들은 어느 한 쪽이 절대적으로 옳다고 보기는 어려운 문제로 시각에 따라 다르며, 시대적 상황에 따라서 달라질 수 있는 것이다. 이러한 의미에서 로마신화에 나오는 야누스 신(神)의 두 얼굴은 인간성의 선과 악의 양면을 상징하는 좋은 사례라 할 수 있다.

인간성을 선도 악도 아닌 제3의 존재로 보는 시각은 20세기 후반에 들어오면서 설득력 있는 학설로 등장하고 있다.[3] 행위의 주체로서 인격은 먼저 유전적 요소에 의해서 형성되지만, 그 위에 사회적 환경에 의해 얻어진 여러 가지 특질이 부과되어 점차 성숙해 간다는 주장이다. 이러한 사회적 환경의 건전한 형성을 위해 현대사회에서는 민주적인 정치과정을 통한 정책결정이 필수적인 요소가 되고 있다.

3) 인간행위의 합리성/비합리성과 정치

인간의 정치적 행위와 관련하여 인간성과 더불어 인간행위의 합리성 문제가 제기되고 있다. 다시 말해 정치사회에서 인간이 행동할 때 행위의 목적이 합리성에 근거하고 있는지 그렇지 않은지의 문제이다. 막스 베버(Max Weber, 1864-1920)는 인간행위를 목적 합리적(目的 合理的) 행위, 가치 합리적(價値 合理的) 행위, 정서적(情緖的) 행위, 전통적(傳統的) 행위 등 4가지 이념형(理念型)으로 분류하고 있다.[4]

목적 합리적 행위라 함은 행위자가 자신이 바라는 목적을 면밀히 검토하고, 그 목적 달성을 위해 행동할 때 인간의 목적 합리적 행위가 성립된다는 것을 의미한다. 그리고 인간이 선택 가능한 여러 개의 가치 중 자기가 설정한 목적에 가장 부합된다고 생각하는 가치를 선택하여 행동할 때 인간의 가치 합리적 행위가 동반된다.

---

3) 대표적인 주장은 미국의 심리학자 Skinner 등이다: B. F. Skinner, *Science and Human Behavior*(New York: McMillan, 1950).

4) Max Weber, *The Theory of Social and Economic Organization*, T. Parsons, ed., trans., A. M. Henderson(New York: Oxford University Press, 1947), pp. 324-329.

정서적 행위라 함은 목적과 수단을 고려함이 없이 감정에 치우친 군중들의 행동에서 볼 수 있는 것처럼 인간이 일시적인 기분이나 감정에 행동하는 경우를 말하고, 전통적인 행위라 함은 행위가 관습에 의해서 결정되는 경우를 말한다.

그러나 이러한 베버의 인간 유형은 어디까지나 이념형이다. 현실적으로는 여러 가지 요소가 복합적으로 구성되어 인간의 행동이 결정되는 것으로 보아야 할 것이다.

인간 행동의 합리성 논란은 18세기 이후 지속적으로 제기되어 왔으며, 시대와 상황에 따라 시각이 엇갈리고 있으나, 근래에는 인간행동의 비합리성을 주장하는 견해가 우세를 보이고 있다. 근대사상의 주류는 주지주의(主知主義)적, 합리주의적 사고방식에 따라 인간을 '합리적'이라고 보았으나, 이러한 시각은 20세기에 들어오면서 많은 비판을 받게 되었다. 비판의 주류는 인간의 정치적 행위를 논함에 있어 인간의 이성과 지성만을 전제하고 정치적 행동을 관찰해 온 결과라는 것이다. 인간의 정치적 행동을 관찰해 온 많은 연구가들은 정치적 행위가 대개는 합리적으로 보기 어렵다고 보고 있다. 왈라스(Wallas)는 "모든 인간의 행동은 우선 인간이 그가 요구하는 어떠한 목적을 생각하고 그 다음에 그 목적을 실현시키는 수단을 살펴보는 지성적인 과정의 결과"라고 봄으로써 주지주의에 회의를 보이고 있다.[5]

인간의 정치적 행위와 관련된 행동심리학 이론들과 군중심리학의 학설들은 인간의 정치적 행위의 비합리성과 본능성을 강조하는 쪽이 우세하다. 그러나 인간의 정치적 행위의 합리성·비합리성에 대한 논의에서 한쪽만을 너무 강조할 필요는 없다. 왜냐하면 인간은 한편에서는 극히 감정적·비합리적으로 행동하면서 다른 한편에서는 이성적·합리적으로 행동하는 것이 많으며, 인간행위는 복합적 구조 속에서 이루어진다고 보는 것이 타당할 것이다.

---

5) Graham Wallas, *Human Nature in Politics*(New York: Reinhart & Company, 1930), pp. 320-325.

2. '정치' 개념의 다양성

정치를 의미하는 폴리틱스(politics)의 어원은 고대 그리스의 도시국가 폴리스(polis)로부터 유래한다. 폴리스는 당시 도시공동체를 의미하였고, 폴리틱스는 폴리스 내의 구성원 간에 일어나는 활동을 중심으로 생겨난 용어이다. 정치에 대한 개념정의를 할 때 수많은 인간과 인간과의 관계 중에서 구체적으로 어떤 부분을 정치라고 보는가에 대해서는 의견이 매우 다양하다. 정치의 개념을 보다 구체적으로 살펴보기 위해서는 지금까지 정치학에서 어떤 내용들을 다루어 왔으며, 그 중에서도 정치를 어떻게 개념화시켜 왔는지 살펴볼 필요가 있다. 정치학 교재에서 가장 빈번하게 논의된 정치의 개념 중 몇 가지를 소개하면 다음과 같다.

(1) 가치 및 목표 추구설

'정치'를 정치사회의 이상과 가치추구의 실현으로 보는 시각이다. 이는 인간이 추구하는 목표가치의 입장에서 보는 것으로 '정치'를 일정한 사회적 가치 창조 또는 촉진의 현상으로 보고 정치를 이상적인 사회 형성을 위한 행위로 보는 입장이다. 예컨대 플라톤(Platon)은 정의(正義)를 실현하는 방법으로서 정치를 설파했으며, 벤덤(Jeremy Bentham)은 정치를 '최대 다수의 최대 행복'을 추구하는 행위로 보았다.[6] 또한 마르크스(Karl Marx)와 레닌(Lenin)은 정치를 '계급 없는 사회 건설' 즉 '무산계급의 독재'를 실현하는 것으로 보았다.[7]

---

6) 벤덤은 개인의 행위이건 정부의 정책이건 간에 이러한 것이 사회의 이익, 즉 최대 다수의 최대 행복을 창출하고 이러한 경향이 이것을 감소시키는 경향보다도 클 경우에 이를 공리(功利)라 하고 이러한 그의 사상을 공리주의(utilitarianism)라 불린다. 백상건, 『정치사상사』(서울: 일조각, 1995), pp. 388-390.

7) Karl Marx and Friedrich Engels, *The Communist Manifesto*(New York: Washington Square Press, 1964); Raymond Aron, "Social Structure and Ruling Class," in S. N. Eisenstadt(eds.), *Political Sociology*(New York: Basic Books, Inc., Publishers, 1970), pp. 414-420.

(2) 실력설

권력 관계적 관점에서 정치를 '지배를 위한 강제적 통제작용'으로 보는 입장이다. 민주주의 정치가 발전하기 이전에는 강력한 국가권력 즉, 법과 제도 등 효과적인 통제 수단에 관심을 두었다. 다시 말해 정치의 핵심을 통제와 관리 측면에 두고 이러한 작용들이 피지배자 즉 인민들에게 어떻게 이루어지고 있느냐에 관심을 두었던 것이다. 이러한 견해는 정치를 사람을 움직이는 힘, 즉 인간관계에서 권력의 작용에 초점을 두는 시각이라 볼 수 있다. 현실정치의 선구자라 할 수 있는 마키아벨리(N. Machiavelli)는 『군주론』에서 군주의 냉혹한 통치기술을 강조하고 있다. 즉, 통치자는 설득과 강제를 동원하여 철저한 통치를 해야 함을 강조하였다.

(3) 국가현상설

국가현상설을 신봉하는 학자들은 국가를 정치의 주체로 보고 국가의 목적, 기능, 그리고 존재양식과 관련된 모든 것을 중요시한다. 국가현상설은 주로 국가의 제도나 법률, 정책 내용들을 분석하므로 정치를 국가의 활동 또는 작용의 전부 또는 일부로 보는 시각이다. 고대 그리스 이후 1900년대 초까지 거의 모든 정치사상가나 학자들의 이론들이 직접, 간접적으로 국가현상설의 범주에 속한다고 볼 수 있다.[8)]

이러한 예는 근래에 나온 정치학 교재에서도 볼 수 있다. 영국 캠브리지 대학의 바커(Barker) 교수의 『정치학 원리』의 목차를 보면 모든 주제가 국가를 중심으로 다루어 지고 있다.[9)]

그러나 국가현상설에 정 반대적인 입장을 취하는 경우도 볼 수 있다. 이러한 입장에서 보면, 국가현상설은 국가를 무비판적으로 절대시하여 보편적

---

8) R. G. Gettell, *Principles of Political Science*(New York: Ginn and Co., 1922); J. W. Garner, *Political Science and Government*(New York: American Book Co., 1928); R. N. Gilchrist, *Principles of Political Science*(Chennai: Madras, 1952); 이극찬, 『정치학』, 제6판(서울: 법문사, 1999), p. 104 참조.

9) David Barker, *Principles of Social Political Theory*(London: Oxford University Press, 1965). Barker는 제1장 국가와 사회의 역사적 고찰; 제2장 국가와 사회의 일반적 고찰; 제3장 국가의 목적과 정의의 관념; 제4장 국가에 의해 보장된 권리; 제5장 정부에 대한 시민의 의무; 제6장 시민에 대한 정부의 의무 등 전체 내용을 국가 위주로 편성하였다.

인 정치현상의 특징을 분명히 설명하지 못하며 혁명이나 정치적 변동 그리고 그 작용에 대해 설명하지 못하는 문제점이 있다.

(4) 집단현상설

집단현상설은 사회현상설 혹은 사회집단현상설이라고도 한다. 가족, 학교, 회사, 노동조합 등 '모든 사회조직 및 사회집단의 모든 곳, 모든 단계에 정치가 존재한다.'는 견해이다. 이러한 집단현상설에도 시각을 달리하는 몇 가지의 주장들이 있다.

첫째, 집단내부현상설로 집단의 내부를 조정하고 통제하는 것을 정치라고 보는 견해이다. 영국의 다원적 국가론 내지 정치적 다원주의, 그리고 미국의 통치론이 이에 해당한다.[10] 둘째, 집단상호관계설로 집단과 집단 간에 서로 대립하고 투쟁한다는 사회학적 국가론[11]과 집단 간의 흥정 또는 이익조정 과정으로 정치가 존재한다고 보는 집단 이익조정 과정설이 있다. 집단 이익조정 과정설에는 벤틀리(A. Bentley), 트루만(Truman), 올슨(Olson) 등의 집단이론, 신조합주의, 다알(R. Dahl)의 다원적 민주주의 이론 등이 포함된다.[12]

(5) 정치과정설

20세기에 들어오면서 정치를 보다 역동적(力動的)으로 관찰할 수 있는 과정(process)으로 파악하려는 노력이 활발히 진행되었다. 정치를 다양한 이해와 기대를 조정하고 인간의 협력을 유발하여 바람직한 사회를 이루어

---

10) Harold Laski, *A Grammar of Politics*(London: George Allen & Unwin, Ltd., 1925); Charles Merriam, *Political Power*(Glencoe: The Free Press, 1950) 등 참조.

11) P. C. Schmitt의 정치이론, Marx의 계급투쟁이론, C. W. Mills의 권력엘리트 이론, G. Mosca의 지배계급이론, H. D. Lasswell의 권력론 등이 있음. Philippe C. Schmitter, "Still the Century of Corporatism?," in Schmitter and Lehmburch(eds.), *Trend Roward Capitalist Intermediation*(Berverly Hills, Calif.: Sage Publication, Inc., 1979); C. W. Mills, The *Power Elite*(New York: Oxford Univ. Press, 1967); Harold D. Lasswell, *Politics: Who gets What, When, How*(New York: McGraw-Hill, 1936).

12) Arthur F. Bentley, *The Process of Government*(Chicago: The University of Chicago Press, 1905); David B. Truman, *The Governmental Process*(New York: Alfred A. Knopf, Inc., 1951); Robert Dahl, *Poliarchy: Participation and Opposition*(New Haven, Conn.: Yale University Press, 1971) 등 참조.

가는 과정으로 이해하고 사회의 개인이나 집단의 이해와 갈등을 조정하고, 사회적 균형을 유지하는 작용으로 보는 시각이다. 정치과정론에서는 정치를 정책결정의 과정으로 봄에 따라 국가의사의 결정과 집행에 참여하는 개인은 물론 이익단체, 정당, 의회 등 모든 공적 조직의 작용과 역할에 대한 관찰과 분석을 통해 정치의 작용을 파악하게 된다.

(6) 계급투쟁설

인류역사 자체를 계급투쟁의 역사로 보고 정치는 경제적 착취를 목적으로 하는 계급적인 지배의 수단이며 결과라고 보는 시각이다. 마르크스와 레닌을 비롯한 공산주의 이론가들과 정치인들이 이 시각을 견지하고 있다. 이들의 시각에 따르면 인간사회에는 서로 다른 계급이 지배권을 장악하기 위해서 항상 대립하며 투쟁한다. 특히 자본가계급 즉, 생산수단의 사유화를 무기로 경제적 착취를 목적으로 하는 계급이 정치를 좌우하고, 이에 대항하여 생산자인 프롤레타리아 계급이 계급투쟁을 전개, 생산수단의 소유자인 부르주아 계급으로부터의 해방은 물론 전 사회를 탈취와 억압으로부터 영구적으로 해방해야한다고 역설한다. 그리고 이러한 계급투쟁을 정치투쟁이라고 보고 있다.

(7) 갈등과 분쟁 조정설

위에서 살펴 본대로 인간 사회에는 공존적 측면이 있는가 하면 희소(稀少)자원의 배분(配分)과 관련하여 항상 경쟁과 갈등, 분쟁, 그리고 전쟁이 존재하였으며, 이러한 갈등과 분쟁이 국가나 정치 지도자에 의해 조정되고 협상을 통한 상호 합의에 의해 공존(共存)의 길을 찾는 경우도 많이 볼 수 있다. 따라서 이 학설은 인간사회의 분쟁해결이나 조정의 노력을 정치의 본질로 보는 시각이다.

정치에 대한 위의 시각과 개념을 종합해 보면 정치란 인간사회에서 일어나는 현상에서 정치적인 요소 즉 힘의 관계를 갈등보다는 조화를, 분열보다는 통합을, 소수의 행복보다는 다수나 정치공동체 전체의 안녕과 공존을 위한 노력과 행동을 의미한다. 이런 의미에서 이스턴(D. Easton)의 정의 즉, 정치란 '한 사회를 위한 가치들의 권위적 배분'이란 주장이 가장 포괄적이며 설득력을 갖는다고 볼 수 있다.

3. 정치의 본질

정치의 주체가 인간이라고 전제한다면 정치의 본질은 무엇일까? 인간이 세상을 사는데 아무런 어려움이나 갈등이나 분쟁 없이 평화롭게 살아간다면 그곳은 천국이요 이상향(理想鄕)일 것이다. 이러한 이상향에서는 모든 자연환경이 인간생활에 부족함이 없고, 선한 인간들이 남을 미워하지도 않고 해롭게 할 아무런 이유가 없기 때문에 법이나 정치도 필요가 없을 것이다. 그러나 인간사회는 평탄하지만 않다.

인간이 가진 품성, 즉 인간성의 차이로 인해 인간은 갈등(葛藤)과 불화(不和) 속에 살아간다. 인간은 때로는 서로 협력하며 평화롭게 살지만 그런 공동의 시간이 늘 계속되는 것은 아니다. 자연 속의 동물들과 비교해 볼 때 물론 인간은 훨씬 더 합리적(合理的)이며 이성적(理性的)인 동물일지는 모르나 아리스토텔레스가 지적한 것처럼 인간은 신(神)처럼 완전하지 못하기 때문에 평화롭기만 한 것이 아니며, 그렇다고 질서가 성립되어 있는 것도 아니다. 이러한 인간성의 차이로 인해 인간이 사는 사회에서 구성원의 안녕과 질서를 유지하며 공동의 가치를 구현하고 가능한 모든 방법으로 더불어 살아가는 노력이 필요하다. 이러한 노력이 바로 정치의 요체(要諦)라 할 수 있을 것이다. 이런 의미에서 정치의 본질에 대해 다음과 같이 정리할 수 있다.

첫째, 정치공동체의 복지와 행복의 추구를 위한 계획과 노력이 정치의 본질이다. 국가나 사회 구성원들의 안녕과 행복을 위한 철학과 이에 상응하는 정책적 설계와 실천이 중요하다. 자연재해로부터 보호와 예방, 인간생활의 안정과 공존을 위한 각종 제도의 정립, 국가 간의 공존과 평화유지 등을 위한 노력은 정치의 중요한 과제로 볼 수 있다. 이를 위해서는 정치지도자의 건전한 정치적 감각과 리더십, 효과적이고 생산적인 정치제도 그리고 자발적이고 민주적인 정치문화의 형성이 중요하다. 정치사회의 각 영역을 맡고 있는 사람들은 항상 균형과 조화를 이루면서 상호 보완적으로 정치를 해야 할 것이다.

둘째, 인간의 서로 다른 가치관과 이익관계로 인해 일어나는 갈등과 분쟁을 해결하기 위한 노력이 정치의 본질이다. 정치가 필요한 근본적인 이유는 인간들이 서로 다투고 미워하며 투쟁하기 때문에 이를 조정하고 통제하여 질서와 규범을 확립하기 위해서이다. 인간의 공동생활이 확대되면서 공존을 위해서 사회의 제 가치를 둘러싼 의견의 차이, 이해 대립과 갈등의 조정이 화합과 공존을 위한 정치의 핵심적 요소가 되었으며, 인류문명이 발전함에 따라 인간의 조직과 사회도 복잡해지고, 인간의 갈등이 정치화되어 가는 현상도 점차 확대되고 있다.

인간은 자신이 살아가는 조건을 형성하기 위해 개인이나 국가에 도전하는 환경적 요소들에 대해 순화(馴化)와 조정, 투쟁적 방법 등으로 대응해 나가고 있다. 경우에 따라서 설득과 타협의 방법 이외에 강력한 법의 지배와 강제력으로 갈등과 분쟁을 조정하지만, 가장 바람직한 방법은 사회 내의 공존적 원칙 하에서 최대한 구성원이 수용(收容)할 수 있는 합의(合意)와 공조(共助)를 이루어 내는 것이다. 경우에 따라서는 다수결의 원칙과 소수의 억울한 권익이 동시에 고려된 결정도 뒤따라야 한다.

셋째, 사회 내 희소가치의 권위적 배분을 위한 노력이 정치의 본질이다. 빈부격차의 해소, 남녀평등, 장애자 복지 등 사회의 불균형 현상들을 개선하고, 보다 균형 잡히고 조화로운 사회를 이룩하는 것은 매우 중요하다. 인간은 홀로 떨어져 살 수 없는 존재이면서도 개인이나 집단이 추구하는 물질이나 가치의 희소성으로 인해 대립과 경쟁을 피할 수 없다. 사회의 희소가치와 재원을 둘러싼 인간의 대결과 가치관의 대립 등으로 야기된 분쟁을 해결하기 위한 인간의 노력, 제도화된 해결 기구, 그리고 해결을 위한 과정의 중요성을 강조한 연구들은 정치의 근본적인 성격을 제시하고 있다. 이러한 희소가치를 '누가, 무엇을, 얼마나, 어떻게 가지느냐'의 문제는 고대사회로부터 오늘에 이르기까지 인간이 해결해야 할 가장 중요한 과제였으며 이 문제를 해결하는 것이 바로 정치라고 할 수 있다.[13)]

정치학자 이스턴은 정치를 "한 사회를 위한 가치들의 권위적 배분"(the authoritative allocation of values for a society)이라고 정의를 내렸다.[14] 이때 '가치'(values)란 부(富), 재화, 자원 등을 나타내는 물질적 가치와 권력, 존경, 명예 등을 가리키는 비물질적 가치를 모두 포함한다. 모든 인간사회는 희소자원(가치)의 문제에 직면하고 있다. 주요 자원(가치)은 부나 명예, 또는 다른 자원을 얻는 바탕이 되는 권력일 수도 있지만, 어느 것이든 간에 언제나 수요가 공급을 능가하는 것이다. 그래서 누구나 그것을 갖기를 원하고, 또 가진 자일수록 더 많이 갖기를 원한다. 즉, 정치는 가치의 희소성으로 말미암아 발생하는 갈등과 경쟁을 조정하고 통제하는 것을 그 목적으로 하며, 가치의 배분과정에 참여하거나 그 배분에 영향을 입는 사람들이 그 결정에 구속되어야 한다는 의미에서 '권위적 배분'(the authoritative allocation)인 것이다. 권위적 배분이 원만하게 이루어 지지 않는 사회에서는 지배자들이 거창한 종교적 또는 국민적 신화를 빌어 자기들의 지배권을 정당화함으로써 가치의 소유를 임의로 설정하고, 특권적 지위를 안전하게 유지하려 한다.[15]

4. 정치의 형성 요소

인간사회의 정치현상은 매우 다양하고 수많은 요소들에 의해서 이루어진다. 우리의 주변에서 작게는 가정, 대학, 회사, 조합으로부터 크게는 국가, 더 나아가 국제사회에 이르기까지 정치현상이 나타나며, 갈등과 분쟁으로 인해 타협과 조정의 노력이 요청되는 곳에 정치가 필요하다. 이러한 정치현상을 보다 체계적으로 이해하기 위해서 정치의 형성 요소들을 살펴 볼 필요가 있다.

---

13) Lasswell(1936).

14) David Easton, *A Framework for Political Analysis*(Englewood Cliffs, N. J.: Prentice Hall, Inc., 1956). pp. 96-97.

15) Monte Palmer and William Thompson, *The Comparative Analysis of Politics*(Itasca, Ill.: F. E. Peacock, 1978), pp. 4-6.

(1) 국가와 정치

근대국가는 그 시작부터 영토와 인민에 대한 절대권인 주권(主權)의 강조로 국가의 위상과 권위의 상징성을 드러내었으며, 이는 군주의 절대권과도 결부되면서 때로는 국가 자체가 사회의 모든 권력의 총화(總和)로 인식되기도 하였다.

국가권력의 비대 현상을 가져온 이면에는 몇 가지 요인이 있다. 첫째, 근대국가의 탄생에 따라 과거 봉건적인 지역주의가 종식되었고, 권력의 중앙집권화가 이루어졌다. 둘째, 국가 내의 인적 물적 자원을 총동원하는 국가운영체제가 형성되었다(전 국민을 상대로 하는 병역제도인 국민개병제의 도입과 세금제도, 교육제도 등은 국민 총화라는 긍정적 측면과 국가권력의 비대화라는 문제점도 있음). 셋째, 이러한 국가권력을 제도화하고 효율적으로 관리 운영하기 위해 철저한 정부조직이 필요하였으며, 이를 위한 행정관료조직이 형성 발전된 것이다. 넷째, 사회적 질서와 분쟁해결을 위한 각종 정책과 법규들은 국가의 필수적 장치임과 동시에 국가권력 강화의 요소로 작용하였다.

국가권력은 필요하면서도 그 적용 과정에서 많은 문제가 발생한 바 있다. 국가권력의 비대와 시민의 자유 및 권리의 신장 과정에서 시민과 국가 간에 때로는 대립과 투쟁으로, 때로는 조정과 시민의 권리 확대로 이어지면서 오늘날과 같은 민주주의 정치제도가 발전되어 온 것이다.

(2) 권력과 정치

정치의 논의에서 중요한 부분을 차지하는 것이 정치권력의 문제이다. 막스 베버는 권력을 "타인의 행위를 자기가 원하는 대로 이끌어 갈 수 있는 능력"이라고 정의를 내렸다.[16] 이는 사람을 움직이는 힘이나 능력을 말하며, 개인의 정치적, 경제적, 사회적 지위나 능력이 타인에 비해 우월할 때 타인의 행동을 조종하거나 통제할 수 있다. 베버는 자신이 원하지 않는 것을 해야하는 경우에도 권력관계가 작용한다고 보았다. 한편, 정치권력은 정치 공

---

16) Max Weber, *Wirthschaft Und Gesellschaft,* Vol. 2(Kohn: Kiepenheuer & Witsch, 1964), p. 691.

동체에서 필연적으로 발생하게 되는데, 개인에 대한 지배력 행사로부터 집단적인 지배구조 형성 및 지배력 행사를 위한 권력을 말한다.

앞에서 살펴 본대로 인간사회의 '희소가치' 확보를 위한 경쟁과 투쟁의 과정에서 때로는 대중의 지도자로서 때로는 정치적, 경제적 기득권자로서 자기가 원하는 쪽으로 가치를 유도하고 인간을 움직이는 능력을 가진 개인이나 집단이 나타난다. 특히, 정치적 인간은 명예욕, 물질욕, 권력욕이 매우 강한 인간을 말하는데, 대개의 경우 이들 정치적 인간은 정치를 강제력 없이는 해결할 수 없는 문제와 씨름하는 인간행위로 보고 자신이 가진 우월한 능력과 판단력, 그리고 때로는 강제력으로 그가 원하는 목적을 달성하려 한다. 정치적 인간은 '권력을 상대적으로 강조하고, 권력을 즐기며, 권력에 관한 기대를 강조할 뿐만 아니라, 권력획득 기능에 익숙한 인간'이다. 이렇듯 정치의 세계에서 특별한 기쁨을 발견하는 인간형은 선천적 소질과 조기체험에 의해서 형성된다.

정치적 지도력은 때로는 낡은 습관이나 전통의 힘으로는 더 이상 이익의 통합이 불가능하게 될 정도로 개인이나 집단의 이익분화가 심화된 사회에서 필요하며, 단독자의 자의(恣意)나 이데올로기, 부당한 권력에 의하지 않고 끊임없이 이익의 조정을 해나가지 않으면 안 되는 경우에 필요하게 되는 인간 활동이며 능력이다.[17)]

정치권력 형성의 가장 기초적인 단계는 정치가, 혹은 지도자로서의 입지를 확립하는 것이다. 긍정적인 시각에서 볼 때 정치가는 이익통합의 전문가라고 할 수 있으며, 보통사람이 감당하기 힘든 어려운 '이익조정'이라는 어렵고 까다로운 일을 전문적으로 처리하는 능력을 갖고 있다. 이러한 능력은 정치적 상황을 파악할 수 있는 능력, 남을 설득할 수 있는 홍정의 능력, 그리고 용기와 인내력을 포함한 기질을 포함한다. 이같은 자질과 능력이 없이는 정치가로서, 지도자로서 일반 시민을 이끌어 나가기 힘들 것이다. 따라서 팽팽한 대결의 장에서 사람의 마음을 움직이는 힘이나 능력을 가진 자는 일반 시민의 지지를 얻게 될 것이다.

17) 김태창, 『현대정치학 입문』(서울: 형설출판사, 1986), pp. 36-38.

라스웰은 정치권력을 일정한 '사회가치의 부여'(indulgence)와 '사회가치의 박탈'(deprivation)을 일으키는 힘으로 보았다. 정치권력자는 가치부여를 통해 지지자나 대중의 충성심을 확보하며, 가치 박탈을 통해 대중의 저항이나 이탈을 방지하여 자신의 권력을 유지한다고 본 것이다.[18]

(3) 집단과 정치

집단이론의 등장과 더불어 정치학의 관심은 당연히 집단 간의 정치적 작용과 그 과정에 모아지기 시작하였다. 그 배경에는 산업발전과 대량생산 시대가 등장함에 따라 무수한 이익단체가 등장하였으며, 정치적으로는 참정권의 확대로 시민들의 정치적 관심과 요구가 증대되어 정치의 흐름이 빨라지고 그 폭도 매우 넓어지게 되었기 때문이다. 이러한 집단의 정치화는 벤틀리, 트루만 등 미국의 정치학자들의 관심을 끌게 되었다. 벤틀리는 집단의 활동을 정치적인 것으로 보고 집단의 이익표출과 집약과정, 그리고 정치과정에서의 영향을 분석해 냄으로써 정치에서 집단의 중요성을 부각시켰다.[19]

(4) 정치과정(政治過程)과 절차(political process and procedures)

집단이론의 등장과 더불어 유의할 점은 집단 간의 정치적 작용과 그 과정이다. 현대사회에서 대중은 어떤 형태로든 집단에 귀속되어 그 집단을 통해 그들의 이익과 가치를 주장하고 있다. 그 귀속집단은 정치적, 경제적, 사회적, 지역적, 문화적으로 각각 응집되고, 그들의 이익과 관계되는 정책결정이 이루어 질 때마다 집단 간에 대립적 행동을 취하게 된다. 이에 따라 개인이나 집단의 다양한 이해와 갈등을 조정하기 위한 정치과정이 매우 중요한 요소가 되고 있다.

한편, 가치의 다양화와 갈등과 대립의 확산은 전통적으로 내려온 의회에 의한 일원적인 정책결정을 매우 어렵게 만들고 있다. 따라서 정당과 의회도

---

18) Harold D. Lasswell, *Power and Personality*(New York: W. W. Norton & Co., Inc, 1948), pp. 8-9; 이극찬(1999), p. 174.

19) 벤틀리는 그의 저서 『정치과정론』(Process of Government)에서 정치를 객관적으로 관찰할 수 있는 '과정'으로 파악했으며, 그는 향후 미국의 정치학에서 정치과정론을 발전시키는 데 큰 공헌을 하였다. Bentley(1905).

종래의 안정주의적 자세에서 의견 및 여론 수렴, 당내 민주적 절차를 보완하게 되고 의회도 보다 현실적이며 효율적인 상임위원회나 특별위원회를 구성하여 입법조사활동은 물론 청문회나 공청회 등을 통한 의견을 조정하게 된다. 이와 같이 현대정치에서는 정책결정과정에서 민주적 절차의 중요성이 부각되고 있다.

(5) 정치문화(政治文化, political culture)

정치문화란 정치풍토(政治風土)를 말하는 것으로 알몬드(Almond)와 버바(Verba)는 "정치사회 내에서의 개인이나 집단이 정치에 대해서 가지는 인식(認識, cognizance), 감정(感情, emotion), 평가(評價, evaluation) 등의 정치적 정향(定向)의 사회적 혼합"을 '정치문화'라 하였다. 이러한 개념 정립을 바탕으로 이들은 정치문화를 지방형(地方型, parochial) 정치문화, 신민형(臣民型, subject) 정치문화, 참여형(參與型, participatory) 정치문화로 구분하고, 현대 민주정치에서는 참여형 정치문화가 바람직하다고 주장하였다.[20]

정치사회 구성원의 정치적 식견과 태도는 현대정치를 이해하는데 매우 중요한 요소가 된다. 뒤에 자세히 설명하겠지만 정치의 형태나 내용은 바로 이러한 정치문화에 따라 많이 달라질 수 있기 때문이다.

(6) 민주주의와 시민(democracy and citizens)

역사적으로 볼 때, 민주주의적 정치 형태는 이미 고대 그리스에서 그 기원을 찾아 볼 수 있다. 그리스의 도시국가 특히 아테네에서는 시민(citizen)이라는 용어를 사용하였으며, 그리스는 시민이 정치에 참여하는 직접민주주의를 경험한 정치 선진국이었다. 이들 시민들은 광장에 모여 당면한 문제들에 대해서 열띤 토론을 하고 의사를 결정하는 일종의 개방된 정치제도를 실현하였을 뿐 아니라 스스로 지도자를 뽑고, 반대로 지도자는 시민의 의견을 경청하는 합의의 전통을 세울 수 있었다.

중세부터는 민주정치의 형태가 사라지고 교회가 지배하는 종교적 절대

---

20) Gabriel Almond and Sydney Verba, *The Civic Culture Revisited*(Boston: Little Brown & Co., 1980), pp. 80-86.

권력이 15세기까지 계속되었다. 16세기 이후에는 세속적(世俗的) 절대군주제도가 등장하게 되었는데, 이때부터 국가가 종교로부터 분리되는 과정을 겪게 된다. 주권적(主權的) 근대국가체제가 형성되는 17세기에 들어오면서 정치의 변화는 주권의 소유자가 군주냐 시민이냐에 대한 논쟁과 정치적 투쟁이 일어나면서 시민의 개념이 다시 등장하게 되었다. 그러나 이 시기에는 영국의 시민혁명을 비롯하여 서구 각 지역에서 시민의 권리 확보와 정치참여를 위한 투쟁이 전개되었으며, 이로 인해 군주의 권력을 제한하는 입헌군주제도와 시민의 대의기구(代議機構)인 의회제도가 발전하기 시작하였다.

오늘날 시민의 기본적 권리 확보와 정치적 참여의 확대로 인한 정치제도의 발전은 여러 가지 형태로 나타나고 있지만, 그 중에도 대의민주주의가 주류를 이루고 있다. 산업발전과 더불어 대량 생산사회의 출현과 참정권의 확대로 오늘날의 정치는 대중민주주의 형태로 발전되어 때로는 대의민주주의의 기본 질서와 마찰을 빚기도 한다. 이러한 갈등과 대결 속에서 정치의 역할은 중요하며 건전한 시민의 의식과 행동은 '안정적인 정치발전'에 크게 기여 할 것이다.

그러나 현대사회의 모든 국가들이 동일하게 민주적인 정치발전을 이룩한 것은 아니다. 21세기를 맞은 오늘에 있어서도 수많은 국가에서 전근대적인 전제군주 체제나 일인독재의 권위주의 체제, 혹은 전체주의 체제를 유지하는 국가들을 볼 수 있다. 그러나 과거 서구 국가들이 경험하고 발전해온 과정으로 볼 때, 그리고 모든 국가들의 발전방향을 볼 때, 앞으로 이들 비민주국가들의 정치체제도 점진적으로 민주적인 정치제도로 전환되어 질 것이다.

Ⅱ. 정치학이란 무엇인가?

일반적인 개념으로 정치학은 '국가나 정부기구의 구성 및 정치적 절차에 대해 체계적으로 연구'를 하는 학문이다.[21] 그러나 정치학을 규정하는 개념

21) Austin Ranney, *Governing: An Introduction to Political Science*(Englewood Cliffs, New Jersey: Prentice Hall, 1993), p. 1.

은 매우 까다롭고 복잡하다. 그 이유는 정치학의 정체성(正體性) 문제로 인간의 사회생활 중 어떤 것이 '정치적'이냐에 대한 시각이 매우 다양하기 때문이다. 인간관계의 '정치적'인 성격을 매우 폭 넓게 보는 학자들은 남녀 간에 나타나는 영향력뿐만 아니라, 기업, 교회, 노조 등의 관계에서도 '정치적' 요소나 성격을 찾아 볼 수 있다고 주장한다. 그러나 정치개념에 대한 보다 일반적인 해석은 정치적 영역에서의 인간관계로 축소시켜 말하고, 정치를 국가 그리고 정당 간의 경쟁과 같은 실제 정치행위가 나타나는 영역에 국한시킨다.

이처럼 '정치적'인 것의 성격 논란으로 인해 정치학의 개념 정립이 쉽지 않은 실정이다. 결국, 인간이 사는 곳에는 어디에서나 정치현상이 일어나기 때문에 그 상황이나 정치적 중요성에 따라 '정치학 연구'의 여부가 결정될 수 있을 것이다. 보다 포괄적인 의미에서 정리하면, 정치학이란 첫째, 정치현상이나 작용을 연구하는 학문이고 둘째, 그 정치현상이나 작용의 주체는 인간이란 점에서 인간에 대해 연구하는 학문이며 셋째, 인간사회의 특질과 정치현실을 바르게 인식하고 보다 나은 정치를 실현할 수 있는 방법을 강구하는 학문이라 할 수 있다.

1. 정치학의 연구대상

(1) 정치학의 연구범위

정치학의 연구범위는 매우 광범위함에 따라 설정 자체에 애로점이 있을 수 있으나, 연구의 대상으로서 국가 단위의 정치를 기준으로 국가 영역의 상위 단위를 국제 정치, 그리고 하위체계의 정치를 지방정치로 보면 국제정치, 국가정치, 지방정치 등으로 나눌 수 있다.

1) 국제정치: 광역적 정치

국가를 초월한 국가 간의 정치나 국제적 공동관심의 정치를 광역적(廣域的) 정치라 할 수 있다. 즉, 국가들이 모인 사회를 국제사회로 보고 국가 간에 생겨가는 정치현상을 국제정치로 보는 것이다. 국제정치는 국가 간의 외교나 통상을 위한 양자관계 혹은 다자관계에서 나타나는 정치현상인데, 국제연합(United Nations)과 같은 국제기구 내에서 회원국 모두가 공통적으로 추구하는 목적과 지켜야 할 규율들을 이행해 가는 과정에서도 발생한다. 국제평화, 협력, 국가 간의 전쟁과 테러행위, 정치적 경제적 분쟁 등 전통적인 국제문제에서부터 최근 관심을 끌고 있는 환경문제, 인구문제, 인권문제, 보건문제, 식량문제 등 다양한 영역에서의 국제적 비정부기구(NGO: Non-governmental Organization)들의 활동 상황 등도 국제정치 즉, 광역적 정치의 영역이라 볼 수 있다.

2) 국가정치: 중역적 정치

국가 단위의 기구와 조직 속에서 이루어지는 국가정치를 말하며 중역적(中域的) 정치라고도 한다. 정치학에서 가장 중심적인 영역으로 지구상에 존재하고 있는 많은 국가의 내부 정치를 가리키며, 국가의 구성이나 작용을 연구한다. 국가의 정치적 구조, 예컨대 의회, 행정부, 사법부를 위시하여 국가의 각 기관들이 포함되며 이 기구들의 제도적 특징은 물론 정치과정에서의 상호관계, 정책결정 과정, 정부와 국민의 관계 등 국가 내 모든 정치적 영역들을 포함한다.

3) 지방정치: 협역적 정치

지방정부 단위의 정치, 특히 지역 공동체의 정치적 관심사, 지방정부의 운영 및 기능 등을 포함하여 지방정부의 의회와 집행부간의 문제, 지방정부와 주민간의 문제 등을 연구단위로 삼는다.

이러한 연구대상에 대한 분석방법에 따라 '거시적 접근'과 '미시적 접근'으로 구분할 수도 있다. 연구 대상인 국가나 국제적 기구의 구조와 기능을 중시하여 연구할 때 즉, 그 대상이 광범위하고 복잡하여 종합적인 분석을 이 필요로 할 때 이를 거시적 접근이라 하고, 반대로 정치적 행위자의 행태 등 소규모의 대상에 대해 연구할 때 미시적 접근이라 한다.

(2) 정치학의 연구분야

학문분야로서 정치학은 너무나 광범위하여 이를 쉽게 이해하기 힘들다. 따라서 정치학은 그 자체로 수많은 하위 연구 분야들이 있고, 이들 분야들은 그 나름의 독자적 연구영역을 형성하고 있으며, 따라서 대학이나 대학원의 교과목으로 편성되어 있다.

① 정치사상사: 정치학에서 이론적 기초가 되는 동서양의 정치철학, 정치사상 등에 대한 개별적, 역사적 연구.

② 정치문화: 정치의 주체인 시민(국민)의 정치의식, 정치적 태도 및 정치 사회화의 내용과 과정 연구.

③ 공공정책: 국민생활과 밀접한 관계를 지닌 국가 혹은 지방정부의 공공정책의 형성, 집행, 평가 등에 대한 연구.

④ 정치과정론: 정치사회 내에서 이루어지는 정치적 작용과 이에 관련된 기관이나 조직의 역할과 기능 등에 대한 연구.

⑤ 공공행정(행정학): 정치학과 가장 밀접한 학문분야로 정부의 구조와 기능을 포함하여 정부의 재정 및 공공예산, 정부의 인사제도, 행정법 등 여러 분야에 대한 연구.

⑥ 지방정치론: 정치 공동체에서 가장 가까이 있는 지방자치단체 및 지방의회 등에 대한 연구.

⑦ 정치이론: 다양한 정치현상에 대한 분석틀인 이론들에 대한 체계적인 연구.

⑧ 비교정치론: 정치의 여러 개념과 이론들을 토대로 각국의 정치제도와 정치과정 등의 비교 연구.

⑨ 국제정치론(국제관계론): 각국의 국가적 목표, 국가이익, 대외정책들을 중심으로 국제 사회 내에서 이루어지고 있는 국가들의 군사 안보, 국제평화를 위한 노력과 이와 관련된 국제기구 및 국제법 등에 대한 연구.

(3) 정치학의 인접학문

정치학은 연구대상에 대한 고유한 연구방법을 갖고 있으나, 그것만으로는 다양한 정치현상연구에 부족하다. 그 이유는 첫째, 정치학이 독자적 학문

영역으로 분화되기 전에 타 학문의 한 부분으로 연구된 경우, 인문과학이나 사회과학의 여러 인접 학문들의 연구대상이나 연구방법과 구분 없이 연구되었기 때문이다. 둘째, 독자적 연구가 시작된 이후에도 정치학적 방법만으로는 규명할 수 없거나 부족한 경우 타 학문에서 개발된 개념과 이론들을 빌려서 사용하거나, 공동의 학제적(學際的) 방법을 사용하였기 때문이다. 이러한 인접학문들로는 심리학(정치심리학), 사회학(정치사회학), 경제학(정치경제학), 역사학, 법학, 문화인류학 등 매우 다양하다.

2. 정치학의 연구방법

(1) 전통적 연구방법: 20세기 초까지의 정치학연구

정치학은 고대 그리스의 정치사상가들로부터 현대에 이르기까지 수많은 연구자들에 의해 이루어져 왔음에 따라 오랜 지적 전통을 갖고 있다. 그럼에도 불구하고 20세기 초까지 정치학의 학문적 평가는 사회과학 영역의 다른 학문, 예컨대 사회학이나 심리학, 또는 인류학 등에 비해 낮았다.

그 이유는 첫째, 정치학이 학문으로서의 정체성을 확립하지 못했다는 것이다. 고대 그리스의 아리스토텔레스나 르네상스시대의 마키아벨리, 근대의 보댕, 홉스 등 간헐적으로 활동한 정치 사상가들이 있었으나, 오랜 기간 동안 주제에 대한 근본적인 일치를 보지 못함으로써 어떤 학자들은 정치학을 독자적으로 연구하지 못하고 오히려 타 학문으로부터 개념이나 이론을 빌려서 사용하려는 경향을 보였다는 점이다.

둘째, 19세기까지의 정치학은 현실적 정치상황을 바탕으로 한 체계적이고 실증적인 분석이라기보다는 대개는 당대 혹은 이전의 정치철학자들의 사상이 연구대상이 되었기 때문에 주제상의 혼란이 있었다. 따라서 이 시기에는 산만하게 축적된 주제들을 처리하기 위해 논리성과 일관성 있는 학문의 체계 확립이 중요한 과제로 등장하게 되었다.

셋째, 19세기 중엽부터 이러한 정치철학자들의 사상에 현대적 해석을 붙여 회고적(retrospective)으로 재생시킨 결과가 오늘날 우리가 정치학이라 부르는 연구영역이 되었다. 그러나 표면적으로 연구자들의 관심을 끌었던 많은 것들은 당시의 정치제도나 그 업무들에 관한 것이었다.

넷째, 정치현상의 동태적(動態的) 측면 즉, 정치의 동적인 측면(側面)보다는 제도나 법률에 대한 정태적(靜態的)인 기술 형태를 띤 측면이 더 강하다는 비판을 면치 못했다는 점이다. 당시에는 정치학의 역사적 주제 중심의 단순성으로부터 탈피하는 문제와 정치제도 중심의 정태성(靜態性) 탈피 문제, 정확성과 체계성 문제, 지적 통합성을 갖춘 학문으로서의 확립 등이 당면한 중요 과제들이었다. 후술하는 바와 같이 현대 정치학이 가장 크게 기여한 것은 정치학 연구에 과학적 방법의 수용과 정치학 연구의 통합작업이라 할 수 있다.

전통적 연구방법 시기에는 수 세기 동안 고전적 연구 수준을 거쳐 19세기 중엽에 이르기까지 고대로부터 내려오는 역사적 관심사들을 한데 모은 집합적 기술의 성격이 강한 연구가 대부분이었다.[22] 이러한 전통적 연구방법을 정리하면 정치학연구는 두 가지 접근법으로 요약된다. 첫째, 1850년까지 철학적 · 규범적인 연구방법이 지배적이었는데 정치 사상가들의 주장이나 이상(理想)을 기술(記述)하는 형태가 대부분이었다. 둘째, 1850년부터 1900년까지 법적 · 제도적 연구가 중심이 되었고, 국가와 정부의 법질서, 정치제도, 기구를 규명하는 정태적 접근방법이 주를 이루었다.

(2) 현대적 연구방법

1) 현대정치학의 특징

현대정치학은 역사학, 법률학, 경제학 등을 포함하여 다양한 인접학문으로부터 발전되어 왔다. 정치학은 이러한 다양한 인접 학문 영역의 일부분으로 연구된 경우도 있으나, 1910년대와 20년대에 와서 미국에서 처음으로 독립된 학문으로 발전하였다. 뒤늦게 독립된 학문영역이지만 50년대와 60년대를 거치면서 정치제도와 정치과정에 관한 실증적 연구가 활발히 진행되었다.

현대 정치학의 연구 방법은 대체로 정태적 접근, 동태적 접근 그리고 혼합적 접근 방법 등으로 분류할 수 있다.

---

22) Carlton Clymer Rodee, et. al., *Introduction to Political Science*, 3rd edition(Tokyo: McGraw-Hill Kogakusha, Ltd., 1976), pp. 4-5.

① 정태적 접근방법: 기존의 법적・제도적 연구방법을 개선한 기술적(記述的) 방법
② 동태적 접근방법: 인간의 동적(動的)인 측면에 관심을 갖고 개인 혹은 집단으로서 인간의 행위와 사회 활동에 초점을 맞춤(인간 중심, 정치과정 중심). 인간의 심리 및 인간관계를 토대로 한 과학적, 실증적 연구 방법으로 행태주의적 방법
③ 혼합적 접근방법: 법적・제도적 분석과 더불어 동태적 측면을 보강한 연구방법으로 사례연구, 시뮬레이션 방법 등

2) 과도적 연구방법의 대두(1900-1925)

20세기에 들어오면서 정치학 연구는 새로운 국면을 맞게 되었다. 메리엠(Charles Merriam)을 중심으로 한 시카고(Chicago) 학파가 '과학적 정치학'을 표방하며 심리학과 통계학의 중요성을 강조했다. 이러한 '과학적 혁명'의 배경에는 첫째, 모스카(Mosca), 파레토(Pareto), 베버(Weber), 미헬스(Michels) 등 정치사회학자들이 모든 정치현상에 대한 관심을 강조하고, 정치에 대한 환경의 영향을 체계적으로 탐구하기 시작한 점을 들 수 있다. 둘째, 실용주의자(J. Dewey)들과 상징적 상호작용론자(G. H. Mead)들이 인간성과 인간행동에 대한 기존 관념에 도전하여 타인과의 상호관계를 통하여 행동하는 사회적 존재로서의 인간을 강조하고, 개인과 사회의 엄격한 구분을 없애려 노력하였다. 셋째, 정치적 다원주의자(Laski, Lasswell)들이 주권사상을 배격하고 국가와 개인을 중재하는 집단의 개념을 발전시켜 모든 사회현상을 '정치적인 것'으로 만들었다는 점을 들 수 있다. 이러한 결과로 자연히 정당과 압력단체 등의 중요성이 부각되었다.

3) 정치학의 행태주의적 접근(1925년 이후)

가. 행태주의(Behaviorism)의 등장 배경

정치과정 연구와 함께 연구방법의 문제도 중요한 학문적 추세로 나타났다. 바로 정치학 연구에 과학적 연구방법의 도입이다. 자연과학과는 달리 인간을 다루는 정치학이 얼마나 '과학적'일 수 있을까? 정치학의 과학성에 대

한 질문은 단순히 '예', '아니오'로 대답할 간단한 문제가 아니다. 그 만큼 논란이 있다는 점이다. 결국, 정치학을 포함하여 사회학, 심리학, 경제학 등의 사회과학 학문들이 물리학, 화학, 수학, 통계학 등 자연과학 영역의 연구방법에서 달성한 연구 성과를 응용하는 과정에서 행태주의적 접근방법이 등장하게 된 것이다.

나. 행태주의 연구방법의 특징

이스턴과 알몬드 등이 주축이 되고 60년대를 정점으로 하는 행태주의적 접근방법은 첫째, 인간의 행동과 행태를 중심적 연구 대상으로 하고 인간의 정치적 행동의 일반 법칙성을 발견하기 위한 것이며 둘째, 실제로 관찰할 수 있는 현상의 분석을 위해 계량화를 통한 정확성을 추구하고 셋째, 객관적인 분석이 필요함으로 개인의 주관적인 가치판단을 배제(가치중립성 강조)하며 넷째, 인간의 정치적 행태는 사회적 행동의 하나이므로 사회과학의 서로 다른 학문분야와의 상호 협조를 필요로 한다.

정치학 연구에서 행태주의의 학문적 업적이나 영향력은 매우 크다고 평가되고 있으며, 무엇보다도 과학적이고 체계적인 연구의 결과로 개인이나 집단의 관계나 정치적 동기에 대한 이론들이 개발되어 투표행태, 선거결과 예측 등을 포함해서 정치적 행동의 중범위(中範圍)이론 개발에 상당한 기여를 하였으며, 이를 토대로 거시적(巨視的) 정치이론들도 검증되고 확립될 수 있었다.

다. 행태주의에 대한 비판

앞에서 본 것처럼 행태주의는 정치학 연구에 상당한 기여를 하였으나, 다른 한편으로 지나친 과학성 강조로 인해 오히려 학문적인 보수주의라는 비판을 면치 못하게 되었다. 비판의 내용은 행태주의가 정치 현실의 본질보다는 분석의 기교에 치중하고, 지나친 가치중립의 치중으로 정치적 목표나 이상을 경시했을 뿐 아니라, 학제간 연구도 정치학의 위치를 위축시켰다는 것이다.

1969년 미국정치학회 회장 취임 연설에서 이스턴은 경험과학으로서 행태학적 정치학이 당면한 근시안적 사고로부터의 해방과 정치학 연구에 있어 창조적인 사색과 더불어 정책, 가치, 적실성, 행동, 참여를 강조함으로써 양자의 상호보완적 접근방법을 모색하여[23] 후기행태주의 연구방법의 시대를 열었다.

라. 후기행태주의(Post Behaviorism: 1970년대 이후)

탈 행태주의는 결국 행태주의의 지나친 과학성의 문제점들을 보완하는 선에서 그 접근방법의 의의를 찾을 수 있고, 70년대 이후 이러한 절충형 연구방법이 정치학 연구에서 실용화 되었다. 엄밀하게 보면 탈 행태주의 역시 정치현상의 과학적 연구를 목적으로 한다는 점에서 행태주의의 연속성을 지녔다고 볼 수 있다.

4) 정치과정론

정치현상에 있어서 정치과정이나 절차에 관련된 연구들이 세기 말까지 정치학 연구에서 크게 주목 받지 못하다가, 20세기에 들어서면서 서서히 등장하기 시작했으며, 특히 1950년대 이후 대다수의 정치학자들이 정치과정 연구에 몰두하게 되었다. 이들은 정부의 제도나 기구 자체에 대한 연구만으로는 정치 현상을 이해하는 데 부족하다는 점을 강조하였고, 그 기구들을 둘러 싼 환경적인 요인(인적요인)과 사회 내에서의 정치적 조직, 또한 기구 내에서 구성원들의 인간관계와 업무의 절차적인 요소 등을 연구대상으로 삼았다. 사회 내에서의 정치적 조직이란 정당, 이익단체 혹은 압력단체나 로비그룹 등을 들 수 있다. 이들 조직들은 보다 공식적(公式的)인 국가의 조직들과 더불어 그 나름의 정치체계를 형성하고 그 체계 내에서 정치적 작용을 한다. 이런 경우 정치과정론에서는 제도와 법률을 포함하여 관련된 시민들의 정치적 태도와 이해관계, 집단 조직, 선거, 로비 등 다양한 개념들과 이들의 상호작용 등이 연구 대상으로 설정되었다.

1960년 미국정치학회의 비교정치 연구회를 주도했던 알몬드(Almond)와 콜만(Coleman)은 과거 제도중심연구를 보다 동태적 측면으로 발전시키기

---

23) David Easton, "The New Revolution in Political Science," *American Political Science Review,* Vol. 63(December, 1963); L. Strauss, *What is Political Philosophy*(Glencoe, Ill.: The Free Press, 1959).

위한 방법을 제시하였다. 이들은 연구 대상을 ① 국가 개념에서 정치체계 개념으로, ② 정치권력 개념에서 정치적 기능으로, ③ 정치제도(office)에서 역할론(roles)으로, ④ 제도론에서 구조론으로, ⑤ 여론(public opinion)에서 정치문화로, ⑥ 시민의 구성(citizenship structure) 대신 정치사회화(political socialization)를 중시해야 한다고 주장하였다.

5) 정책결정 이론

20세기 중반에 들어오면서 정치학의 중심 개념으로서 정치권력 개념은 또 다른 차원으로 발전하였다. 정치권력이 공공정책의 결정과 시행과정에 중요한 영향력을 미친다는 관점에서 볼 때, 권력은 단지 고정된 소유물이라기보다는 정책결정의 결정인자(決定因子)의 차원에서 새로운 명분을 얻은 것이다.

정책결정에 대한 초기의 연구는 독일의 슈미트(Carl Schmitt)에서 볼 수 있다. 그의 연구는 초기에는 학문적 차원에서 별로 영향을 미치지 못했으나, 1940년대에 들어오면서 미국의 조직이론가들이 정치분석과 정치연구에 활용하면서 영향력으로서의 권력개념은 순식간에 정책결정 연구에 확산되어 갔다.

조직행태학이 시작되면서 정책결정 이론은 사실상 정치학 연구의 모든 영역으로 확산되었고, 사회과학의 모든 영역으로도 확산되었다. 이러한 정책결정이론을 정치학에서 본격적으로 발전시킨 것은 1950년대 후반 정치체계분석 이론(정치체계론)과 더불어 정치체계 내에서의 정책결정 모형을 제시한 이스턴과 이를 바탕으로 구조·기능주의적 접근방법을 개발한 알몬드의 역할이 매우 컸다고 할 수 있다.

6) 정치체계 분석(Analytical Framework for Political System) 이론 (정치체계론)

가. 사회체계(social system)

정치체계분석에 앞서 우선 사회체계에 대해 알아볼 필요가 있다. 파슨스(Talcott Parsons)는 사회현상을 분석하면서 사회의 역동성을 실감 있게 설명하기 위해 '사회체계'란 개념을 사용하였다. 사회체계란 사회의 전체적 구성체를 가리키는 말로 그 구성체를 형성하는 수많은 하위체계 즉, 구성요소들이 각각의 기능을 상호 보완적으로 유지하면서 사회 전체의 특성과 기능을 이루어나가는 유기적 구성체를 말한다. 따라서 이들 하위 체계들은 전체 사회에 없어서는 안 될 중요한 요소들로서 마치 인체의 각 지체와 같은 존재들이다.

파슨스에 의하면 이처럼 하나의 거대한 생명체와 같은 사회체계는 ① 체제 적응(adaptation)기능, ② 목표 성취(goal attainment)기능, ③ 사회 통합(integration)의 기능, ④ 합법성(legitimacy) 확립의 기능 등을 가진다.[24]

나. 정치체계 분석

정치체계는 이스턴이 파슨스의 사회체계론에서 도입한 개념이다. 그는 정치체계를 사회체계 내의 정치적 영역을 구성하는 하나의 하위체계(sub-system)로 보고 정치체계를 분석함으로써, 복잡한 정치현상을 보다 간단하면서도 체계적으로 설명할 수 있게 되었다. 이스턴에 의하면 정치체계는 언제나 어떤 특정한 환경 속에서 형성되며, 그 환경 안에서 사회의 다른 체계나 구성요소와 상호의존적인 작용을 하면서 정치체계 특유의 기능을 한다. 그리고 그 정치체계의 구성단위는 정치행동이다. 바로 이러한 전제 위에 정치체계가 그 활동을 유지해가기 위해서 정치 주체인 시민으로 부터의 투입과정(input)이 활발히 계속되어야 할 것이며, 또한 배출과정(output)이 활성화되어야 한다.[25]

이스턴이 말하는 정치체계는 [그림 1-1]과 같은 서로 식별할 수 있는 요소로 구성되고, 요소 상호간 일정한 관계를 지니며 범위를 규정하는 경계를 지닌다.[26] 이스턴은 정치체계를 중심으로 사회 내의 정치적 상호작용을 정부, 국가, 권력, 혹은 정책결정 과정 분석을 통해 거시적으로 연구하였다. 정치체계 분석 모델의 핵심은 '희소가치에 대한 권위적 배분'(the authoritative

---

24) Talcott Parsons, *The Social System*(Glencoe, Illinois: The Free Press, 1951), pp. 122-125.

25) David Easton, "An Approach to the Analysis of Political System," *World Politics*, Vol. 9(April, 1957), pp. 388-400; David Easton, *A Framework of Political Analysis* (Englewood Cliffs, N. J.: Prentic-Hall, 1965), pp. 110-112.

26) Easton(1965), p. 112.

[그림 1-1] 정치체계 분석 모델

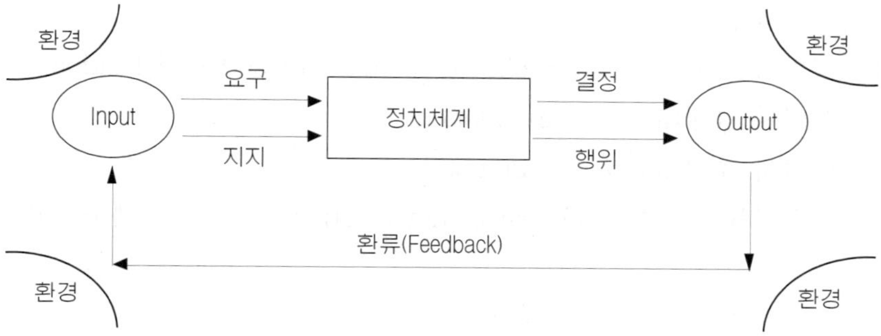

· 환경(環境, Environment)=정치체계를 둘러싼 국제적·국내적 환경
· 투입(投入, Input)=정치 체제를 향한 국민들의 요구 및 지지
· 산출(産出, Output)=정부에서 만들어 내는 정책, 법률 및 제도
· 환류(還流, Feedback)=요구한 사항들이 정책으로 결정되어 다시 국민에게 되돌아가는 과정 및 통로

allocation of scarce values)이다.

어떤 사회이든 구성원들을 만족시켜 줄 충분한 가치가 없기 때문에 희소성이 존재한다. 정부의 정치적 능력은 말할 것도 없이 '희소가치에 대한 권위적 배분 능력'일 것이다. 정부는 국가의 기능을 수행하기 위한 기구이며 수단이다. 정부는 또한 국가라는 추상적인 존재를 국민과 현실적으로 연결해 주는 대행자(代行者)인 동시에 국민의 대행자이다. 이렇게 볼 때 정부는 국민의 뜻을 국가라는 이름으로 수행하는 제도적 장치이다. 국가의 포괄적인 기능을 구체적으로 수행하기 위해 형성되는 기구가 정부이며, 이때 정부는 물론 국민적 합의나 동의(consensus)에 의해 주어진 권위적 기구(authoritative institution)로서 국가와 국민의 연결자로서 정책결정과 수행을 담당한다.27)

다. 정치체계의 기능 분석

이스턴의 연구 이후 알몬드는 이스턴의 초기 투입-산출 모델을 크게 수정하였는데, 정치체계를 구조·기능주의적으로 구체적으로 분석하여 정치

27) Gabriel A. Almond, "A Developmental Approach to Political System," *World Politics*, Vol. 17(April, 1965), pp. 195-203.

체계의 기능을 체계화하였다. 알몬드에 의하면 정치체계는 투입과 산출의 7 기능을 하는데, 투입기능을

① 정치적 충원과 사회화(political recruitment and socialization),
② 이익의 표출(interest articulation),
③ 이익의 수합(interest aggregation),
④ 정치커뮤니케이션(political communication) 등 4개로 세분하고,

산출기능 즉, 정책결정의 핵심인 정부의 기능을
① 규정의 제정(rule making: 입법기능)
② 규정의 적용(rule application: 행정기능)
③ 규정의 심판(rule adjudication: 사법기능) 등 3개로 구분하였다.[28]

국가는 주권을 가진 정치공동체로서 그 자체가 중요한 존재 가치를 지닌다. 따라서 국가는 국민의 안전과 복지는 물론 체제의 유지와 존속, 미래적 운명을 책임지는 중요한 임무를 지닌다. 이를 위해 국가는 일정 수의 구성원 즉, 국민들의 적절한 '기능 분화', 물품과 노역의 생산 및 분배인 '경제활동', 성원의 사회화를 위한 '교육', 사회구성원의 '통제' 등의 중요한 기능들을 수행해야 한다. 또한, 국가는 수단의 희소성, 기대의 좌절, 성원들의 파괴적 무관심, 사회화 또는 교육의 불완전성으로 초래되는 질서파괴 행위를 통제하고 사회의 질서를 유지하는 기능도 수행할 책임을 지닌다. 이러한 질서는 기계적 질서가 아니라 구성원의 개성에 따른 창조적 활동을 최대한 살릴 수 있는 동태적 질서를 의미한다. 이러한 가운데 알몬드는 정치체계의 능력이란 개념으로 정부의 기능을 다음의 6가지로 요약하고 있다.[29]

① 염출 능력(Extractive Capacity): 환경에서 물적・인적 자원을 추출하는 능력

28) Gabriel Almond(eds.), *Comparative Politics Today: A World View*(Boston: Little, Brown, 1974), p. 4.

29) Gabriel A. Almond, "A Developmental Approach to Political System," *World Politics*, Vol. 17(April, 1965), pp. 195-203; Almond and G. B. Powell, Jr., *Comparative Politics: A Developmental Framework*.(Boston: Little Brown, 1978), pp. 35-38.

② 배분 능력(Distributive Capacity): 재화·가치 및 서비스 사회에 배분하는 능력
③ 규제 능력(Regulatory Capacity): 개인 및 집단의 행동 및 관계를 규제하는 능력
④ 요구순응 능력(Responsive Capacity): 투입에 응해 효과적으로 산출하는 능력
⑤ 상징조작 능력(Symbolic Capacity): 상징을 효과적으로 조작하는 능력
⑥ 국내적·국제적 능력(Domestic and International Capacity): 국내적·국제적 제반 사항에 대처하는 능력(내우외환의 대처 능력)

Ⅲ. 정치학 연구의 제약성과 미래전망

1. 정치학 연구의 제약성

학문으로서 정치학은 20세기 초부터 본격적으로 연구되기 시작하여 오늘에 이르기까지 1세기 간의 짧은 기간 동안에 눈부신 발전을 거듭해 왔다. 그럼에도 불구하고 정치학 연구의 제약성이 있음은 주지의 사실이다. 그 중 몇 가지만 살펴보면 다음과 같다.

첫째, 복잡한 인간관계에서 정치적 요소를 추출하는 것이 쉽지 않기 때문에 개념정립이 매우 힘들다는 사실이다. 예컨대, 민주주의, 자유, 평등, 평화 등과 같이 가치나 주관적 해석을 요하는 개념들이 통일되게 정의되지 못하고, 이는 보는 시각이나 상황에 따라 서로 다르게 개념화되고, 설명되고 있다.

둘째, 정치학은 사회과학의 타 학문에 비해 과학적 법칙성이나 예측성이 떨어지고 있다. 개인이나 소규모 집단을 대상으로 연구하는 미시적 접근방법도 있으나 대규모 집단이나 국가적 상황의 분석에는 한계가 있으며, 사례연구나 소(小) 이론들의 축적(蓄積)으로 어느 정도 이론적 토대를 확보하더라도 이를 일반화하는 데는 문제가 많다. 여기서 일반화라 함은 시간적, 공

간적 일반화를 말하는 것으로서 같은 사건이라도 시간의 흐름에 따라 변수가 바뀔 수 있어서 분석이나 해석이 다를 수 있다는 점과, 같은 이론을 다른 국가나 지역에 적용했을 때 그 지역의 성격이나 변수간의 작용이 다른 경우가 대단히 많다는 점에서 일반화된 법칙이나 이론을 정립하기가 어렵다는 것이다.

셋째, 특정 이데올로기나 종교적 신념 혹은 개인의 독특한 가치체계로 인한 연구자 자신의 편향된 시각이 연구에 영향을 미치는 경우를 볼 수 있다. 이런 현상을 학문적 용어로는 '존재구속성'(存在拘束性)이라 표현하는데, 때로는 연구자 자신이 의도적으로 사실이나 상황을 왜곡할 수 있다는 점에서 문제가 될 수 있다.

넷째, 정치학의 정치권력에 대한 비판 기능으로 볼 때, 정치적 분석은 정치 현실에 매우 예민한 반응을 일으켜 정치권력자나 반대파를 자극하거나 분노케 함으로써 순탄한 연구를 어렵게 하거나 불가능하게 만든다. 예컨대 전체주의나 권위주의 체제 하의 정치학자는 위정자들로부터 심한 압박이나 간섭을 받게 된다. 이와는 반대로 정권의 합법성이나 권력자의 정치적 업적 찬양을 위한 압력이나 회유를 받음으로써 연구 본연의 목적이 훼손될 수 있다.

마지막으로, 정치학 연구가 현대 정치에 발맞추어 현실정치 분석에는 상당한 성과를 보이고 있으나 보다 넓은 의미에서의 정치 즉, 가치지향적인 정치철학이나 미래의 이상 설정 등에서는 취약한 점이 사실이다. 건전한 정치문화의 형성차원에서 시민들을 교육하고, 정치에 참여할 수 있도록 설득하는 교양 측면에서의 정치학 연구도 뒤따라야 할 것이다.[30)]

2. 정치학의 미래 전망

위에 열거한 여러 가지 제약에도 불구하고 정치학의 미래는 그리 어둡지만은 않다. 우선은 정치학이 지난 1세기 동안 꾸준히 발전해 오면서 학문의 체계도 세우고 새로운 이론이나 학풍을 조성해 왔다. 정치학이 학문연구로

30) 백상건, 『요점정리 정치학』(서울: 박영사, 1990), pp. 23-25.

서 타 학문에 비해 늦게 시작하고 때로는 정체성 확립에 어려움도 있었으나, 이런 문제들을 나름대로 잘 해결하고 있다고 평가되고 있다. 각국마다 정치학회가 설립되어 지역적인 특성을 살리면서 정치학에 대한 체계적인 연구를 수행하고 있으며, 세계적 차원의 학회도 분야마다 설립되어 연례 혹은 분기별 학술 세미나를 통해 상호 정보교환과 공동연구를 진행하고 있다. 오늘날 정치학 분야의 학술지가 다른 어떤 학문 분야보다 질적으로 양적으로 높이 평가받고 있으며, 이러한 추세는 앞으로 지속 될 것으로 보인다. 그 이유는 다음과 같다.

첫째, 과거에는 미국과 서구 학자들이 정치학연구의 중심이 되었으나, 이제는 비 서구 정치학자들의 대거 참여로 연구 분야가 다양해지고 더욱 활성화되고 있다. 다시 말해 신생국가나 제3세계 국가에서도 정치학 연구와 학자 양성의 기간이 이미 50여년에 가깝고, 그 동안 질 높은 훈련과 연구를 계속해 왔기 때문에 정치학 연구의 저변확대가 잘 이루어지고 있다.

둘째, 국제정치는 물론 각국의 정치가 매우 빠른 속도로 변화하고 있다는 사실이다. 특히 구 공산권의 정치 민주화는 물론 기타 제3세계에도 변화의 물결이 괄목할 정도로 진행되고 있다. 이러한 변화는 정치학도들로 하여금 다양하고 활발한 연구 활동을 가능케 할 것으로 보인다.

셋째, 무엇보다 중요한 것은 연구 활동에 필요한 자료 및 정보 교환수단의 발달이라 하겠다. 이미 확립된 협동연구체제는 물론 전자정보의 발전은 정보교환을 실시간대로 단축시켜 주며, 멀티미디어의 발전은 원거리에서 다중 화상세미나도 가능케 하고 있다.

이상에서 살펴 본대로 정치학 연구의 여러 가지 긍정적인 여건들이 조화를 이루어 나간다면 정치학의 정체성 확립은 물론 연구의 질적, 양적 성장에도 많은 도움을 줄 것으로 보인다. 물론 기존의 문제점이나 향후 발전과정에서의 문제점들도 과거보다는 훨씬 용이하게 풀려 나갈 것이다.

참고문헌

Ⅰ. 한국문헌

구영록 외 공저, 『정치학개론』, 서울: 박영사, 1998.

김세균 · 백창재, 『현대정치의 이해』, 서울: 인간사랑, 2003.

김태창, 『현대정치학 입문』, 서울: 형설출판사, 1986.

백상건, 『요점정리 정치학』, 서울: 박영사, 1990.

———, 『정치사상사』, 서울: 일조각, 1995.

이극찬, 『정치학』, 제6판, 서울: 법문사, 1999.

이범준 · 신승권, 『정치학』, 서울: 박영사, 1997.

Ⅱ. 외국문헌

Almond, Gabriel & Sydney Verba, *The Civic Culture Revisited*, Boston: little, Brown, & Co. 1980.

Almond, Gabriel(eds.), *Comparative Politics Today: A World View*, Boston: Little, Brown, 1974.

———, "A Developmental Approach to Political System," *World Politics*, Vol. 17, April, 1965.

Bentley, Arthur F., *The Process of Government*, Chicago: The University of Chicago Press, 1905.

Copleston, Frederick S. J., *A History of Philosophy. Vol, II, Greece and Rome*, New York: Image Books, 1962.

Dahl, Robert, *Poliarchy: Participation and Opposition*, New Haven, Conn: Yale University Press, 1971.

Easton, David, *A Framework for Political Analysis*, Englewood Cliffs, N. J.: Prentice Hall, Inc., 1956.

———, "An Approach to the Analysis of Political System," *World Politics*, Vol. 9, April, 1957.

Heineman, Robert A., *Political Science: An Introduction*, New York: The McGraw-Hill Companies, Inc., 1996.

Lasswell, Harold D., *Politics: Who gets, What, When, How*, New York: McGraw-Hill, 1936.

———, *Power and Personality*, New York: W. W. Norton & Co., Inc, 1948.

Merriam, Charles, *Political Power*, Glencoe: The Free Press, 1950.

Palmer, Monte & William Thompson, *The Comparative Analysis of Politics*, Itasca, Ill.: F. E. Peacock, 1978.

Parsons, Talcott, *The Social System*, Glencoe, Illinois: The Free Press, 1951.

Ranney, Austin, *Governing: An Introduction to Political Science*, Englewood Cliffs, New Jersey: Prentice Hall, 1993.

Skinner, B. F., *Science and Human Behavior*, New York: McMillan, 1950.

Strauss, L., *What is Political Philosophy,* Glencoe, Ill.: The Free Press, 1959.

Truman, David B., *The Governmental Process*, New York: Alfred A. Knopf, Inc., 1951.

Wallas, Graham, *Human Nature in Politics*, New York: Reinhart & Company, 1930.

Weber, Max, *The Theory of Social and Economic Organization*, T. Parsons, ed., trans., A. M. Henderson, New York: Oxford University Press, 1947.

제 2 부

정치권력과 국가

제 2 장 정치권력
제 3 장 근대국가의 형성과 특질
제 4 장 권력구조와 정치제도

제 2 장 정치권력

이 승 근*

Ⅰ. 정치권력의 개념과 구조

1. 정치권력의 의의

권력(權力, power)이란 어떤 중대한 가치박탈 또는 가치박탈 위협을 배경으로 다른 사람을 자기가 원하는 방향으로 제어할 수 있는 힘을 의미한다.[1] 이러한 권력은 정치의 모든 분야에 걸쳐 공통적으로 관련되고 있다. 정치적 현상을 권력의 형성과 조직, 행사, 변동 과정으로 파악할 수 있을 만큼 정치현상은 권력을 중심으로 발생한다고 할 수 있으며,[2] 정치를 추진시켜 가는 중요한 힘은 바로 권력이라 해도 무방하다. 정치권력은 권력의 피치자 층에 속하는 일반 대중에 직접적인 영향을 미침에 따라 정치학의 특성상 권력의 문제가 가장 핵심적으로 다루어지게 된다. 이에 따라 정치권력을 활용하게 되는 정치권력의 주체와 피치자 층에 속하는 정치권력의 객체와의 관계에 대한 동태적(動態的) 연구가 필요하다.

인간의 여러 속성 중 권력을 향한 욕망은 매우 강한 것으로 알려지고 있는데, 이는 권력자뿐만이 아니라 인간의 내재적인 속성이라 할 수 있다. 권력을 향한 인간의 욕망은 필연적이란 점을 여러 학자들이 언급하고 있다. 특히, 권력론자인 라스웰(H. D. Lasswell)은 자신의 저서 『권력과 개성』

---

* 계명대학교 정치외교학과 교수.

1) 이극찬, 『정치학』, 제6판(서울: 법문사, 1999), p. 184.

2) 국제정치 분야에서도 권력이 매우 중요한 개념이 되고 있다. 현실주의 국제정치학자인 한스 모겐소(Hans Morgenthau)는 국제정치를 "권력을 위한 투쟁"(a struggle for power)이라 정의하여 국가들 간의 행위의 목적을 권력의 획득과 유지에 있음을 피력하고 있다: Hans J. Morgenthau, *Politics among Nations*, 5th edition(New York: Alfred A. Knopf, 1973), p. 27.

(Power and Personality, 1963)에서 "내 눈에 비친 정치인의 이미지는 권력을 장악하고 유지하는 데 전적으로 몰두하는 권력에 굶주린 인간의 모습이다"라고 언급하며 인간의 강한 권력욕을 지적하였다.[3] 이렇듯 권력욕은 인간의 내재된 고유한 욕망이 아닌가 한다. 우리 자신들이 성공을 위해 노력하고 애쓰는 것은 결국 권력을 획득하고 이를 유지하기 위한 것이라는 점을 부인할 수 없을 것이다.

사람들 중에는 권력을 향한 욕망을 추구하는 권력지향성 인간이 있는 반면, 복종지향성 인간도 있음을 알 수 있는데 프로이트(Freud) 좌파에 속하는 프롬(Erich Fromm)은 이러한 경향을 본질적으로 동일한 욕구인 권력욕에서 기인하는 것으로 보고 있다. 프롬은 사람들의 복종지향성과 지배지향성을 '매저키즘(masochism)적 경향'과 '새디즘(sadism)적 경향'으로 부르고 있다.

매저키즘적 경향의 사람들은 열등감과 무력감, 개인의 무의미성을 느끼고 이로부터 도피하기 위해 다른 사람이나 제도, 자연 등에 대한 명백한 의존성을 갖게 된다. 이런 사람들은 자기 자신이 스스로 일을 처리하지 않고 외부의 힘이 갖는 현실적이고 확실한 질서에 복종하고자 한다.[4] 새디즘적 경향의 사람(새디스트: sadist)들은 성벽(性癖)적인 현상을 주로 나타내게 되는데 타인을 괴롭힘으로써 자신이 쾌감을 느끼는 사람들이다. 이들은 지배하기 위한 대상에 의존한다.[5] 이러한 사람들도 자신의 고독감과 무력감으로부터 도피하기 위해 가해 대상을 찾게 됨에 따라 매저키즘적 경향의 사람들과 같은 강박관념을 갖고 있다. 결국, 인간들은 동일한 욕구에서 매저키즘적 경향과 새디즘적 경향을 갖게 됨에 따라 프롬은 모든 인간에서 '새도-매저키즘(sado-masochism)'의 특성을 볼 수 있음을 지적하고 인간을 '새도-매저키즘적'인 것으로 보았다.[6]

---

3) Harold D. Lasswell, *Power and Personality*, 2nd edition(New York: Compass Books Edition, 1963), p. 54 참조.

4) Erich Fromm, *Escape from Freedom*(New York: The Hearst Corporation, 1972), 이상두 역, 『자유에서의 도피』(서울: 범우사, 1985), p. 136.

5) *Ibid.*, p. 137.

6) *Ibid.*, pp. 153-154.

정치권력의 형성과 행사 과정에서 정치권력이 활용될 수 있는 기반이 만들어 질 수 있는 면은 인간 상호 간에 이러한 '새도-매저키즘적' 경향에서 살펴보아도 파악될 수 있을 것이다.

2. 권력의 개념

권력에 대한 개념 정의는 정치학의 연구에 있어 중심적인 대상이 되고 있다. 또한 권력에 대한 분석은 정치학의 경험적이고 규범적인 분석의 핵심적인 대상이라 할 수 있다.[7] 학자들은 권력에 대한 개념을 다양하게 정의하고 있다. 독일의 대표적인 사회학자인 막스 베버(Max Weber)는 권력을 "어떤 한 사람 혹은 여러 사람들이 공동의 행위를 하는데 있어 다른 사람의 저항에 반하여 자신의 의지를 실현시키기 위한 기회"로 인식하였다.[8] 다른 한편으로 그는 권력을 "사회적 관계 내에서 한 행위자가 저항에도 불구하고 자신의 의지를 실현시키기 위한 위치에 있을 수 있는 가능성"으로 보기도 하였다.[9]

자연과학에서 power는 힘(force) 혹은 에너지(energy)로 보고 있는 반면, 사회과학에서는 원하는 것을 성취하기 위한 능력(ability or capacity) 혹은 일종의 잠재성(潛在性, potentiality)으로 보고 있다.[10]

사회과학에서 다루고 있는 권력은 개인 간의 관계로 대개 나타난다. 즉, 한 사람의 다른 사람에 대한 통제 작용에서 보여 진다. 같은 통제라는 측면에서 권력은 영향력(影響力)과 구별되고 있다. 권력은 교실에서 선생님에 의해 혹은 가정에서 부모에 의해, 사회 구성원에 대해 정부 장관에 의해 내려 질 수 있는 다른 사람에 대한 공식적인 결정을 내릴 수 있는 힘을 의미

---

7) Jeffrey Isaac, "Conceptions of Power," in Mary Hawkesworth and Maurice Kogan (eds.), *Encyclopedia of Government and Politics*, Vol. (London: Routledge, 1992), p. 56.

8) H. H. Garth and C. Wright. Mills(eds.), *From Max Weber*(New York: Oxford University Press, 1972), p. 180.

9) Max Weber, *Economy and Society*, Vol. 1, Edited by Guenther Roth and Claus Wittich(Berkeley: University of California Press, 1978), p. 53.

10) Andrew Heywood, *Political Theory: An Introduction*(N. Y.: Palgrave Macmillan, 2004), p. 122; Barry Barnes, "Power," in Richard Bellamy(eds.), *Theories and Concepts of Politics*(Manchester: Manchester University Press, 1993), p. 197.

한다. 이와는 달리 영향력은 이러한 결정의 내용에 대해 외부적인 압력의 형식을 통하여 영향을 미치는 힘을 의미한다.[11] 권력은 또한 다른 사람이 원하지 않은 것까지도 하게 하는 힘을 내포한다는 점에서 상당한 힘을 발휘할 수 있다는 점을 인식할 필요가 있다.

이러한 권력에 대한 인식은 학자들의 시각에 따라 크게 두 가지로 분류될 수 있다.

(1) 실체론적 권력개념

실체론적(實體論的) 권력개념은 독일과 러시아 등 유럽 대륙계 학자들이 주로 주장하는 개념이다. 이는 홉스(T. Hobbes)에 의해 대표되며 헤겔, 마르크스, 레닌, 히틀러, 스탈린 등이 지지하고 있다.[12] 홉스는 실체론적 권력개념으로 권력을 미래의 명백한 그 무엇을 차지하기 위한 현재의 수단으로 보았고, 그것은 '자신의 힘'이나 '다른 도구'를 통해서 발현된다고 했다. 여기서 '자신의 힘'은 신체적 혹은 정신적인 형태로 나타나는데 자신의 초월적인 힘이나 외모, 신중함, 기예(技藝), 웅변, 관대함, 귀품을 들 수 있다. '다른 도구'는 부나 명성, 교우, 신(神)의 비밀스런 도움을 얻기 위한 여러 수단들을 의미한다.[13]

실체론적 권력개념은 이데올로기로서 정치권력의 전제성을 강조하는 견해로 통치자의 강제 지배를 중시하며, 피치자의 동의를 경시한다. 또한, 권력은 권력자가 어떠한 가치를 가지고 있기 때문에, 또는 어떠한 가치를 박탈하거나 부여할 수 있는 힘을 가지고 있기 때문에 가지게 된다고 보고 있다. 권력은 하나의 실체(substance)이고 그것은 다른 사람이나 집단을 지배하기 위하여 지배자가 소유하는 물건이며, 권력이란 실체를 장악한 소수자

---

11) Heywood(2004), p. 122.

12) 마르크스를 위시한 서구 좌파 학자들의 권력에 대한 인식도 실체론적 권력개념을 바탕으로 하고 있다. 마르크스주의자로서 풀란차스(Poulantzas)는 마르크스의 지적 전통을 이어 받아 권력을 "어느 한 사회계급이 자신의 특정한 객관적 이익을 실현시킬 수 있는 능력"으로 보고 있다: Nicos Poulantzas, *Political Power and Social Classes*(London: NLB, 1975), 홍순권·조형제 역, 『정치권력과 사회계급』(서울: 풀빛, 1996), p. 124.

13) Thomas Hobbes, *Leviathan*, Edited with Introduction and Notes by Edwin Curley (Indianapolis: Hackett Publishing Company, 1994), p. 50.

가 권력자로 되어 다수의 인간을 지배하고 통제한다고 본다.14) 예를 들어 우리는 '권력을 장악한다', '권좌에 앉는다', '권력을 빼앗겼다' 등의 표현을 종종 쓰게 되는데, 이는 실체론적 권력 개념 하에서 권력관계를 표현하는 말이라 할 수 있다.15)

(2) 관계론적 권력개념

관계론적(關係論的) 권력개념은 영국과 미국 등 앵글로색슨계 학자들이 주장하는 개념이다. 영국의 로크(J. Locke)에 의해 대표되며, 이스턴(D. Easton), 맥키버(MacIver) 등의 학자들이 지지하고 있다. 관계론적 권력개념에서는 치자와 피치자의 상호작용 내지 동의를 중요시하며, 강제를 경시하여 권력을 하나의 실체로 보지 않고 치자와 피치자 사이의 관계로 본다. 이스턴 교수가 정치를 '사회를 위한 가치의 권위적 배분'(authoritative allocation of values for a society)16)이라 하였을 때, 이는 권력을 관계론적 입장에서 본 것으로 사회를 위한 각종의 가치를 창출하고 배분할 수 있도록 피치자의 동의에 의해 지배자에게 통치할 수 있는 권력이 부여 된 것임을 알 수 있다. 관계론적 권력론자들은 권력을 권력자와 그것에 복종하는 사람들과의 사이에 자기 욕구의 충족을 위한 상호 작용의 결과로 보고 장기적으로 피치자의 복종을 확보하려면, 치자와 피치자와의 사이에 어떤 합리적인 상호관계가 맺어져야 한다고 보고 있다.17) 즉, 관계론적 권력개념에서는 실체적 개념과는 달리 권력의 성립 조건에 중점을 두고 있고, 피치자의 동의가 있어야 만이 지배자의 권력 행사가 가능하다고 본다. 이 경우 피치자의 지지가 중단될 경우 권력의 행사권도 중단되는 것으로 국민들이 인식하게 되는 것이 일반적이다.18)

프리드리히(Carl Friedrich) 교수는 위에서 언급한 바와 같이 권력의 실체설과 관계설이 상호 다른 점을 인식하면서 수렴된 권력 개념을 소개하고

14) 이극찬(1999), p, 175.
15) 이범준 · 신승권, 『정치학』(서울: 박영사, 1997), p. 71.
16) David Easton, *The Political System*(New York: Alfred A. Knopf, 1952), p. 129.
17) 이극찬(1999), p. 176.
18) 이범준 · 신승권(1997), pp. 71-72.

있다. 그는 권력을 "지도자와 피지도자가 어떠한 공동 목적의 달성을 위하여 일부는 강제에 의해서 일부는 동의에 의해서 상호간에 서로 결합된 인간관계"19)로 보아 권력에 대한 정의를 보다 균형 있게 내리고 있다. 또한, 사회과학에서 권력을 인간들의 상호관계에서 분석한다는 점을 주목하여 헤이우드(Andrew Heywood)는 권력을 첫째, 다양한 결정과정에 영향을 미칠 수 있는 힘 둘째, 결정이 내려지는 것을 방지 할 수 있는 힘 셋째, 사람들의 생각을 권력자 자신들의 생각이나 언급을 통해 통제하는 힘20)으로 정의 내리고 있다.

3. 정치권력의 본질과 특징

위에서 살펴본 권력이 정치적 기능을 수행하기 위해 조직화될 때 우리는 그것을 정치권력(政治權力, political power)이라 부른다. 정치권력은 일반적으로 국가에 의해 제도화되어 행사되는 경우가 가장 일반적이라 볼 수 있다. 여러 집단에서 보여지는 사회권력과는 대조적으로 정치권력은 가장 조직성이 강하여 국가의 전반에 걸쳐 행사되고 있다는 점에서 국가권력(國家權力)은 가장 전형적인 정치권력이라 볼 수 있다. 국가권력은 정부와 권력 담당자의 의도와 목적을 반영할 뿐만 아니라, 국가와 사회집단·개인 간의 관계로부터 만들어진 여러 기준들(제 규범)도 반영하게 된다.21)

정치권력은 법률에 의해 발생하고(합법성[合法性]), 조직화된 물리적 강제력을 사회와 국가의 유지를 위해 정당하게 사용한다(정당성[正當性])는 점에서 이를 결하고 있는 물리적 강제력으로서 폭력과 구별되고 있다.

넓은 의미에서 정치권력은 사회권력에 속하지만 일반적인 권력과 사회권력과는 다른 특징들을 갖고 있다.

첫째, 정치권력은 일반성(一般性)을 갖는다. 기업의 대표나 조직 폭력배

---

19) Carl J. Friedrich, *Constitutional Government and Politics*(New York: Ginn and Co., 1950), p. 24.

20) 이와 관련하여 Heywood(2004), pp. 122-129 참조.

21) David Held, *Political Theory and the Modern State: Essays on State, Power, and Democracy*(Stanford: Stanford University Press, 1989), p. 74.

의 두목, 각종 모임이나 단체의 장들에 의해 행사되는 사회권력은 자신이 속한 단체에 국한됨에 따라 한계 범위는 제한적이지만 정치권력은 국가의 전 영역에 걸쳐 미치게 됨으로 일반성을 갖는다고 볼 수 있다.

둘째, 정치권력은 영구성(永久性)을 갖는다. 인간 공동체로서 사회가 구성되고 국가가 존속하는 한 정치과정이 지속적으로 발생함에 따라 정치권력 자체는 위기상황에 직면해도 언제나 유지될 수밖에 없다.

셋째, 정치권력은 통합성(統合性)을 갖는다. 정치권력은 사회의 균형과 안정유지를 위해서 국가의 모든 분야를 통괄하여야 함에 따라 통합력을 갖고 있다. 국가의 안정을 위해 행정부의 각 부처와 경찰, 군, 정보기관 등은 통합된 형태로서 정치권력이 유지될 수 있도록 각 분야에서 역할을 담당하고 있다.

넷째, 정치권력은 강제성(强制性)을 갖는다. 사회와 국가의 유지를 위해 정치권력은 강제력을 합법적으로 독점하게 되고, 강제력에 있어서 다른 사회권력보다 포괄적이며 광범위한 영역에서 영향력을 미치게 된다.

4. 정치권력의 발생과 구조

(1) 정치권력의 발생

정치권력의 발생을 논의하기 전에 우선, 일반적인 권력의 발생조건을 살펴 볼 필요가 있다. 각 개개인은 태어나서부터 성장하고 사회생활을 하는 과정에서 아주 다양한 소질상의 차이를 보이게 마련이다. 정신적인 측면에서 뿐 만 아니라 체력이나 재력 등 물질적인 측면에서도 차이가 나게 된다. 개인들이 다 똑같을 수 없는 것이다. 이러한 소질상의 차이가 권력 발생의 근거가 되고 여기에 권력관계는 사회를 유지하고 있는 인간들 간의 관계에서 나타남에 따라 사회적 근거도 뒤따라야 한다. 즉, 사회적 근거로서 사회의 형성과 유지 발전을 위한 필요성이 나타남에 따라 권력이 발생하게 되는 것이다.[22]

---

22) 이극찬(1999), pp, 179-180.

권력의 발생조건과는 다소 상이하게 정치권력은 일반적인 권력관계가 정치적인 것으로 이행됨에 따라 발생하게 된다.[23] 이를 세 가지 측면에서 살펴 볼 수 있다.

첫째, 인간 개성의 다양성으로 인해 상호 마찰이 생길 수 있으므로 이를 조정하기 위해 정치권력이 필요하게 된다. 둘째, 사회집단 내·외에서 집단과 집단 사이, 각 계급 사이, 각 민족 간 갈등 등 긴장상태가 생기게 될 경우 이를 해결할 수 있도록 공권력을 갖고 있는 정치권력이 필요함에 따라 발생하게 된다. 셋째, 이러한 인간개성의 다양성으로 인한 조정뿐만 아니라 사회집단에서의 제 문제들을 조정하고 능률적으로 해결해야 할 수 있는 지도자가 필요함으로써 위의 두 조건과 더불어 상호작용의 결과 정치권력이 발생하게 된다.

(2) 정치권력의 구조

정치권력의 구조는 크게 정치권력의 주체(主體)와 정치권력의 객체(客體)로 나눌 수 있다. 우선 통치자층 혹은 위정자(爲政者)층을 이루고 있는 정치권력의 주체는 권력핵과 권력장치로 이루어진다.

1) 권력주체

권력핵(權力核)은 정치권력의 제일 중심부를 이루며, 권력기구의 원동력이 되고 있다. 대통령제 하에서는 대통령이, 내각책임제 하에서는 수상이 권력핵이 되며 근세국가에서는 절대군주가, 일당독재국가에서는 독재자가 권력핵을 이룬다.

권력장치(權力裝置)는 권력핵을 돕는 보조역할을 하게 되며 행정부, 의회, 군 및 경찰, 정당이 이러한 역할을 수행한다. 권력주체를 기능적으로 분류해 볼 때 이데올로기나 상징입안자들이 권력주체가 된다. 각 당이나 권력핵·권력장치 내부 및 주변의 전략수립자·선전전문가·섭외담당자·교섭담당자, 군 및 경찰 정보기구 등의 물리적 강제기구 담당자 등을 들 수 있다.

---

23) 이와 관련하여 Charles E. Merriam, *Political Power*(New York: Collier Books, 1964), pp. 31-58 참조.

[그림 2-1] 정치권력의 구조

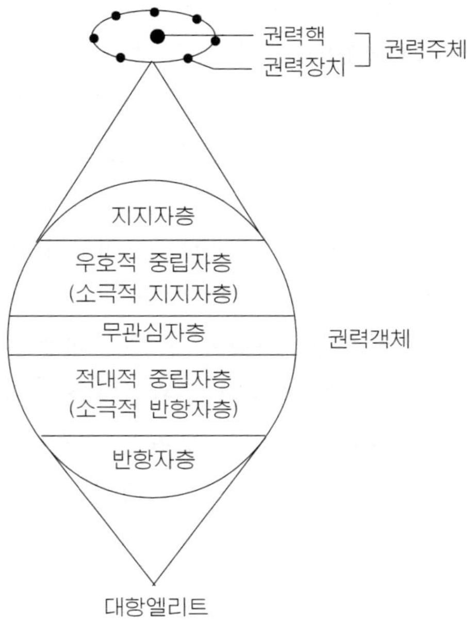

2) 권력객체

피치자 층으로 이루어져 있는 정치권력의 객체는 일반적으로 4개의 층으로 구성되어 있다. 즉, 통치자에 대한 지지자층과 통치자에 대한 반항자층, 중립자층, 무관심자층으로 나눌 수 있다.

통치자에 대한 지지자층은 기존의 정치권력에 대해 고정적으로 지지를 보내는 성향의 그룹을 의미한다. 통치자에 대한 반항자층은 정치권력의 지배이념과 상반되는 견해를 갖고 있으며, 대항대중(對抗大衆)과 지도그룹인 대항엘리트가 여기에 속한다. 이들 내에서도 기존 정치체제를 인정하는 가운데 반항적인 성향을 갖는 체재내적 반항자와 기존 정치체제에 반대하는 반체제적 반항자들로 분류할 수 있다. 중립자층은 권력핵과 권력장치에 대해 소극적으로 지지하는 우호적 중립자층과 소극적인 반항을 하는 적대적 중립자층으로 이루어진다.

여기서 우호적 중립자와 지지자층은 한계가 유동적이라 할 수 있고, 적대적 중립자와 반항자층과의 한계도 유동적이다. 즉, 우호적 중립자층은 설득과 강제 등의 지배수단에 의해 지지자층으로 바뀔 수 있고, 적대적 중립자층은 타 대항대중과 대항엘리트들에 의해 반항자층으로 바뀔 수 있다.

무관심자층은 여론조사에서 정치현상에 대해 '모른다'로 대답하는 D. K. 파(don't know파)로 분류될 만큼 정치문제에 관심이 없는 그룹이라 할 수 있다. 라스웰교수의 분류에 따르면 무관심자층은 정치에 대한 탈(脫)정치적 태도(depolitical attitude), 무(無)정치적 태도(apolitical attitude), 반(反)정치적 태도(antipolitical attitude)를 나타내는 그룹으로 나눌 수 있다.[24] 탈정치적 태도를 나타내는 정치적 무관심자층은 정치에 대해 환멸을 느끼는 그룹이다. 무정치적 태도를 나타내는 정치적 무관심자층은 정치와는 다른 가치나 학문, 예술에 열중함에 따라 무관심을 보이는 그룹이다. 반정치적 태도를 나타내는 무관심자층은 자신이 추구하는 가치가 본질적으로 정치와 충돌하는 무정부주의자(無政府主義者, anarchist), 종교적 신비주의자들이 속하는 그룹이라 할 수 있다.

Ⅱ. 정치권력의 행사

1. 지배수단

정치권력자들은 권력 장악 이후 권력을 유지시키기 위해 여러 가지 지배수단을 활용한다. 이러한 지배수단의 적절한 조합을 통해 지배자들은 통치를 안정적으로 하게 된다. 여러 학자들이 지배의 안정화를 위한 수단에 대해 제시하고 있다. 우선, 라스웰은 『정치학: 누가 무엇을 언제, 어떻게』(Politics: Who gets What, When, How, 1963)에서 '상징'(symbols), '물리적 강제'(violence), '재화'(goods), '책략'(practices)을 지배수단으로 들었다.[25]

---

24) Lasswell and Kaplan, *Power and Society*(New Haven: Yale Univ. Press, 1950), p. 146.

25) Harold D. Lasswell, *Politics: Who gets What, When, How*, 7th edition(Cleveland: A Meridian Book, 1963), pp. 31-79.

메리엠(Ch. E. Merriam)은 자신의 저서인 『체계적 정치학』(Systematic Politics, 1957)에서 지배수단으로 '관습'(custom), '폭력'(violence), '상징과 의식'(symbolism), '합리적 동의와 참정'(rational consent and participation), '전략'(strategy), '지도'(leadership) 등 여섯 가지를 들었다.[26] 프란츠 메링(Franz Mehring)은 독일의 비스마르크가 발포한 사회주의자 진압법, 사회보험입법을 예로 들고 이들을 '채찍'과 '사탕과자'에 비유하여 지배수단을 설명한 바 있다. 결국, 이러한 지배수단은 헬러(Heller)의 지적에 따르면 '설득'과 '강제'로 요약될 수 있다.[27] 즉, 정치권력자는 사탕과자에 해당하는 '설득적 방법'과 채찍에 해당하는 '강제적 방법'을 지배수단으로 활용하여 정치권력을 행사하게 된다.

(1) 설득적 방법

정치권력자들은 설득을 위한 방법으로 합리적 방법, 전통과 관습의 활용, 가치부여 등을 적절히 사용하여 피지배자들에 대한 지배수단으로 삼는다.

1) 합리적 방법

정부백서(政府白書), 정당의 선전문구, 정부나 정부산하 연구소의 각종 조사보고서, 사보 등의 발간을 통해 피치자들이 통치자의 지배타당성을 합리적으로 인정할 수 있도록 하는 방법이다. 이러한 설득방법은 가장 바람직하다 할 수 있다. 그러나 설득을 당하는 대상의 범위가 협소할 수 있다. 왜냐하면 이러한 정보를 접하지 않을 경우 설득을 할 수 없기 때문이다. 또한, 피치자의 정치교육 수준이 높아야 활용 정도가 높다.

2) 전통(傳統)과 관습(慣習)의 활용

치자들은 의식적으로 전통이나 여러 관습을 재편성하여 지배타당성의 근거를 확보하기 위해 노력한다. 즉, 선후배 사이의 활용, 혈연 · 지연 · 학연

26) 이를 위해 Charles E. Merriam, *Systematic Politics*, 4th edition(Chicago: University of Chicago, 1957), pp. 74-117 참조.

27) 이와 관련하여 이극찬(1999), p. 202 참조.

의 활용, 제전(祭典)이나 체육대회를 통한 피치자들의 유대감 고취, 전통의식의 부활, 민족감정의 자극 등을 통해 피치자들이 은연중에 설득을 당하도록 한다. 그러나 전통적인 공동체의 광범위한 존재가 없을 때는 지지율이 떨어질 수 있다.

3) 가치부여

피치자들에 대해 여러 종류의 가치를 부여하여 지배를 정당화하는 방법도 활용된다. 치자들은 경제적 가치부여를 위해 토지개혁, 감세정책 실시, 각종 공공요금의 인하, 빈민층 구제 등을 활용하고, 사회적 가치부여를 위해 각종 훈장, 표창장 등을 수여하여 커다란 경제적 비용을 들이지 않고 아주 손쉽게 피치자에 대한 지지를 유도해 낼 수 있다. 또한 적절한 권력분배 정책도 활용하는데, 이는 사람들의 이기심, 명예심, 허영심에 호소함으로써 지배력을 강화할 수 있는 수단이 된다. 권력분배 정책은 가장 원시적인 방법이지만 유효한 방법에 속한다. 독일의 나치당은 유대인들을 속죄양(scape-goats)으로 만들고 독일 청년들에게 이들을 억압할 수 있는 권력을 줌으로써 독일 청년들이 히틀러에게 충성하는 결과를 낳을 수 있었다.

(2) 강제적 방법

정치권력자는 지배수단으로 설득적 방법을 활용하는 것이 가장 보편타당 하지만 경우에 따라서 강제적인 수단을 활용하여 지배력을 유지하기도 한다. 이러한 강제적 방법에는 가치박탈, 심리적 폭력, 물리적 폭력을 들 수 있다.

1) 가치박탈

반항자나 적대적 중립자에 대해 권력 초기에 주로 사용된다. 새로운 정치권력이 창출되었을 때 정권 초기에 이를 적극적으로 활용하게 된다. 이를 통해 반대세력의 힘을 잠재울 수 있다. 예로 정치권력 초기에 반대세력에 있는 주요 보직자들을 면직시키거나, 정권에 동조하지 않는 경제인들에 대한 강력한 조세정책 실시, 공직자에 대한 승급 및 승진 누락 등을 들 수 있다.

2) 심리적 폭력

피치자들에 대한 공포조장, 과장, 위협 등 조건반사를 이용하여 심리적인 폭력을 가하여 정치권력에 저항하지 못하게 하는 방법이다. 이러한 과장과 위협은 심리적 폭력의 상투적 수단이 되고 있다.[28] 하켄크로이츠 마크를 찬 나치 돌격대(SA)와 히틀러 친위대(SS)가 독일 국민으로 하여금 공포심을 조장하여 히틀러를 지지하도록 한 예가 이에 해당한다. 각종 열병식 및 지지자들의 대중시위 또한 반대파에게 심리적 폭력을 가하는 방법이다. 비밀결사대나 비밀경찰의 존재 사실 자체로부터도 반대파는 심리적으로 위축이 될 수 있다.

3) 물리적 폭력

물리적 폭력에 의한 강제는 역사적 관점에서 볼 때 정치권력의 본질적인 특징이라 할 수 있다.[29] 정치권력자들은 합리적인 지배력의 상실이 짙어질 경우 가장 극단적인 방법으로 물리적 폭력을 사용하게 된다. 이는 정치권력의 최후의 수단으로 활용되는 경우가 많다. 주로 군과 경찰 등 폭력기관을 활용하게 되고, 극단의 경우 생명을 박탈할 정도로 강력한 수단이 되고 있다.

(3) 지배수단의 활용

정치권력자들은 지배수단들을 단독적, 결합적으로 사용하여 피지배자들에 대해 지배복종 관계를 고정화시키려고 노력한다. 이에 따라 권력핵과 권력장치에서는 여러 지배수단들을 활용하여 피지배자들을 반항자→적대적 중립자→무관심자→우호적 중립자→적극적 지지자로 만들어 지배력을 강화할 수 있도록 최대한 노력하게 된다.

대중민주주의 하에서는 강제보다 상징조작을 통한 대중조작이 주로 지배수단으로 활용된다. 즉, 정치권력자들은 여러 상징조작을 통해 대중들 자신이 은연 중에 정치권력을 지지할 수 있도록 한다. 대중조작의 예로 과거 우리나라의 영화관에서 '대한뉴스'를 방영한 적이 있다. 당시의 정치권력자

---

28) 김순규 외, 『정치학의 이해』(서울: 박영사, 2000), p. 88.

29) *Ibid.*

들은 이를 영화관에서 방영함으로써 마음 편히 영화를 관람하러 온 관람객에게 자연스럽게 대통령의 근황이나 치적을 보여 줌으로써 무의식적으로 지도자에 대한 지지를 이끌어 낼 수 있도록 한 것이다. TV 뉴스나 신문, TV 토론 등을 이용하여서도 정치권력자들은 자신의 지배력을 정당화하는 내용을 지속적으로 주지시킬 수 있다. 이뿐만 아니라 정치적 상징으로 군중집회, 퍼레이드, 경제발전 청사진 제시 등도 대중에 대한 정치권력의 지배력을 정당화하는 수단이 되고 있다.

2. 정치적 상징조작

치자는 권력을 유지시켜 가는 수단으로 물리적 강제력뿐만 아니라 피치자 측에 정당화되어질 수 있는 상황을 조성해야 해야 한다. 이러한 상황조성은 상징조작(象徵操作)을 통하여 이루어지게 된다. 지배자들은 상징조작에 능동적으로 개입하며 그것을 통하여 그들의 행위를 합리화하게 된다.

상징이란 대상 자체에 본질적으로 내재해 있거나 그것으로부터 식별할 수 없는 의미를 지시하기 위해 인간에 의해 이용되는 대상을 의미한다. 상징이 될 수 있는 것들로는 말이나 구문, 제스처, 사건, 장소, 사물, 어떠한 유형의 사람을 들 수 있다. 상징은 인간의 의도에 의해 만들어 지게 되며 어떤 대상에 의미를 부과하는 과정에서 산출된다.[30] 이러한 상징을 정치적 의미에서 체계적으로 연구한 사람은 미국의 메리엠이다. 그는 정치적 상징조작을 하는 방식을 크게 두 종류로 구분하고, 권력의 미란다(miranda)와 크레덴다(credenda)라는 측면에서 설명하고 있다. 양자는 정치적 이데올로기나 선전으로서 수단화되는 경향을 갖고 있으며, 특히 메리엠은 권력의 미란다와 크레덴다를 '권력상황의 초석(礎石)'(Credenda and Miranda …… are corner stones of the power situation)이라 했다.[31]

---

30) Charles D. Elder & Roger W. Cobb, *The Political Uses of Symbols*(New York & London: Longman, 1983), 유영옥 역, 『상징의 정치적 이용』(서울: 홍익제, 1993), pp. 51-52.

31) Merriam(1964), p. 134.

(1) 미란다(miranda)

미란다(miranda)라는 용어는 '감탄할 만한'(admirable)이란 라틴어에서 유래한다. 권력의 미란다는 치자와 피치자 상호간의 정서적 공감의 유대를 강화하기 위해 정치권력자들이 인간의 정서적, 비합리적인 요소에 호소하여 권력을 미화시키는 것을 말한다. 권력의 미란다 측면에서 인간심리에 호소하는 '동일화(同一化)의 상징'(symbol of identification)이 활용되고, 권력의 미란다는 뒤르케임(Durkheim)의 이른바 '사회적 연대성(連帶性)'(solidarité)을 강화하는 데 이용된다.[32] 권력의 미란다를 위해 치자는 다양한 상징조작을 하게 되는데, 이러한 예로 정부에서의 각종 국가적 기념일과 기념 기간의 설정, 역사적 장소 및 공공장소 등의 설립, 기념회관 건립, 특정 음악의 장려 혹은 금지, 예술적 의장 제작, 역사와 일화 미화, 국민의례 등 집단적 의식의 장엄한 거행, 시위행진・웅변・음악을 동원한 대중시위 등을 들 수 있다.[33]

정부에서 제정한 각종 기념일을 지배자와 피지배자가 함께 지킴으로써 공감대가 형성되고, 은연중에 지배자는 기념행사를 주관하는 가운데 지배력을 정당화할 수 있다. 지배자가 만들어 놓은 거대한 건축물 앞에 서거나 그곳에 들어가는 피지배자는 그것을 만든 그들의 능력과 힘에 매료되고 그것을 함께 공유한다는 심리에서 지배자와 자신을 묘하게 동일시하며 정치권력자들의 지배력을 자신도 모르게 인정하게 된다. 지배자는 자신이 정치권력을 장악하기 전에는 평범한 인간이었다든지, 국가를 위해 헌신하였다는 점을 강조하기 위해 자신들의 역사와 일화를 미화하게 된다. 이를 통해 지배자는 피지배자와 실은 같은 사람이라는 점을 부각시키며, 권력을 다만 국가와 피지배자들을 위해 사용할 뿐이라는 점을 강조하게 된다. 오스트리아 재상(宰相) 메테르니히(Metternich)는 요한 스트라우스(Strauss)의 왈츠를 장려한 것으로 유명하다. 오스트리아인들은 국민음악인 왈츠를 매일 지배자들과 함께 듣는 가운데 자신과 지배자를 동일시하게 되고, 군주(君主)와 재상의 무단통치에 대한 거부감을 자신도 모르게 잠재우게 된다.

---

32) 이극찬(1999), pp. 210-215 참조.

33) Merriam(1964), p. 111.

(2) 크레덴다(credenda)

크레덴다는 '신념'(信念, credo)이라는 라틴어에 그 어원을 두고 있다. 권력의 크레덴다는 정치권력이 합리화되고 정당화될 수 있는 상황을 조성하는 것을 말한다.[34] 이를 위해 인간의 이성에 호소하는 '합리화(合理化)의 상징'(symbol of rationalization)이 이용되는데, 이는 통상 지성적 수준에서 전개되는 상징으로서 피치자가 의식적으로 정치권력의 정당성을 인정하도록 하는 장치이다. 권력의 크레덴다의 예로 '정부에 대한 존경'(respect for government), '복종'(obedience), '희생'(sacrifice), '합법성의 독점'(monopoly of legality) 등에 의존하여 정치적 상징조작을 통해 다양한 상징들을 창출해 내고, 이를 바탕으로 피치자들이 자발적으로 권력에 대해 지지할 수 있도록 한다.[35] 정치권력자들은 정부백서의 발간, 국정연설, TV 토론 등을 통하거나 피지배자들에 대한 지속적인 교육을 통하여 그들이 정부에 대한 존경심을 갖도록 하며 권위에 대한 복종, 국가에 대한 희생이 중요함을 주입시킨다. 또한, 정부는 정치적인 것이라 불리는 다양한 모양의 사회적인 권위(정책 집행의 권리, 각종 제도를 수정하거나 수립할 수 있는 권리, 유사시 사회질서를 유지할 수 있는 권리 등)를 독점함으로써 피지배자들이 이를 당연한 것으로 받아들이게 하고, 이를 통해서 정치권력자의 지배를 합리화하게 된다.

메리엠은 이러한 미란다와 크레덴다는 철저한 시민교육과정에서 조직적으로 개발되고 있다고 지적하고 있다.[36] 사실 피지배자들은 어린 시절부터 오랜 기간 동안 교육과정을 통하여 미란다와 크레덴다가 자연스럽게 받아들여지도록 훈련되고 있다. 우리는 미란다와 크레덴다가 혼합되어 있는 사회에서 살아가고 있고, 우리의 눈과 귀는 감정과 지능을 따라 훈련되어 궁극적으로 정치권력자들이 피치자에 대해 지배할 수 있는 상황이 만들어 지게 된다.

---

34) 이극찬(1999), p. 215.
35) *Ibid.*, pp. 127-135.
36) *Ibid.*, p. 133.

3. 정치권력의 정통성

피지배자들의 자발적이고 내면화된 동의와 복종이 수반될 경우 정치권력은 정통성(正統性)을 가질 수 있다. 정치권력자들은 폭력이나 강제력에 의해서가 아니라 지배 근거로 정통성을 확보해야 만이 진정한 지배력을 확보했다고 할 수 있다. 이러한 정통성을 어떻게 확보해야 할 것인가는 많은 학자들의 관심의 대상이 되어왔다.[37] 정치권력의 정통성은 '사회적 타당성'(社會的 妥當性)과 '윤리적 정당성'(倫理的 正當性)이 확보되는 가운데 세워질 수 있다. 막스 베버는 지배체제의 정통성을 "사회학적인 관점에서 볼 때 적절한 수준까지 지배체제에 대한 긍정적인 마음가짐이 존재하고, 이에 상응하는 실제적인 행위가 뒤따를 수 있는 가능성"으로 보고 있다. 거의 대다수의 경우 권력자에 대한 복종은 주로 이러한 긍정적인 믿음에 기인한다.[38] 정치권력자들은 정치 권력의 정통성이 있는 경우에야 지배 수단을 활용할 수 있고, 피지배자에 대해 유용하게 지배할 수 있다.

(1) 사회적 타당성

정치권력의 사회적 타당성은 과연 정치권력자가 그 사회에서 통용되는 지배근거를 확보하고 있는지의 타당성을 의미한다. 이러한 사회적 타당성은 역사적으로 상이하고 지역적으로도 상이하게 나타난다. 사회적 타당성에 대한 연구는 막스 베버에 의해 체계적으로 정립되었는데, 그는 지배근거로 3가지 유형을 순수형으로 제시하고 있다.[39]

첫째, 합법적(合法的) 지배를 들 수 있다. 이 경우 지배의 근거가 성문화된 합법적 규칙에 있고, 그 권위의 기초는 이 규칙에 복종을 요구할 수 있는 구속력으로부터 나온다. 근대국가의 관료적 지배가 이에 해당한다.

---

37) 정통성에 대한 정의와 관련하여 Mattei Dogan, "Conceptions of Legitimacy," in Mary Hawkesworth and Maurice Kogan(eds.), *Encyclopedia of Government and Politics*, Vol. I(London: Routledge, 1992), pp. 116-117 참조.

38) Weber(1978), p. 214.

39) *Ibid.*, pp. 215-216.

둘째, 전통적(傳統的) 지배를 들 수 있다. 전통적 지배의 경우 지배의 근거가 개인의 권위에 있는 것이 아닌 전통과 관습에 있다. 무의식적으로 지배자의 권위를 인정하는 사회나 시대에 주로 통용되고 있다. 전통적 사회의 가부장적 지배와 군주적 지배의 경우 흔히 볼 수 있다.

셋째, 카리스마적 지배를 들 수 있다. 카리스마적 지배의 경우 개인의 신비성이나 초인간적인 힘에 대해 권위를 부여하면서 지배의 정당성을 창출하는 형태를 띠게 된다. 이 경우 이성의 판단을 초월하는 개인의 카리스마에 주로 의존한다. 나폴레옹, 무솔리니, 히틀러의 경우를 들 수 있고, 프랑스 5공화국 초기 드골대통령의 지배 유형도 이에 속한다.

막스 베버에 의하면 이러한 3가지의 정통성 유형은 경험적으로 볼 때 여러 나라에서 나타나고 있는데, 대부분 이들 3가지 유형의 조합적인 형태를 띠고 있다. 즉, 역사적으로 위의 3가지 지배 유형에서 순수하게 어느 한 유형에 속한 경우는 없다고 볼 수 있다.[40] 어쨌든 정치권력자들이 피치자에 대한 지배력을 확보하기 위해서 정통성을 갖고 있어야 하는데 보편적으로 시대와 역사적 발전과정마다 다르게 나타나지만, 이들 3가지 유형 중 적어도 한가지의 정통성은 확보하고 있어야만 정치권력에 대한 피치자의 동의와 복종을 얻어 낼 수가 있다.

(2) 윤리적 정당성

치자는 사회적 타당성과 더불어 윤리적 측면에서도 피치자에 대한 정당한 지배력을 확보할 수 있어야 한다.[41] 정치권력자는 통치를 위한 윤리적 정당성을 확보하기 위해 우선 피치자에 대한 대내·외적인 안전과 질서를 보장하여야 한다. 대외적으로는 타 국가나 집단의 공격과 침략을 방지하고, 대내적으로는 사회질서를 안전하게 유지하여야 한다. 둘째, 법과 정의의 원칙하에 민주적으로 국가를 통치함으로써 윤리적 정당성을 확보해야 한다. 셋째, 피치자에 대한 일반복지를 보장하여 최소한의 생활을 보장해 주는 것

40) Wolfgang J. Mommsen, *The Political and Social Theory of Max Weber, Collected Essays*(Cambridge: Polity Press, 1989), p. 47.
41) 김운태, 『정치학원론』(서울: 박영사, 1981), pp. 317-323 참조.

도 윤리적 정당성 확보를 위한 중요한 부분이다.

(3) 정치권력의 정통성의 조건

치자는 이러한 사회적 타당성과 윤리적 정당성을 동시에 확보해야만 그 정치권력의 정통성이 인정될 수 있다. 정치권력의 수립 과정에서 사회적 타당성만 있다고 해서 치자가 피치자에 대한 지배력을 확보했다고 볼 수는 없다. 또한 정치권력이 쿠데타 등 비 합법적으로 탄생하여 치자가 대내·외적 안전과 질서를 보장하고 피치자에 대한 물질적 욕구를 채워주어야 하는 윤리적 정당성을 어느 정도 확보했다 하여도 정통성이 보장되는 것은 아니다. 이에 따라 첫째, 정치권력이 선거 등에 의해 합법적으로 탄생하여야 하며 둘째, 치자가 법과 정의의 원칙하에 타당하게 통치하고, 피치자에 대한 일반복지를 보장하는 등의 윤리적 정당성을 갖고 있어야만 그 정치권력은 온전한 지배력을 확보할 수 있게 된다. 이와 더불어 정치권력자들이 정치 상황을 잘 파악하여 피치자가 필요로 하는 것이 무엇인지를 채워줄 수는 효율적인 통치(효율성: effectiveness, 效率性)[42]를 하여야 그 정치권력의 정통성은 더욱 강화될 수 있다.

Ⅲ. 정치권력의 변동

1. 정치권력의 변동과정

정치체계(政治體系) 내의 모든 변수는 구성 요소에 의해 유기적이고 상호의존적인 형태를 이루고 있다. 정치체계 내 변수들의 끊임없는 작용과 반작용을 거쳐서 정치체계는 안정을 이루게 되고 정치권력도 안정적으로 유지된다. 그러나 이러한 균형과정을 거침에도 불구하고 정치체계가 안정을 이루지 못할 경우 정치권력은 변동할 수밖에 없는 상황에 놓이게 된다.

---

42) 정치학자 Lipset는 정치권력의 정통성 확립을 위해 효율성이 필요함을 처음으로 지적한 학자로 볼 수 있다: Dogan(1992), pp. 122-123.

[그림 2-2] 정치권력의 변동과정

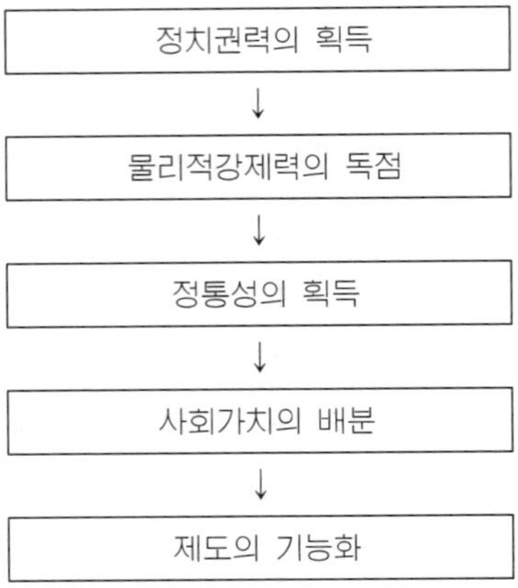

[그림 2-2]에서 보는 것과 같이 일반적으로 정치권력은 다음의 과정을 거쳐 변동이 되고 새로운 정치권력에 의해 정치체계는 새로운 균형에 놓이게 된다.

첫째, 정치권력의 획득 단계이다. 혁명이나 쿠데타, 외국의 점령에 의해 정치권력이 획득 될 수 있고, 합법적인 방법으로 선거를 통해서도 정치권력이 형성되며, 왕정시대의 세습에 의한 권력획득도 이에 해당한다.

둘째, 물리적 강제력의 독점단계이다. 이 단계에서 정치권력자는 우선적으로 물리적 강제력으로서 군대와 경찰을 합리적으로 독점하게 된다. 경우에 따라 정보기관에 대한 독점도 단행된다.

셋째, 정통성의 획득단계이다. 정치권력자는 물리적 강제력을 독점하여 정치적인 기반을 어느 정도 정비 한 후 피지배자에 대한 안정적인 지배력의 유지를 위해 여러 가지 상징조작 과정을 통해 역사적 전통성과 도덕적 정당성을 갖도록 최대한 노력하게 된다. 이 과정을 통해 정치권력의 지지자나 무관심자, 심지어는 정치권력의 반항자들조차도 의식적, 무의식적으로 정치권력에 동조하게 된다.

넷째, 사회가치의 배분 단계이다. 정치권력자는 이 단계에서 안정적인 지배력 확보를 바탕으로 지배자들에 대해 재화와 권력의 일부분을 배분하고 명예도 적절히 배분하게 된다. 정치권력자는 정치권력의 안정적인 지배가 가능할 경우 정치권력의 반항자층에게도 가치배분을 단행할 수 있다.

다섯째, 제도의 기능화 단계이다. 앞에서의 여러 단계를 거치는 동안 정치권력자는 점차적으로 그 권력의 특징을 나타 낼 수 있는 각종 제도를 만들고, 그 제도들을 기능화(機能化)하여 사회를 안정화시키게 됨으로써 정치권력을 유지할 수 있게 된다.

2. 정치권력변동의 제(諸) 양식

정치권력의 변동은 합법적인 방법과 비합법적인 방법으로 나뉘어 진다. 합법적인 정치권력의 변동은 주로 선거를 통해 이루어지고, 비합법적인 변동은 쿠데타와 혁명을 통해서 이루어진다. 여기서는 쿠데타와 혁명을 중심으로 정치권력의 변동에 대해 알아본다.

(1) 쿠데타(Coup d'Etat)

쿠데타는 자각적으로 훈련된 지배세력의 일부가 이미 장악하고 있는 권력을 보다 더 강화시키기 위해 혹은 새로운 정권을 장악하기 위해, 동일한 지배세력 내의 다른 부분을 향해 비합법적, 무력적 수단으로 기습 감행하는 것을 의미한다.43)

쿠데타의 종류로 첫째, 지배자의 내부 대립에 의한 궁정혁명(宮庭革命)을 들 수 있다. 이는 우리나라의 후삼국 시대에 견훤과 궁예의 궁정혁명을 통한 후백제와 후고구려의 건립에서 볼 수 있다. 둘째, 전투정당에 의한 대중적 급습을 통한 정치권력의 변동을 예로 들 수 있는데, 히틀러의 나치당과 무솔리니의 파시스트당의 권력 획득과정에서 볼 수 있다. 셋째, 흔한 예로 군부쿠데타의 경우를 들 수 있다. 군부쿠데타는 근대화를 이루지 못한 신생국가나 제3세계국가에서 흔히 발생하게 된다. 일반적으로 군은 지휘 및 명령계통이 잘 이루어져 있음에 따라 무능하고 부패한 정치권력자들에 대하여 쿠데타를 쉽게 단행할 수 있는 여건에 놓여있기 때문이다.

---

43) 이극찬(1999), p. 227.

쿠데타는 혁명과는 달리 다음의 차이점을 보이고 있다.

① 쿠데타는 주로 상부에 의해 주도되나 혁명은 하부에 의해 주도된다.

② 쿠데타는 단순한 정권담당자의 교체로 볼 수 있으나, 혁명은 이데올로기에 의한 주체의 변혁으로 기존 정치권력의 기능을 완전히 변경시킨다.

③ 쿠데타는 짧은 시간 내에 수도권에서 발생하나 혁명은 일반민중의 지지를 필요로 하며 이데올로기나 사회변혁을 요구하여 국가 전역에서 단행된다.

(2) 혁명(revolution)

혁명(革命)은 피지배계급이 기존의 정치체제를 변혁시키기 위해 정치권력을 지배계급으로부터 비합법적 방법인 무력을 통해 빼앗으려는 정치권력의 교체양식을 의미한다. 혁명(revolution)의 어원은 로마시대 후기에 등장한 라틴어의 'revolutio'에 두고 있다. 이 단어는 '치받음' 혹은 '뒤엎음'(전복: 顚覆, overthrow)을 의미한다.[44] 혁명의 특징을 살펴보면 첫째, 혁명은 정부의 인적 구성에 변화를 가져와 기존 권력자가 축출이 되고, 새로운 권력자의 지배를 합법화시키게 된다. 둘째, 사회의 정치적 조직 형태에 변화가 강요되고 새로운 헌법이 만들어지게 된다. 셋째, 혁명은 사회 전반에 걸친 총체적인 전복(顚覆)이 동반된다. 넷째, 새로운 이데올로기에 의해 새로운 사상이 관철되고 이러한 사상은 신질서의 정신적 근간이 된다.[45] 이러한 측면에서 프랑스혁명은 전형적인 형태로서 근본적으로 프랑스의 사회적·역사적 변화를 정당화하는데 기여했음에 따라 일반적인 혁명의 개념 정의에 커다란 영향을 미쳤다.

혁명은 형태적 측면과 관념적 측면에서 개념 정의를 내릴 수 있다.

첫째, 형태적 측면에서 혁명은 정치적 권력이나 권위의 폭력적 이행(移行), 헌법 혹은 기본법과 같은 법적 질서 형태의 변화, 사회시스템의 변화, 사회구조 특히 계급구조의 변화로 볼 수 있다. 둘째, 관념적·심리적 측면에

---

44) Peter Wende(eds.), *Große Revolutionen der Geachichte*(München: Verlag C. H. Beck OHG, 2000), 권세훈 역, 『혁명의 역사』(서울: 시아출판사, 2004), p. 7.

45) *Ibid.*, p. 9.

서 혁명은 자유의 창설 혹은 사회적 관습의 급격한 붕괴에 의한 사회적 질서의 교란으로 볼 수 있다.[46]

1) 혁명의 원인

혁명의 원인으로 정치적 원인, 경제적 원인, 사상적·심리적 원인을 들 수 있고 이러한 원인이 복합적으로 전개될 때 혁명이 발생하게 된다. 우선, 정치적 원인으로 지배계급의 부패, 통치자의 무능, 지배계층의 폐쇄성, 인민에 대한 억압을 들 수 있다. 정치적 원인 하나만 가지고 혁명이란 정치적·사회적인 심대한 변혁이 발생하지는 않는다. 일반적으로 정치적 원인은 경제적인 영향을 끼치게 되고, 대개 통치자는 정치적 무능으로 재정적인 실정을 가져오게 된다. 이로 인한 심각한 국가의 재정적 위기가 닥치게 되면 국민의 경제적 궁핍이 뒤따르게 되고, 국민은 통치자의 통치력의 정당성을 의심하게 된다. 이와 더불어 국민들은 혁명을 개시하기 전에 사상적·심리적으로 통치력을 부인하면서 사상(思想)의 반란을 일으키게 되고, 이는 최후에 무장반란으로 연결된다.

2) 혁명의 전개과정

가. 기존의 구권력의 변동과정

기존의 구권력은 일반적으로 다음의 과정을 거치면서 변동되고 기존의 권력을 상실하게 된다.

사회적·경제적 변동에 따른 대중의 불만증대→정치권력의 정통성 붕괴(지식인과 대중의 충성심의 전이(轉移))→정치권력의 지배수단의 마비로 인한 대중의 신념체계 동요(動搖)→권력의 핵과 여러 장치의 분해와 함께 권력 내부에서 개혁파 대 수구파의 대립→폭력이 혁명세력으로부터 분출→구권력의 붕괴.

나. 신정치권력의 형성과정

신정치권력은 구권력이 붕괴되는 가운데 다음의 과정을 통해 형성이 된다.

---

46) 이극찬(1999), pp. 231-232.

새로운 권력핵과 장치 형성→피치자의 지지 획득→새로운 정치권력에 의한 일정 기간 동안의 혁명독재 실시→정치권력의 윤리적 정통성 확보→정치적 안정.

많은 학자들이 혁명에 대한 연구를 전개하여 왔는데, 그 중 미국의 사회학자 브린튼(Crane Brinton)은 그의 명저 『혁명의 해부』(The Anatomy of Revolution, 1960)를 통해 영국혁명, 미국혁명, 프랑스혁명, 러시아혁명에 대한 방대한 자료를 바탕으로 연구를 진행하여 일반적이고 세분화된 혁명 모델을 구성하였다. 그의 논의에 따르면 혁명이 발생하고 난 뒤 다섯 국면을 거치면서 혁명이 진행된다. 다음은 프랑스혁명을 중심으로 본 혁명의 다섯 국면이다.

첫째, 혁명의 촉발과 온건파(moderates)의 지배: 이 단계에서 혁명 초기에 온건파가 지배하게 되는데, 1789년 7월 14일 프랑스 혁명이 발생하자 온건파의 주축인 미라보(Mirabeau) 백작 등이 대표로 있는 국민의회(National Assembly, 1789년 6월에 결성됨)는 라파예트(Lafayette)가 기초한 '인권선언'(人權宣言: 인간과 시민의 권리선언)을 발표한다. 연이서 입법의회(立法議會, 1791. 10-1792. 10)를 소집하고 여기서 온건파인 지롱드당(Girondians)이 주도권을 잡게 된다.[47]

둘째, 극단주의자들의 권력 장악: 1792년 9월에 소집된 국민공회의는 국민공회(National Convention)를 세우게 되고 여기서 로베스 삐에르와 마라, 당통 등 극단주의자들이 주도하고 있는 쟈코뱅당(Jacobins)이 주도권을 장악하게 된다. 쟈코뱅당은 지롱드당을 몰아내고 국민공회를 장악하게 된다.[48]

셋째, 공포정치(恐怖政治)의 실시: 이 단계에서는 권력을 장악한 국민공회가 로베스 삐에르를 중심으로 '공안위원회'(Comité de Salut Public)와 '혁명재판소' 등을 기반으로 혁명정부를 수립하고 독재정치를 실시하게 된다. 이때 왕후를 비롯하여 많은 왕족과 귀족, 지롱드당의 인물들이 단두대(guillotine)로 보내졌고, 혁신적인 개혁이 단행되었으며, 주변국으로 구성된 대

---

47) Crane Brinton, *The Anatomy of Revolution*(N. J.: Prentice-Hall, 1960), pp. 135-136.
48) *Ibid.*, pp. 170-171.

프랑스동맹군을 물리쳤다.[49)]

넷째, 테르미도르의 반동(Thermidorean reaction, Thermidor 즉, 혁명력으로 7월에 일어났음으로 붙여짐): 자코뱅당의 공포정치에 대한 국민의 불만으로 국민공회 내의 반대파가 1794년 7월 반격을 가하게 되고, 이때 새로운 지배계급이 탄생하게 된다.[50)]

다섯째, 무단정치(武斷政治)의 실시: 혁명의 반동 작용으로 새로운 지배계급(총재정부수립: 1795-1799)과 피지배계급에 의한 사회 기강의 문란이 뒤따르게 되고, 총재정부에 실망한 유산시민과 농민 등은 질서를 회복할 강력한 지도자를 바라게 된다. 이때 등장하게 된 나폴레옹(Napoléon Bonaparte, 1769-1821)은 결국 1799년 11월 쿠데타를 통해 통령정부(Consulate)를 세우고 독재권을 장악하게 된다. 결국, 일인지배체제가 수립되고 혁명 전의 구체제(ancien régime)로 되돌아가게 된다.[51)] 이를 브린튼은 '혁명의 패러독스'(a paradox of revolution)[52)]라 불렀다.

3) 혁명의 분류

첫째, 혁명 과정에 대한 주 담당세력을 중심으로 혁명을 분류를 할 수 있다. 이 경우 '위로부터의 혁명', '아래로부터의 혁명', '옆으로부터의 혁명'으로 분류된다.

① 위로부터의 혁명: 이는 국민들의 혁명에 대한 의식이 발달하지 않은 상황에서 지배계급이 아래로부터의 혁명을 방지하고 혁명의 성과를 일부나마 부여할 수 있도록 단행하는 불완전한 혁명을 의미한다. 독일의 슈타인(Stein, 1757-1881)과 하르덴베르크(Hardenberg, 1760-1822)의 대개혁을 들 수 있다. 이 두 사람은 아직 의식화 되지 못한 독일인들을 위하여 절대왕정

---

49) Wende(2000), pp. 115-116.

50) Brinton(1960), pp. 215-216.

51) 1796-1797년 북부 이탈리아에서 오스트리아에 승리를 거둔 이후 독자적 비중을 가진 나폴레옹은 국내외 정치에서 영향력을 행사했다. 그는 새로운 대외적 위기와 어려운 국내정치 상황을 배경으로 총재정부를 상대로 쿠데타를 일으키고 제1통령으로 권력을 장악하게 된다. 그는 사회적 변화는 보장했지만 국민의 참정권에 대해서는 우습게 여겨 결국 독제 권력으로 변하게 된다. Wende(2000), p. 118.

52) Brinton(1960), pp. 275-279 참조.

의 개혁을 주장하고 농노제의 철폐, 신공업제도의 확립 등과 같은 대개혁을 단행하여 당시 영국과 프랑스 등에 뒤져 있는 독일의 근대화를 꾀하였다. 우리나라 근대화의 시발점이 된 1894년 갑오경장(甲午更張)도 이에 해당한다.

② 아래로부터의 혁명: 전형적인 혁명의 형태로서 민중 스스로 자각을 하여 단행한 혁명이며, 전반적인 정치체제 및 사회체제의 변형을 가져다주는 혁명을 말한다. 프랑스 대혁명과 영국의 청교도 혁명(1642-1649), 1917년 러시아의 공산화(共産化) 혁명이 전형적인 아래로부터의 혁명이라 할 수 있다. 예를 들어 청교도 혁명에 의해 영국의 절대주의에 종지부를 찍었고, 권리청원(權利請願)에 의해 의회의 동의 없이 국왕이 과세할 수 없도록 하였으며, 불법체포와 감금을 하지 않을 것과 평시에 국왕이 계엄령을 실시하지 못하게 하였고, 개인 주택에 군을 숙박시키지 못하도록 하는 등 제도적 변혁을 이루었다.

③ 옆으로부터의 혁명: 위로부터의 혁명과 아래로부터의 혁명이 발생할 수 있는 상황이 못 될 경우 민중을 토대로 하여 일부 지식계층에 의해서 단행되는 혁명을 말한다. 이 경우에는 전반적인 정치 및 사회체제의 변동이 발생하지 않는다. 우리나라의 4·19혁명을 예로 들 수 있다.

둘째, 영향력에 의해서 혁명을 분류할 경우 급진혁명, 온건혁명, 유산혁명으로 분류할 수 있다.

① 급진(急進)혁명: 전형적인 형태의 혁명으로 민중에 의해 정치체제 및 사회체제에 대한 급진적인 변화를 꾀하기 위해 시도되는 혁명을 말한다. 영국의 청교도혁명과 프랑스 대혁명, 러시아의 공산화 혁명이 이에 해당한다.

② 온건(溫乾)혁명: 급진혁명과 달리 사회의 전반적인 변혁이 아니라 정치권력의 일부가 변하게 되는 혁명을 말한다. 제임스 2세(James II)에 대항하여 국민의 권리와 자유가 규정된 '권리장전'(權利章典)을 마련한 영국의 명예혁명(Glorious Revolution, 1689)과 샤를르 10세(Charles X)가 루이 18세(Louis XVIII)를 이어 독재를 단행하자 자유주의자들이 주동하여 루이 필립(Louis Philip)을 추대한 프랑스의 7월 혁명(1830)을 예로 들 수 있다.

③ 유산(流産)혁명: 이 경우 혁명을 시도하였으나 중도에 실패한 혁명의 경우에 해당한다.

셋째, 혁명의 주체를 중심으로 계급 관계에 따라 혁명을 분류할 경우 유산자계급이 중심이 된 '부르주아 민주주의 혁명'과 노동자·농민이 중심이 되는 '프롤레타리아 사회주의 혁명'을 들 수 있다. 역사상 발생한 대다수의 혁명은 부르주아 민주주의 혁명이라 할 수 있고, 프롤레타리아 사회주의 혁명은 1848년 프랑스에서 발생한 2월 혁명과 1917년의 러시아 혁명을 그 예로 들 수 있다.

(3) 반혁명

반혁명(反革命)은 구지배 세력이 기존의 권력이나 무력을 갖고 구체제의 복귀를 기도하는 운동을 말한다.[53] 이에는 기존 세력의 복고(復古)를 위해 단행하는 발생한 혁명에 대한 반혁명과 혁명이 발생할 것을 예상하여 단행하는 잠재적 혁명위기에 대한 반혁명을 들 수 있다. 영국에서 발생한 청교도혁명에 대항한 찰스2세의 왕조복고(1660년)와 프랑스대혁명에 대한 루이18세의 부르봉왕조 부활(1814년), 제3세계혁명에 대한 미국과 소련의 개입을 통한 반혁명 시도 등이 이에 해당한다.

참고문헌

Ⅰ. 한국문헌

김순규 외, 『정치학의 이해』, 서울: 박영사, 2000.

김운태, 『정치학원론』, 서울: 박영사, 1981.

이극찬, 『정치학』, 제6판, 서울: 법문사, 1999.

이범준·신승권, 『정치학』, 서울: 박영사, 1997.

Ⅱ. 외국문헌

Barnes, Barry, "Power," in Richard Bellamy(eds.), *Theories and Concepts of Politics*, Manchester: Manchester University Press, 1993.

53) 이극찬(1999), pp. 238-240 참조.

Brinton, Crane, *The Anatomy of Revolution*, N. J.: Prentice-Hall, 1960.

Dogan, Mattei, "Conceptions of Legitimacy," in Mary Hawkesworth and Maurice Kogan(eds.), *Encyclopedia of Government and Politics*, Vol. I, London: Routledge, 1992.

Easton, David, *The Political System*, New York: Alfred A. Knopf, 1952.

Elder, Charles D. & Roger W. Cobb., *The Political Uses of Symbols*, New York & London: Longman, 1983, 유영옥 역, 『상징의 정치적 이용』, 서울: 홍익제, 1993.

Friedrich, Carl J., *Constitutional Government and Politics*, New York: Ginn and Co., 1950.

Fromm, Erich, *Escape from Freedom*, New York: The Hearst Corporation, 1972, 이상두 역, 『자유에서의 도피』, 서울: 범우사, 1985.

Garth, H. H. and C. Wright Mills(eds.), *From Max Weber*, New York: Oxford University Press, 1972.

Held, David, *Political Theory and the Modern State: Essays on State, Power,* and Democracy, Stanford: Stanford University Press, 1989.

Heywood, Andrew, *Political Theory: An Introduction*, N. Y.: Palgrave Macmillan, 2004.

Hobbes, Thomas, *Leviathan*, Edited with Introduction and Notes by Edwin Curley, Indianapolis: Hackett Publishing Company, 1994.

Isaac, Jeffrey, "Conceptions of Power," in Mary Hawkesworth and Maurice Kogan(eds.), *Encyclopedia of Government and Politics*, Vol. I, London: Routledge, 1992.

Lasswell, Harold D., *Power and Personality*, 2nd edition, New York: Compass Books Edition, 1963.

———, *Politics: Who gets What, When, How*, 7th edition, Cleveland: A Meridian Book, 1963.

Lasswell and Kaplan, *Power and Society*, New Haven: Yale Univ. Press, 1950.

Merriam, Charles E., *Systematic Politics*, 4th edition, Chicago: University of Chicago, 1957.

———, *Political Power*, New York: Collier Books, 1964.

Mommsen, Wolfgang J., *The Political and Social Theory of Max Weber*, Collected Essays, Cambridge: Polity Press, 1989.

Morgenthau, Hcans J., *Politics among Nations*, 5th edition, New York: Alfred A. Knopf, 1973.

Poulantzas, Nicos, *Political Power and Social Classes*, London: NLB, 1975, 홍순권·조형제 역, 『정치권력과 사회계급』, 서울: 풀빛, 1996.

Weber, Max, *Economy and Society*, Vol. 1, Edited by Guenther Roth and Claus Wittich, Berkeley: University of California Press, 1978.

Wende, Peter(eds.), *Große Revolutionen der Geachichte*, München: Verlag C. H. Beck OHG, 2000, 권세훈 역, 『혁명의 역사』, 서울: 시아출판사, 2004.

제3장 근대국가의 형성과 특질

최 병 덕*

Ⅰ. 근대국가의 형성과 발전

1. 국가의 역사적 기원

우리는 누구나 특정한 국가(國家)에 소속되어 삶을 살아간다. 물론 그것은 스스로 선택한 것이라기보다는 태어나면서부터 이미 주어진 것이라 할 수 있다. 또한 그것으로부터 벗어나고 싶어도 벗어날 수가 없다. 우리는 국가가 설정한 범위 내에서 삶을 시작하고 삶을 종결한다. 이러한 의미에서 국가란 우리의 삶에 있어서 필연적인 것이라 할 수 있다. 이러한 국가는 1장에서 정치학의 일반적 개념이 '국가나 정부기구의 구성 및 정치적 절차에 관한 체계적 연구'라고 언급한 것에서 알 수 있듯이 정치학의 핵심적 연구대상의 하나이다. 그렇다면 이 국가는 도대체 무엇이고, 언제, 어떻게 형성되어, 어떻게 발전해 왔을까?

최초의 국가가 언제 어디서 생성되었는가에 대한 정확한 기록이 없기 때문에 우리는 그것을 정확하게 파악할 수 없다. 그렇지만 지금까지의 연구에 의하면 국가는 인류생활의 자연사적 조건 그 자체가 아니라 인류사 발전의 특정 단계에 출현한 역사적 현상이라 할 수 있다. 인류가 혈연적 씨족관계 내지 친족관계를 중심으로 원시적 공동체를 이루면서 수렵채취생활(狩獵採取生活)을 하던 시기에는 아직 국가라는 '사회의 특수한 강권적 권력체'가 출현하지 않았다. 일반적으로 국가는 인간집단들이 특정 지역에 정주함으로써 농업과 목축이 발전하기 시작한 인류사의 '부족공동체'나 '부족연맹체' 발

* 경북대학교 정치외교학과 강사.

전단계에, 과거의 친족관계에 기반하였던 사회집단들 사이에 새로운 신분적·계급적 관계 및 권력의 위계질서(位階秩序)가 출현하면서 형성되기 시작한 것으로 파악된다. 이 때 국가 출현의 가장 일반적인 사회적 기초로서 작용한 것은 '잉여노동'(剩餘勞動)의 성립인데, 이를 통해 공동체의 특정 집단이 공적 업무를 전담하는 사회의 특수층으로 자립하였다. 이에 기초하여 국가는 대내적으로는 공동체 전체의 공적 업무를 수행하고 신분적·계급적 질서가 만들어내는 사회적 갈등을 규제함으로써 사회통합을 이루어 나가는 과정에서, 그리고 대외적으로는 한 공동체가 다른 공동체들을 정복하고 지배권을 확립시켜 나가거나 또는 다른 공동체의 위협으로부터 자신의 공동체를 방어해 나가는 과정에서 형성·발전하였다.[1)]

이와 같이 국가는 인류사 발전의 특정한 단계에서 형성되었다. 그렇다고 하더라도 현대 정치의 보편적 현상인 국가가 어떻게 형성되었는지는 여전히 의문스럽다. 이러한 문제에 해답을 제공하기 위해 학자들은 다양한 학문 분야에서의 연구성과를 토대로 국가의 기원을 여러 가지로 추측하고 있다. 국가가 어떻게 형성되었는가를 설명하는 대표적 이론으로는 신권설(神權說), 사회계약설(社會契約說), 자연설(自然說), 족부권설(族父權說), 실력설(實力說), 계급설(階級說) 등이 있다.

(1) 신권설(divine theory)

이 이론은 신의설(神意說)이라고도 하는데, 국가의 발생 근거를 신의 의지에서 찾는다. 국가의 기원에 관한 가장 오래된 학설이다. 국가는 신이 정하여 만들었다는 사상은 동서양을 막론하고 고대사회에서 유행하였다. 고대 동양의 천명사상(天命思想)에서는 하늘의 아들인 천자(天子)가 하늘의 뜻에 의해 천하(天下)를 다스리는 것으로 보았다. 서양에서는 초기 헤브라이인들이 신(Lord)이 그들의 국가를 만들었다고 생각했고, 초기 기독교에서도 신이 인간의 원죄에 대한 벌로서 인간에게 부여한 것이 지상국가(地上國家)라고 생각하였다.

1) 서울대학교 정치학과교수 공저, 『정치학의 이해』(서울: 박영사, 2002), p. 151.

서양의 중세기에도 국가의 통치권이 하나님으로부터 직접 세속군주에게 부여되었는가 아니면 로마 교황을 통해 간접적으로 부여되었는가의 논쟁이 있었지만, 신권설은 의심의 여지없이 받아들여졌다. 특히 프로테스탄트 종교개혁은 군주권이 하나님으로부터 직접 민족 단위의 군주에게 부여되었다는 주장을 강화하였다. 이에 많은 군주들이 국가가 신권(神權)에 입각하여 만들어졌을 뿐 아니라 그들 스스로가 '하나님의 은총(恩寵)에 의하여' 국가를 지배하고 있다고 주장하게 되었다. 17세기 영국의 스튜어트 왕조와 18세기 프랑스의 부르봉 왕조 시대에도 군주의 권한은 신으로부터 직접 부여받은 것으로 여겨졌는데, 영국의 제임스 1세는 "군주는 지구상의 신의 영상이며, 전지전능한 존재"라고 하였고, 프랑스의 루이 14세는 "짐은 곧 국가이다"라고 하였다. 1815년 신성동맹을 맺은 국왕들도 '신의 계시(啓示)'로 통치한다고 주장하였다.[2)]

이와 같은 신권설에 의하면 국왕은 신이 하늘에서 지상으로 보낸 대리자이므로, 신성불가침한 고귀한 존재이고 국민이 절대 복종해야 할 존재이다. 그러므로 폭군(暴君)일지라도 오로지 신만이 처벌할 수 있기 때문에 국민의 혁명권(革命權)을 인정하지 않고, 군주의 절대권력을 정당화하는 데 기여했다. 그러나 17·18세기에 사회계약설이 대두되면서 절대군주권의 존립기반이 무너지기 시작하였고 동시에 신권설도 미신적인 것으로 비판을 받았다.

그럼에도 불구하고 신권설은 최고의 도덕적 가치를 신의 창조물인 국가에 부여함으로써 통치자로 하여금 신을 두려워하게 하는 사상을 고취시켰고, 통치자에게 기독교 정신에 입각한 통치와 신에 대한 도덕적 의무를 강조함으로써 권력의 도덕화에 어느 정도 긍정적 기여를 하기도 하였다. 동양적 사고에서 천명덕치(天命德治)나 '민심(民心)이 천심(天心)'이라는 사상도 같은 맥락에서 이해할 수 있다.

(2) 계약설(contract theory)

계약설은 국가의 기원을 지배자와 피지배자간의 계약(契約)에서 찾는 이

---

2) James Garner, *Introduction to Political Science*(New York: American Books, 1928), p. 89.

론이다. 이 이론에서는 자유롭고 자발적인 개인들이 자기 의지에 의하여 공동체를 구성하고, 그 구성원들의 합의(合意)에 의하여 공동체(국가)의 권력을 특정인에게 위임(委任)하여 통치하도록 함으로써 국가가 형성되었다고 한다. 그러므로 계약설은 주권이 왕에게 있다는 신권설과는 달리 주권의 원천이 인민에게 있다고 보면서 지배자가 피지배자의 동의(同意)에 의해 통치해야 한다고 주장한다. 이는 그 내용에 따라 군민통치계약설과 사회계약설로 구분된다.

군민통치계약설(君民統治契約說)은 왕권신수설에 근거하고 있으면서도 군주의 절대권력을 견제하고 그것에 대항해서 신민(臣民)의 자유를 옹호하기 위해 제기된 이론이다. 모든 권력은 신으로부터 유래하는데, 그것이 군주가 아니라 피치자인 인민에게 직접 귀속되었다가, 인민들이 선정(善政)을 조건으로 군주에게 위임했다고 한다. 그러므로 군주가 인민을 불법으로 억압하고 폭정을 할 경우에 인민이 군주에 대한 복종을 철회하고 폭군을 추방할 권리가 있다고 주장한다.

사회계약설(社會契約說)은 17세기 후반에 등장한 이론으로 국가 성립 이전의 자연상태(自然狀態)에서 살던 자유롭고 평등한 인간이 상호간의 필요에 의해 계약을 맺음으로써 국가가 형성되었다는 것이다. 인간이 계약을 통해 자연상태에서 벗어나 공동체를 형성하게 된 것은 그들 개개인의 천부적(天賦的) 자유와 재산을 보호받고 외부집단의 침입이나 약탈을 공동으로 방어하기 위함이다. 이러한 목적을 달성하기 위해 그들은 정부를 조직하고 이에 복종할 것을 서약하게 되었다. 그러므로 조직된 정치권력은 인민의 자유를 보장하기 위해 존재하는 것이다. 만약 그렇지 않고 폭정을 행사한다면 그러한 지배에 복종할 의무가 없다는 것을 의미한다.

사회계약설을 주장한 대표적인 사상가는 홉스(T. Hobbes, 1588~1679), 로크(J. Locke, 1632~1704), 루소(J. J. Rousseau, 1712~1778)인데, 이들은 인간의 본성, 자연상태, 계약 후의 통치형태에 대해서 서로 다른 견해를 제시함으로써 근대국가 형성과정에서 서로 다른 사상적 기초를 제공하였다.

홉스는 인간의 본성을 악(惡)한 것으로 보았기 때문에 자연상태를 비참한 상태로 묘사하였다. 인간은 이러한 비참한 상태를 극복하기 위해 자발적으로 계약을 맺으면서 국가를 형성하게 된다. 이 때 인간들은 자신의 모든 자연권을 통치자에게 위임하게 되므로 통치자는 절대적이고 무제한적인 권력을 가지게 되었다고 한다. 이러한 논리는 근대국가 형성과정에서 절대군주의 권한을 옹호하였다. 반면에 로크는 인간의 본성을 선(善)한 것으로 보면서 자연상태를 평등하고 자유로운 상태로 묘사하였다. 그러나 개인의 자유, 재산, 생명과 같은 개인의 불가양적 기본권을 보장할 필요가 있기 때문에 개인의 자유의지에 의한 계약을 통해 국가를 형성하게 되었다고 한다. 계약시 국가생활에 필요한 자연권의 일부만을 통치자에게 위임하였기 때문에, 통치자는 제한된 권력을 가지게 된다. 그러므로 계약을 위반한 통치자에 대해서는 국민이 반항하여 혁명을 일으킬 수 있다고 주장하였다. 이 이론은 의회정치와 시민의 권익을 옹호하는 입장에서 근대 민주주의의 발전에 기여하였다.

루소는 인간의 본성을 순수하고 선한 것으로 보면서 자연상태에서도 인간은 행복하게 살 수 있다고 하였다. 그도 계약을 통해 국가가 성립한다고 하였다. 그러나 계약에 의해 주권이 통치자에게 위임된다는 홉스나 로크의 주장과는 달리 그것이 여전히 국민 전체의 권리로 남는다고 주장한다. 즉 그는 인민 상호간의 계약을 통해 국가를 형성하였지만 주권은 통치자가 아니라 여전히 국민(國民)에게 남아 있는 것으로 보았다. 그래서 국민이 복종해야 할 대상은 통치권이 아니라 인민주권이라 하였다. 개인과 정부의 계약은 오직 일반의지(一般意志, general will)에 의하며 정부는 단순히 국민의 일반의지를 집행할 뿐인 것이다. 그래서 루소는 모든 인민의 정치 참여를 주장하였고, 정치적 권위가 모든 인민에 의하여 직접적으로 행사되지 않는 한 정당성이 없다고 하여 직접 민주정치를 제창하였다. 또한 국민의 의사에 반하는 정부에 대해서는 국민이 저항할 권리가 있음을 강조하였다.

이러한 계약론은 17・18세기의 유력한 정치사상으로 존재하면서 근대국가 형성에 이론적 기여를 하였다. 특히 통치자와 피치자간의 권리와 의무관계, 보호와 복종관계를 정립함으로써 근대 입헌국가 창설에 유리한 이론적 무기를 제공하였다. 그러나 19세기에 들어와 벤담(Bentham), 메인(Maine), 그린(Green) 등에 의해 국가 성립 이전의 자연상태는 역사적으로 증명할 수 없는 가정에 불과하며, 국가를 인위적 창조물로 본다는 점에서 다분히 공론적(空論的)이라는 비판이 제기되었다.[3)]

(3) 자연설(natural theory)

자연설은 인간의 사회성(社會性)을 강조하면서 국가의 기원을 설명하는 이론이다. 인간은 본성적으로 정치적 동물이기 때문에 자연적으로 공동체를 형성하게 되는데, 그 공동체의 공식적 조직체가 바로 국가라고 설명한다. 즉 국가는 사람들이 공동체(共同體)를 형성하려는 자연스러운 경향의 산물인 것이다.

고대 그리스에서는 국가를 인간과 불가분의 관계에 있는 것으로 생각하면서 그것을 인간의 생존에 필수적 요소로 보았을 뿐만 아니라, 선한 생활을 실현하는 수단으로 보았다. 아리스토텔레스(Aristoteles)는 『정치학』에서 인간은 태어나면서부터 정치적 동물이며, 국가를 통해서만 자기의 소질과 능력을 충분히 발휘할 수 있다고 주장하였다. 그리고 국가를 떠나서 존재할 수 있는 것은 오로지 신과 짐승뿐이라고 하였다.

근대사회에서도 역사적 과학적 연구에 힘입어 국가가 자연적으로 발생하여 성장해 왔다는 생각이 전개되었다. 많은 사람들이 국가를 살아있는 유기체(有機體)로 보면서 보다 저급한 상태에서 고급의 상태로 진화해 왔다고 생각했다. 19세기 후반의 영국 이상주의학파는 국가가 인간의 필요성에 의해 자연발생한 것이지 인위적 창조물은 아니라고 하면서, 국가는 선한 생활을 지향하는 진보의 힘이라는 아리스토텔레스의 생각을 재생시켰다.[4)] 또한 라스키(H. Laski)는 "인간은 본능적으로 사회를 형성하려는 동물, 즉 같은 동물과 동거하려는 욕망을 갖고 있다"고 말함으로써 인간의 사회성이 동기가 되어 자연적으로 국가가 형성된다고 주장하였다.[5)]

이와 같이 자연설은 인간은 본성적으로 정치적 동물이며, 공동생활을 희

---

3) 이범준 · 신승권, 『정치학』(서울: 박영사, 1996), p. 61.

4) John R. Rodman, *The Political Theory of the T. H. Green*(New York: Appleton Centuny Crofts Inc., 1964).

5) 이범준 · 신승권(1996), p. 62.

구하기 때문에, 이러한 본성의 정치적 자각을 통해 국가가 자연적으로 발생·성장하였다는 이론이다. 이 자연설은 현존(現存)하는 모든 것은 존재할 만한 가치가 있기 때문에 존재한다는 논리에 근거하고 있다. 국가도 존재가치가 있어서 발생했고 또 현실적으로 존재할 가치가 있기 때문에 존재하는 것으로 본다. 그러므로 이 이론은 매우 보수적인 입장에서 현존하는 제도와 사회관계에 정당성을 부여하면서 그것을 유지시키려 한다.

(4) 족부권설(patriarchal theory)

족부권설(族父權說)은 가부장권설, 혈통설 혹은 역사적 진화론 등으로 불리기도 한다. 이는 국가의 기원을 가족에서 찾는 이론으로 국가는 가족(家族)이 역사적으로 진화 내지 확대되어 성립된 것으로 본다. 고대 그리스의 아리스토텔레스(Aristoteles)는 국가를 가족과 부족의 결합으로 보면서 국가는 가족의 복수이고, 국가권력은 가장권(家長權)이 확대된 것으로 보았다. 족부권설을 체계적으로 파악한 메인(Maine)은 사회의 초기 형태는 가장권을 중심으로 하는 가족이었는데, 이 가족들이 모여 씨족을 이루었고, 씨족들이 모여 부족을 형성하였으며, 부족들이 결합하여 국가가 성립하는 것으로 보았다.[6]

족부권설은 고대국가의 형성 이래 근대 민족국가가 형성되는 과정을 실증적으로 증명하려는 논리로써 어느 정도 설득력을 가진다. 인간의 자기 보호본능은 매우 강렬하나 개인으로는 충분한 방어능력을 가지고 있지 못하기 때문에 외부로부터의 위협에 보다 효과적으로 대처하기 위해서 공동체의 필요성을 느끼게 되었고, 그것이 국가라는 단계까지 발전되었다고 한다.[7] 국가의 일차적 기능이 국민의 보호기능이라는 증거가 역사적 자료나 오늘날의 정치제도 분석에서 증명되고 있다. 족부권설은 이러한 동기분석을 통해 가족에서 국가로의 이전과정을 설명한다는 점에서 가장 설득력 있는 국가기원설로 지지를 받고 있다.

---

6) Henry Maine, *Ancient Law: Its Connection with the Early History of Soceity and Its Relations to Modern Ideas*, Rev. ed.(New York: Dutton, 1963).

7) Leslie Lipson, *The Great Issues of Politics*(Englewood Cliffs, New Jersey: Prentice-Hall, 1970), pp. 59-60.

그러나 많은 가족이 모여 국민을 형성한다고 하더라도 가족과 국민은 본질적으로 동일할 수 없으며, 그 연장적 형태일수도 없다. 가장권과 군주권도 동질적인 것이 아니며, 실제로는 상호 충돌할 수 있는 것이다. 이렇게 보았을 때 이 이론은 군주가 그 지배의 편의를 위해서 그의 지배권을 의사(擬似) 가장권으로 내세워 신민을 설득하고 그의 비(非)온정적, 강제적 지배를 온정적 가장권이라는 명분으로 합리화하여 자신의 지배를 정당화시키려는 논리라 할 수 있다.

(5) 실력설(theory of force)

실력설(實力說)은 정복설(征服說)이라고도 하는데, 약육강식(弱肉强食)의 논리를 자연스럽게 받아들여 강자가 약자를 대상으로 자신의 권력을 제도화시키는 과정에서 국가가 탄생했다는 입장이다. 즉 선사시대 이래 우월한 종족이 인종적 우월감이나 경제적 이익을 취하기 위하여 이웃의 다른 종족을 무력으로 굴복시키고 그들을 피지배자의 신분으로 전락시켜 지배하는 과정에서 국가가 발생했다고 한다.

이 이론은 독일의 사회학자인 굼플로비츠(L. Gumplowitz, 1838~1909), 오스트리아의 정치학자이자 사회학자인 라첸호퍼(G. Ratzenhofer, 1842~1904), 독일의 경제학자이자 사회학자인 오펜하이머(F. Oppenheimer, 1864~1943) 등이 주장하였다. 이들은 투쟁의 단위를 종족으로 보고 투쟁의 동기를 종족적 감정이나 경제적 이익에 두면서 혈연의 이질성에 의한 종족투쟁의 결과로 승리자가 통치종족으로서 지배계급이 되고, 패배자가 피통치종족으로서 피지배계급이 되면서 국가가 성립된 것으로 보았다. 19세기의 사회진화론에서도 강자가 약자를 정복한 결과 국가가 형성된 것으로 보았다.

실력설은 모든 국가의 성립 계기를 설명하는 것은 아니지만, 인간사회뿐만 아니라 동물세계에서 약육강식의 현상은 부정할 수 없는 것이라고 볼 때 상당한 논리적 근거를 가진다고 할 수 있다. 사실 역사적으로 보아도, 대부분의 국가들이 이러한 실력이나 정복에 의해 성립되었다.

이 실력설은 국가가 실력의 행사라는 불의(不義)에 근거하여 발생한 것으로 본다는 점에서 국가비판론(國家批判論)의 근거가 되었다. 국가의 기원을 논하는 초기에 다수의 학자들은 실력설에서 말하는 것과 같이 강자가 약자를 정복하여 약자를 유린한 채 국가의 정통성을 위장하였다고 보면서 국가를 악으로 해석하였다. 그러나 동시에 힘의 논리를 찬양하여 '힘이 정의'라는 관념에 입각하고 있기 때문에 국가우월주의(國家優越主義)의 이론적 토대가 되기도 하였다. 19세기 후반의 독일의 민족주의 이론가들은 물리적으로 강력한 국민을 최선의 국민으로 보았고, 힘으로서의 국가는 도덕적인 규범을 초월하고 사회의 모든 집단보다 우월한 것으로 보았다.

(6) 계급설(theory of class)

계급설(階級說)은 착취설(搾取說)이라고도 한다. 마르크스(K. Marx)와 엥겔스(F. Engels)에 의해 주장된 이론으로 생산력의 증대와 사회적 분업의 결과로 발생한 계급적 지배와 경제적 착취를 위한 지배력이 필요했을 것이라는 가정에서 국가기원을 경제적 관점에서 설명한다. 즉 이들은 노동(勞動)을 사회적 관계를 형성하는 핵심으로 보고, 그러한 노동의 분업형태(分業形態)와 생산수단의 사유화를 공동으로 관리하는 부서가 필요하게 되면서 국가가 등장한 것으로 본다. 이러한 국가는 유산자계급이 무산자계급을 정치적으로 억압하면서 경제적으로 착취하기 위한 도구로 인식될 뿐이다.

엥겔스는 『가족, 사유재산, 국가의 기원』에서 원시적 혈연사회의 진화에서가 아니라 일정한 단계의 경제적 발전이 국가 성립의 계기가 되었다고 한다. 그는 혈연적인 원시공동체 사회에서 사회적 분업으로 계급이 발생하고 상품생산(商品生產)과 교환(交換)을 통해 빈부의 격차가 심해지면서, 종족의 수장이나 전쟁지도자의 귀족정치가 성립하였는데, 이 때 세습적 관직귀족이 하층계급을 억압하고 착취하여 노예노동에 의한 잉여물자를 생산할 수 있는 일정한 경제적 관계에서 국가가 발생하였다고 주장하였다. 따라서 노예의 이용가치가 인식되고 경제적 착취에 의한 효용이 인식된 뒤에 비로소 국가가 발생된 것으로 본다.

원시시대에서 인간은 단순한 도구를 사용했기 때문에 노동도 단순하였다. 점차 도구와 기술이 발달함에 따라 분업이 생기고, 생산력은 더욱 발달하게 되었다. 그 결과 점차 사유재산이 형성되고 분업도 고도화되었다. 분업에서 자유시간을 가지게 된 자는 직접 생산노동에 종사하는 데서 해방되어 공동사무를 처리하는 역할을 담당하게 되는데, 바로 이 과정에서 정치가 발생하게 된다. 즉 생산력이 낮은 단계에서는 지배하는 집단이 발생하지 않았지만 사회가 점차 사유재산이 생기는 소유와 비소유자 관계로 발전함에 따라 지배계급이 등장하게 되는데, 이 과정에서 국가가 필연적으로 발생하게 되었다.[8)]

원시 사회인에게 타인의 노동을 착취하려는 경제적 타산이 있었겠느냐는 의문도 있다. 하지만 인간의 본능적 욕망에 의해 원시사회에서도 합법적 고용관계를 전제로 하는 자본주의 사회와는 다르지만 정복이나 힘에 의해 약탈(掠奪)하는 방법을 채택했을 수도 있다. 계급설에서 주장하는 것처럼 경제적 착취를 위한 지배력이 필요했기 때문에 국가가 형성되었을 수도 있다. 그러나 모든 국가가 노예제도를 가졌던 것은 아니었다. 그러므로 국가를 본질적으로 유산자계급이 무산자계급을 정치적으로 억압하고 경제적으로 착취하기 위한 도구로만 볼 수는 없다.

2. 근대국가의 형성

앞에서 본 국가의 기원에 대한 다양한 이론들은 각기 국가 발생의 한 측면을 설명하거나 특정 국가의 발생기원을 해명하고 있을 뿐, 국가일반(國家一般)의 기원을 보편적으로 설명하는 것은 아니다. 역사상 존재했거나 현재 존재하고 있는 국가들을 보면, 단일한 요소가 아닌 다양한 요소들의 작용에 의해 형성되었고, 역사적・문화적 상황에 따라 다양한 경로를 통해 발전해 왔다.

그러나 근대에 와서 국가의 발전과정은 하나의 과정으로 귀결된다. 즉 국가의 발전과정이 국가의 요소가 명확하게 갖추어지고 국가의 본질에 대한 명확한 인식이 형성된 근대국가(近代國家)라는 단일과정으로 수렴되었다. 근대국가란 국가권력과 다른 사회권력들과의 분리에 기초하여 물리적

---

8) 김용욱, 『정치학』(서울: 법문사, 2002), pp. 50-51.

강제력의 행사를 합법적으로 독점하는 사회의 유일한 강권적 권력체로서 등장하면서 '사회 구성원 모두로부터 분리된', '사회의 곁·위에서 세워진' 특수한 공적 권력체의 형태로 출현하였다.

그렇다면 이러한 근대국가는 언제, 어떻게 형성되었을까? 대부분의 논자들은 근대국가 출현의 기원을 16세기 유럽에서 발생했던 봉건제로부터 절대주의로의 역사적 이행에서 찾는다. 이 이행은 권력의 원천과 소재가 다중적인 사회로부터 단일한 정당화 구조에 근거한 사회로의 이행이었다.

봉건제는 영주에 대한 개인적 충성이라는 유대관계에 기초한 피라미드적 구조의 사회구성체를 형성하고 있었다. 그러므로 권력이 군주에게 집중되어 있는 것이 아니라 군주 휘하의 위계를 달리하는 여러 귀족들에게 분산되어 있었다. 또한 봉건적 질서에서는 종교적 질서에 적용되는 별도의 권력과 권한이 존재했다. 이러한 다중심적이고 다원적인 권력구조로부터 통합된 사회질서를 관장하는 단일한 권력구조로 이행되면서 근대국가가 형성되었다.[9] 이러한 과정을 포기(G. Poggi)는 사적 통치에서 공적 통치로의 이행(shift from private to public rule), 베버(M. Weber)는 개인적 통치에서 비인격적 통치로의 이동(shift from personal to impersonal rule), 그리고 틸리(C. Tilly)는 간접통치에서 직접통치로의 이동(shift from indirect to direct rule)이라고 표현했다.[10]

봉건제도는 군주로 대표되는 국가가 기사 혹은 봉신(vassal)들에게 군사적 복무에 대한 대가로 토지를 제공하는 관계로 이루어져 있었다. 토지를 부여받은 귀족들은 국가에 대한 군사적 의무 이외에 농민들로부터 추출한 세금을 국가에 제공하는 재정적 서비스를 함께 담당했다. 이렇게 국가가 세금과 군사를 토지귀족에게 위탁한 봉건체제의 권력은 상당히 분권화되어 있었다. 중세의 봉건국가는 사회에 직접 침투할 능력이 결여되어 있었기 때문에 토지귀족이라는 대리인에 의존하여 세금과 국방을 담당하게끔 하였다.

---

9) 크리스토퍼 피어슨, 박형신·이택면 역, 『근대국가의 이해』(서울: 일신사, 1998), p. 27.

10) Gianfranco Poggi, *The Development of the Modern State*(London: Hutchinson, 1978); Max Weber, *Economy and Society*, Vol. 2(Berkeley: University of California Press, 1978); Charles Tilly, *Coercion, Capital, and European States, Ad 990-1990*(Oxford: Basil Blackwell, 1990).

그래서 토지귀족은 자신의 영토 내에서 경제권뿐만 아니라 실질적인 권력을 행사할 수 있는 특권을 누리고 있었다. 그러나 근대국가는 자신의 군대를 가지고 있으며, 시민으로부터 직접 세금을 징수한다.11)

16세기에 이르러 봉건제를 붕괴시키고 근대국가를 형성시킨 중요한 요인은 전쟁, 재산형성, 그리고 자원추출 능력의 향상이었다. 봉건제의 지방분권적 권력이 근대국가의 중앙집권적 권력으로 전환되는 과정은 전쟁을 수반하였고, 그 전쟁의 효과적인 수행을 위해 사회로부터 자원동원(資源動員)이 필요하였다. 따라서 근대국가는 우선적으로 국가들이 전비충당을 위해 사회에 효과적으로 침투할 수 있는 각종 재정정책(특히 조세제도)을 마련했다. 또한 대대적인 병력동원과 광범위한 자원추출을 위해 인민들에게 정치참여(政治參與)의 권리를 확장하였으며, 방대한 규모의 전쟁수행에 소요되는 물적・인적 자원의 동원과 관리를 위한 행정조직(관료조직)을 갖추어 갔다. 즉 근대국가는 전쟁을 수행하고 자원을 추출하는 과정에서 자본주의, 관료제, 시민권 등을 특징으로 하는 정치공동체로 형성되었다.

자본주의(資本主義)를 도입함으로써 근대국가는 사회에서 생산되는 자원의 절대량을 증가시킬 수 있었다. 자본주의와 산업화는 기계의 도입을 통해 노동의 질을 증가시킬 수 있었으며, 그 결과 국가는 더 많은 자원을 추출할 수 있게 되었다. 또한 관료제(官僚制)를 확립함으로써 근대국가는 자원추출 능력을 향상시킬 수 있었다. 전근대 사회에서는 국가가 지방의 귀족을 통하여 세금을 거두어 들였기 때문에 중간 횡령 등의 문제가 있었다. 그래서 근대국가에서는 전문 관료집단을 구성하여 인민으로부터 직접적으로 세금을 추출하는 방식을 취하게 되었다. 그리고 시민권(市民權)을 부여함으로써 자원을 추출할 수 있는 대상을 넓히게 되었다. 이러한 과정을 통해 근대국가는 영토적으로 통합된 지역에 대한 중앙 집권적 통제력을 지니고, 전문관료를 지니고 있으며, 그 권력이 미치는 영역에 대해 독점적으로 법률을 제정하고 세금을 징수하며 폭력을 행사할 수 있는 정치 단위체로 형성되었다.12)

11) 박준영 외, 『정치학』(서울: 박영사, 2001), p. 58.
12) *Ibid.*, pp. 59-61.

이러한 과정을 통해 형성된 근대국가는 전근대적 국가들과 몇 가지 점에서 명백한 차이를 가지고 있다. 전근대적 국가들은 영토의 경계가 모호한 반면에 근대국가는 명확한 영토를 가지고 있다. 전근대적 국가들은 정치와 경제가 융합되어 있지만, 근대국가는 경제 영역이 국가와 분리되어 있다. 또한 근대국가는 국가의 권력이 사회의 변방까지 효과적으로 침투하고 있는데 비해서 전근대적 국가들은 사회 침투능력이 상당히 결여(缺如)되어 있다. 또한 근대국가는 다음과 같은 두 가지의 기본적 원리에 근거하고 있다는 점에서 전근대국가와 다른 새로운 질서를 형성한다.13)

첫째, 국가를 자유롭고 평등한 여러 개인 상호간의 동의(同意), 즉 계약에 의해서 형성된 것으로 본다. 사회가 자연적인 것인가, 계약적인 것인가에 대한 논쟁, 즉 사회가 자연적으로 주어진 유기체인가 개인의 자유로운 결단에 의해 형성된 인공적 구성체인가의 논쟁은 고대로부터 있었지만, 근대사회에서는 국가의 기원이나, 권력의 기초를 인간의 동의 또는 계약에 기인하는 것으로 본다. 이러한 원리는 지배의 정통성이나, 권력의 기초를 신법이나, 종교적 이론 또는 신분적 특권에서 찾는 신권설이나, 신정국가론, 또는 중세적인 혼합정체론 등과 근대국가를 구별하는 지표가 된다. 이와 같이 국가를 인간의 동의나 계약에 의해서 형성되는 것으로 인식하게 될 때 비로소 인간이 정치사회의 형성에서 주도적 역할을 하는 주체자로 인정될 수 있다.

둘째, 지배와 피지배라는 정치적 관계를 '실력에 의한 지배'가 아니라 '법에 의한 지배'에 의거하도록 한다. 즉 법의 창조자인 주권자를 설정하고 그 주권자가 정한 법을 피지배자뿐만 아니라 주권자 자신도 따라야 한다는 합법적 지배가 형성되었다. 이러한 원리에 의해 고대와 중세 이래의 단순한 실력으로 보여져왔던 국가권력이 법에 의한 한정된 실력 즉 합법적 권력과 그것에 뒷받침되는 정통성을 가진 권위로 높여지게 되었다.

---

13) 이극찬, 『정치학』(서울: 법문사, 1999). p. 674.

3. 근대국가의 발전

앞에서도 언급했듯이 근대 이전에 국가는 다양한 경로를 통해 발전해왔지만, 근대로 접어들면서 조만간의 차이가 있긴 하지만 하나의 발전과정으로 귀결되었고, 그 과정에서 국가의 요소가 명확하게 갖추어지고 국가의 본질에 대한 공통적인 인식이 형성되었다. 그렇다고 해서 근대국가의 전개가 획일적인 것은 아니었다. 어느 한 국가가 먼저 발전하고 그것이 연쇄적으로 전파되어 갔다.

근대국가는 서양(西洋)에서 먼저 형성되었고, 그 충격으로 동양(東洋)을 비롯한 여타의 지역에서도 근대국가로의 변화가 추진되었다. 서양에서 근대국가의 발전과정은 대체로 세 단계로 구분된다. 첫째는 절대군주국가의 단계이며, 둘째는 입헌국가(자유법치국가)의 단계이며, 셋째는 대중적 민주국가(현대복지국가)의 단계이다.

(1) 절대군주국가

근대국가는 분열과 투쟁이 계속된 중세 봉건국가의 무질서의 소산이라 할 수 있다. 근대로 접어들면서 봉건사회의 인위적 관계를 초월해 민족적 결합에 의한 새로운 국가 형성에 대한 염원이 강렬해졌다. 종교개혁으로 유럽의 반이 법왕의 지배권에서 벗어남으로써 중세의 기초 개념인 세계 국가관이 무너지고 빈번한 십자군의 원정과 끊임없는 투쟁으로 봉건영주들의 정력이 소모되었으며, 중세의 토지경제체제가 붕괴되고 초기 상업경제로 전환됨으로써 토지 귀족인 봉건영주의 설 땅이 점차 협소해졌다. 또한 문예부흥(文藝復興)의 정신인 합리주의·개인주의 사상은 봉건국가의 신분사회제도로부터의 해방을 부르짖게 하였다. 이렇게 해서 중세적인 모든 것에 대변혁이 왔고 이 대변혁은 국왕 중심의 근대 민족국가를 성립시켰다.

근대 민족국가의 첫 번째 단계는 절대군주의 권력을 중심으로 한편으로는 세계제국(世界帝國)과 세계교회의 '보편주의(universalism)'에 대항하고,

다른 한편으로는 지방할거적인 봉건영주의 세력을 통일하여 다소라도 민족적인 기반 위에 성립을 본 절대군주국가의 시대였다. 이 시대의 주요 특징은 영국, 프랑스, 스페인 등에서 볼 수 있었듯이 국왕의 절대적 권력하에 중세의 봉건제도와 신분질서가 타파되고 강력한 중앙집권적 체제가 형성되었다. 물론 귀족, 승려, 도시 상공 부르조아, 농민 등의 신분적 차등은 현실적으로 있었지만, 개인적 능력과 부의 축적에 의하여 사회적 역할과 신분의 상승과 조정이 보다 용이한 시대로 발전해 갔다.

경제적으로는 초기 자본주의 경제로 접어들었는데, 중상주의(重商主義)를 표방하는 국가의 직·간접적인 지원을 받으면서 세계 도처에서 식민지(植民地)를 쟁탈하여 무역증대를 통해 국가의 부를 증대시켜 갔다. 정치사상적으로는 군주의 대권을 합리화하는 군주주권론과 중앙집권적인 근대국가의 형성을 위한 법률과 제도에 관한 연구가 활발했으며, 한편으로는 신분적 예속을 탈피하려는 개인간의 평등과 자유가 끊임없이 제기되었던 시대였다.[14]

이 시대의 전제적 군주였던 루이 14세는 "짐(朕)이 곧 국가이다"라고 말해 당시의 절대군주관을 단적으로 표현하였다. 이른바 '왕권신수설'이라든지, "그렇게 원하기 때문에 그렇게 명하노라"라는 제왕의 뜻의 절대성이 바로 이 시대의 지배적 관념이었다. 그러므로 이 시대는 '법(法)의 지배'가 아니라 '사람의 지배'의 시대였다. 따라서 국민의 자유는 존중되지 못했으며, 국민의 정치참여도 허용되지 않았다. 말하자면 이 시대에 있어서의 국가란 제왕의 손에 의해서 만들어지는 일종의 권력적인 작품으로서 간주되었다. 그러면서도 루이 14세의 재상이 상인들에게 정부가 해줄 수 있는 역할에 대해서 물었을 때 "우리들을 내버려 둬 달라(Laissez nous faire)"라고 말했듯이 국민 개개인의 자유방임주의(自由放任主義)적 경제논리가 군주의 중앙집권적 권력과 혼재하고 있었다.

당시 절대군주 중에서 스스로를 "국민의 첫째 가는 하인"으로 자처한 프리드리히대왕(Friderich, 1712~86)과 같이 다소 개명된 군주도 있었지만, 아

14) 김용욱(2002), pp. 58-59.

직까지 자유로운 의지를 가지는 개인을 국가존립의 현실적 기초로 하는 것은 아니었다. 또한 국가권력의 작용에 있어서 목적을 위해 수단과 방법을 가리지 않는 국가이성(raison d'État)과 권력행사의 내용에 일체의 비판이 허용되지 않았다. 그러나 이 시대에는 전근대적 국가에서는 찾아볼 수 없는 민족주의가 국가형성의 기초가 되었다. 즉 혈연과 지연을 같이 하며, 언어·습관·풍속 등을 공통으로 하는 국민의 생활범위가 국가존립의 범위로 되었다. 이런 의미에서 근대국가의 성립을 민족국가(nation-state)의 성립이라고도 한다.15)

(2) 입헌국가

17·18세기에 전성기를 누리던 절대군주주의는 프랑스 혁명 이후 점차 시민사회(市民社會)의 도전을 받으면서 쇠퇴하였고, 그 결과 근대국가의 두 번째 단계인 입헌국가(立憲國家)를 성립시켰다. 입헌국가의 성립은 절대군주주의의 본질인 인간의 지배(rule of man)를 합리주의와 법치주의에 입각한 법의 지배(rule of law)로 변화시켰다. 이제 통치권의 행사나 지배는 군주의 자의나 탁월한 인격이나 이성에 의해서가 아니라 법을 통해서 이루어지는 시대가 되었다.

원래 절대군주제는 시민계급(市民階級)의 세력이 봉건적인 세력과 균형을 이루게 되었을 때 성립되었지만, 절대군주제 하에서 경제적 실력을 더욱 강화한 시민계급은 낡은 봉건절대주의 세력을 타도하여 민주적 시민사회를 이룩하려 하였다. 이때에 시민사회의 사상가들은 절대군주의 일원적·전제적 지배의 이론적 근거를 무너뜨리기 위하여 이른바 자연법 사상에 의거하는 사회계약론을 전개하여 권력을 자유로운 국민의 계약에서 유래되는 것이라 주장하였다.

민족국가 형성의 이론적 토대가 된 사회계약론은 자유의 주체를 신분적 특권층으로부터 자유롭고 평등한 주체로서의 개인으로 바꾸었으며, 국가의

15) 이극찬(1999), pp. 658-659; 흔히 근대국가를 민족국가(nation-state)라고 언급하는 것은 세계의 모든 국가가 국경 안에 살고 있는 사람들 사이에 공통의 민족감정을 갖기 위해 노력하고 있기 때문이다. 필립스 쉬블리, 김계동 외 역, 『정치학개론: 권력과 선택』(서울: 명인문화사, 2008), pp. 66.

주체를 구체적인 군주로부터 추상적인 성원으로서의 개인의 계약적 결합으로 바꾸어 놓는다. 그리하여 국민은 국가주권의 추상적인 주체로 형성되었으며, 정부는 그것의 구체적인 주체로 성립되었다. 그 결과 국민경제의 단일성을 기반으로 하면서, 국민주권의 원리에 따라 선출된 대표가 의회를 구성하고, 이들이 만든 법에 따라 정부를 구성하고 운영한다는 민족국가의 통치원리가 완성되었다. 바로 이러한 원리의 구조적 규정이 헌법으로 성립되면서 지배의 양식도 '사람의 지배'에서 '법의 지배'로 변화되었다. 여기서 법의 지배란 단순히 법률에 의해 통치된다는 의미가 아니라 국민의 대표적 기관에 의해 제정된 법에 의한 지배를 의미하며, 인권이나 자유를 보장하는 내용을 갖춘 법에 의한 지배를 의미한다.

시민혁명을 일으켜 절대전제군주를 타도하는 데 성공을 거둔 시민계급이 당면한 최대의 과제는 어떻게 하면 국가권력의 자의적 지배로부터 개인의 자유를 수호하느냐에 있었다. 이 당시의 시민계급은 개인의 자유는 무엇보다도 국가권력에 대립되는 자유, 즉 국가로부터의 자유를 의미하는 것으로 파악하고, 국가권력을 가능한 한 많이 제한함으로써 개인자유의 영역을 최대한으로 확보하려고 하였다.

시민혁명 이후 이윤추구의 자유가 보장됨으로써 시민사회(市民社會)는 전례없이 활기를 띠게 되었다. 시민계급은 자본주의를 발전시키고 산업혁명(産業革命)을 일으킴으로써, 사회·경제적 지배계급이 되었다. 그러나 당시의 선거법은 이러한 사회경제적 변동을 반영하지 못하고 여전히 구지배계급인 농촌의 토지소유자들에게 유리하게 작용하고 있었다. 시민계급은 재래의 토지소유자들보다는 훨씬 더 큰 힘을 가지고 있었음에도 불구하고 정치적 대표권이라는 점에서는 여전히 불리한 입장에 놓여 있었다. 의회를 지배하는 것은 토지소유자의 이익이었기 때문에 자본주의의 순조로운 발달을 기대할 수 없었다. 이러한 상황을 타개하기 위해 시민계급은 정치권력을 장악해야 할 필요를 느끼게 되었고, 그 구체적 행동으로 선거법 개정운동을 전개하였다. 이를 통해 시민계급은 자신들의 이익을 대변할 대의원(代議員)을 한 사람이라도 더 의회에 진출시켜 국가 권력 그 자체를 자기의 수중으로 넣으려 시도하였다. 이 과정에서 개인의 자유의 실현도 국가권력을 제한함으로써 실현한다는 '국가로부터의 자유'라는 소극적 태도에서 국가권력에 참여함으로써 직접 실현한다는 '국가에의 자유'라는 적극적 태도로 전환되었다. 그 결과 초기 자유주의는 자유민주주의로 전환되게 되었다.16)

(3) 대중적 민주국가

근대국가의 세 번째 단계는 대중적 민주국가(大衆的 民主國家) 혹은 현대복지국가(現代福祉國家)의 단계이다. 이는 19세기 말 자본주의가 발달하면서 산업사회의 병리현상이 만연되자 사회정의라는 슬로건을 내걸고 국가의 의식적 개입을 요청하게 되면서 등장한 국가의 형태이다.

이 시대는 자본주의의 발달로 인해 사회의 기반 자체가 변화되는데, 근대적 과학과 기술의 현저한 발전, 그것에 따르는 고도의 기계문명화, 생존경쟁의 격화, 대량생산에 따르는 인간의 기계화와 평균화, 국민교육의 보급에 의한 대중문명의 발달, 자본주의의 독점화에 따르는 계급대립의 격화 등을 그 특징으로 한다. 이와 같은 사회적 기반의 변화는 개인적 힘으로는 도저히 해결할 수 없는 사회병리 현상을 증가시키면서 사회적 위기를 심화시켰다. 그 결과 국가권력의 발동을 될수록 억제하려는 자유법치주의국가가 국가권력의 적극적 발동을 기대하는 현대국가로 변화되면서 국가의 적극적 역할이 요청되었고, 이 과정에서 국가기능이 점차 증대되면서 국가형태도 행정국가·복지국가로 변모되었다.17)

근대국가에 있어서 사회의 발전은 개인의 자유로운 활동에 위임되었으며 아담 스미스(Adam Smith)의 이른바 '보이지 않는 손'(invisible hand)에 의해 사회 전체가 조화를 이룰 것으로 생각되었다. 그러나 자본주의의 발달이 점차 고도화되면서 나타난 산업사회의 모순은 개인적 차원에서는 좀처럼 해결될 기미가 보이지 않았다. 개인의 자유와 효율성을 기반으로 하는 시장의 효율성이 산업사회의 모순을 해결할 것이라고 보았지만, 치열한 경쟁을 통해 시장의 효율성을 추구한 자율시장경제(自律市場經濟)의 원리는 오히려 사회전반의 불안을 더욱 심화시켰다. 이리하여 '보이지 않는 손'에

16) 이극찬(1999), pp. 659-661.

17) *Ibid.*, p. 661.

의해서 사회가 스스로 안정 발전할 것으로 낙관하던 생각에 대신하여 '정부의 보이는 손'에 의해서 사회의 여러 가지 모순을 해결함으로써 전체사회의 발전을 도모해 가려는 관념이 대두하게 되었다.[18] 그리하여 국가가 사회의 안정과 질서를 위해 적극적 역할을 담당하면서 정치의 중추적 존재(中樞的存在)로 자리매김하게 하였다.

현대사회에서 국가는 직능면과 행정면에서 국가의 적극성이 강조되면서 입법부의 통합기능보다는 행정부의 통합기능이 증대된다는 점에서 '행정국가'라 불리고, 국가가 공동체의 구성원인 국민들에게 복지서비스를 제공하여 국민들의 복지수준을 일정한 수준 이상으로 보장해 준다는 의미에서 '복지국가'라고도 불린다.

Ⅱ. 근대국가의 본질

1. 국가의 개념

우리는 모두 예외없이 국가라는 하나의 공동체 속에서 태어나고 그 속에서 살아가지만, 대부분의 경우 일상생활에서 국가의 존재를 거의 인식하지 못한다. 그것은 국가가 우리의 일상생활과 무관하기 때문이 아니라 오히려 우리의 생활에 너무나도 근접해 있고, 또 우리의 삶 자체에 깊이 침투해 있기 때문이다. 주행 중에 정지신호를 받았을 때, 소득의 일부를 세금으로 납부할 때, 출입국시 출입국관리소의 통제를 받을 때, 의무적으로 출생신고를 하고 강제적으로 사망신고를 해야 할 때 등 국가는 늘 우리와 함께 있다. 국가는 우리가 인식하든 못하든 간에 우리 삶과 밀접하게 결부되어 있다.

그렇다면 도대체 국가란 무엇일까. 그런데 국가가 무엇인지 정확히 정의를 내린다는 것은 매우 어려운 일이다. 왜냐하면 국가의 성질이 극히 미묘하고 다면적이면서 역사적으로 시대와 지역에 따라 여러 가지 다른 모습으

---

18) *Ibid.*, p. 669.

로 나타났기 때문이다. 티투스(C. H. Titus)는 이미 1930년대 초에 국가에 관한 상이한 정의가 145개나 된다고 지적하였다.[19] 일부에서는 지난 2500여 년간 국가라는 개념의 다양성과 혼란성으로 인해 아직 하나의 합의된 정의를 찾지 못하고 있으니 국가라는 용어 자체를 완전히 포기해야 한다고 주장하기도 하였다.[20] 그럼에도 불구하고 우리는 여전히 국가라는 용어를 유용하게 사용하고 있다.

오늘날 우리가 쓰고 있는 국가라는 용어는 서구어 state(영어), état(불어), staat(독어)의 번역어(飜譯語)이다. 이러한 말들은 르네상스 시대에 사용된 이탈리아어 'stato'에서 유래되었다. 'stato'라는 말은 라틴어 status(안정된 상태나 조건, 나아가서 신분 내지 지위)에서 나왔는데, 중세까지는 그것이 어원의 뜻대로 사용되어 주로 최고의 신분 또는 지위, 즉 군주의 권력을 가리키는 말로 사용되었다. 16세기 초 마키아벨리(N. Machiavelli)가 『군주론』에서 "역사상 오늘날까지 인간을 지배해온 국가나 통치체는 모두 공화국 아니면 군주국이었다"[21]고 하면서 stato라는 말을 일반적인 국가를 의미하는 말로 처음 사용하였다. 그는 근대통일국가를 지향하면서 kingdom, principality, territory, empire 등으로 각양각색이었던 15~16세기의 이탈리아의 도시국가의 명칭을 'stato'라는 말로 통칭하였던 것이다. 이후 state라는 개념이 유럽 전역으로 확산되었으며, 근대국가가 정착되는 19세기에 이르러 유럽 전역에서 광범위하게 사용되기 시작하였다. 이 과정에서 state라는 개념은 그 어원인 status와는 구분되는 새로운 의미를 획득하게 된다. 즉 state는 그 자체가 막강한 힘을 지니고, 그것을 통해 사회를 유지하고 공공선을 구현하는 것이라는 뜻으로 전용되었다.[22]

이와 같이 국가란 근대의 산물이며, 자체의 힘으로 사회를 유지하고 공공선을 추구하는 장치이다. 사실 근대 이전에는 국가라는 말 자체가 없었다.

---

19) C. H. Titus, "A Nomenclature in Political Science," *American Political Science Review*, Vol. 25(1931), pp. 45-60.

20) David Easton, *The Political System: An Inquiry into the State of Political Science*(New York: Kopf, 1953), p. 142.

21) 니콜로 마키아벨리, 강정인 역, 『군주론』(서울: 까치, 1994), p. 11.

22) A. Vincent, 권석원・서규선 역, 『국가론』(서울: 인간사랑, 1992), pp. 30-34.

있었다고 하더라도 지금의 의미와는 달랐다. 사회 자체를 국가라고 부르거나, 국가라고 불리기에는 모자란 정치조직이 있었을 뿐이다. 근대 이전에는 동·서양을 막론하고 사회가 국가를 의미했는데, 사회는 일부 특권층을 주체로 했고, 그들이 여타의 구성원을 지배하는 정치적 조직이 국가였다. 사회적 원리가 모두 소수의 지배를 중심으로 하고 있었다. 근대에 와서 시민사회(市民社會)가 형성되면서부터 국가가 새롭게 부각되기 시작했다. 시민사회는 더 이상 신분사회(身分社會)가 아니었기 때문에 정치조직은 이전과는 달리 새로운 원리를 요구했다. 이에 국가가 인민 전체를 주체로 하는 정치조직으로서 공공선을 표방하며 새로이 부각되었다. 근대 이전의 역사를 기술할 때 국가라는 말을 흔히 사용하는 것은 그것을 달리 표현할 만한 용어가 없기 때문이며,[23] 다른 한편으로 우리가 '국가'라는 용어로 번역하기도 하는 근대 이전의 polis, res publica, commonwealth 등이 담고 있는 국가적 내용들이 state로서의 '국가'라는 개념으로 이전되었고, 그 개념이 동양에 도입되면서 원래 동양에서 사용한 국가라는 의미를 가진 단어들이 담고 있는 내용들도 state로서의 '국가'라는 개념으로 이전되었기 때문이다.[24]

국가가 인간의 정치생활의 한 형태로서 역사적, 사회과학적 관심의 대상이 된 것은 서양의 경우는 고대 그리스·로마의 국가에서이고 동양에 있어서는 춘추전국시대(春秋戰國時代)부터라 할 수 있다.

서양의 역사에서 가장 먼저 모습을 드러낸 국가형태는 고대 그리스의 polis(도시국가)였다. 고대 그리스는 산이 많고 평지가 적은 지형적 특성으로 인해 수많은 작은 지방으로 나누어져 있었다. 이 지역들은 각각이 독립하여 '도시국가'를 형성하고 있었다. 이 도시국가는 봉쇄적인 자급자족체를 형성하여 지연(地緣)사회라기보다는 혈연(血緣)사회적 경향을 가진 동질사회였다. 따라서 시민도 그 도시국가와의 일체감을 가지고 생활하게 되었다. 시민에게 있어서 그 도시국가와 떨어져서 산다는 것은 정신적 죽음을 의미하는 것이었다.[25]

---

23) 이정식 외, 『정치학』(서울: 대왕사, 1997), p. 75.
24) J. Isensee, "Staat," in *Staakslexikon*(Feiburg/Basel/Wien: Verlag Herder, 1989), 133f.
25) 이극찬(1999), pp. 672-673.

그리스시대로부터 로마시대로 옮아가면서 로마제국이 형성되었다. 그곳에서의 국가는 라틴어의 'civitas'(시민단체) 또는 'res publica'(인민공동단체)였다. 즉 전자는 완전한 시민권을 가지는 시민의 단체를 의미했으며 후자는 민족단체로 단결된 것을 의미했다. 그러나 원래 이탈리아지방의 작은 도시국가에 지나지 않았던 로마가 점차 그 영향력을 확대하여 마침내 일대 지역적 국가를 건설하게 되자 국가의 명칭도 자연히 변경되었고, 그 지역적 국가를 통일하는 통치권을 뜻하는 'imperium'(제국)이라는 말이 국가를 나타내는 말로 사용되었다. 로마제국의 몰락 후 여러 지역에서 영토를 기반으로 한 국가가 생겨나면서 토지를 의미하는 'terra, terre, land' 등의 말이 국가를 나타내는 말로 사용되기도 하였다. 그러나 이러한 명칭은 단지 어떤 특정한 국가적 구성체를 지칭하는 것이었을 뿐, 국가 그 자체에 대한 일반적 명칭은 아니었다.

동양적 의미에서 국가는 '공'가(公家)를 중심으로 하는 '사'가(私家)들의 배열체계나 중추적인 '공'가의 지위, 권력을 표시하는 개념으로 나타났다. 춘추전국시대부터 국가를 지칭하는 말로 천하(天下), 방(邦), 국(國), 사직(社稷) 등이 사용되었다. 사직은 토지신과 곡식신의 결합어로 국가의 가장 중요한 요소를 지배하는 신을 의미하는 것으로 국가를 상징하는 것이었고, 종묘(宗廟)와 나란히 복합어로 사용되기도 했다. 국(國)이라는 한자에는 이미 국가의 속성이 포함되어 있다. 그것은 口(사람)+一(토지)+戈(군대)+口(영토)의 조합으로 해자(解字)되는데, 처음에 일정한 인구를 창으로 수호한다는 글자가 성립되고 후세에 땅의 한계가 첨가되었다. 그러므로 국(國)은 제한된 영토 내의 일정한 인구를 창으로 수호한다는 의미를 가진다.[26]

인간의 정치생활 공동체로서 국가가 무엇인지에 대해 이미 수많은 학자들이 나름대로 정의를 내렸다. 정치학의 시조라고 불리는 플라톤(Platon)은 국가를 "의지의 조화와 이해관계의 균형을 성립한 진정한 정의(正義)의 통일체"라고 하였고, 아리스토텔레스(Aristoteles)는 "정치적 동물이라는 인간 본성에 의하여 결정된 공동사회이며, 완전하고 행복(幸福)한 자족생활을 위

---

26) 김우태, 『정치학원론』(서울: 형설출판사, 1992), p. 148.

해 인간의 능력을 최대한 발휘할 수 있는 생활공동체"라고 규정하였다. 로마시대의 키케로(Cicero)와 국제법의 시조인 그로티우스(Grotius)는 국가를 "공동 법률과 공동 복지를 위해 결합한 조직체"라고 하였다. 주권론의 창시자인 보댕(Bodin)은 국가를 "최고 권력과 이성으로 지배하는 집단"이라고 정의함으로써 근대 민족국가의 특징인 주권 개념을 반영시켰다. 헤겔(Hegel)은 국가를 "하나의 통일체이며 객관적 정신의 표현으로서 윤리 도덕적 이념의 실현체"로 규정하였고, 맑스(K. Marx)와 엥겔스(F. Engels)는 『공산당선언』을 통해 "국가란 지배계급이 피지배계급을 착취하기 위한 수단"이라고 하였다. 오펜하이머(F. Oppenheimer)는 "지난날의 모든 국가는 계급이고 그것은 각기 다른 권리와 수입을 가진 상하의 계층 또는 계급의 계서조직(階序組織)"이라고 하였다. 한편 켈젠(Kelsen)은 국가를 하나의 '법질서'로 보았으며, 프랑스의 사회학자인 뒤기(Duguit)는 "강자가 지배하고 약자가 복종하는 지배층과 피지배층간의 정치적 관계를 전제로 한 사회"라고 말했고, 맥키버(McIver)는 "일정한 영토 안에서 사회 질서를 유지하기 위하여 인구 전체에 대한 물리적 강제력을 법을 통해 움직이는 기관"으로 보았다. 또한 라스키(Laski)는 국가를 "행정을 목적으로 하는 정부에 불과하다"고 하여 국가가 행정에만 목적을 두는 것으로 보면서 국가와 정부를 같은 의미로 보았다.[27]

이와 같은 다양한 국가의 개념들은 대체로 윤리, 계급지배, 권력, 법체계, 통치기구 중의 하나를 강조하고 있는데, 그것은 결국 국가가 정치생활에서 발휘하고 있는 여러 측면 가운데 하나의 특징을 표현하고 있을 뿐이다. 국가개념의 다양성은 논자들이 국가를 어떻게 보는가와 관련되어 나타나는 현상이라 할 수 있다. 한편에서는 국가를 인간의 공동생활에 있어서 선하고 좋은 것이기 때문에 꼭 필요한 것으로 보며, 다른 한편에서는 악하고 나쁘기 때문에 없애버려야 할 것으로 생각한다. 또 다른 일부에서는 국가를 필요악(必要惡)으로 보면서 일시적인 것이지 인간생활에 꼭 필요한 것은 아니라고 한다.

---

27) 김용욱, 『정치학』(서울: 법문사, 2002), pp. 37-38.

앞에서 보았듯이 근대국가의 보편적 개념은 16세기 초 마키아벨리 때 처음으로 확립되었다.[28] 이후 절대군주의 횡포에 혐오를 느낀 18세기에는 국가가 악으로 인식되기도 하였으며, 19세기에는 개인의 자유를 보장하기 위하여 국가 권력의 극소화를 주장하는 자유방임주의(自由放任主義) 국가론이 대두되었으며, 19세기말에 다시 영국을 비롯한 유럽에서 복지국가(福祉國家) 관념이 등장하였다. 또한 20세기 초 전체주의(全體主義)가 등장하면서 국가는 개인을 위해 존재하는 것이 아니라 개인이 국가를 위해 존재한다는 소위 국가지상주의(國家至上主義)까지 제기되기도 하였다. 이렇듯 시대적 배경과 그 시대정신을 대표하는 사상가들의 국가를 보는 시각의 다양성에 기인하여 국가의 개념은 다양하게 정의되었다.

지금까지 국가가 무엇인가에 대한 다양한 논의를 역사적으로 살펴보았다. 앞에서 본 바와 같이 국가의 개념이 너무 다양하기 때문에 국가에 대한 정확하고 포괄적인 정의를 내린다거나 간략하면서도 보편적인 정의를 내린다는 것은 너무 힘든 일이다. 그럼에도 불구하고 여기서는 지금까지의 논의를 참조하여 국가를 "일정한 영토와 인구를 기초로 하여 성립되는 인간공동체에서 사회유지와 공공선의 실천을 위해 주권을 기초로 통제력을 행사하면서 지속되는 사회의 포괄적 정치조직"으로 규정하려 한다.

2. 국가의 구성요소

앞에서 규정한 국가의 개념에서 드러나듯이 일반적으로 국가는 국민·영토·주권이라는 세 가지의 요소로 구성된다. 그러나 가변적(可變的)이긴 하지만 정부없는 국가는 없기 때문에 정부도 국가의 필수적 구성요소라 할 수 있다. 그러므로 근대국가는 구성요소는 네 가지라 할 수 있다. 즉 국가의 주인이며 구성원을 의미하는 인적요소인 국민(國民), 구성원의 보금자리이며 일터가 되는 자연적 요소인 영토(領土), 대내적으로 최고의 권력이며 대외적으로 독립된 권력을 의미하는 법적 요소인 주권(主權), 그리고 국가기

28) G. H. Sabine, *A History of Political Theory*, 3rd ed.(New York: Holt, 1962).

능의 수행을 담당하는 정치적 요소인 정부(政府)가 그것이다. 이러한 요소를 가지고 국가는 "특정한 지역에서 물리적 규제력을 독점하면서 그 국민에 대한 권위를 행사하는 사회의 포괄적 정치조직"으로 기능한다. 이하에서 국가의 네 가지 구성요소에 대해 보다 자세히 고찰해 보자.

(1) 국민(peoples)

국민 없는 국가는 존재할 수 없다. 모든 단체가 그 구성원을 기초로 하듯이 국민은 국가의 제일 중요한 요소라 할 수 있다. 국가의 구성요소로서의 국민은 단순한 의미의 인간이나 자연상태의 인간과는 구별된다. 국민은 국가의 구성원으로서 국가를 통하여 그 생명을 보존하고 창조력을 발휘하여 스스로의 번영을 이룩하려는 인간집단이다. 또한 한 국가의 통치권 하에 있으면서 그 나라의 국적(國籍)을 가지고 법적으로 권리를 보장받는 사람이다.

근대국가가 형성될 때 구성원들간에 흔히 민족주의(民族主義)에 기반을 둔 강렬한 국가주의, 애국주의가 고무되었다. 그래서 민족과 국민이 혼용되기도 한다. 그러나 국가조직의 기본이 되는 국민은 민족과는 그 본질이나 내용 또는 범위에서 상이한 것이다.

일반적으로 민족은 혈연, 지연, 언어, 문화, 정치, 경제 등의 공통적 요소를 통하여 '공동의 소명의식을 갖는 공동체'라고 할 수 있지만, 국민은 혈연, 언어, 종교, 문화 등을 떠나 오직 '정치적으로 결합된 집단'이라 할 수 있다.[29] 그렇기 때문에 국민은 민족과 달리 정치적으로 국가의 기본법(基本法)을 준수할 수만 있다면 그 국가의 시민권(市民權)과 정치적 특권을 소유하게 된다.

민족이란 공동 문화와 역사적 경험속에서 일체감을 의식하는 심리적 요소인 민족정신을 바탕으로 하기 때문에 국가적 결합의 유대를 공고히 해 주는 국가의식(國家意識)의 원동력이 된다. 그러므로 단일 민족 국가는 결속력이 강하며 통치과정이 용이하나, 이질 민족 국가는 결속력이 약하고 통치과정에서 많은 어려움을 경험하게 된다. 또한 소수민족이 별도로 독립하려

---

29) 최명, 『국가학』(서울: 박영사, 1995), pp. 69-70.

는 경향은 국제사회에서 내분이나 전쟁의 요인이 되기도 한다. 우리나라와 같이 단일 민족으로 구성된 국가가 있는가 하면, 미국과 같이 다민족으로 구성된 국가도 있다.

국가에 있어서 국민이 중요한 것은 국민의 상태가 그 국가가 어떤 국가인가를 결정하는 가장 기본적인 요인이기 때문이다. 특히 인구의 질과 민족성은 국력(國力)의 차이로 나타나 국가의 안보와 발전에 있어서 매우 중요한 요소로 작용한다. 국민이 어떠한가를 파악할 때는 단순히 그 수의 측면에서만 국한되어서는 안 되고, 그들의 교육의 수준, 문화적 수준 등 질적인 측면도 동시에 고려해야 한다. 또한 인종, 문화, 언어, 종교, 역사 등에서 동질성을 갖고 있느냐의 여부도 중요한 판단기준이 된다.

훌륭한 국민의 조건은 선천적인 것과 후천적인 것, 그리고 객관적인 것과 주관적인 것으로 나누어 파악할 수 있다. 인종이 선천적인 것이라면, 그 나머지는 후천적인 것이다. 물론 선천적인 조건보다 후천적인 조건이 중요하다는 것은 말할 필요도 없다. 객관적인 조건은 인종·인구·직업 등의 분포가 조화롭고 자족적인 것이며, 주관적인 조건은 국가의식이라 할 수 있다. 객관적 조건이 열악하더라도 국가의식을 통해 그것을 극복할 수 있기 때문에 객관적 조건보다는 주관적 조건이 보다 중요하다.[30)]

근대적 국민의 개념은 근대 시민국가의 성립 이후에 본격적으로 등장하였는데, 군주나 귀족의 지배하에 있었던 부르조아들이 그들 자신을 국가의 주체로 인식하면서부터 형성되었다. 이때 국가구성원들이 스스로 주권의 주체라고 자각하고 국가를 자기들의 것이라고 믿는 데서 국민의식도 형성되었다. 이러한 관념에 기초하여 국민주권의 개념이 형성되었는데, 오늘날 대부분의 국가는 그러한 개념을 헌법에 명문으로 규정하고 있다.[31)] 민주주의 국가에서는 국민 전체의 의사가 곧 국가의사이며, 국민은 국가의 주체로서 국가의 유일한 행위자로 역할을 한다.

그러나 현실적으로 국민은 국가의 주체이면서 또 다른 면에서는 통치의

---

30) 이정식 외(1994), p. 78.

31) 우리나라 헌법에서도 제1장 제1조 ②항 "大韓民國의 主權은 國民에게 있고, 모든 權力은 國民으로부터 나온다"고 규정하고 있다.

대상이 되는 객체이다. 국민은 그들의 대표자를 선출할 뿐만 아니라 그들 대표기구에 의해 만들어진 법과 통치행위에 복종하는 집단이기도 하다. 근대국가는 국민의 의사를 기반으로 하여 수립된 국민의 합법적인 의사결정의 집행주체이며, 그 주체의 발동인 국가의 권위 또는 강제적 질서는 처음부터 국민으로부터 나온 것이기에 당연히 국민들의 행위를 구속할 수 있다.[32]

(2) 영토(territory)

영토란 국가의 정치가 미치는 영역을 말한다. 이것은 국가 구성의 자연적 요소로서 일국의 통치권이 배타적으로 행사되는 자연적 공간이다. 인간이 살아가는데 필수적 구비 조건이 안식처(安息處)인 주택이듯이, 국민이 정착하여 살 수 있는 공간이 있어야 국가가 성립될 수 있다. 국민들의 삶의 터전인 토지가 없다면 유목민이나 다름없기 때문에 국민도 존재하기 어렵다. 일정한 토지에서 장기간 생활하다 보면 모종의 인간관계가 맺어지고, 그것이 정치화되면 하나의 국민이 되고 나아가 국가를 형성하게 된다. 그러므로 국민이 정착하여 살 수 있는 공간으로서 영토는 반드시 필요한 국가의 구성요소라 할 수 있다.

영토는 결코 단순한 물리적 공간만을 의미하는 것은 아니다. 그것은 인간이 상호간에 생활을 영위하는 생명이 있고 감정이 스며든 생명적 공간이다. 인간의 성격이 그 환경(環境)에 의해 결정되고 자연 속에서 인생의 충족을 느끼는 감정체로서의 공간이 바로 영토이다.

영토가 되기 위해서는 그 국가의 국민이 살아야 하고, 그 국가의 주권에 의한 배타적 통치권이 미치는 공간이어야 한다. 영토는 법적으로 국가가 최고의 지배권을 배타적·독점적으로 행사할 수 있는 공간을 의미하나, 정치적으로 국민이 공동체 의식을 유지하는 생활기반으로 국가가 실력으로써 지배할 수 있는 일체의 공간을 의미한다.[33]

모든 국가는 크든 작든 간에 일정한 영토를 가지고 있으며, 영토의 보전

---

32) 김용욱(2002), p. 44.

33) 최명(1995), p. 70.

과 통일에 국가 존립의 큰 의미를 둔다. 영토를 국가의 존립기반이라고 하는 것은 외침에 의해 영토가 점령되면 국가가 멸망하기 때문이다. 그래서 대부분의 국가는 헌법상 영토불가양의 조항과 국경에 관한 상세한 조항을 두고 있다.[34] 특히 외국으로부터 침략이 잦았거나 국제분쟁의 초점이 되었던 국가들은 거의 예외 없이 이 조항들을 두고 있다.

국가간의 영토의 한계를 보통 국경선(國境線)이라 부른다. 국경선은 산맥, 하천, 호수, 바다, 위도 등을 수단으로 하여 결정된다. 영토는 그 국가의 국력을 결정하는 데 있어 중요한 변수로 작용한다. 그래서 국경선의 확정문제는 항상 국가간 분쟁의 대상이 되었다.

국가의 국력을 결정하는 요소로서 영토는 크기, 위치, 지형뿐만 아니라 그 영토가 내포하고 있는 천연자원(天然資源)과 기후가 중요한 요소로 작용한다. 핵무기시대에는 영토의 크기가 무의미하다고 하지만 역시 큰 영토가 정복하기 힘든 요소임에 틀림없다. 그러나 아무리 방대한 면적이라도 천연자원이 존재하지 않는 불모지라면 영토는 적어도 자원이 풍부하고 기후나 지리적 위치가 전략적으로 유리한 국가보다 국력이 열세하게 된다.[35]

또한 한 국가의 위치는 그 국가의 생존과 성장에 직결되기도 한다. 해양국이냐, 반도국이냐, 내륙국이냐에 따라서 혹은 바다와 산과 사막 등 자연적 장애에 의해 보호를 받을 수 있느냐, 강력하고 공격적인 인접국가가 있느냐에 따라서 그 국가의 운명과 성격이 달라지는 것을 볼 수 있다.

(3) 주권(sovereignty)

하나의 국가가 자기의 영토를 관할하고 국민을 통치함으로써 국민이 보다 나은 삶을 추구하도록 하기 위해서는 권위와 힘이 있어야 한다. 이러한 힘은 전 영토에 행사되어야 하고 국가 안의 어떤 개인이나 집단이라도 복종시킬 수 있어야 한다. 일정한 국민이 있고 또 그들이 안주할 수 있는 일정한 영토가 있다고 하더라도 그 국민과 영토를 배타적으로 지배할 수 있는 통치

34) 대한민국 헌법 제1장 제3조에 "大韓民國의 領土는 韓半島와 그 附屬島嶼로 한다"고 규정하고 있다.

35) 이범준 · 신승권(1996), p. 47.

권(統治權)의 작용이 없다면 그것을 국가라고 할 수 없다.

국가의 법적 요소로서의 통치권인 주권은 토지가 영토로서의 법적 지위를 획득하고, 인구가 국민으로서의 법적 관계를 수립하여 정부가 통치권을 행사할 수 있게 하는 요인이다. 또한 국가 의지를 국민과 국내의 모든 단체에 강요할 수 있는 권한과 강행에 필요한 물리적 강제력을 포함하는 국가의 최고권(最高權)이다.

국가의 주권이 확립되려면 국가의 힘이 국내적으로 최고의 것이어야 하며, 국외적인 제약으로부터 자율적이어야 한다. 그런 힘의 자원은 우선 물질적인 것이다. 국가를 무시하거나 부정하는 존재를 능가하는 물질적 힘을 지니지 못한다면 국가는 명목상의 존재에 불과하게 된다. 또 현실적으로 피부에 닿는 국가는 그러한 막강한 물질적 힘이다. 그런 의미에서 극단적으로 국가를 물질적인 힘 그 자체로 규정하기도 한다. 그러나 국가의 힘이 충분하기 위해서는 물질적인 것만으로는 충분치 않다. 많은 사람이 물질적 규제를 두려워하지 않는다면 물질적인 힘이 충분하다고 하더라도 국가는 존립하기 어렵다. 그래서 국가의 힘은 정신적인 자원을 필요로 한다. 말하자면 국가는 지배의 정당성을 확보해야만 하는 것이다.

주권은 법적으로 두 가지 의미를 포함한다. 그 하나는 통치권 또는 국가권력을 의미는 경우이며, 다른 하나는 그 권력의 성질, 즉 국가권력이 최고의 것으로 다른 어떠한 힘에 의해서도 제약을 받는 일이 없는 독립적(獨立的)이라는 성질을 의미한다. 국가권력이 최고의 것으로 독립적이라는 말은 주권은 대내적 최고성과 대외적 독립성을 그 성질로 한다는 의미다. 대내적 최고성이란 국가 영토 내에서 권위와 물리적 힘의 사용에 대한 규제력을 독점함으로써 어떠한 개인이나 집단보다 우월한 권력이라는 의미이며, 대외적 독립성이라는 국제연합(國際聯合)에서 모든 국가가 하나의 투표권을 갖고 있듯이 세계의 어느 주권국가와도 동등한 지위를 갖고 있으므로 어떠한 다른 국가나 국제조직으로부터 직접적인 정치통제를 받지 않는 독립성을 가진다는 뜻이다.[36]

36) 김우태 외, 『정치학의 이해』(서울: 형설출판사, 1998), pp. 62.

주권이라는 말을 최초로 의식적이고도 체계적으로 사용한 사람은 보댕(Jean Bodin)이었다. 그는 주권을 법에 의해 제약받지 않는 것으로서 국민에 대한 최고권이고, 모든 국가의 필수적인 요소로서 본래 절대적이고 영속적이며, 분할할 수 없고 시효(時效)로 소멸되지 않으며, 양도할 수 없는 것이라고 하였다. 이러한 주권은 국가의 지배와 국민의 복종 관계를 유지시키는 기초가 된다. 일반적으로 주권은 다음과 같은 여섯 가지의 특징을 가진 것으로 지적된다.37)

① 영구성(permanence): 주권의 불멸성(不滅性)을 뜻한다. 정권이 교체되고 정부형태가 변형되어 주권의 소재는 바뀌어도 국가가 존속하는 한 주권이 존재함을 뜻한다. 국가의 붕괴만이 주권의 파괴를 가져온다.

② 포괄성(all-comprehensiveness): 주권은 어느 특수 집단에 속하는 것이 아니라 국민 전체에 적용되는 보편적 권력이다.

③ 유일성(exclusiveness): 국가의 주권은 둘이 아니라 하나이다. 하나 이상의 최고 권력은 국가의 통일성(統一性)을 파괴하기 때문이다.

④ 절대성(absoluteness): 국내적으로는 무제한의 절대적 최고 권력을 행사하며, 대외적으로는 절대적 독립성을 유지하는 최고성을 뜻한다.

⑤ 불가양성(inalienability): 주권은 남에게 이양할 수 없는 정통적 국가의 최고권임을 말한다.

⑥ 불구분성(indivisibility): 국가의 주권은 분할할 수 없는 국가만의 최고권이다. 물론 미국과 같은 연방정부제도(聯邦政府制度)에서의 주권은 중앙정부와 주정부간에 분할되어 있는데, 이런 제도는 분할주권(分割主權)이라 부른다.

(4) 정부(government)

정부는 국가의 정치적 요소로서 통치기구(統治機構)를 말한다. 국민이 영토만 점유한다고 해서 국가가 성립되는 것은 아니다. 국민이 영토와 더불어 정부를 갖추고 있어야 비로소 국가의 구실을 할 수 있다. 즉 국민은 집단

---

37) 이범준 · 신승권(1996), pp. 49-50.

의지를 형성하고 그것을 국가정책(國家政策)으로 반영시켜 공동이익을 증진시킬 기관을 필요로 하는데, 그러한 기능을 수행하는 기관이 바로 정부이다. 정부는 넓은 의미에서 입법·사법·행정에 관한 모든 조직 및 기관을 포괄하고, 좁은 의미에서는 통치기구 가운데 집행기관인 내각(cabinet) 또는 행정기관(adminstration)만을 지칭한다. 이러한 정부는 가시적인 기구로 구성되어 있고, 명확히 규정된 절차와 강제력을 가지고 법률과 규칙을 집행한다. 또한 정부는 일정한 면적과 인구의 단위인 도, 광역시, 시, 구, 군, 읍, 면, 동의 이름을 가지고 그 기능을 발휘하고 있으며, 시민생활 전반에 관련된 업무를 처리한다.

표면적으로 보기에 정부는 국가와 동일시되는 경향이 있으나, 정부는 어디까지나 국가의 한 요소일 뿐이다. 정부는 국가가 그 존재를 지속하고 그 기능을 수행하며, 그 정책과 목적을 실현하는 중요 기구이다. 즉 정부는 상대적으로 국가의 작용이라 할 수 있는 정치와 그 본체인 국가의 매개체라 할 수 있다. 선박이나 자동차를 국가에 비유할 때, 국가는 선박이나 자동차 그 자체이고 정부는 조타수나 운전수에 해당된다.38)

국가는 전체 인구의 공동체인 데 대하여 정부는 상대적으로 적은 수의 인구를 포용하고 있다. 또한 국가는 계속적으로 존속하지만 정부는 끊임없이 바뀐다. 정부는 선거나 혁명 또는 쿠데타 등의 정치변형에 의해서 완전히 교체될 수 있지만, 국가는 그러한 경우에도 계속성을 지닌다. 그로티우스(H. Grotius)가 "국가는 불멸(不滅)의 존재"(states are immortal)라고 말했듯이 정부의 혁명적인 변화가 있다고 해도 국제법(國際法)이 보장하는 국가의 권리와 의무가 취소되거나 변경되지 않는다.39)

국가의 목적을 집행하는 통치기구로서의 정부가 명령을 강행하지 못하고 국민의 복종을 얻지 못하면 질서유지(秩序維持)가 불가능하다. 흔히 그 누구도 강권 발동의 권위를 갖지 못하고 그 누구도 복종하지 않는 상태를 무정부상태(無政府狀態)라 한다. 따라서 국가 의지를 대행해 주는 정부는

---

38) 김운태, 『정치학원론』(서울: 박영사, 1983), pp. 53-56.

39) Rodee et al., *Introduction to Political Science,* 3rd ed.(Tokyo: McGraw-hill Kogakusa, Ltd., 1976). p. 24.

그 질적 차원을 떠나서 어떠한 형태의 국가에서도 지배·복종관계를 성립시키는데, 이때에 비로소 국가가 정치조직으로서의 필수조건을 갖추었다고 간주할 수 있다.[40]

훌륭한 국가는 결과적으로 정부가 어떠한가에 달려있다. 국민과 영토가 훌륭하고 주권이 온전하다고 하더라도 그것을 운영할 정부가 무능하거나 힘을 남용한다면 별 수가 없을 것이다. 따라서 훌륭한 정부는 무능과 힘의 남용을 극복 내지 방지하려는 취지의 장치를 갖추고 있다. 오늘날과 같은 민주주의 시대에 있어서 훌륭한 정부는 민주적인 정부이다. 민주적인 정부는 국민의 의사에 따라 힘을 행사하여 정당성(正當性)을 확보해야 유능한 정부가 된다. 또 힘의 남용을 막기 위해 힘을 분립하여 견제(牽制)와 균형(均衡)을 도모하고, 입헌·법치를 통해 힘의 행사를 엄격하게 해야 한다.[41]

3. 국가의 기능과 특징

모든 인간은 사회적 존재로서 사회에서 삶을 영위하면서 행복한 삶을 추구한다. 그러나 인간의 내면에는 이미 사회를 파괴하고자 하는 욕망이 도사리고 있고, 사회 자체에도 사회를 파괴하는 요소가 포함되어 있다. 그러므로 인간이 사회생활을 영위해 나가기 위해서는 사회의 질서유지(秩序維持)와 안전보장(安全保障) 등 다양한 역할들이 수행되어야 한다. 이와 같이 인간의 사회생활을 보장하기 위해 다양한 기능을 수행하는 것이 바로 국가이다.

국가의 기능은 사회적, 역사적 상황에 따라 변모하였다. 리프만(Lippmann)은 “가장 적게 통치하는 정부가 가장 좋은 정부라고 보는 것이 18세기의 진리라면, 가장 많이 공급해주는 정부가 가장 좋은 정부라고 보는 것이 20세기의 진리”라고 하면서 국가 기능이 점차 증대하고 있음을 지적하였다.[42] 오늘날의 국가는 국내외적으로 다양한 기능을 수행하고 있는데, 대외적으로는 주권의 대표자로서 기능하고, 대내적으로는 국민생활과 관련된 각종 정

40) 이범준·신승권(1996), p. 48.

41) 이정식 외(1994), pp. 81-82.

42) W. Lippmann, *A Preface to Politics*(New York: The Macmillan Company, 1933), p. 266.

책을 수립·집행하는 기능을 수행한다.

현대사회에서는 사회적 가치를 둘러싼 갈등의 심화와 사회의 복잡성과 불안성의 증대로 인해 국가의 기능은 점차 확대되고 있다. 그 중에서 가장 두드러지게 수행하는 기능을 립슨(Leslie Lipson)은 '1차적인 보호기능'과 '2차적인 공공복지 증진기능'이라고 하였다.[43)]

국가의 1차적 기능은 개인의 자유와 안정을 동시에 보장해 주기 위하여 대외적으로는 외부의 침입으로부터 국민 개개인을 보호하는 국가의 안전보장 기능과, 대내적으로는 법과 질서 속에서 평화와 안전을 보장해 주는 치안유지(治安維持) 기능이다. 이는 국가구성원의 생존권과 결부되는 것으로 국가가 수행하는 핵심적 기능이다.

국가가 국민을 보호하는 1차적 기능을 수행하기 위해서는 질서를 확립해야 한다. 질서는 경찰국가에도 있고 감옥에도 있다. 비유적으로 표현을 하면 가장 질서가 잘 유지되고 평화로운 장소는 아마도 공동묘지일 것이다. 국가의 질서유지 과정에서 정의와 공정성을 상실한다면, 국민의 복종을 일시적으로 강요할 수는 있어도 충성은 얻지 못하게 될 것이다. 그러므로 국가의 1차적 기능에는 공정한 질서와 정의에 입각해서 국민을 보호한다는 전제가 내포되어 있다.

국가의 2차적 기능은 현대국가에 와서 크게 대두된 국가의 적극적 기능으로 경제·사회·문화적 분야에서 국민의 복지를 증진시키는 기능을 말한다. 19세기의 자유방임주의 시대에만 하더라도 국가는 국민 개개인의 생활에 최소한의 간섭을 할 것이 요구되는 소극적 역할에 머물렀고, 정치에 있어서도 '최소의 정치가 최선의 정치'라는 관념이 지배적이었다. 그러나 사회가 복잡화되고 국민들의 요구가 증대됨에 따라 국가의 적극적 역할을 기대하게 되었다. 따라서 현대의 국가관도 과거의 정치국가관(政治國家觀)에서 문화정책을 실시하는 문화국가관(文化國家觀), 국민의 경제적 복지를 실현시키는 복지국가관(福祉國家觀)으로 변화하고 있다. 그러므로 현대사회에서 국가는 고전적 의미의 질서유지와 법 집행 이외에, 정치, 경제, 사회, 문화적

---

43) Leslie Lipson, *The Great Issues of Politics*(New Jersey: Prentice-Hall, 1970), p. 60.

분야 등에서도 공공의 복지를 증진시키는 기능을 적극적으로 담당해야 한다. 특히 '공공'이 대중을 의미하기 때문에 대중들의 가장 큰 관심사항이며 과제인 복지를 증진시키는 것은 시민사회에서 대중국가(大衆國家)로 변화된 현대국가에서 정통성을 확보하는 핵심 사항이라 할 수 있다.

그런데 국가가 이러한 기능을 수행하기 위해서는 다소 강압적인 요소를 내포하기 마련이다. 1차적 기능은 그 목적이 분명하여 논란의 여지가 별로 없지만, 2차적인 기능은 매우 긍정적이고 건설적인 취지에서 수행되지만 그 성격이 복잡하여 끊임없는 논란의 대상이 되고 있다.44) 국가의 복지기능이 증대되면서 국민의 의타심이 생기고 창의성이 축소될 수도 있고, 정치적으로 개인의 자유와 권리가 침해될 수도 있기 때문이다.

그럼에도 불구하고 이러한 기능은 사회를 유지하기 위해 필요하며, 국가만이 수행할 수 있는 기능이다. 그것은 국가가 다른 사회집단과 다른 고유한 특징을 가지고 있기 때문이다. 무엇보다 국가는 국민을 대내외적으로 보호하고 국민 누구에게나 공정한 질서를 유지하기 위해서 법을 강제로 집행할 수 있는 물리적 강제력을 독점하고 있다. 또한 사회 내에 다른 단체들과 목적, 조직, 기능, 권력의 면에서 명백한 차이점을 가지고 있다.

첫째, 국가는 특정 영토라는 지역성에 근거한다. 일반 집단의 경우 지역적 제약성이 없으므로 한 국가 내의 단체로 존재할 수도 있고 세계적 규모의 단체로 설립될 수도 있다.

둘째, 국가는 개인의 의지와는 관계없이 출생과 더불어 개인이 소속하는 국적이 결정되지만, 일반 집단의 경우 그 회원이 임의적으로 선택한다. 따라서 집단으로부터의 가입과 탈퇴는 임의적으로 가능하지만, 국적의 이탈은 결코 쉽지 않다.

셋째, 대개 한 국가의 구성원은 하나의 국적만을 갖고 있으나, 일반 집단에 소속된 구성원의 경우 복수의 자격을 가질 수 있다. 즉 어느 정당의 당원이면서 동시에 종교단체나 그 밖의 많은 사회단체의 구성원이 될 수 있다.

넷째, 국가의 목적은 국민 전체의 권익을 위해 존재하는 데 반해, 일반

---

44) H. J. Schumandt and P. G. Steninbicker, *Fundamentals of Government*(Milwaukee: The Bruce Publishing Co., 1954), p. 140.

집단은 그 집단의 설립을 위한 특수 이익을 목적으로 한다.

다섯째, 국가는 영구적 집단이므로 정부는 수시로 교체되어도 국가는 존속된다. 그러나 일반 집단은 특수 이익과 목적을 추구하기 때문에 그 목적이 달성되거나 혹은 내부 분열과 같은 예기치 않은 사태가 발생할 경우 소멸될 수 있는 일시적 존재이다.

여섯째, 국가는 물리적 힘을 독점하고 있어 개인뿐 아니라 다른 집단에 대해 복종을 강제할 수 있다. 그러나 일반 집단은 그 자체의 규율을 어긴 회원의 제명이나 기타 제재는 가능하나 투옥이나 재산 몰수와 같은 형벌을 가할 수는 없다.

이와 같은 국가와 사회집단은 서로 다른 특성을 가지고 있기 때문에 사회 내의 일반 집단은 그 존재 자체가 국가의 동의 없이 성립될 수 없다. 국가는 사회 내의 최고권을 소유하며 국가 의지에 반하는 개인이나 집단을 통제할 수 있는 보다 완전한 조직을 갖는다. 이러한 이유로 립슨이 말한 1차적 보호기능과 2차적 공공복지 증진기능은 국가가 해야 하는 기능일 뿐만 아니라 국가만이 할 수 있는 기능이 된다. 국가가 이러한 기능을 수행할 수 있는 것은 다음과 같은 고유한 특성을 가지기 때문이다.[45]

첫째, 통치조직(統治組織)의 완전성(完全性)이다. 국가는 정치적으로 가장 완전한 조직을 갖추고 있다. 즉 권력의 구조가 가장 복잡하면서도 가장 완벽하다는 것이다.

둘째, 통치의 분립(分立)이다. 국가에서는 통치의 완전한 분립을 특색으로 하여, 입법·사법·행정부간의 엄격한 직무의 분할이 있다. 직능의 분화는 어느 사회 조직에서나 볼 수 있는 현상이기는 하나 국가처럼 엄격하거나 완전하지는 않다.

셋째, 제재조직(制裁組織)의 체계화(體系化)이다. 국가가 갖는 제재조직은 가장 체계적인 것으로서 사회 구성원의 복종을 효과적으로 강제시킬 수 있다. 경찰 조직, 사법 조직, 형무소 조직 등을 통하여 법률의 적용을 감시하고 법률을 위반한 자를 수색하거나 체포하는 임무를 수행하며, 죄인에 대하

---

45) 김영국 외, 『신정치학개론』(서울: 서울대학교출판부, 1978), pp. 137-139.

여 형벌을 언도하고 언도된 형벌을 집행하는 등 완성된 조직에 의해 이를 담당하고 수행한다. 이 같은 제도의 완비는 다른 사회집단과는 비교할 바가 못 된다.

넷째, 물리적 힘의 독점(獨占)이다. 결정된 사항을 집행하는 데 있어 국가는 가장 큰 물리적 힘을 갖는다. 경찰력과 군사력을 독점하고 있는 국가는 개인 간이나 집단 간에 폭력사태가 생길 경우 이를 능히 진압시킬 수 있는 능력을 가진다.

다섯째, 연대감(連帶感)의 강인성(强靭性)이다. 인간은 다른 사회집단이나 국제사회보다도 국가에 대해 더욱 강한 연대감을 가지고 있다. 사회 또는 민족의 연대 감정은 국가를 통해 발현하고자 하는 것이 보편적이며, 또한 이를 충성의 대상으로 삼는 것이 현재까지의 속성이다.

참고문헌

Ⅰ. 한국문헌

김영국 외, 『신정치학개론』, 서울: 서울대학교출판부, 1978.
김용욱, 『정치학』, 서울: 법문사, 2002.
김우태, 『정치학원론』, 서울: 형설출판사, 1992.
김우태 외, 『정치학의 이해』, 서울: 형설출판사, 1998.
김운태, 『정치학원론』, 서울: 박영사, 1983.
니콜로 마키아벨리, 강정인 역, 『군주론』, 서울: 까치, 1994.
박준영 외, 『정치학』, 서울: 박영사, 2001.
서울대학교 정치학과 교수 공저, 『정치학의 이해』, 서울: 박영사, 2002.
이극찬, 『정치학』, 제6판, 서울: 법문사, 1999.
이범준·신승권, 『정치학』, 서울: 박영, 1996.
이정식 외, 『정치학』, 서울: 대왕사, 1994.
최 명, 『국가학』, 서울: 박영사, 1995.
크리스토퍼 피어슨, 박형신·이택면 역, 『근대국가의 이해』, 서울: 일신사, 1998.
필립스 쉬블리, 김계동 외, 『정치학개론: 권력과 선택』, 서울: 명인문화사, 2008.

Vincent A, 권석원 · 서규선 역, 『국가론』, 서울: 인간사랑, 1992.

Ⅱ. 외국문헌

Easton, David, *The Political System: An Inquiry into the State of Political Science*, New York: Kopf, 1953.

Garner, James, *Introduction to Political Science*, New York: American Books, 1928.

Isensee, J, "Staat," in *Staakslexikon*, Feiburg/Basel/Wien: Verlag Herder, 1989.

Lippmann, W, *A Preface to Politics*, New York: The Macmillan Company, 1933.

Lipson, Leslie, *The Great Issues of Politics*, New Jersey: Prentice-Hall, 1970.

Maine, Henry, *Ancient Law: Its Connection with the Early History of Society and Its Relations to Modern Ideas*, Rev. ed., New York: Dutton, 1963.

Poggi, Gianfranco, *The Development of the Modern State*, London: Hutchinson, 1978.

Rodee et al, *Introduction to Political Science*, 3rd ed., Tokyo: McGraw-hill Kogakusa, Ltd. 1976.

Rodman, John R., *The Political Theory of the T. H. Green*, New York: Appleton Century Crofts Inc, 1964.

Sabine, G. H., *A History of Political Theory*, 3rd ed., New York: Holt, 1962.

Schumandt, H. J. & P. G. Steninbicker, *Fundamentals of Government*, Milwaukee: The Bruce Publishing Co, 1954.

Tilly, Charles, *Coercion, Capital, and European States, Ad 990-1990*, Oxford: Basil Blackwell, 1990.

Titus, C. H., "A Nomenclature in Political Science," *American Political Science Review*, Vol. 25, 1931.

Weber, Max, *Economy and Society*, Vol. 2, Berkeley: University of California Press, 1978.

제 4 장 권력구조와 정치제도

김 관 옥*

Ⅰ. 권력구조와 헌법

앞 장에서 근대국가 형성과 본질에 대해서 살펴보았다. 그럼 이렇게 형성된 국가는 어떤 조직들로 구성되고 어떤 원리에 의해서 작동되는가? 모든 국가들은 자국의 통치를 위해 일정한 형태의 권력구조를 유지한다. 한 국가의 권력구조(權力構造)는 그 국가의 권력을 어떤 조직에 어떻게 배분하는가에 따라 다르게 형성된다. 즉 권력구조는 정부의 공식기구(official institutions)[1]를 규정하고 이 기구들의 권한과 이들 간의 상호관계를 규명함으로써 나타난 구조를 의미한다. 따라서 권력구조는 정치가 이루어지는 환경적 토대를 형성하여 정치에 심대한 영향을 미친다. 이에 본 장은 권력구조를 규정하는 헌법과 정치의 관계를 우선 살펴보고 대통령 중심제 (presidential system)와 의원 내각제 (parliamentary system) 등과 같은 권력구조의 유형들에 대해서 고찰한다.

권력구조는 어떻게 규정되는가? 권력구조는 각국의 헌법(憲法)에 의해서 규정된다. 즉 헌법은 한 국가의 정치적 기본골격을 규정하는 법이다. 대부분의 국가들은 형태는 다르지만 헌법을 보유하고 있다.[2] 헌법의 정치적 역할을 이해하기 위해서는 우선 법치주의(法治主義) 원칙에 대한 이해가 요

---

* 계명대학교 정치외교학과 교수.

1) 공식기구란 행정부, 입법부, 사법부와 같은 정부기관들을 의미하며 이는 정당, 이익단체, 시민단체 등과 같은 비공식기구와는 구별된다. Rais A. Khan and James D. McNiven, *An Introduction to Political Science*(Ontario, Canada: Nelson Canada, 1990), p. 147.

2) 어떤 국가의 헌법도 완전한 불문법의 형태는 없지만 통상 성문법(written constitution) 또는 불문법(unwritten constitution) 형태로 구분된다. 영국과 뉴질랜드 등 소수 국가들의 헌법은 관습법(common laws)에 기반을 두고 성문화(uncodified)되지 않은 반면 독일과 한국 등 대부분의 국가들은 헌법이 다루는 구체적 사안의 범위의 차이는 있지만 일반적으로 성문 형태의 헌법을 갖고 있다.

구된다. 법치주의는 정치에 있어 공정성(fairness)의 중요성을 강조하는 아리스토텔레스(Aristotle)부터 주장되기 시작했다. 그에 따르면 인간은 육체적, 물질적, 정신적 만족을 위한 욕망과 열정의 대상인데 반해 법은 모든 열정으로부터 자유로운 이유(reason)를 대표하기 때문에 더욱 공정하여 법에 의한 통치는 항상 인간의 의한 통치보다 우월하다고 주장했다.3) 이러한 법치주의에 대한 주장은 존 로크(John Locke)에 의해서 보다 구체적으로 강조되었다. 아리스토텔레스가 만인에게 평등하게 적용되는 법의 공정성에 초점을 두었다면 로크는 법과 인간의 자유와의 관계에 초점을 두고 법치주의를 강조했다. 이에 로크는 의미 있는 자유는 법치의 환경 밖에서 존재할 수 없고 법이 끝날 때 폭정이 시작된다고 하며 입헌정치(constitutionalism)를 주장했다.4)

이러한 법치주의(rule of law) 원칙의 중요성은 근대 헌법학자들에 의해 계승되어 헌법에 반영되었다. 즉 헌법의 목적은 인간의 정부(government of men)를 법의 정부(government of laws)로 대체하기 위한 것으로 헌정질서를 통해 절대 권력자의 자의(恣意)적인 통치를 막고 개인의 권리를 보호하는 것으로 되어 있다.

하지만 헌법에 개인의 권리를 보장하는 것만으로는 법치주의 원칙이 충실히 이행되기 어렵다. 이것에 우선해서 헌법은 권력지도(power maps)와 같이 권력구조를 규정하여 한 국가의 권위를 공식적으로 분배한다. 이에 저명한 정치학자인 지오바니 사토리(Giovanni Sartori)는 헌법에 개인의 권리를 선언하지 않아도 헌법상 인정되지만 권력구조를 규정하지 않은 헌법은 헌법으로 인정할 수 없다고 주장하면서 헌법의 권력구조 규정의 기능을 강조했다.5)

이에 헌법은 가장 강력한 정치적 상징으로서 정치에 영향을 주는 두 가

---

3) Aristotle, *The Politics*, trans. and ed. Ernest Barker(New York: Oxford University Press, 1962), p. 146.

4) John Locke, *Second Treaties on Civil Government*(New York: New American Library, 1965), p. 448.

5) Giovanni Sartori, *Comparative Constitutional Engineering: An Inquiry into Structures, Incentives and Outcomes*(NY: New York University Press, 1994), p. 198.

지 사안을 천명한다. 첫째, 헌법은 앞서 언급한 대로 정부 또는 다른 시민의 행동으로부터 개개 시민을 보호하는 시민의 기본권(基本權)과 자유를 규정한다. 즉 헌법은 정부기관의 행태를 효과적으로 제한함으로서 개인의 권리를 보장하는 성명(statement)이다. 미국의 초기 헌법이 개인의 권리를 규정하지 않았다가 10개의 수정 헌법을 통해 기본권을 천명했듯이 또 영국의 헌법체계가 권리장전(Bills of Rights) 등에 기반을 두었듯이 대부분 국가들의 헌법은 개인의 기본권 보장을 포함하고 있다. 따라서 헌법은 개인의 종교, 출판, 집회 및 결사, 표현 등의 권리 및 자유를 보장하여 개인들의 정치적 권리를 법제적으로 규정한다.

둘째, 헌법은 공식적인 정부조직과 이 조직들의 권한을 규정함으로써 한 국가의 권력구조를 구성한다. 이러한 정부조직간 권한과 상호관계를 규정하는 헌법은 통상 그 국가의 과거와 전통을 반영하여 결정된다. 예컨대 미국의 헌법은 미국이 주(州)들이 연합하여 형성된 연방국가임을 반영하고 있다. 즉 미국헌법은 정부권력을 중앙정부와 각 주가 나누어 갖는 연방제도(federal system)를 도입하는 한편 각 주(州)의 대표들로 구성되는 의회(Congress)에게 입법권을 부여함으로서 정책결정에 관한 최종적 결정은 주(州)들의 대표가 행사하게 했다. 이렇듯 정부조직 간의 권한 배분을 규정하는 헌법은 그 해당 국가의 경험을 상당부분 반영한다. 한국 또한 예외는 아니다. 4·5공화국에서 대통령 1인에게 지나친 권력집중 및 남용 현상을 경험한 한국은 9차 현행 헌법개정에서 대통령의 국회해산권을 폐지하는 등 정부 조직들의 권한을 재규정하였다.

이렇듯 헌법은 개인의 정치적 권리는 물론 정부기관들 사이의 권한의 배분 및 이들 사이의 관계를 규정함으로서 정치에 중대한 영향을 미치고 있다. 따라서 한 국가의 정치를 이해하기 위해서는 그 국가의 헌법이 정한 공식적인 정부형태와 조직들의 역할 등 권력구조에 대한 이해가 우선되어야 한다.

각국의 권력구조는 국가에 따라 매우 다양한 구조와 내용으로 구성되어 있다. 크게 권력분립(權力分立)과 견제(牽制)와 균형(均衡)의 원칙에 중점을 두는 대통령중심제와 의회를 중심으로 한 권력의 융합에 중점을 두는 의원내각제 그리고 대통령제와 의원내각제를 혼합한 이원집정부제 등으로 대별된다. 대통령제를 채택하는 국가들 사이에도 차이가 존재하지만 미국이 가장 전형적인 대통령중심제를 채택하고 있다. 반면 의원내각제는 영국에서 시작되었고 영국이 가장 대표적인 의회중심제 채택국가이다. 이원집정부제는 탈냉전 이후 과거 사회주의 동구권 국가들에서 주로 채택되고 있으나 프랑스가 이 제도를 채택하는 대표적 국가이다.

이런 정부형태는 각 제도의 이름이 의미하듯이 기본적으로 행정부, 입법부, 사법부 사이에 권한이 어떻게 분배되었는가에 따라 분류된다. 여기서도 특히 행정부와 입법부와의 관계가 어떻게 형성되는가에 따라 정부형태가 다르게 형성되는 것이다. 즉 3부간 권력분립을 강조하는 시각과 이와는 달리 입법부를 통한 권력의 융합을 강조하는 시각 등과 같이 권력배분에 대한 시각 차이의 결과가 결국 대통령 중심제, 의원내각제 그리고 이원집정부제를 형성한 것이다.[6]

본 장의 II, III절에서는 대통령중심제와 의원중심제의 특징 및 장단점을 파악하고, IV절에서는 이원집정부제의 특징과 장점 및 한계를 살펴 보게 될 것이다.

II. 대통령 중심제

1. 대통령제의 원리와 특징

대통령중심제는 미국에서 시작된 만큼 미국의 영향력 아래 있던 남미국가들과 한국과 같이 2차대전 이후 형성된 세계의 많은 신생독립국가들에서 채택되고 있다. 그러나 대통령중심제는 미국의 역사적 경험을 바탕으로 설계된 체제로서 이 제도의 이해를 위해서는 미국의 경험에 대한 이해가 우선되어야 한다. 미국은 영국의 식민지였고 영국의 견제되지 않는 왕권의 남용

6) Arendt Lijphart(eds.), *Parliamentary Versus Presidential Government*(Oxford, England: Oxford University Press, 1992).

속에서 독립전쟁을 치루며 형성된 국가이다. 즉 미국헌법의 작성자들은 권력의 집중 및 남용 방지가 권력구조 형성에 있어서 무엇보다도 중요한 과제였던 것이다.

이에 대통령 중심제는 권력분립(separation of powers)과 견제와 균형(check and balance)의 원칙이 권력구조의 형성과 운용에 있어서 가장 중요한 원리다. 제임스 메디슨(James Madison) 등 미국헌법의 작성자(founding fathers)들은 한 정부기관이 다른 두 기관을 압도할 경우 권력집중 및 권력남용 현상이 발생해 헌정질서와 법치주의가 붕괴될 가능성이 크다고 판단하여 행정, 입법, 사법부 등 세 기관들이 서로 견제하고 균형을 이룰 수 있는 체제를 강조하였다. 이러한 미국의 대통령중심제의 핵심원리는 프랑스 철학자인 몽테스키외(Montesquieu)의 3권 분립의 주장에 많은 영향을 받은 결과이다. 그에 따르면 둘 또는 세 기관이 동일인에 의해서 압도되지 않는 권력구조를 만드는 것이 권력을 남용하는 것을 방지하는 최선의 방안임을 주장하였고 결국 이 주장에 영향을 받은 미국의 헌법제정자들은 권력분립 정신과 견제와 균형 원칙을 대통령 중심제의 가장 핵심적인 원칙으로 채택하였다.[7)]

이러한 원칙 속에서 형성된 대통령 중심제는 이 제도를 채택하는 국가들마다도 법률적인 면은 물론 운영내용에 있어서도 어느 정도 차이를 보이고 있다. 따라서 본 장에서는 대통령제의 몇 가지 주요한 구조적 및 기능적 특징을 살펴보는 데 주안점을 둔다.

첫째, 대통령 중심제의 가장 중요한 특징은 행정부가 입법부 및 사법부와 엄격하게 분리되어 상호 독립적(mutual independent)으로 존재한다는 것이다.[8)] [그림 4-1]이 보여주는 바와 같이 행정부를 대표하는 대통령은 국민의 직접투표에 의해서 선출되고 입법부를 구성하는 국회의원들도 국민들에 의한 총선거를 통해 선출되기 때문에 상호 독립적인 정통성(legitimacy)을

---

7) Merrill Spurlin, *Montesquieu in America 1760-1801*(New York: Octagon, 1969).

8) Juan Linz, "Presidential or Parliamentary Democracy: Does It Make a Difference?," in Juan Linz and Arturo Valenzuela(eds)., *The Failure of Presidential Democracy: Comparative Perspectives*(Baltimore: Johns Hopkins University Press, 1994), pp. 6-8.

[그림 4-1] 대통령 중심제

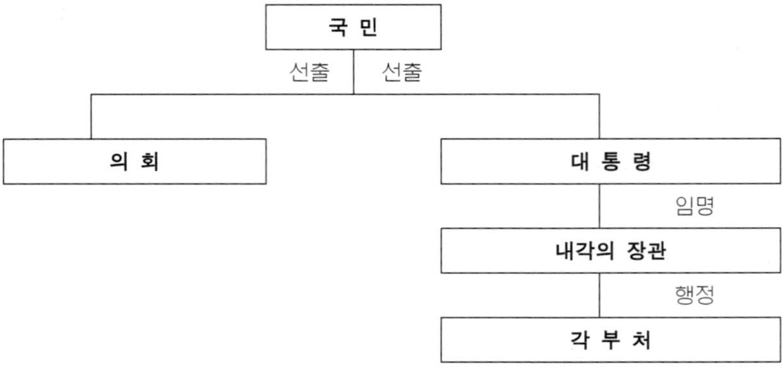

갖고 존재하는 것이다. 대통령중심제의 대표적 사례인 미국의 경우 대통령은 국민들이 직접투표로 선출하는 대통령선거인단(electoral collage)에 의해서 선출된다. 그러나 대통령제를 채택하고 있는 대부분의 국가에서는 국민이 직접 대통령을 선출한다.

행정부의 수장인 대통령을 선출하는 것과는 별도로 입법부도 국민들의 직접선거에 의해서 구성된다. 예컨대, 입법부의 형태가 단원제(單院制)이든 양원제(兩院制)[9]이든 관계없이 국민들의 투표에 의해서 선출된다. 즉 의원내각제와는 달리 의회는 대통령을 선출하지 않으며 의회는 단지 대통령을 탄핵을 통해 대통령직을 박탈할 수는 있다. 이렇듯 대통령중심제는 행정부의 수장과 국회의원들이 각각 국민들에 의해 직접 선출되어 각각의 독립적 권위체계를 보유하고 있고 행정부가 입법부를 해산할 수도 또 입법부가 행정부를 불신임할 수도 없기 때문에 보통 이원적 권위체계(dual authority system)를 이루고 있다고 한다.

둘째, 국민에 의해 선출된 대통령은 일정한 임기를 보장받는다.[10] 이러한 임기의 보장은 의원내각제와 가장 크게 다른 점으로서 임기의 연한(年限)은 국가마다 다르지만 모든 대통령제는 임기를 보장한다. 미국의 경우 4

9) 의회의 구성은 국가마다 다양하다. 미국의회는 상원(the Senate)와 하원(the House of Representatives)의 양원으로 구성되어있다. 한국의 경우 단원제이며 대통령중심제를 채택하는 더 많은 국가들이 단원제를 채택하고 있다.

10) Linz(1994), pp. 8-10.

년을 임기로 하며 1951년 수정헌법에 의해 한 차례의 연임을 허용하고 있다. 한국의 현행 헌법의 경우 5년 임기에 단임제로 규정되어 있다. 이러한 연임에 대한 제한은 한명의 대통령에게 권력이 지나치게 장기간 집중되는 폐해를 방지하기 위해 고안된 것이며 이는 대통령제를 채택하는 대부분의 국가에서 적용되고 있다.

하지만 임기 동안 대통령은 오로지 의회의 탄핵에 의해서만 해임될 수 있다. 대통령 탄핵에 대한 조건도 국가마다 상이하다. 국가의 수반이자 행정부의 수장을 해임하는 결과를 가져오는 결정이기 때문에 대부분의 대통령중심제를 채택하는 국가들은 탄핵의 조건을 어렵게 규정하고 있다.[11] 예컨대 미국의 경우 하원(the House)의 과반수로 탄핵소추가 이루어지고 상원(the Senate)으로 이송되어서는 3분의 2 이상의 의원들이 탄핵(impeachment)에 찬성을 해야만 유죄가 확정되어 대통령의 해임이 가능하다. 이처럼 임기의 고정성은 대통령중심제의 또 하나의 특징으로 정치과정의 경직성(rigidity)을 불가피하게 수반한다. 대통령은 일정 기간의 임기동안 거취 걱정 없이 정치를 수행할 수 있다는 점에서 불확실성을 감소시켜 정치의 안정성을 확보할 수 있다. 반면에 임기가 확정되어 있기 때문에 대통령의 유고(有故) 상황 등에서 불안정성이 더욱 가중될 수 있다는 지적도 받고 있다. 특히 임기의 고정은 실정(失政)의 상황에서도 정권이 유지되게 함으로써 레임덕(lame duck)현상과 맞물려 불안정성이 커진다고 비판받기도 한다.[12]

셋째, 대통령 중심제에서는 대통령이 장관들을 직접 임명하여 내각을 구성한다. 이때 장관으로 임명되는 사람들은 의원직을 겸임할 수 없다.[13] 이러한 인적 자원의 분리의 원칙은 순수 대통령제를 채택하고 있는 미국과 일부 국가에서는 적용되지만 한국, 페루 등에서는 의원직을 유지한 상태에서 장관직을 경직할 수 있다. 그러나 권력분립의 원칙을 강조하는 미국의 대통령

11) 대부분의 대통령제를 채택하는 국가들에서는 대통령이 반역 또는 가타 중범죄를 범할 경우에만 정해진 탄핵 절차에 따라 해임될 수 있다고 규정함으로서 중대한 사안이 아니면 임기를 보장하는 것을 원칙으로 하고 있다.

12) Arend Lijphart, "Presidentialism and Majoritarian Democracy: Theoretical Observations," in Juan Linz and Arturo Valenzuela(eds)., *The Failure of Presidential Democracy: Comparative Perspectives*(Baltimore: Johns Hopkins University Press, 1994), p. 100.

13) 권만학 외 공역, 『현대정치학』(서울: 을유문화사, 1994), pp. 343-345.

제에서는 한 인물이 다른 정부 기관들에 겸임하는 것을 금하고 있다. 즉 의원이 장관이 되기 위해서는 의원직을 사임해야 하는 것이고 반대의 경우도 마찬가지이다. 한국과 같이 의원직을 유지한 채 장관직을 겸임하는 것은 내각제적 요소가 가미된 대통령제의 모습인 것이다.

넷째, 대통령중심제의 입법 결정은 의회와 대통령 사이의 힘의 균형상태에 따라 이루어진다. 대통령 중심제를 채택하는 국가들에 따라 다르지만 엄격하게 말하면 미국과 같은 전형적인 대통령중심제에서는 입법을 위한 법안을 제출할 수 있는 권한은 단지 국회의원에게만 부여되어 있다.[14] 대통령이 대표하는 행정부의 법안들은 행정부를 대신하는 일부 국회의원들의 제출에 의해서 발의가 되는 것이다. 그러나 의회에서 다수투표에 의해서 통과된 법안들도 반드시 입법되는 것이 아니며 대통령의 동의가 필요하다. 다시 말해 대통령은 의회에서 통과된 법안들에 대해 거부권(拒否權)을 행사할 수 있다. 만약 대통령이 거부권을 행사할 경우 의회는 대부분의 경우에 3분의 2 투표로 거부권이 행사된 법안을 재의결할 수 있다. 이러한 입법과정은 대통령중심제가 행정부와 입법부 사이의 견제와 균형관계에서 운영되고 있음을 분명하게 보여주는 것이다.

다섯째, 대통령중심제에서 선거에서 승리한 후보는 득표율에 관계없이 행정부 전체의 권력을 장악하게 된다. 즉 대통령중심제는 선거에서 얼마의 표 차이로 이기든 승리한 후보가 전권을 행사하는 '승자독식'(winner takes all)의 제도이다. 이에 대통령은 행정부의 수장으로서 장관을 임명 및 해임할 수 있는 권한을 갖는 등 상당한 권한을 독자적으로 행사한다.[15] 다만 국가 마다 다르지만 주요한 부서의 장관은 의회의 청문회 등을 거치는 제도가 존재하기도 한다. 반대로 패배한 후보는 표 차이가 매우 적어도 어떤 권한도 받지 못하는 '패자전몰'(loser loses all)의 원리가 적용되는 것이다. 2000

---

14) 한국의 대통령중심제의 경우 정부의 법률안 제출권을 인정하는 등 대통령 중심제를 채택하는 국가별로 입법에 있어 행정부의 역할에 차이가 존재한다. 박찬욱, "대통령제의 정상적 작동을 위한 개헌론," 진영재 편, 『한국 권력구조의 이해』(서울: 나남출판사, 2004), pp. 180-181.

15) 미국의 경우 대통령에 당선될 경우 당선자가 임명할 수 있는 고위공직의 수는 3천명 이상이며 군대까지 포함할 경우 임명권을 행사할 수 있는 공직의 수는 무려 7만 5천명을 상회한다. 함성득, 『미국정부론』 (서울: 나남출판사, 2002), p. 150.

년 미국대통령 선거에서 엘 고어 미국 민주당 후보는 총 유권자 투표에서는 조지 부시 당시 공화당대통령후보 보다 더 많은 득표를 했으나 선거인단의 수에서 다수를 얻지 못함으로 해서 선거에서 패배한 바 있다. 이렇듯 상당한 국민적 지지를 받았음에도 불구하고 어떠한 권한도 갖지 못하는 승자독식제도는 패자를 지지했던 국민의 주장이 대표되지 못한다는 점에서 비판받고 있다. 그러나 대통령제의 장점을 주장하는 학자들은 대통령제의 이런 승자독식체제를 전적으로 인정하지는 않는다. 즉 대통령제는 3권의 권력분립의 구조 속에서 전체 권력을 완전히 독식하기 어렵다는 점에서 승자독식이 되어도 권력집중현상은 발생하지 않는다고 주장한다.[16]

2. 대통령제의 장단점 분석

미국이 채택하고 있는 대통령중심제는 2차대전 이후 대부분의 신생국들에 의해서 채택되었고 하나의 대안적 권력구조로 받아들여져 왔다. 그러나 대통령중심제는 1970년대 이후 민주주의 붕괴의 원인 규명과 민주화 이후의 민주주의 공고화에 대한 연구과정에서 린쯔(Juan Linz)와 발렌주엘라(Arturo Valenzuela) 등의 학자들에 의해서 제도적 한계점들이 지적되기 시작했다.[17] 이에 본 절에서는 하나의 권력구조 유형으로서의 대통령제의 제도적 장단점을 살펴본다.

대통령중심제는 미국의 헌법작성자들이 구상한 대로 여러 가지 장점을 갖고 있다. 첫째, 대통령중심제는 대통령의 임기가 보장되어 있다는 점에서 행정부의 안정을 도모할 수 있다는 장점이 있다. 유럽의 의원내각제를 채택하는 국가들에서 나타났던 정권의 빈번한 교체는 정치적 불안정성을 가져왔다. 이에 반해 대통령제는 임기가 보장되어 대통령이 임기 동안은 정치논

16) Donald Horowitz, "Comparing Democratic System," *Journal of Democracy*, Vol. 1, No. 4(1990), pp. 73-79.

17) J. Juan Linz and Alfred Stepan(eds.), *The Breakdown of Democratic Regimes* (Baltimore: Johns Hopkins University Press, 1978); J. Juan Linz, "The Perils of Presidentialism, *Journal of Democracy*, Vol. 1(1990), pp. 51-69; Valenzuela Arturo, "Latin America: Presidentialism in Crisis," *Journal of Democracy*, Vol. 4(1993), pp. 3-16.

리에서 벗어나 일관된 정책을 추진할 수 있고 정치일정의 예측성을 강화할 수 있는 장점도 있다. 그러나 이런 임기의 보장성은 불가피하게 경직성(rigidity)을 가져온다. 즉 대통령이 실정을 하거나 건강상의 문제가 심각해도 대통령이 스스로 사퇴하지 않는 한 대통령을 교체할 방법이 없기 때문에 유연성을 갖기 어렵다는 것이다.

둘째, 대통령제는 대통령이 국민에 의해 직접 선출되기 때문에 인지성(identifiability)과 책임성(accountability)을 강화할 수 있는 장점이 있다.[18] 유권자들은 선거시 대통령후보자들 중에 한 명을 스스로 선택하여 투표하기 때문에 인지성이 높다. 특히 국민 개개인이 대통령을 인지하고 스스로 결정할 수 있다는 점은 국민들의 정치참여에도 긍정적인 효과를 줄 수 있어 참여민주주의를 확산시킬 수 도 있다. 또 대통령제는 대통령이 직접 국민들에 의해서 선출되기 때문에 통치의 결과에 대해 대통령이 직접 국민들에게 책임을 지게 된다. 그러나 이런 장점에 대해서도 반론은 있다. 즉 한국과 같이 대통령단임제를 채택하는 국가에서는 대통령의 정책결과에 대해 책임을 물을 수 없다는 것이다. 즉 대통령의 공과(功過)에 대해 보상 또는 응징의 공식적 기회가 없어 책임성을 높이는 데 한계가 있다는 것이다.

셋째, 견제와 균형이 기능하는 대통령중심제는 입법과정에서 보다 다양한 구성원의 이해관계를 반영할 수 있는 장점이 있다. 의원내각제의 경우 의회다수파가 행정부도 장악하기 때문에 의회 다수파에 대한 견제가 어렵지만 대통령제의 경우 권력분립이 뚜렷하여 의회다수파의 횡포를 대통령이 법률거부권 등을 통해서 견제하는 등 견제와 균형의 원칙이 보다 엄격히 적용되는 장점이 있다.

넷째, 의원내각제에서와 같이 국회의원이 우선되어야 하는 조건이 없기 때문에 대통령제는 보다 확대된 인물군에서 대통령 후보를 고를 수 있는 장점이 있다. 대통령후보는 과거의 정치적 경험이 필수적인 조건이 아니기 때문에 의원내각제의 수상보다는 개혁과 쇄신에 대해 더 개방적이고 보다 진취적일 수 있다. 또 지역구에서 선출되는 내각제의 수상과는 달리 대통령후

18) Linz(1994), pp. 10-14.

보는 전국적 선거구에서 선출되기 때문에 보다 국가적 관점을 가질 수 있고 특히 전국에서 선출되는 것이기 때문에 수상보다는 더 많은 권위(authority)를 가질 수 있다.

그러나 이런 장점을 갖는 대통령제도 몇 가지 부분에서 문제점들이 지적되고 있다. 첫째, 고정된 임기를 보장 받는 대통령제는 비탄력적이고 체제가 경직되어 대통령 실정의 경우에도 책임을 물을 수 없어 책임정치를 구현할 수 없다고 지적되고 있다. 둘째, 행정부를 대표하는 대통령과 입법부의 구성원들이 각기 국민들에 의해서 선거를 통해 선출되기 때문에 권한의 분배(dual authority) 현상이 나타나 입법부가 야당에 의해 지배될 경우 국정이 대결 양상을 띠어 원만한 국정운영이 어렵다는 점도 있다. 셋째, 임기가 정해져 있기 때문에 정권말기에 접어들면 대부분의 경우 대통령의 영향력이 대폭 감소하는 레임덕 현상이 발생한다. 이런 현상은 한번 이상 권력을 가질 수 없는 대통령단임제를 채택하는 국가들에서 자주 나타나고 그 정도도 심각하다. 넷째, 대통령은 득표수와 관계없이 승리할 경우 모든 권력을 독식하고 반대로 패자는 득표수와 관계없이 아무런 권한을 갖지 못하기 때문에 상당한 국민의 의사가 대표되지 못하는 단점이 있다.

Ⅲ. 의원 내각제

1. 의원내각제의 원리와 특징

대통령중심제가 행정부, 입법부, 사법부 사이의 힘의 분립에 초점을 두고 형성되었다면 의원내각제는 의회의 상대적 우월성에 그 핵심 원리가 있다. 대통령제의 행정부가 의회로부터 분리되어 형성되고 독립적으로 존재하는 것과 달리 의원내각제의 행정부는 의회와 본질적으로 연결되어 있어 의회의 다수당에 의해서 구성된다.[19] 즉 [그림 4-2]가 보여주는 바와 같이 의원내각제에서 유일하게 국가적인 수준에서 국민들로부터 선출된 정치지도

19) Lijphart(1992), p. 240.

[그림 4-2] 의원 내각제

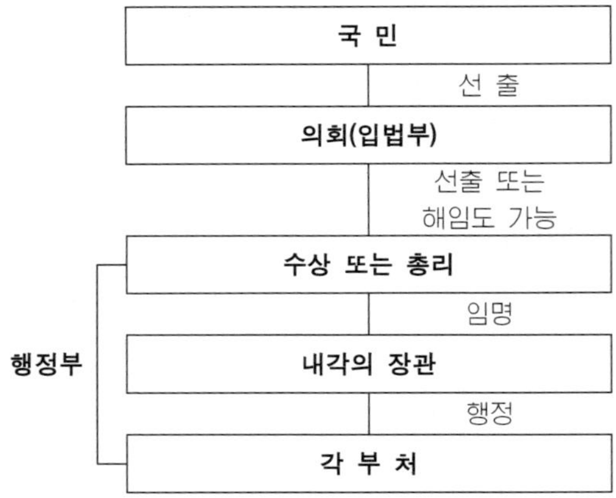

자들의 집합으로서 의회는 행정부인 내각(內閣)을 구성할 권한을 보유한다. 의회에서 수상 또는 총리를 선출하고 선출된 수상 또는 총리는 각 부처의 장관들을 임명하여 내각을 구성한다. 즉 입법부가 행정부를 구성하는 것이다. 이런 의원내각제의 행정부는 의회로부터 구성되기도 하지만 의회의 불신임 투표에 의해서 붕괴되기도 한다. 이렇듯 의원내각제는 대통령제와 같이 권력분립과 견제와 균형의 원칙이 아니라 입법부인 의회가 행정부에 우월한 관계에서 양자간 권력융합(權力融合)이 이루어지는 권력구조인 것이다.[20]

이런 의원내각제는 영국에 의해 처음 도입되었고 현재는 대부분의 서구 선진국들이 채택하고 있다. 의원내각제가 영국에서 채택되는 과정은 매우 완만하다. 군주의 권한이 국민의 대표기관인 의회로 이전되는 과정에서 입법권만 가졌던 의회가 군주의 행정권도 장악하게 되자 의회가 선출한 사람들이 의회에 책임을 지고 행정을 담당하는 내각이 형성된 것이다. 즉 의회는 그 권한의 일부를 수상(Prime Minister)과 행정의 기능을 담당하는 장관들로 구성된 내각(Cabinet)에 양도(delegate)하여 행정을 담당하게 하는 것

---

20) Douglas V. Verney, "Parliamentary Government and Presidential Government," in Arend Lijphart(eds.), *Parliamentary Versus Presidential Government*(Oxford: Oxford University Press, 1992), p. 32.

이고 이에 내각은 의회의 책임을 지게 되는 것이다.

이러한 원칙 속에서 형성된 의원내각제는 채택하는 국가들마다도 법률적인 면은 물론 운영내용에 있어서도 어느 정도 차이를 보이고 있다. 따라서 본 절에서는 의원내각제의 몇 가지 주요한 구조적 및 기능적 특징을 살펴보는 데 주안점을 둔다.

첫째, 의원내각제는 일원적 권위체제로 구성되어 있다. 입법부와 행정부가 국민들에 의해서 각각 선출되는 이원적 권위체제인 대통령제와는 달리 의원내각제에서는 의회만이 국민들에 의해서 직접 선출되는 기구이고 행정부는 의회의 다수당에 의해서 구성되고 의회의 신임에 의해서 유지되기 때문에 의원내각제는 의회를 중심으로 권위체계가 일원화되어 있다.21)

둘째, 대통령제에서 행정부와 입법부가 상호 독립적 체제라면 의원내각제에서 입법부와 행정부는 상호 의존적인 체제이다. 의회 다수당(多數黨)에 의해서 내각이 구성되기 때문에 내각은 의회 다수당의 지지를 받지 않고서는 정권을 유지할 수 없다. 즉 의회 다수당은 실질적으로 의회를 주도함은 물론 행정부를 구성, 유지시키는 역할을 수행하기 때문에 다수당으로 대표되는 의회와 행정부는 정권유지를 위해 상호 의존하게 되는 것이다. 이에 대통령제에서 각각의 독립성에 비롯해서 흔히 나타나는 행정부와 입법부간의 파행(gridlock)이 발생하지 않는다. 행정부의 임기가 보장되지 않는 의원내각제에서는 행정부와 입법부 사이의 파행은 의회 해산 또는 내각 불신임으로 연결되기 때문에 두 기관이 법적으로는 분리되어 있지만 밀접한 협조관계를 유지한다.22)

셋째, 내각의 수장인 수상은 의회에서 선출된다. 하지만 실질적으로 수상은 의회의 과반수 이상의 의석을 획득한 다수당의 의원총회에서 선출되거나 과반수 의석을 획득한 정당이 없을 경우는 연립정권을 구성하려는 정당들 간의 합의에 의해서 선출된다. 이렇게 선출된 수상은 내각의 장관들을

---

21) 의원내각제에서 수상은 국민에 의해서 직접 선출되는 것이 아니다. 국민은 의회에 진출하고자 하는 의원후보에 투표하고 당선된 의원들이 수상을 선출하는 것이다.

22) Arend Lijphart, *Democracies: Patterns of Majoritarian and Consensus Government in Twenty-One Countries*(New Haven: Yale University Press, 1984).

임명한다. 이 때 의원내각제에서는 입법부와 행정부 간에 인적 자원의 중복이 이루어진다.[23] 즉 미국과 같은 순수한 형태의 대통령제에서 의원들의 입각을 허용하지 않는 것과는 달리 의원내각제에서는 행정부의 장관은 대부분의 경우 의원들로부터 충원된다. 이러한 입법부와 행정부에서의 인적 구성의 중복성은 정치의 책임소재를 분명히 하여 정권의 책임성을 강화시키는 효과가 있다.

넷째, 내각은 집합적 의사결정 구조를 갖고 있다. 수상이 좌장이지만 '동등한 사람들 중 첫 번째'(first among equals) 사람으로 의사결정과정에서 다른 장관들의 지원이 긴요하다. 대통령제 아래서 대통령이 자의적으로 임명하는 장관들과는 달리 의원내각제에서의 장관은 내각을 구성한 정당 또는 연합정당 내에서 대표성을 인정받는 중요한 정치인들이기 때문에 수상은 정책결정과정에서 장관들의 조언을 무시하기 어렵다. 따라서 정부 정책결정은 주례 내각회의에서 각 부처 장관들의 법안 제시 후 토론과정을 거쳐 이루어진다.

그러나 이렇듯 정책결정과정에서 장관들과 크게 다르지 않은 수상의 위상은 최근 들어 몇 가지 요인들에 의해서 강화되고 있다. 우선 신문, 통신, 방송 등 언론매체들의 수상에 대한 집중적 보도 현상이 두드러지는 추세다. 특히 국제화가 급속히 진전됨에 따라 국제관계에서의 국가를 대표하는 수상의 국제적 역할이 증대되고 있다. 마지막으로 국정의 분야가 확대되고 내용이 복잡해짐에 따라 정책 조율의 필요성이 증가하고 있고 이런 부서 간 정책협조에 수상의 역할이 확대되고 있다. 이런 수상의 권한과 위상은 내각제를 채택하는 국가들 마다 상당한 차이를 보이고 있다.[24]

다섯째, 의원내각제는 수상 외에 왕이나 대통령과 같은 상징적 존재를 둔다. 대부분의 의원내각제의 경우 왕이나 대통령은 정치적 영향력은 없고 상징적으로 국가를 대표하는 역할을 한다. 이러한 국가의 상징적 위치는 국

---

23) Douglas V. Verney(1992), "Parliamentary Government and Presidential Government," in Arend Lijphart(eds.), pp. 34-35.

24) Giovanni Sartori, "Neither Presidentialism nor Parliamentarism," in Linz and Valenzuela(1994)., pp. 108-110.

가마다 다르고 영국과 일본과 같은 경우 왕이 이러한 역할을 하며 독일 또는 인도 같은 경우에는 의회에서 선출된 대통령이 정치 개입 없이 상징적 역할을 수행한다.

여섯째, 의회는 행정부를 구성하기도 하지만 불신임 투표(a vote of confidence)를 통해서 붕괴시킬 수도 있다. 또 중요한 정부의 제안을 부결시킴으로서도 내각을 사퇴의 길로 유도하기도 한다.[25] 따라서 의원내각제에서의 행정부는 대통령제와 같이 임기를 보장받지 못한다. 실정(失政)을 했을 경우 또는 국민 지지도가 매우 낮은 경우 의회는 불신임 투표를 통해 내각을 해체한다. 이렇듯 의회가 내각에 대해 불신임 투표, 견책 투표(a vote of censure), 또는 주요 법안 부결 등의 방법으로 정권유지를 위협할 때 종종 내각은 의회를 해산하여 새로운 선거를 요청한다고 주장함으로써 내각불신임 투표 등을 방지하기도 한다.[26]

일곱째, 내각은 의회에 나가 그들의 정책에 대해 발표하고 방어해야 한다. 의원내각제에서 내각은 의회에 책임을 지기 때문에 수상과 내각의 장관들은 입법부에 나가 질문에 응하고 답변해야 한다. 이는 대통령제와 매우 다른 점으로서 대통령은 의회에서 질문에 답해야 하는 의무가 없다. 이는 의원내각제에서의 행정부는 입법부에 책임이 있음을 보여주는 것이고 상대적으로 대통령제에서 대통령은 의회에 책임지지 않음을 보여주는 것이다.

2. 의원내각제의 장단점 분석

의원내각제는 미국을 제외한 대부분의 서구 선진국가들에서 채택되고

25) 정치적으로 정권의 운명을 거는 중요한 법안이 부결될 경우 내각은 정권 유지가 어려운 상황임을 인지하게 된다. 예컨대 1994년초 행정부가 발의한 정치개혁법안 부결은 호소카와 정권에 심각한 타격을 주어 정권의 수명을 앞당긴 결과를 보였다. Frank L. Wilson, *Concepts and Issues in Comparative Politics: An Introduction to Comparative Analysis*(N.J.: Prentice Hall, 1996), p. 152.

26) 내각의 의회에 대한 마지막 수단은 의회해산권이다. 이 의회해산을 했을 경우 새로운 선거를 치러야 하는데 이때 내각에서 참여한 장관직을 수행한 의원들이 평의원들보다 선거에서 유리하다. 이는 대부분의 장관출신 의원들은 다선(多選)의원들로 선거에서 승리할 가능성이 크지만 경력이 짧은 평의원들은 선거에서 패배할 위험이 더 크기 때문이다. 따라서 평의원들이 오히려 의회해산을 불러오는 내각불신임에 반대하는 경우가 많다. *Ibid.* p. 154.

있으며 민주주의 공고화의 측면에서도 긍정적이라고 주장되고 있다. 이런 의원내각제의 장단점에 대해서 살펴본다. 의원내각제의 첫 번째 장점은 정치과정의 효율성에 있다. 의원내각제는 의회다수파가 행정부를 구성하고 입법부도 주도하는 일원적 구조이기 때문에 견제와 균형을 강조하는 대통령제보다 입법과정이 보다 빠르게 전개된다. 즉 입법을 담당하는 의회의 다수당이 행정부를 구성하는 일원적 구조로 되어 있기 때문에 정부입법이 보다 원활하게 이루어질 수 있다.

둘째, 의원내각제에서의 행정부와 입법부의 관계는 상호의존적이고 협력적이기 때문에 대통령제와는 달리 양 기관의 대립과 마찰을 최소화할 수 있다. 만약 의회와 내각에 대립하는 경우 의회의 내각 불신임 결의와 내각의 의회해산으로 정치적 대립을 신속히 해결 가능하다. 즉 정치과정과 체제의 유연성이 의원내각제의 또 다른 장점인 것이다. 의원내각제는 행정부와 의회 사이의 교착상태를 해소하거나 또는 비효율적인 행정부와 입법부의 관계를 조정하는 것이 제도적으로 보장되어있다는 것이다.[27] 특히 의원내각제는 정당연합에 의해 내각을 구성하기 용이한 체제이기 때문에 권력공유(勸力共有)와 합의정치(合意政治)에 보다 유연적인 권력구조인 것이다.

셋째, 의원내각제의 또 다른 장점 중의 하나는 수상 및 내각의 장관 등은 대부분의 경우 경험이 풍부하고 검증된 정치인들로 구성되기 때문에 급격한 실정에 대한 우려를 감소시킬 수 있다는 것이다.[28] 국회의원이 내각 구성원이 되기 위한 선결조건인 것이기 때문에 검증된 의원들만이 내각에 진출하게 되어 보다 유능한 인사들로 내각을 충원할 수 있다는 것이다. 그러나 이런 '경험 풍부한' 정치지도자들이 제공하는 장점은 동시에 한계점을 보여준다. 즉 내각의 구성원이 되기 전의 장기간의 의원활동은 보통사람들의 충원에 불과한 결과를 보이기도 한다. 오랜 기간 동안 기존의 정책과 정치구도에 익숙해있는 이들은 개혁과 쇄신을 주도하기 어렵다는 지적도 받는

---

27) Alfred Stepan and Cindy Skach, "Presidentialism and Parliamentarism in Comparative Perspective," in Juan Linz and Arturo Valenzuela(eds.), *The Failure of Presidential Democracy: Comparative Perspective*(Baltimore: Johns Hopkins University Press, 1994), p. 129.

28) Linz(1994), p. 67.

다. 더욱이 의원내각제의 행정부의 지도자들은 각자의 지역구에서 선출되었기 때문에 종종 국가적 수준에서 국민을 이끄는데 한계를 보이기도 한다.

넷째, 의원내각제는 임기가 보장되지 않기 때문에 실정시 또는 지지도가 낮을 경우 언제든지 그 책임을 물을 수 있기 때문에 책임정치를 실현할 수 있는 장점이 있다. 그러나 이런 일정한 임기의 보장 없는 제도는 잦은 정권교체를 불러오고 결국 불확실성 및 정치적 불안정성이 높다는 비판을 받기도 한다.

하지만 대통령제와 같이 의원내각제도 여러 부분에서 문제점이 지적되고 있다. 첫째, 의원내각제는 의회가 중심인 관계로 정치논리를 기반으로 국정이 운영될 가능성이 크고 일관(一貫)된 국정운영이 어렵다고 지적한다. 둘째, 더욱이 임기가 보장되지 않기 때문에 상시 권력 투쟁적 정치양태가 나타나고 결국 잦은 정권교체로 정치가 불안정해질 수 있는 가능성이 있다는 것이다. 셋째, 의원내각제는 정당이 국정운영의 중심이 되는 체제로서 성숙한 정당체제 및 정당정치가 전제되어야 한다. 따라서 군소정당이 난립하거나 성숙한 정당정치가 이루어 지지 않은 사회에서는 빈번한 정권교체로 정국의 불안정성을 초래할 수 있다. 특히 의원내각제에서 절대과반수를 얻는 단일정당이 등장하는 사례가 많지 않기 때문에 연립정권의 구성이 빈번할 가능성이 크고 이런 연립정권은 정치의 불안정성은 물론이고 정책의 일관성 유지에도 부정적인 효과를 보이기도 한다.

Ⅳ. 이원집정부제

1. 이원집정부의 원리와 특징

지금까지 살펴본 대통령중심제와 의원내각제는 집행부의 순수 유형이다. 그러나 여러 국가들이 대통령제 또는 의원내각제를 채택하고 운용하면서 문제점들을 경험하자 새로운 형태의 권력구조를 도입하기 시작했다. 이원집정부제(bipolar-executive)는 프랑스에서 처음으로 소개된 권력구조인데 이는 프랑스의 4공화국에서 채택한 의원내각제가 정치적 불안정성과 비효율성을 극복하지 못했다고 인식됨에 따라 1958년 내각제에 대한 하나의 대안으로 등장했다. 이렇게 시작된 이원집정부제는 핀란드, 포르투갈 그리고 남미의 몇 개 국가들로 파급되었다.

특히 1990년대 초 사회주의권 붕괴와 더불어 새로운 권력구조를 채택해야 했던 동구권 국가들 중 상당수의 국가가 이원집정부제를 채택하였다. 이원집정부제를 채택하는 국가들은 프랑스와 같이 내각제의 단점을 보완하려는 취지도 있었지만 핀란드에서와 같이 실질적인 권력 분점의 상황을 인정한 정치적 타협의 산물로서 등장하기도 했다.[29] 최근 동구권 국가들이 이원집정부제를 채택하는 이유는 보다 다양하다. 즉 동구권 국가들과 같이 정치체계에 대한 신뢰성이 낮은 국가들에서는 현실적으로 분점된 권력을 제도화하거나, 정치체제의 이전과정에서 강력한 대통령도 요구되지만 권력의 남용도 방지해야 한다는 요구의 반영 등 여러 가지 요인들에 의해서 채택되기도 했다.[30]

이러한 이원집정부제는 중간형대통령제(semi-presidential government), 분할집정제(divided executive), 내각제적 대통령제 공화국(parliamentary presidential republic) 등으로 불리는데 최근에는 총리형 대통령제(premier-presidential system)로도 불린다.

이원집정부제는 유권자로부터 직접 선출되는 대통령과 의회에 책임을 지는 총리와 내각이 결합된 형태의 권력구조다. 이원집정부제는 뒤베르제에 의해서 적절히 정의되어 있다. 그에 따르면 한 국가의 헌법이 세 가지 요인을 결합하고 있을 때 그 정치권력을 이원집정부제로 간주할 수 있다고 주장하고 있다.[31] 첫째 조건은 대통령이 전국적이며 보편적 선거를 통해 선출되

29) 핀란드의 이원집정부제는 입헌군주제를 수립하고자 했던 우파가 군주제 수립에 실패하자 좌파의 독자적인 집권을 막을 의도에서 채택된 정치체제다. David Arter, "Government in Finland: A 'Semipresidential System'?," *Parliamentary Affairs,* Vol. 38(1985), pp. 477-495.

30) Valerie Bunce, "Presidents and the Transition in Eastern Europe," in Kurt Von Mettenheim(eds.), *Presidential Institutions and Democratic Politics: Comparing Regional and National Contexts*(Baltimore: The Johns Hopkins University Press, 1997), pp. 167-169.

31) Maurice Duverger, "A New political System Model: Semipresidential Government," *European Journal of Political Research*, Vol. 8(1980), pp. 165-187.

어야 한다는 것이다. 둘째, 대통령은 내각제 하에서의 대통령과는 달리 상당한 정도의 권한을 보유한다. 셋째, 이원집정부제에서 내각의 총리와 장관들은 의회에 책임을 지게 되어 있어 의회의 반대가 없을 경우에만 직위를 유지할 수 있다. 뒤베르제의 주장처럼 이러한 세 가지 요인들이 이원집정부제의 특징들이지만 이원집정부제도 대통령제 또는 의원내각제와 같이 국가마다 다른 법률적 제도로 구성되어 있고 어느 정도 다르게 운용되고 있기 때문에 여기서는 이원집정부제에서 공통적으로 나타나는 구조적 및 기능적 특징에 대해 살펴본다.

첫째, 이원집정부제는 [그림 4-3]에서 보는 바와 같이 국민에게 직접 선출되는 대통령과 의회에 책임을 지는 총리 및 내각이 결합된 권력구조이다. 모든 이원집정부제에 공통으로 적용되는 것은 아니지만 국민에게서 직접 선출된 대통령이 수상과 내각의 장관들을 임명하고 이들과 함께 공동으로 통치하는 체제인 것이다. 그러나 이원집정부제는 프랑스 3, 4 공화국에서 의원내각제를 채택함으로 해서 나타났던 비효율성과 불안정성을 극복하기 위해 고안된 체제이기 때문에 대통령에게 보다 많은 권한이 부여되어 있다. 따라서 이원집정부제를 채택하고 있는 국가 마다 어느 정도 다르겠지만 입법부와 행정부 사이의 관계는 견제와 균형의 원칙이 적용되기 보다는 행정부 우위의 관계로 규정할 수 있다. 대통령은 총리와 장관의 임면권(任免權)과 더불어 비상대권(非常大權)을 보유하여 입법권을 행사할 수 있다. 즉 대

[그림 4-3] 이원 집정부제

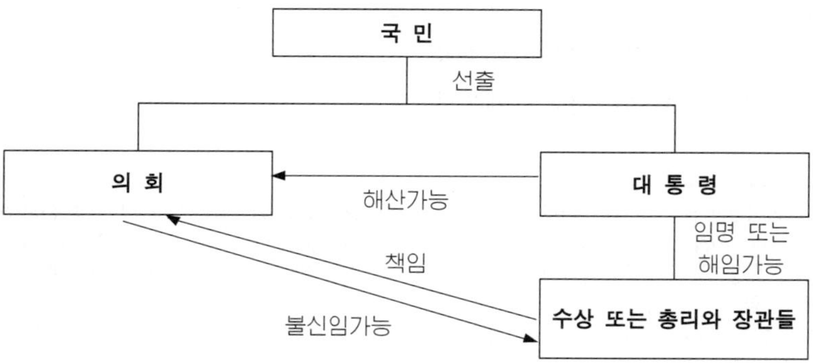

통령은 의회의 의결절차 없이 국민투표를 실시하여 입법할 수 있다. 더욱이 대통령은 대통령중심제와 같이 의회에서 통과된 법률안에 대해 거부권(拒否權)을 행사할 수 있으며 의회도 해산할 수 있는 권한을 보유한다.[32] 이와 같이 미국과 같은 대통령제에서는 입법부와 행정부의 권력분립이 엄격히 적용되고 있지만 이원집정부제에서는 대통령이 상대적으로 강력한 권한을 보유함으로 해서 권력분립의 원칙과는 상당한 차이가 존재한다.

둘째, 이원집정부제에서는 대통령은 보통 외교와 안보와 같은 대외적인 분야를 직접 담당하고 의회에 책임을 지는 총리는 국내 정치적 분야 및 의회와의 관계에 집중한다. 그러나 대통령과 총리의 권한이 분명하게 구분되어 있지는 않다. 따라서 대통령과 총리의 권한은 의회에서 대통령이 소속된 당이 다수당인가 그렇지 못한가에 따라 그 영향력 정도가 변화한다. 예컨대 대통령이 소속된 당이 의회에서 다수 의석을 차지할 경우 대통령이 갖는 영향력은 대폭 확대되어 고유의 권한 외에도 총리가 담당하는 영역에도 영향력 행사가 가능하다. 따라서 이러한 경우 대통령의 권한은 매우 강력하여 행정부 위에 군림하는 위상을 갖게 된다. 이는 이원집정제의 대통령이 순수 대통령제의 대통령보다 훨씬 강력해지게 되는 것을 의미하는 것으로 이런 경우 이원집정부제는 더 이상 분권형 정치체제가 아니다.

반면에 대통령의 정파가 의회에서 다수당이 되지 못할 경우 대통령은 경쟁관계에 있는 정당의 정치지도자를 총리로 임명하게 되어 소위 '동거정부'[33]가 구성된다. 동거정부 하에서는 내각구성에 있어 총리의 의견을 받아들이지 않을 수 없다. 특히 이런 동거정부에서 임명한 총리 또는 각료를 해임하기 위해서는 총리를 포함한 내각총사퇴서 제출이 전제되어야 하기 때문에 많은 제약을 갖게 되는 것이다. 즉 이런 경우는 의원내각제의 상황과 흡사하여 대통령의 권한은 제약을 받게 되고 총리의 권한이 확대된다.[34] 이

32) Matthew S. Shugart and John M. Carey, *Presidents and Assemblies: Constitutional Design and Electoral Dynamics*(New York: Cambridge University Press, 1992), pp. 59-60.

33) '동거정부'는 이원집정제에서 행정부의 두 축인 대통령과 총리가 반대정파로 구성되는 정부를 말함.

34) 박찬욱, "대통령제의 정상적 작동을 위한 개헌론," 진영재 편, 『한국 권력구조의 이해』(서울: 나남출판사, 2004), pp. 177-178.

에 대해 린쯔와 바렌주엘라는, 이원집정제는 의도하는 대통령과 총리의 건설적 관계에 따른 긍정적 효과를 거두기보다는 결과적으로 대통령중심제와 같이 운영되든지 아니면 영향력은 있지만 권력을 갖지 못하는 대통령이 존재하는 의원내각제와 같이 운영되고 있다고 지적한다.[35]

셋째, 이원집정제의 또 다른 구조적 특징은 행정부에 대한 입법부의 위상이 상대적으로 취약하다는 것이다. 의회에 책임을 지지 않는 대통령이 강력한 권한을 갖고 있고 의회는 입법사항 등에 있어서도 제한을 받음으로서 대통령중심제와 의원내각제에서의 의회의 권한과 비교할 때 매우 제한된 권한을 보유하고 있다.[36] 예컨대 프랑스의 이원집정부제의 경우 행정부가 제출한 예산법안에 대한 의회의 심의가 70일 이내에 이루어져 승인 여부가 결정되지 않을 때 행정부는 자동적으로 예산법안대로 예산을 집행할 수 있다. 하지만 이원집정부제는 의원내각제와 같이 의회가 총리와 내각의 장관들에 대해 불신임 권한을 갖고 있기 때문에 총리 등 내각은 의회에 책임을 지게 되고 결국 대통령의 총리 및 장관의 임명권은 어느 정도 현실적 제한을 받기도 한다.

2. 이원집정부제의 장단점 분석

이원집정부제는 내각제의 문제점을 극복하고자 프랑스에서 채택되었지만 최근에 동구권 국가들에서는 대통령제의 권력집중과 남용의 문제를 해결하려는 취지에서도 채택되기도 했다. 내각제와 대통령제의 장점만을 수용하기 위해 형성된 이원집정부제의 장단점을 파악해본다.

이원집정부제의 가장 중요한 장점은 대통령이 총리를 바꾸거나 정책을 추진할 수 있음으로 해서 의원내각제에서와 같으면 빈번하게 나타날 수 있는 정치체계의 위기 또는 정권의 위기를 겪지 않고도 정책의 변화를 이끌어 낼 수 있다는 것이다.[37] 즉 의원내각제에서는 총리가 최고 결정권자이고 문

35) Linz and Valenzuela(1994), *op. cit.*, p. 52.

36) 국가마다 다르겠지만 프랑스의 경우 의회는 법률제정권을 일정한 분야에 국한해서 인정받고 있고 그 이외의 영역은 대통령과 행정부의 규칙명령 사항으로 규정함으로서 상대적으로 의회의 권한은 제한적이다. 박찬욱(2004), p. 178.

제가 발생하면 최고결정권자가 수시로 교체되어 불안정성을 가중시켰다는 것이다. 하지만 이원집정부제에서는 대통령이라는 최고결정권자는 임기가 보장되어 정치적 안정성을 유지할 수 있다는 것이다.

둘째, 이원집정부제는 임기가 보장되는 대통령의 존재로 정치적 안정성이 강화되는 장점과 더불어 여소야대와 같은 동거정부 상황에서는 대통령제의 경직성을 탈피하고 탄력성을 높인다는 데 또 다른 장점이 있다.[38] 즉 동거정부 상황에서는 의원내각제의 운용방식이 적용되어 안정성보다는 탄력성을 위주로 국정이 운영되어 대립과 마찰을 최소화한다는 것이다.

그러나 이런 장점을 배경으로 도입된 이원집정부제도 여러 부분에서 한계점을 지적받고 있다. 첫째, 의도와는 달리 동거정부 아래서 대통령과 총리의 갈등은 대통령제 아래서의 여소야대 상황에서 대통령과 의회와의 관계보다도 복잡하고 극복되지 못할 개연성이 크다고 지적되고 있다. 동거정부하에서는 총리가 보다 많은 영향력을 발휘해 대통령의 역할을 보완하게 하려는 것이 이원집정부제에서의 취지이지만 만약 대통령이 의회가 반대당에 의해서 주도되는 것을 인정하지 않고 의회해산권을 무기로 대항하려 할 때 탄력성이 확보되기보다는 미테랑대통령 하에서의 프랑스처럼 대통령과 총리 간에 갈등과 대립이 발생할 가능성이 매우 크다는 것이다. 이는 이원집정부제가 제도보다는 대통령 개인의 성향에 좌우될 가능성이 있음을 보여주는것이다.

둘째, 프랑스의 이원집정부제에서 대통령과 총리의 권한이 분명하게 구분되지 않았던 것과 같이 대부분의 이원집정부제는 대통령과 총리의 권한의 범위를 선명하게 구분하지 않음으로 해서 대통령과 총리의 갈등을 불러온다는 것이다.[39] 특히 권한 규정의 모호성은 책임 소재(所在)의 모호성으로 연결되어 대통령과 총리의 관계는 더 악화될 가능성이 크다는 것이다.

셋째, 사회적 분열 정도가 심하고 정당체계가 불안정한 정치체계에서 이원집정부제는 부정적으로 작동할 가능성이 높은 단점이 있다. 이원집정부제

37) Linz(1994), p. 54.

38) 신명순・조정관 공역, 『내각제와 대통령제』(서울: 나남출판사, 1995), pp. 231-236.

39) Shugart and Carey(1992), pp. 56-58.

는 대통령은 국가를 대표하고 총리는 의회에 책임을 지고 사회의 관심사를 대표하는 역할분담을 통해 권력집중과 남용을 견제하는 데 기여할 것으로 여겨져 1990년대 초에 상당수의 동구권 국가들에 의해서 채택되었다. 하지만 의도와는 달리 대통령과 총리간의 관계가 갈등과 대립이 조장되는 방향으로 작동하고 있다. 특히 정당체계가 불안정한 다당제와 같은 정치구조를 갖는 국가에서 대통령과 총리간의 대립 및 분열적 관계는 더욱 뚜렷해지는 경향이다. 예컨대 에이레, 아이슬란드, 오스트리아 2공화국 등에서 이원집정부제가 실패하고 내각제로 변환한 것과 같이 정치적 신뢰성이 낮거나 정당정치가 발달되지 않은 사회에서는 원래 의도한대로 작동하지 않을 가능성이 높은 권력구조라는 것이다.

참고문헌

Ⅰ. 한국문헌

권만학 외, 『현대정치학』, 서울: 을유문화사, 1994.

박찬욱, "대통령제의 정상적 작동을 위한 개헌론," 진영재 편, 『한국 권력구조의 이해』, 서울: 나남출판사, 2004.

신명순·조정관 공역, 『내각제와 대통령제』, 서울: 나남출판사, 1995.

함성득, 『미국정부론』, 서울: 나남출판사, 2002.

Ⅱ. 외국문헌

Aristotle, *The Politics*, trans. and ed. Ernest Barker, New York: Oxford University Press, 1962.

Arter, David, "Government in Finland: A 'Semipresidential System'?," *Parliamentary Affairs,* Vol. 38, 1985.

Bunce, Valerie, "Presidents and the Transition in Eastern Europe," in Kurt Von Mettenheim,(eds.), *Presidential Institutions and Democratic Politics: Comparing Regional and National Contexts*, Baltimore: The Johns Hopkins University Press, 1997.

Duverger, Maurice, "A New political System Model: Semipresidential

Government," *European Journal of Political Research*, Vol. 8, 1980.

Horowitz, Donald, "Comparing Democratic System," *Journal of Democracy*, Vol. 1, No. 4, 1990.

Khan, Rais A. & James D. McNiven, *An Introduction to Political Science*, Ontario, Canada: Nelson Canada, 1990.

Lijphart, Arend, *Democracies: Patterns of Majoritarian and Consensus Government in Twenty-One Countries*, New Haven: Yale University Press, 1984.

———(eds.), *Parliamentary Versus Presidential Government*, Oxford, England: Oxford University Press, 1992.

———, "Presidentialism and Majoritarian Democracy: Theoretical Observations," in Juan Linz and Arturo Valenzuela(eds.), *The Failure of Presidential Democracy: Comparative Perspectives*, Baltimore: Johns Hopkins University Press, 1994.

Linz, J. Juan, "The Perils of Presidentialism," *Journal of Democracy*, Vol. 1, 1990.

——— and Alfred Stepan(eds.), *The Breakdown of Democratic Regimes*, Baltimore: Johns Hopkins University Press, 1978.

——— and Arturo Valenzuel(eds.), *The Failure of Presidential Democracy in Latin America*, Baltimore: Johns Hopkins University Press, 1944.

Locke, John, *Second Treaties on Civil Government*, New York: New American Library, 1965.

Sartori, Giovanni, *Comparative Constitutional Engineering: An Inquiry into Structures, Incentives and Outcomes*, N.Y.: New York University Press, 1994.

———, "Neither Presidentialism nor Parliamentarism," in Juan Linz and Arturo Valenzuela(eds.), *The Failure of Presidential Democracy in Latin America*, Baltimore: Johns Hopkins University Press, 1944.

Shugart, Matthew S., and John M. Carey, *Presidents and Assemblies: Constitutional Design and Electoral Dynamics*, New York: Cambridge University Press, 1992.

Spurlin, Merrill, *Montesquieu in America 1760-1801*, New York: Octagon, 1969.

Valenzuela, Arturo, "Latin America: Presidentialism in Crisis," *Journal of Democracy*, 4, 1993.

Verney, Douglas V., "Parliamentary Government and Presidential Government," in Arend Lijphart(eds.), *Parliamentary Versus Presidential Government*, Oxford: Oxford University Press, 1992.

Wilson, Frank L., *Concepts and Issues in Comparative Politics: An Introduction to Comparative Analysis*, N.J.: Prentice Hall, 1996.

제 3 부
정치문화와 민주주의

제 5 장　정치문화 · 정치사회화
제 6 장　정치이데올로기
제 7 장　민주주의와 정치참여

제5장 정치문화 · 정치사회화

박 형*

우리가 일상적으로 사용하는 용어 중 문화라는 접미사를 붙여서 사용하는 것이 많다. 예를 들면 우리는 음식문화, 결혼문화 등의 용어를 흔히 사용한다. 한 사회의 음식문화란 음식을 조리하는 법, 먹는 방법, 식탁예절, 혹은 여러 사람이 함께 식사를 한 후 누가 돈을 지불하느냐 등과 관련된 그 사회 특유의 관습(慣習), 의식(意識) 등을 의미한다. 결혼문화는 결혼이라는 인류 보편적인 사회제도와 관련된 그 사회만의 독특한 의식 및 절차라고 할 수 있다. 이러한 의식 및 절차에는 혼전 남녀관계, 결혼적령기, 결혼식, 부부간의 바람직한 관계 등과 관련된 것이다. 좀 더 깊이 생각해보면, 위에서 열거한 문화들은 그 사회의 보다 포괄적인 문화에 뿌리를 두고 있으면서, 동시에 각 부문 특유의 어떤 것을 의미한다는 것을 알 수 있다. 정치문화(政治文化, political culture)도 마찬가지이다. 정치문화란 한 사회의 문화 중 정치적 영역의 문화이다. 같은 맥락에서, 정치사회화(政治社會化, political socialization)도 포괄적인 사회화의 한 종류이다.[1)]

Ⅰ. 정치문화

1. 문화, 정치문화의 의의

정치문화의 상위개념인 사회문화, 혹은 줄여서 문화의 의미부터 살펴보자. 문화란 무엇인가? 문화에 대한 정의는 여러 가지가 있지만, 일단 한 사회 주민들이 독특하게 영위하는 삶의 방식, 그리고 그것과 관련된 의식, 규

---

* 영남대학교 정치외교학과 강사.

범이라는 가장 보편적인 정의를 받아들이기로 하자. 이러한 문화는 그 사회가 처한 자연환경, 정치·경제·사회적 제도, 다른 이웃 사회들과의 관계 등 여러 가지 요인들의 복합적인 상호작용으로 형성된다. 인간의 삶이 자연의 힘에 크게 영향을 받았던 전근대사회에서는 문화 형성 요인으로서 가장 중요한 것이 자연환경이었다. 예컨대 척박한 환경 속에서 살아가는 주민들은 그런 환경에 맞는 문화를 형성하게 된다. 즉 그런 환경에서 살아남기 위해, 각 개인은 나름대로의 전략을 세우고, 이런 개인들이 다른 구성원들과 협력, 경쟁, 대결하는 과정에서 구성원 다수에게 이로운 여러 제도와 삶의 방식을 개발하고, 그런 제도의 위반자를 억제하기 위한 제 규범을 발전시켜 나간다. 바로 이러한 과정이 하나의 문화가 형성되는 과정이라고 할 수 있다.[2]

인간은 단순히 환경에 적응하여 살아가는 존재가 아니라, 자신의 삶, 그리고 다른 사람과의 관계에 어떤 의미를 부여하고자 하는 욕구를 지닌 존재이고, 이러한 욕구가 상호작용하는 과정은 사회마다 다르기 때문에 각 사회는 각기 독특한 문화를 만들어낸다. 그리고 일단 한번 형성된 문화는 그 형성 기반이 된 자연환경이나 정치·경제적 삶의 조건과는 독립적인 생명력과 기능을 가진다. 특정 사회의 문화, 즉 문화적 상징, 의식, 규범 등은 구성원들에게 공동체적 일체감과 정체성을 부여하여 사회적 통합에 기여한다.

어떤 사회가 문화를 가지고 있다는 것은 지역, 남녀, 계층, 연령을 가로질러 구성원들 전체가 공유하는 요소들을 가지고 있다는 의미이다. 그러나 이 말은 특정 사회 주민들은 한 가지 삶의 방식만을 고수한다는 의미는 아니다. 집단, 지역의 성격에 따라 각기 다른 삶의 방식을 추구한다고 볼 수 있다. 예컨대 조선시대 사회에는 구성원 다수가 의문 없이 받아들이는 유교적 의식, 규범들이 존재했다는 것은 사실이지만, 반면에 그 사회의 지배계층인 양반과 피지배계층인 평민의 문화, 혹은 가치에는 서로 다른 점도 많았을 것이다. 즉 특정 집단의 문화는 비슷한 사회·경제적 구조 속에 처한 다

---

2) 가뭄, 홍수 등 예기치 못한 자연재해로 기근, 아사 등을 주기적으로 경험하는 동남아시아 전통 농촌에서는 지주와 소작농 사이, 그리고 마을 주민들이 서로 상부상조하는 여러 문화적 제도, 관습을 발전시켰다. 스캇은 이를 도덕경제(moral economy)라고 명명하였다. James C. Scott, *The Moral Economy of the Peasant: Rebellion and subsistence in southeast Asia* (New Haven: Yale University Press, 1976).

른 시대, 다른 집단과 문화적 유사성을 지닐 수 있다. 가령 고대 로마의 노예들은 시공간을 뛰어넘어 오늘날 도시 빈민층과 비슷한 가치, 의식을 지니고 있는 측면이 있었을 것이다.

한 사회의 정치문화란 무엇인가? 위에서 언급했듯이, 우선 정치문화란 포괄적인 사회문화와 연결되어 있으면서, 동시에 구성원들의 정치적인 삶과 관련된 독특한 특성을 지닌 것이다. 즉 정치문화는 한 사회의 다른 하위문화, 예컨대 경제문화 등과는 서로 관련성은 있지만, 동시에 독특한 영역이다. 어느 정치학자들의 표현을 빌리면, 정치문화는 "그 사회 특유의 정치적 전통, 주민의 정치적 열정, 공식적 비공식적 정치적 게임의 규칙, 정치적인 것과 비정치적인 것의 구별하는 방법 등"이다.[3] 혹은 정치문화를 위의 문화에 대한 정의와 마찬가지로 한 사회 주민의 정치적 삶의 방식, 그리고 그것과 관련된 의식, 규범 등이라고 정의할 수도 있을 것이다. 이러한 정치문화는 그 사회 특유의 정치체제, 정치적 역사, 구성원들의 정치적 경험 등의 영향을 받아 형성된다고 할 수 있다.

정치문화가 왜 중요한가? 말할 나위 없이, 특정 사회의 정치문화는 그 사회의 정치현실에 영향을 미치기 때문이다. 정치문화와 정치현실이라는 두 변수 사이의 관계에서 중요한 문제 중 하나는 특정 사회의 정치문화가 그 사회의 정치체제(regime), 혹은 정치제도(institution)와 조화를 이루는가, 그렇지 않은가 하는 것이다. 정치문화가 정치제도에 잘 들어맞을 때는 그 제도는 그 제도가 원래 의도한 바대로 기능을 할 것이고, 따라서 그 사회의 정치는 효율적, 안정적으로 운용될 것이다. 반면에 이 둘이 서로 조화를 이루지 못할 때는 제도가 제대로 작동하지 않거나, 혹은 여러 가지 부작용을 초래할 수 있다. 문제의 초점은 정치제도는 쉽게 바꿀 수 있지만, 정치문화는 그 속성상 느리게 변화한다는 데 있다. 예컨대 1948년 출범한 우리 한국의 민주주의 정치체제가 특히 초창기에 빈번한 헌법개정, 3 · 15 부정선거, 4 · 19 학생의거, 5 · 16 군사쿠데타 등 우여곡절을 겪은 이유를 우리의 전통적 정치문화와 새로 도입한 서구적 민주주의 체제간의 부조화라고 볼 수 있다.

---

3) Richard E. Dawson and Kenneth Prewitt, *Political Socialization*(Boston: Little, Brown and Company, 1969), p. 26.

2. 문화, 정치문화의 변화

만약 문화가 다른 사회와 구별되는 특정 사회의 정체성(identity)과 관련된 것이고, 나아가서 그 사회 구성원들의 통합에 기여하는 것이라면, 그러한 문화는 형성되는 데 오랜 시간이 걸릴 뿐만 아니라, 또한 한 번 형성된 사회문화는 쉽사리 변하지 않을 것이라고 가정할 수 있다. 만약 문화가 환경이 바뀜에 따라 쉽게 변한다면, 이미 사회문화라는 용어 자체가 별 의미가 없을 수도 있다.

문화를 변하게 하는 요인들은 무엇인가? 우선 거시적이고 문명사적 시각에서 본다면, 기술의 발달 등에 의하여 삶의 조건이 근본적으로 바뀌면 문화도 따라서 변한다. 예컨대 농경시대에 구성원들 간의 공동생존을 위한 협력기제로 형성된 문화는 산업사회에서 계속 유지되기는 어려울 것이며, 또한 산업사회에 맞는 문화는 새롭게 도래하는 지식정보사회에서 그 문화적 생명력의 상당 부분을 상실한다고 볼 수 있다. 비슷한 맥락에서, 자연환경의 변화가 문화에 미치는 영향을 생각할 수 있다. 주어진 자연적, 지리적 환경 속에서 형성된 문화는 그러한 문화의 생성 계기가 된 환경이 바뀌거나, 아니면 그 구성원들이 다른 곳으로 집단 이주를 하게 되면, 그 문화도 또한 바뀔 것이다. 예컨대 북아프리카 유목민들이 사막이라는 특수한 환경 속에서 개인적 금욕, 극기, 그리고 집단적 결속을 특징으로 하는 강인한 문화를 형성해서 정착문화를 정복한 후, 스스로 정착민이 되고나서 120년을 주기로 그 문화적 강인함을 완전히 상실하고 다시 다른 유목문화에 정복당하는 이븐 할둔의 탁월한 묘사는 이런 측면에서 음미할 만하다.[4)]

같은 논리에서, 정치적 환경이 변하면 정치문화도 변한다. 우선 그 사회의 지배적인 정치 이념, 그리고 그것을 구현하기 위한 정치체제, 정치제도가 바뀌면 정치문화도 변한다. 한 사회의 정치문화를 구성원들이 그들이 처한 정치적 여건에 적응하거나 혹은 저항하는 과정에서 형성되는 것이라고 본다

4) 김호동 역, Ibn Khaldun(원저), 『역사서설-아랍, 이슬람, 문명』(서울: 까치글방, 2003).

면, 그 사회의 지배적인 정치이념, 제도의 변화는 당연히 정치적 행위자로서의 구성원들의 정치적 전략의 변화, 나아가서는 정치문화의 변화를 초래할 것이다. 예컨대 정치참여와 정치적 의사결정이 일부 계층에만 허용된 정치체제 하에서 형성된 정치문화는 그러한 체제, 제도가 구성원 전체의 참여를 전제로 하는 민주주의 정치체제로 바뀜에 따라 민주주의 체제에 맞는 것으로 바뀔 것이라고 가정할 수 있다.[5] 물론 이 과정은 그렇게 빨리 진행되지는 않으며, 동시에 인과관계가 일방적인 것만도 아니다. 즉 제도가 문화를 바꾸기도 하지만, 문화가 주어진 제도를 그 문화적 특성에 맞도록 변질시키는 측면도 있다는 의미이다.

Ⅱ. 정치문화 연구

1. 시민문화론(The Civic Culture)

정치문화를 정치학의 한 중요한 연구대상으로 만든 것은 1963년에 발간된 알몬드 · 버바의 『시민문화론』이다.[6] 이 책은 두 저자가 정치문화에 대한 이론적 틀을 개발하고, 이것을 5개국 (미국, 영국, 독일, 이태리, 멕시코) 주민들에 대한 설문에 적용하여, 그 결과를 비교한 것이다. 『시민문화론』은 정치문화를 측정가능하게 만들고, 나아가서 여러 나라의 정치문화를 상호 비교할 수 있도록 만든 개척적인 저서로 평가되고 있다.

우선 이 두 저자의 정치문화에 대한 이론적 틀을 음미해보자. 그들은 정치문화를 '정치적 대상에 대한 정향'(orientations toward political objects)이라고 정의한다.[7] 정치적 대상이란 정치체제, 정부, 정치가, 정책, 그리고

---

5) 특정 사회에 이질적인 제도를 도입하면, 주민들이 처음에는 이 제도에 적응을 하지 못하고, 제도 또한 제 기능을 하지 못한다. 그러나 시간이 지나면서, 구성원들이 점차 그 제도에 적응하게 되고, 제도도 제 기능을 수행하게 된다. 헌팅턴은 이를 '제도화'(institutionalization)라고 부른다. Samuel Huntington, Political Order in Changing Societies(New Haven: Yale University Press, 1968).

6) Gabriel A. Almond and Sidney Verba, *The Civic Culture: Political Attitudes and Democracy in Five Nation*(Princeton: Princeton University Press, 1993).

정치적 자아(自我) 등이다.[8] 즉 개별 사회의 각 구성원은 자신이 속한 사회의 여러 정치적 대상에 대한 일정한 정향을 가지며, 이러한 정향은 정치적 대상에 따라 다를 수 있다. 예컨대 민주주의 정치제제를 지지한다는 것과 특정 시기, 그 체제를 운영하는 책임을 맡은 특정정부를 지지하는 것은 별개의 문제이다. 정향은 인지적(cognitive), 정의적(affective), 평가적(evaluational) 정향으로 구성된다. 인지적 정향이란 여러 정치적 대상에 대한 정보를 추구하는 것을, 정의적 정향이란 호오의 감정을, 그리고 평가적 정향이란 이러한 정치적 대상에 대한 주관적 판단을 의미한다.

두 저자는 정치문화 유형을 참여문화(參與文化, participatory culture), 신민문화(臣民文化, subject culture), 향리문화(鄕里文化, parochial culture)로 구분한다. 사람에 따라서 정치에 대한 기본적인 의식, 태도, 행동은 각기 다르다. 어떤 사람은 정치에 대한 관심도 많고, 정치문제에 대하여 남들과 자주 토론도 하고, 투표나 그 외 정치적 참여에도 매우 적극적이다. 반면에 정치적 문제에 대하여 무관심하고, 참여도 잘 하지 않는 사람도 있다. 이런 것을 결정하는 것은 정치적 대상으로서의 자신을 어떻게 파악하느냐 하는 문제와 관련이 있다. 즉 스스로를 정치적으로 대단히 중요하고, 자신의 정치참여가 정치지도자 선정이나, 국가정책 결정에 중요한 변화를 초래할 수 있다고 믿고 있는 사람도 있고, 그 반대인 사람도 있다. 두 저자는 이것을 정치적 효능감(政治的 效能感, political efficacy)이라고 명명한다. 그리고 정치적 효능감이 높을수록 정치에 대한 관심도 많고, 토론도 하고, 또 실제 정치참여에도 적극적일 것이라고 가정한다. 정치적 효능감도 높고, 또 실제로 정치에 적극 참여하는 경향을 지닌 사람을 두 저자는 참여 문화 지향적인 사람으로 분류한다. 그러나 사람에 따라서는 정치라는 것을 자기보다 도덕적으로 훌륭하고, 지적으로 똑똑한 사람들의 영역이라고 간주하고, 정치는 이런 사람들이 잘 알아서 할 것이기 때문에, 자기는 쓸데없이 정치에 관심을

---

7) *Ibid.*, p. 14.

8) 정치체제(regime)란 한 공동체의 정치적 질서를 규정하는 가장 기본적인 제도이다. 예컨대 왕조체제, 군사독재체제, 공산주의체제. 민주주의체제 등이다. 정부(government)란 그 체제를 한 시적으로 운영하는 주체이다. 민주주의체제에서 정부는 주기적인 선거에 의하여 구성된다.

두기보다는 정치는 이러한 높은 사람들에게 맡기고, 자신이 할 일은 국가나 정치가들이 원하는 것이 무엇인지, 국가에서 어떤 정책을 결정했는지를 정확히 파악하고, 이를 충실히 이행하는 것이라고 생각하는 사람도 있을 수 있다. 두 저자는 이런 문화를 신민문화라고 부른다. 즉 왕조시대 백성(subject)이 가졌음직한 문화라는 의미이다. 또한 사람에 따라서는 정치에 대하여 전혀 무관심한 사람이 있다. 이 사람은 자신이 속해 있는 정치체제, 중앙정부, 국가정책 등에 관하여, 관심도 없고, 참여도 하지 않을뿐더러, 나아가서 협조나 비판도 하지 않는 유형의 사람이다. 요컨대 이 사람에게는 국가공동체라는 개념이나 구성원으로서의 자신의 권리, 의무에 대한 의식이 충분히 형성되지 못했거나, 혹은 국가공동체를 거부한다고 볼 수 있다. 저자들은 이런 문화를 향리문화라고 개념화한다.

어떤 사회이든 위의 세 가지 정치문화는 혼재한다. 정치문화가 정치현상에 미치는 영향이라는 측면에서, 두 저자의 관심은 특정 사회 주민들 간에 존재하는 세 가지 정치문화의 상대적 비율이다. 즉 어떤 사회에서는 참여문화 지향적인 사람들의 비율이 상대적으로 높고, 다른 사회에서는 신민문화, 혹은 향리문화 지향적인 사람들의 비율이 상대적으로 높을 수 있다. 민주주의란 시민의 자발적, 적극적 참여를 전제로 만들어진 정치체제이고, 따라서 구성원들의 참여를 통하여 체제의 효율성, 건강성이 유지될 수 있다고 볼 때, 세 가지 정치문화 유형 중 참여문화 지향적인 사람들이 다수를 이룰 필요가 있다는 것이다. 그런 관점에서 보면, 만약 특정 사회 주민들의 정치문화 분포에서 신민문화나 향리문화가 상당한 비율을 차지하는 사회에서는 민주주의가 제대로 작동할 수 없을 것이다.

두 저자는 위의 정치문화에 대한 이론을 이스턴(David Easton)의 정치체계(political system) 모델에 적용하여, 양자 사이의 관계를 <표 5-1>과 같이 제시한다.[9]

---

9) Almond and Verba, (1963), p. 16.

〈표 5-1〉 정치문화 종류와 정치체계

	정치체계	투입	산출	정치적 자아
참여문화	+	+	+	+
신민문화	+	−	+	−
향리문화	−	−	−	−

위에서 언급했듯이, 두 저자는 그들의 정치문화 이론을 1959년 5개국 주민들에 대한 설문을 통하여 측정했고, 그 측정결과와 결과에 대한 두 저자의 해석은 다음과 같다: ① 각국의 세 가지 정치문화의 정치문화 분포비율에는 의미 있는 차이가 있다. 미국, 영국 주민들의 경우 참여문화가, 독일은 신민문화가, 이태리는 향리문화의 비율이 상대적으로 높다; ② 이것은 각국의 독특한 정치적 역사가 정치문화에 반영된 결과이다. 미국, 영국은 민주주의 제도를 오래 성공적으로 운영해 온 나라들이고, 따라서 그 주민들 대부분은 민주주의 정치문화인 참여문화를 가지고 있다. 반면에 독일은 1차대전과 2차대전 사이의 잠시 민주주의를 경험한 것 외에는 비스마르크 이래 대체로 강력한 관료국가, 행정국가적 전통을 유지해 왔다. 특히 2차대전 이전의 히틀러체제는 전형적 독재체제이다. 독일의 이러한 정치적 전통은 독인인들로 하여금 참여하는 '시민'보다는 수동적인 '국민'의 역할에 익숙하도록 만들었다. 또한 다른 나라에 비해 향리문화의 상대적 비율이 높은 이탈리아의 경우는 로마제국 이래 오랫동안 통일국가가 부재하였던 이태리의 역사가 설문이 이루어진 1959년 시점에서의 이태리인들의 정치문화에 반영된 것이다; ③ 참여문화 지향적 시민들이 다수를 이루는 미국, 영국의 민주주의는 효율적, 안정적으로 운영될 수 있을 것이다. 그러나 수동적 신민문화가 강한 독일의 경우, 정부의 기능은 정치가 아니라 행정으로 전락할 가능성이 있으며, 그리고 독일 국민의 민주주의 체제 자체에 대한 정의적 정향 자체도 그렇게 강하지 않는 만큼, 만약 정부가 지속적으로 만족스러운 산출을 만들어내지 못하면 독일 국민의 민주주의 체제에 대한 호감도 식어버릴 수 있고, 따라서 체제의 안정이 위기에 처할 수 있다. 국민이 민주주의 체제와 국가로부터 소외되어 있는 이탈리아 경우는 더욱 문제가 있다. 만약 이러한

정치문화가 바뀌지 않는다면, 이태리 민주주의 체제가 제 기능을 다 하지 못할 가능성, 정치엘리트에 의한 전횡의 기능성, 혹은 다른 체제로의 전환 가능성이 있다.

정치문화 연구의 분수령이 된『시민문화론』이 끼친 영향력은 컸다. 세계 각국의 다른 많은 학자들이 이 책에서 사용한 같은 이론적 틀과 설문을 자국에 적용한 후속 연구들을 발표하였다. 또한 이 책이 학계의 주목의 대상이 됨에 따라 이 연구에 대한 크고 작은 비판도 많이 제기되었다. 알몬드·버바는 자신들의 연구에 대한 중요한 비판을 포함한 5개국 정치문화의 변화과정에 대한 연구들을 묶어, 1980년에『시민문화론 재음미』라는 책을 내어놓았다.[10] 그 책에 실린 여러 학자들의 알몬드·버바 연구에 대한 비판에도 음미할 만한 요소가 많다. 가령 사회주의를 지지하는 한 학자는『시민문화론』의 이론적 가정이 지나치게 보수적이라는 지적하고 있다. 즉 두 저자가 자유민주주의 체제의 안정(stability)에 지나친 가치를 부여함으로써, 정치문화가 정치체제, 제도를 변화(보다 사회주의적 방향으로의 변화)시킬 수 있는 가능성을 무시하고 있다고 지적한다.[11] 또 다른 진보적인 학자는 5개국 설문결과에서 공통적으로 확인된 사실, 즉 어느 사회에서나 사회·경제적 지위가 높은 사람들은 참여문화 지향적이고, 가난하고, 교육수준이 낮고, 직장에서도 낮은 지위에 있는 사람들은 신민문화, 향리문화 지향적이라는 사실의 의미에 대하여 문제를 제기한다. 즉 서구 자유민주주의는 사회 저변층의 정치참여를 억제하는 여러 제도적, 문화적 장치를 가지고 있다는 것이다. 5개국의 정치문화가 1959년 이후 1980년까지 변화해 온 과정에 대한 각 국 학자들의 글도 의미가 있다. 가령 알몬드·버바가 예찬한 미국, 영국의 시민문화는 그 동안 바람직하지 않는 방향으로의 변화가 있었다. 영국의 1960-70년대 오랜 경제침체는 영국 국민들의 체제, 정부에 대한 정치적 신뢰를

10) Gabriel A. Almond and Sidney Verba(eds.), *The Civic Culture Revisited*(Boston: Little, Brown and Company, 1980).

11) 두 저자가 민주주의 체제의 안정에 주된 관심을 가졌던 것은 그 당시의 시대적 상황과 더불어 이해할 필요가 있다. 이 연구가 기획되고 수행된 1950년대 말 당시는 아직 세계적 차원에서 자유민주주의 체제가 다른 체제들-공산주의체제나 권위주의체제 등-과 경쟁을 하고 있었고, 또 전후에 등장한 많은 신생 민주주의가 다른 정치체제로 바뀌기도 하는 상황이었다. 따라서 민주주의 체제 안정은 그 당시의 시대적 관심이었다.

저하시켰으며, 미국의 경우도 비슷한 시기에 참여문화, 그리고 실제 정치참여 수준의 저하가 있었다. 이와는 대조적으로 독일의 경우는 신민문화에서 참여문화로의 꾸준한 발전이 있었다.12)

2. 사회 자본

1990년대 이후, 특정사회의 문화와 전통이 그 사회의 정치·경제·사회·교육 등의 발전에 미치는 영향에 대한 논의가 활발하게 이루어지고 있다. 그리고 이런 논의는 주로 사회자본(社會資本, social capital)이라는 개념을 중심으로 전개된다. 사회자본이란 무엇인가? 사회자본을 사회과학의 중요한 한 개념으로 부각시킨 사회학자 콜만에 의하면,13) 사회자본은 인적 자본, 물적 자본과 더불어 한 사회가 가진 중요한 세 가지 자본 중의 하나이다. 즉 구성원 개개인의 능력의 총합을 인적 자본(human capital), 그리고 자연자원, 기술수준, 경제적 부(富)의 총합을 물적 자본(physical capital)이라고 부른다면, 그 사회 주민들 간에 내재하는 문화, 즉 인간관계망, 사회적 신뢰, 규범 등을 사회자본이라고 개념화할 수 있다는 것이다. 그리고 인적 자본, 물적 자본 못지않게 사회자본은 그 사회의 유지, 발전에 중요한 관건이 된다는 것이다. 요컨대 사회자본이란 특정 사회 혹은 집단이 구성원 각 개인이 가진 능력의 단순한 산술적 합 이상의 어떤 것을 구성원간의 협력을 통해서 창출해낼 수 있는 시너지효과이다.

그러면 구체적으로 사회자본은 어떤 의미에서 '자본'이 될 수 있는가? 가령 규범이라는 사회자본의 효과를 생각해 보자. 사회적 제재와 상호감시라는 협력기제로서의 규범이 살아 있는 사회에서는 청소년 교육과 범죄예방에 드는 비용을 훨씬 줄일 수 있으며,14) 교육적 성취를 중요한 규범으로 간

---

12) 『시민문화론』과 비슷한 이론적 틀과 설문방법을 사용하여 한국 정치문화를 진단한 연구로서는 한배호·어수영, 『한국정치문화』(서울: 법문사, 1987)를 참조할 것. 그리고 이러한 정치문화의 변화과정에 대해서는 어수영·한배호, "한국정치문화의 변화와 지속성에 대한 연구," 『한국정치학회보』, 제30집 3호(한국정치학회, 1996), pp. 453-484. 참조.

13) James Coleman, *Foundations of Social Theory*(Cambridge, MA: Harvard University Press, 1990).

14) 콜만에 의하면, 할머니가 길을 걸어가다가 쓰레기를 버리는 아이를 보면 꾸중할 수 있

주하는 한국, 일본 등 유교문화권 사회는 그렇지 않는 사회보다 구성원들의 교육열을 증가시킴으로써 결국 그 사회의 인적 자원의 질을 향상시킬 수 있다고 볼 수 있다.

다음으로 사회적 신뢰(social trust)를 생각해보자. 사회자본 중 사회적 신뢰는 문화론자들의 지속적 관심의 대상이었다. 사회적 신뢰란 타인을 믿는 정도를 의미한다. 타인을 믿는 정도는 개인에 따라 다르다. 우리 주변에는 남을 쉽게 믿는 사람이 있는가 하면, 반면에 좀처럼 남을 믿지 못하고 남의 말이나 행동에 저의가 있는 것으로 의심하는 사람도 있다. 신뢰수준에 있어서의 이러한 개인별 차이는 각 개인의 타고난 성격, 혹은 그 개인의 여러 가지 경험과 관련이 있을 것이다. 예컨대 남을 믿었다가 크게 낭패를 본 적이 있는 사람은 타인을 경계하게 될 것이다. 반면에 화목하고 경제적으로도 안정된 가정에서 원만한 성격을 가지고 성장한 사람들의 타인에 대한 신뢰수준이 높다는 것은 여러 연구들이 증명해 준다. 물론 남의 말을 무조건 100% 액면 그대로 믿어버리는 것은 우둔함의 증거일 것이지만, 반대로 남을 무조건 의심하고, 또 그런 측면에서 남과 함께 일할 필요가 있을 때, 타인에 대한 불신감 때문에, 그렇게 하지 못하거나 협력하지 못하는 것은 그 개인에게 손해라고 할 것이다.

위의 개인적 차원에서의 논리는 사회적 측면에서도 적용된다. 여러 비교사회적 설문조사에 의하면, 주민들의 신뢰 수준이 상대적으로 높은 사회와 낮은 사회가 있다.[15] 그리고 특정 사회의 신뢰 수준은 시차를 두고 놀라울 정도의 지속성을 보인다.[16] 즉 한 사회의 신뢰 수준은 쉽사리 변하지 않는 것이다.

다는 것이 사회규범으로 인정되는 사회가, 남의 일에 간섭하는 것을 금기시하는 사회보다, 사회자본이 풍부한 사회이고, 그러한 규범에 의하여 그 사회는 청소년 교육에 드는 비용을 줄일 수 있다는 것이다. James Coleman, "Social Capital in the Creation of Human Capital," *American Journal of Sociology,* Vol. 94(1988), pp. 95-120.

15) 많은 권위 있는 설문기관들이 각 개인의 신뢰 수준을 측정하기 위하여 사용하는 지표들은 다음과 같다: ① 낯선 사람은 조심하는 것이 상책이다; ② 세상에는 남을 이용하려는 사람이 많다; ③ 대부분의 사람들은 믿을 수 없다.

16) Ronald Inglehart, "The Renaissance of Political Culture," *American Political Science Review*, Vol. 82, No. 4(1988), pp. 1203-1230. p. 1210의 figure 참조.

사회 별로 사회적 신뢰 수준의 차이가 생기는 원인은 무엇인가? 위에서 언급한 개인별 신뢰수준의 차이가 생기는 요인을 그대로 원용해서 생각해 볼 수 있다. 즉 특정 사회가 정치적으로 안정되고, 주민들 대부분이 경제적으로도 여유가 있고, 빈부격차 등 사회적 갈등의 요소가 적고, 따라서 주민 대부분이 여유로운 삶을 즐기고, 사람과 사람의 관계도 각박하지 않을 때, 그 사회의 신뢰 수준은 높아진다고 할 수 있을 것이다. 실제로 신뢰 수준이 높은 사회들이 노르웨이, 스웨덴, 덴마크 같은 경제·정치적으로 안정된 북유럽 국가들이라는 사실이 이를 입증해 주고 있다. 반대로, 법질서가 제대로 자리 잡지 못하여 사기꾼이 판을 치거나, 치안이 문란해서 밤에 자다가 느닷없이 강도에게 공격당할 수 있는 사회의 주민들이 자기방어적 기제로서 낯선 사람을 경계하는 문화를 가지게 되는 것은 당연한 것이라고 할 것이다.

그러면 사회적 신뢰가 미치는 영향은 어떤 것이 있는가? 후쿠야마는 주민들 간의 신뢰의 수준이 각 사회의 경제발전 속도, 방법에 영향을 미친다는 흥미 있는 주장을 제기한다.[17] 그에 의하면, 신뢰사회, 즉 사회적 신뢰 수준이 높은 사회는 구성원 간 협력이 용이하기 때문에 보다 빨리 경제발전을 할 수 있을 뿐만 아니라, 경제발전 과정에 있어서도 대기업 중심, 연결망(network) 중심의 발전과정을 밟게 되는 경향을 보인다. 반면에 불신사회의 경우는 낯선 사람들과의 신뢰를 바탕으로 한 대규모의 협력이 어렵기 때문에 중소기업, 가족기업 중심 발전과정을 겪는다. 예컨대 사회적 신뢰 수준이 높은 독일, 미국, 일본 등의 경우, 경제발전이 대기업 중심으로, 그리고 신뢰 수준이 상대적으로 낮은 프랑스, 이탈리아, 혹은 타이완의 경제발전이 중소기업 중심으로 이루어진 것은 우연이 아니라는 것이다.

사회적 신뢰의 수준은 정치적으로도 중요한 의미를 가진다. 우선 사회적 신뢰는 시민사회 형성에 필수적이다. 전술한 『시민문화론』에서도 신뢰수준이 높은 사회 주민들일수록 시민들 사이의 협력이 용이해 짐으로써, 자발적 결사체들(voluntary associations)을 활발히 결성하는 경향이 있음을 보여주고 있다. 토크빌 이래[18] 시민사회 이론가들에게 이런 결사체들의 존재는 시

17) Francis Fukuyama, *Trust: The Social Virtues and the Creation of Prosperity*(New York: Free Press, 1995).

민사회의 필수적인 부분이다. 두터운 결사체 망은 국가의 권력으로부터 시민을 보호해주고, 시민의 요구를 정부에 효과적으로 전달해주는 역할을 한다. 사회적 신뢰는 또한 정치적 관용(political tolerance)이라는 측면에서도 중요하다. 민주주의는 다원주의(多元主義, pluralism)이고, 다원주의란 자신과 다른 생각을 가진 사람, 집단의 존재를 용납하고, 그들도 자신과 마찬가지의 정치적 권리를 가지고 있음을 인정하는 데서 출발한다. 말하자면 '똘레랑스'가 없는 민주주의는 불가능하다. 사회적 신뢰는 인간에 대한 보편적 믿음에 기초한 만큼, 신뢰 수준이 높은 사람일수록 자기와 다른 생각을 가진 사람들에 대한 관용의 수준도 높다. 이는 여러 각기 다른 사회에 대한 조사연구에 의해 밝혀져 왔다.[19]

그러면 어떤 요인이 사회적 신뢰 수준의 증감에 영향을 미치는가? 미국사회 주민들을 대상으로 실시한 설문 결과를 분석한 한 연구에 의하면,[20] 국가에 대한 신뢰와 사회참여가 사회적 신뢰 수준에 큰 영향을 준다. 즉 사람들이 그 나라 국가(행정부, 입법부, 사법부)가 제 기능을 충실히 하고 있다고 믿을수록 타인에 대한 신뢰도 높아지고, 또한 친목단체, 봉사활동 등 여러 사회활동을 활발히 하는 사람일수록 사회적 신뢰 수준도 높아진다는 것이다. 그 중에서도 국가에 대한 신뢰가 차지하는 상대적 비중이 크다.[21] 말하자면 사회적 신뢰의 증감에는 국가, 정치의 역할이 결정적이라는 것이다. 유능하고 투명한 국가 · 정부야말로 불신사회를 신뢰사회로 전환시키는데 가장 중요한 변수이다. 그리고 설문방법이 아닌, 다른 계량적 연구에서도 안정적 민주주의를 운용한 역사가 긴 사회일수록 사회적 신뢰도가 높아

---

18) Alexis de Tocqueville, Democracy in America(New York: George Dearborn, & Co., 1838)

19) Donna Bahry, Cynthia Boaz and Stacy B. Gorden, "Tolerance, Transition, and Support for Civil Liberties in Russia," *Comparative Political Studies*, Vol. 30, No. 4(1997), pp. 999-1023.

20) John Brehm and Wendy Rahn, "Individual-Level Evidence for the Causes and consequences of social Capital," *American Journal of Political Science,* Vol. 60, No. 3(1997), pp. 999-1023. 두 저자의 연구는 GSS(General Social Survey) 1972-1994년 설문자료를 분석한 것이다. 특히 p. 1001, figure 1 참조.

21) 사회적 신뢰 증진에 영향을 미치는 두 변수－국가에 대한 신뢰, 사회활동－의 부분상관계수는 각각 r=.63, r=.40이다. *Ibid.*

지는 경향이 있음을 보여준다.22) 즉 민주주의는 신뢰증진에 도움이 되는 것이다.

사회자본 연구 중에서 아마 가장 주목을 받은 것은 퍼트남(Putnam)의 이탈리아 지방자치 연구일 것이다.23) 이탈리아는 1970년에 전국 20개 광역 시·도 수준에서 동시에 지방자치제를 실시하였다. 퍼트남은 1970년부터 1990년까지 20년간 각 지방의 주민과 자치단체간의 관계, 특히 각 지방 주민의 사회적 자본의 수준, 즉 정부에 대한 신뢰, 사회적 신뢰, 준법정신 등 공민의식이 그 지방의 지방자치에 어떤 영향을 미치는지를 조사하였다. 그의 분석에 의하면, 각 지방자치단체 주민들의 사회적 자본의 정도는 지방정부의 정책의 결정 및 집행의 효율성, 업무수행 실적, 그리고 지방정부의 주민의 요구에 대한 반응성(responsiveness) 정도와 밀접한 관계가 있다. 그는 특히 중세 이래 르네상스를 이끈 베네치아, 피렌체 등 도시국가적 전통이 남아 있고, 사회·경제적으로도 발달한 북부 이탈리아와 후진적인 농업지역이면서 범죄도 만연한 남부 이탈리아 사이에는 사회자본의 차이도 두드러질 뿐만 아니라, 지방자치 운영에도 큰 차이를 보이고 있음을 여러 자료를 통하여 제시한다. 사회자본이 지방자치에 중요한 영향을 미친다는 그의 논지는 다음과 같다; ① 사회자본이 풍부한 지역 주민들은 지방의 문제를 함께 의논하고, 또 이를 주민대표가 지방정부에 공식적으로 제기함으로써 지방정부는 이러한 주민 다수의 의견에 신속하게 반응하도록 만든다; ② 반면에 사회자본이 부족한 지역에서는 주민들은 상호 불신감 때문에 문제해결을 위한, 협력에 서툴고, 지방정부에 대한 요구는 주로 개인적 차원에서 이루어진다. 지방정부는 따라서 개인적 차원에서 문제를 해결해주기 때문에 해결방법이 효율적이지 못하다. 동시에 주민들의 공민의식의 부족은 개인사업자와 지방정부 관리들 사이의 유착이나, 부패를 조장하는 경향이 있다.

퍼트남의 미국 사회자본이 감소하는 원인에 대한 연구도 음미할만하

---

22) Edward N. Muller and Michell A. Saligson, "Civic Culture and Democracy: The Question of Causal Relationships," *American Political Science Review*, Vol. 88, No. 3(1994), pp. 635-652.

23) Robert D. Putnam, *Making Democracy Work: Civic Traditions in Modern Italy* (New York: Oxford University Press, 1993).

다.[24] 그는 1960년대 이후 미국식 사회자본, 즉 투표율, 정부에 대한 신뢰, 자발적 결사체 참여 등이 계속 감소하는 현상과 TV라는 매체의 보편화가 밀접한 관련이 있다는 사실을 여러 관련 자료를 이용, 설득력 있게 제시한다. 퍼트남의 관점으로는 사회자본이란 기본적으로 퇴근 이후 선술집에서 친구들과 어울리는 남자들, 그리고 울 넘어 이웃 아낙네와 담소를 나누는 주부가 만드는 것이다. 즉 사람과 사람 사이의 피부접촉이 관건인 것이다. 그런데 TV가 사람들을 자기 집 거실에 가두어버리고, 따라서 미국식 사회자본은 줄어간다는 것이다. 사회자본의 회복을 위한 퍼트남의 제언, 즉 이웃간의 소통, 그리고 소통을 위한 방법으로서의 물리적인, 정신적인 '담장허물기'는 미국뿐만 아니라 세계 각국의 정책입안가들에게 많은 영감을 주고 있다.

Ⅲ. 정치사회화

1. 사회화, 정치사회화의 의의

사회화(socialization)란 인간이 태어나서 자기가 속한 사회가 요구하는 가치, 규범 등을 습득해가는 과정을 의미한다. 즉 한 개인이 사회에 적응하는 과정을 의미한다. 이러한 사회화는 태어나서 어머니로부터 말을 배우고, 걸음마를 배우는 과정에서부터 시작된다고 볼 수 있다. 가족 구성원들을 알아보고, 그들과 자신의 관계를 인식하게 되고, 조금 더 크면 이웃, 동무들과 접촉하고, 학교에 입학하면 선생님이라는 새로운 대상과 만나고, 친구들을 사귀고, 그리고 학교에서 적용되는 규율은 가정에서의 그것과는 다르다는 것을 인식하게 되는 과정 모두가 사회화 과정의 일부이다. 학교를 졸업하고 나서도 직장, 결혼, 출산, 육아 등 새로운 경험을 추가하면서 각 개인은 스스로의 삶 전반에 걸쳐 끊임없이 새로운 사회화 과정을 겪는다고 할 수 있다.

---

24) Robert D. Putnam, *Bowling Alone: The Collapse and Revival of American Community*(New York: Simon and Schuster, 2000).

요컨대 사회화는 평생을 통하여 이루어지는 과정이다.

그리고 한 사회 구성원들의 사회화는 개별적인 체험이기도 하고, 동시에 사회 전체적으로 이루어지는 공동체험 과정이기도 하다. 즉 특정 사회 주민들에게 주어진 여러 가지 환경, 가령 그 사회의 경제적 수준, 사회질서 및 갈등, 정치적 사건 등은 구성원 전체의 사회화에 공동으로 영향을 미친다고 보아야 할 것이다. 예컨대 타국과의 전쟁이라는 상황은 그 사회 구성원 전체의 심성에 엄청난 영향을 끼친다.

한 사회의 문화는 이러한 사회화 과정을 통하여 그 다음 세대에게 전수된다. 어머니가 아기에게 가르치는 단어, 그리고 아기에게 어떤 행위를 격려하거나 금지하는 행위는 그 사회의 보편적 문화적 가치의 전수과정이기도 하다. 또한 골목에서 함께 노는 동무들은 놀이 속에서 그리고 또래에게 허용되는 행위와 그렇지 않는 행위를 구별하는 과정에서 부지불식간에 서로 문화적 전통과 규범을 확인시키고 주지시킨다. 따라서, 사회학자 파슨즈(Talcott Parsons)의 표현처럼, 한 사회의 문화적 패턴은 사회화 과정을 통하여 유지되는 것이다. 사회화는 물론 문화를 유지하는 기능만 하는 것이 아니다. 예컨대 새로운 세대가 이전 세대와는 다르게 사회화됨으로써 사회문화가 변화하는데도 중요한 역할을 하기도 한다(이 문제는 다음 절에서 다루어질 것이다).

정치사회화는 이러한 포괄적인 사회화 과정 중에서 정치적인 것과 관련된 사회화 과정이다. 정치사회화에는 위에서 언급한 보편적인 사회화 과정에서 저절로 이루어지는 측면과, 국가가 구성원들에게 국가공동체가 지향하는 이념이나 가치를 의도적으로 교육시킴으로써 새로운 정치문화를 형성하도록 유도하는 측면이 있다. 즉 정치사회화에는 정치문화를 지속시키고, 변형시키고, 새로운 것을 창조하는 세 가지 기능이 있다.[25] 정치사회화는 구성원들로 하여금 그 사회가 보편적으로 공유하는 정치적 가치, 규범 등을 배우게 함으로써 공동체로서의 통합을 이루고, 나아가서 한 사회의 정치문화를 후세에게 전하는 중요한 기능을 한다. 한 개인의 정치사회화에는 가정, 학교, 또래집단, 직장, 그 사회의 정치상황, 미디어, 정치 참여의 경험 등이

25) Dawson and Prewitt(1969).

각기 영향을 미친다. 위에서 언급한 보편적 사회화처럼, 정치사회화도 평생에 걸쳐 이루어지는 과정이다. 그 중 특히 중요한 두 가지를, 즉 가정과 학교교육만 음미해 보자.

(1) 가 정

어떤 사회화 과정과 마찬가지로 정치사회화 과정에서도 가정이 중요하다. 특히 정치사회화라는 측면에서 중요한 것은 가족 구성원 간 권위(authority)에 대한 태도이다. 가정에서 부모-자식 간의 권위적 관계는 자식들의 사회적 권위 일반, 정치적 권위에 대한 의식에 영향을 미친다. 예컨대 엄한 부모 밑에서 부모가 정한 규율에 무조건 복종하도록 교육받으면서 큰 아이는 나중에 학교생활에서 사재간, 직장 상사와의 관계, 나아가서는 정치가-일반 주민 간의 관계에 대해서도 그런 태도를 취할 가능성이 높아진다고 할 수 있다. 반면에 민주적인 가족 분위기에서, 그리고 가정에서의 의사결정 과정에 적극적으로 참여하면서 성장한 아이는 나중에 학교, 직장, 이웃, 그리고 정치가-시민 관계에서도 그런 태도를 견지할 가능성이 커진다고 간주할 수 있다.[26]

(2) 학교교육

모든 국가는 그 국가공동체 특유의 이념이나 가치를 주민들에 대한 학교교육을 통하여 전수한다. 첫째, 교과서는 그 사회, 혹은 나라의 공동체적 긍지와 일체감을 형성하도록 하는 데 중요한 역할을 한다. 어떤 사회, 어떤 집단의 경우도 구성원에 대한 이런 교육이 필요하다. 그러나 물론 여기에는 정도라는 것이 중요하다. 예컨대 오늘날 동북아시아 각국이 일본 역사교과서 문제로 심각한 갈등을 겪고 있는 것은 바로 일본 사회 지도층이 일본 청

---

26) 그런 측면에서 오늘날 한국사회에서 자식들이 부모에게 존댓말을 쓰는 전통이 사라지고 있는 현상은 우리 사회의 권위 일반에 대한 영향력이라는 측면에서 의미가 크다고 할 수 있다. 즉 이것은 한국의 유교적 권위주의 문화가 보다 평등주의적 문화로 옮아가고 있는 중요한 한 조짐일 수 있다. 물론 인과관계를 역으로 생각할 수도 있다. 즉 우리 사회에서 정치 · 경제 · 사회 등 여러 영역에서 권위주의적 분위기가 완화되거나 사라지고 있는 현상이 가정에서의 존댓말 관습에 영향을 미쳤다고 생각할 수도 있다.

소년들에게 일본, 일본인들의 긍정적인 측면을 심어주려고 과거의 일본역사를 미화한 데서 비롯된 것이다.27) 유대인 어린이들은 탈무드 같은 그 민족이 소중히 생각하는 일종의 교과서를 통하여, 경건한 삶과 교육의 중요성을 깊이 체득하고, 이것이 오늘날 유대인들이 수에 비해서 세계 각국의 여러 분야에서 성공한 비결로 알려져 있다. 둘째, 학교교육은 그 국가의 정치체제에 대한 구성원들의 적응 기능을 담당한다. 북한과 대한민국의 교과서, 그리고 학교교육은 각기 청소년들을 그 체제에 맞게 육성시키고자 하는 목적에 따라 구성되어 있기 때문에 다르다. 셋째, 학교교육은 기존의 정치문화를 변화시키려는 취지에서도 실시된다. 예컨대 전후 독일 정부는 알몬드・버바의 『시민문화론』에서 신민문화의 특성을 보인 자국의 정치문화를 민주적인 참여문화로 전환시키기 위하여 지속적인 학교교육, 시민교육을 실시하였고, 그 결과 1980년 즈음에는 독일 정치문화가 참여문화 쪽으로 많이 바뀌었다.28)

2. 사회화와 문화적 변화 - 탈물질주의

정치사회화와 관련된 이론 중, 가장 널리 알려진 것은 잉글하트(Inglehart)의 이른바 탈물질주의(脫物質主義, post-materialism) 이론이다. 서구의 문화(혹은 가치)가 물질주의에서 탈물질주의로 변하고 있으며, 이러한 문화의 변화가 서구의 정치환경을 변화시키고 있다는 이 이론의 요지는 다음과 같다: ① 서구 사회에서는 가치변화가 일어나고 있다. 그 변화는 경제적 성취와 사회적 안정을 중시하는 물질주의적 가치에서부터 자기표현, 참여, 삶의 질, 공동체의식 등을 강조하는 탈물질주의로의 변화이다; ② 물질주의/탈물질주의적 가치는 청소년기에 형성되어 일생동안 지속되는 경향이

27) 근년 유럽에서 과거 적대적이었던 국가들 사이에 공동교과서를 제정하는 움직임이 일고 있는 것은 그들 나라의 교과서를 통한 공교육의 목적이 폐쇄적인 민족주의 함양보다, 이웃과의 화해, 보다 큰 차원의 유럽공동체의 일원, 나아가서 세계시민으로서의 자질 함양이라는 쪽으로 전환되고 있다는 의미로 볼 수 있다.

28) David P. Conradt, "Changing German Political Culture," in Gabriel A. Almond and sidney Verba(eds.), *The Civic Culture Revisited*(Boston: Little, Brown and Company, 1980).

있다. 따라서 시간이 지남에 따라 탈물질주의적 가치를 지닌 세대에 의하여 구세대가 교체됨으로써 한 사회 내에 탈물질주의적 가치를 지닌 사람들의 수가 점차 증가하게 된다. 즉 그러한 가치변화는 세대교체를 통하여 진행된다; ③ 탈물질주의의 증가는 그 사회 민주주의의 성격을 변모시킨다. 구체적으로 정치참여의 패턴, 정치이념, 정당정치의 성격이 변한다.

잉글하트는 유럽 각국 주민들을 대상으로 매년 실시하는 유로바로미터(Eurobarometer)라는 사회설문에 1970년 이래 그가 고안한 가치지수를 삽입하여[29] 얻어진 분석결과를 토대로 지난 수십 년 간 많은 저서, 논문을 통하여 위와 같은 논리를 입증하려고 해왔다. 또한 그의 논리가 서유럽뿐만 아니라 세계적으로도 타당하다는 것을 입증하기 위하여 1990년대 이후 수십 개 국 주민들을 대상으로 한 이른바 세계가치조사(World Value Survey)를 여러 차례 실시하였다.

우선 잉글하트가 어떤 근거에 의거하여 문화의 변화를 설명하는지를 보자. 그는 인간의 가치선호에 대한 이론적 근거를 심리학자 마슬로우(Maslow)의 유명한 '욕구의 우선순위(need hierarchy)' 이론에 두고 있다. 마슬로우에 의하면 각 개인이 필요, 혹은 선호하는 종류에는 우선순위가 있다. 인간의 가장 기본적인 욕구는 신체적 안전, 그리고 의식주 등 생존과 직결되는 것을 가장 우선적으로 필요로 하고, 그런 기본적인 욕구가 채워지고 나면, 욕구의 우선순위에서 보다 위에 있는 것, 즉 자기표현, 동료애, 명예, 미적 추구 등을 원하게 된다는 것이다. 잉글하트 이론은 이러한 심리학적 이론을 개인의 가치형성 기제, 나아가서 범사회적 가치(혹은 문화)변화이론으로 발전시킨 것이다. 즉 욕구의 우선순위는 특정 시점에서의 개인의 선택의 문제이기도 하지만, 인간의 가치형성에 있어서 가장 중요한 시기인 청소년기에 각 개인이 그 순위에서 가장 필요로 했던 것은 평생의 가치로 굳어지게 된다는 것이다. 성장기를 물질적 결핍이나 전쟁 등 사회 · 정치적 혼란 속에서

---

29) 그가 1970년 처음 사용한 가치지수 측정을 위한 질문은 다음과 같다. "향후 십년간 우리나라는 국가정책으로 다음 중 어떤 것에 중점을 두어야 할 것 같습니까?" ① 나라의 질서, ② 정부 정책결정에 대한 국민의 참여, ③ 물가, ④ 언론의 자유. 그는 ①, ③을 선호하는 응답을 물질주의로, ②, ④ 선호를 탈물질주의로 분류하였다. 그리고 1973년 이후에는 지표 수를 4개에서 12개로 증가시켰다.

보낸 사람들은 경제적 성취나 사회적 안정을 가장 중요한 것으로 여기게 되고, 반면에 경제적 풍요와 사회적 안정기에 청소년기를 보낸 사람은 마치 공기나 물이 우리에게 긴요하긴 하지만 풍부하게 주어져 있기 때문에 당연히 주어지는 것으로 여기듯이, 물질주의적인 것을 당연시하면서 이른바 탈물질주의적인 것을 추구하게 된다는 것이다.[30] 따라서 전후세대는 이른바 탈물질주의적인 것이라고 부를 수 있는 것을 가치 있는 것으로 여긴다.

그러면 탈물질주의적 가치의 부상은 어떤 정치적 효과를 초래하는가? 첫째, 정치문화와 정치참여 패턴의 변화이다. 물질주의자들은 대체로 정부를 신뢰하고, 순종적인데 반하여, 탈물질주의자들은 정부, 제도를 불신하고, 권위에 도전적인 경향이 있다. 그들은 또한 정부가 일반 시민을 배려하고, 시민의 요구에 제대로 반응한다고 믿지 않는 경향이 있다. 따라서 그들은 선거와 같은 엘리트-순동적인 참여보다는 엘리트-도전적인 비인습적 참여를 선호한다. 전후 서구 사회에서 갑자기 증가한 데모, 스트라이크 등은 젊은 세대들의 탈물질주의적 가치와 관련이 있다.

둘째, 탈물질주의는 산업사회의 정치이념 구도를 바꾼다. 산업사회의 정치이념은 주로 물질적 차원을 중심으로 형성되어 있었다. 즉 우파는 시장경제, 경쟁 등을 선호하고, 좌파는 이러한 시장적 질서가 야기하는 불평등을 부의 재분배 과정을 통하여 개선하는 것을 선호한다. 그런데, 중요한 점은 국가정책 결정과정에 대한 보다 직접적이고 적극적인 참여, 언론의 자유, 사회변화, 그리고 정치·사회적 이슈에 있어서 환경, 여성, 반핵 등이 중요하다고 여기는 탈물질주의는 이러한 종래의 좌-우 이념적 스펙트럼에서 어느 곳에도 속하지 않는다는데 있다. 그리하여 탈물질주의 시대의 이념구도는 보다 다차원적으로 변하게 된다. 즉 경제적 부의 분배와 관련된 차원에 사회적 문제에 대한 선호 여부와 관련된 새로운 차원이 첨가되는 것이다. 그리고 탈물질주의자들은 위의 전통적 좌파와는 인구학적 배경이 다르다. 구

---

30) 어릴 때 형성된 가치가 평생을 지배하게 되는 한 예로서, 잉글하트는 가난한 어린 시절을 보낸 사람이 열심히 돈을 벌어 더 이상 물질적 궁핍을 해결하기 위한 부의 축적이 필요가 없어진 이후에도 오로지 더 많은 축적에 골몰하는 사례를 들어 설명하고 있다. Ronald Inglehart, "The Silent Revolution in Europe: Intergenerational Change in Post-Industrial Societies," *American Political Science Review*, Vol. 65, No. 4(1971), pp. 991-1017.

좌파가 교육, 소득수준이 비교적 낮은 노동자 계층의 이념이었다면, 신좌파에 속한 사람들은 보다 높은 교육 및 소득수준에 속하는 사람들이며, 그리고 이것이 새로운 이념인 만큼이나 주로 젊은 세대의 지지를 받는다.

셋째, 탈물질주의의 부상에 의한 이념구조의 변화는 정당정치의 성격을 변화시킨다. 산업사회에서의 정당대립은 사회계급적 갈등을 반영하는 것이다. 즉 노동계급은 좌파정당을, 그리고 중산층은 그들의 경제적 이익을 보장하는 우파정당을 지지해왔다. 특히 계급정당적 성격이 강한 서유럽에서 그러하였다. 이러한 산업사회의 계급적 균열과 정당정치적 균열 사이의 연계가 탈물질주의 시대에 점차 약화되어가는 조짐을 보이고 있다. 즉 서유럽에서 계급투표적 성향이 점차 약화되고 있다. 이러한 변화를 선도하는 것은 전통적으로 우파정당을 지지해 온 중산층 가운데 그러한 지지가 감소하는 데 있다. 즉 젊고 보다 높은 교육을 받은 탈물질주의자들이 좌파정당을 지지하는 경향을 보이기 때문이다. 왜냐하면 좌파정당들이 변화에 대하여 좀 더 개방적이고, 탈물질주의자들이 선호하는 가치를 정책으로 택하는 경향이 더 크기 때문이다. 그렇다고 탈물질주의자들은 무조건 좌파정당을 지지하는 것은 아니다. 그들의 이념 선호에 보다 적절한 정당이 나타나면, 그런 정당을 지지한다. 유럽에서 1960년대 이후 등장한 환경정당이 바로 그런 정당이다. 사실 생태주의, 환경주의 정당이 등장하기 이전에는 탈물질주의자라고 분류될만한 유권자들은 공산당을 지지하는 경향이 있었다. 그러나 1960년대 이후 탈물질주의적 사회운동이나 정당이 등장한 이후에는 관료주의적이고, 또 탈물질주의를 대표하는 데는 한계가 있는 공산당 지지가 서서히 감소하고, 대신에 탈물질주의자들은 이러한 '신좌파' 정당을 지지하는 뚜렷한 경향을 보이고 있다. 한편 전통적으로 좌파정당을 지지해 온 노동계급도 변화를 보여 왔다. 전후 서구 사회의 경제수준의 전반적인 상승과 더불어 소득이 증가한 이들은 새롭게 획득한 부를 보호해 줄 우파정당을 지지하는 조짐을 보이고 있다. 그리고 이들은 자신들의 가치에 맞지 않고, 사회혼란을 야기시키는 탈물질주의적 가치에 대한 거부감을 보인다. 말하자면 '노동계급 보수주의'(working-class Tory) 현상이 나타나고 있는 것이다. 아마도 미래의 정당구도는 물질주의, 즉 경제성장, 사회질서 등을 강조하는 우파정당과 탈물질주의, 즉 참여, 연대, 공동체, 환경 등을 강조하는 좌파정당으로 개편될 가능성이 있다.

넷째, 탈물질주의의 증가는 범세계적인 민주화와 관련이 있다. 어떤 사회이든, 탈물질주의를 선호하는 사람들은 일반 대중보다는 지식인, 언론인 등 사회 엘리트 계층일 가능성이 크기 때문에 우선 이들이 비민주적이고 억압적인 정치체제를 민주화하도록 압력을 행사하고, 다음으로 보다 탈물질주의적인 젊은 세대가 시위 등의 방법으로 체제변화에 대한 압력을 가한다. 구체적인 증거로서 범세계적으로 탈물질주의 가치 분포와 각 사회의 민주화 정도는 높은 상관관계가 있다.

잉글하트의 탈물질주의는 정치학에서 가장 논쟁이 분분한 영역 중의 하다이다. 비판가들과 잉글하트 측은 지난 수십년간 여러 차례 지상논쟁을 벌였다. 이 과정에서 제기된 비판 중 중요한 논점은 다음과 같다: 물질주의/탈물질주의가 과연 인간의 가치, 내지는 세계관을 구별하는 적절한 기준인가? 물질주의/탈물질주의 선호는 일생주기 효과(life-cycle effect)로 보아야 하지 않는가? 즉 탈물질주의적 젊은이가 결혼을 하고 경제적 활동연령이 되면서 물질주의적 성인으로 바뀐다고 보아야 하지 않는가? 한 사회 주민들의 특정 시점에서의 물질주의/탈물질주의 선호는 그 당시의 정치·경제적 상황, 특히 물가, 실업 등 거시경제적 지표와 밀접한 관계가 있는데, 이는 결국 설문으로 측정되는 이 두 가치가 인간의 근본적인 가치라기보다는 당시의 시대적 상황에 대한 주민들의 단순한 반응으로 보아야 하지 않는가? 말하자면 이러한 가치선호는 일종의 시대효과(period effect)가 아닌가? 사회 구성원들 중, 인구학적(demographic) 측면에서 상대적으로 보다 탈물질주의를 선호하는 계층은 교육수준이 높은 사람들인데, 이것은 유복한 가정 출신 청소년이 보다 높은 교육을 받기 때문인가? 아니면 순수하게 교육 효과 때문인가?

해가 갈수록 유로바로미터 설문도 계속 축적되고 있고, 위의 문제들에 대한 양측 사이의 논쟁은 아직도 진행 중이다. 그 과정에서 후기 산업사회의 문화변화에 대한 학자들과 일반인들의 이해도 더 깊어지고 있다고 할 수 있다.

Ⅳ. 정보사회와 정치문화

미래학자 토플러가 예견하였듯이, 21세기 사회는 산업사회에서 정보사회(information age), 혹은 지식정보사회로 변모해 가고 있다. 정보매체의 발달, 특히 인터넷, 휴대폰 등의 발전은 우리의 삶에 엄청난 변화를 초래하고 있다. 1990년대 이후 불과 이십년 정도의 짧은 세월 동안 우리는 이미 인터넷, 휴대폰을 통하여 결재하고, 예금하고, 상품을 주문하고, 놀이를 즐기고, 대화하고, 자료를 보내는 상황에 익숙해져 가고 있다. 정보화는 정치・경제・사회 등 그야말로 모든 영역에서 우리 삶의 조건을 바꾸고 있다. 정치적 측면에서 국가와 사회, 국가와 시민 사이의 관계가 바뀌어가고 있다. 정보기기의 발달은 적어도 기술적으로는 아테네식의 직접민주주의, 사이버민주주의(cyberdemocracy)의 가능성을 제공하고 있다. 그리고 정보 기술이 발달한 여러 나라에서는 그러한 방향으로의 다양한 시도, 예컨대 전자투표, 국가나 지방자치단체의 정책에 대한 전자적 제안 등이 이루어지고 있다.

이러한 흐름을 주도하는 것은 물론 정보전달 방식의 변화이다. 새로운 정보전달 방식은 산업사회의 정보혁명, 즉 인쇄술, 라디오, TV 등과는 다른 차원의 방식이다. 과거 시대의 정보의 흐름이 출판인쇄물, 신문, TV 등을 통한 주로 위에서 아래로의 전달이었다면, 정보사회의 전달방식은 이른바 "아래를 향한 질주," 즉 수평적, 네트워크적 전달을 그 특징으로 하고 있다. 개인 블로그(blog) 시대에는 누구나 정보를 조합하고 창출하고, 또 전파할 수 있다. 블로그와 블로그의 연결은, 적어도 정보라는 측면에서는, 우리 사회가 급격하게 수평적, 네트워크적 사회로 변하도록 해준다. 이러한 여건에서 과거처럼 국가의 정보 통제는 사실상 불가능해지고 있고, 따라서 정보화는 곧 민주화를 의미할 수 있다.

문화, 정치문화라는 관점에서, 이러한 변화는 어떤 의미를 갖는가? 긍정-부정적인 측면을 모두 내포하고 있다. 긍정적인 측면으로는 각 개인에게 접근가능한 정보의 종류나 양의 엄청난 확대이며, 또한 관계라는 측면에서도 사이버공간의 존재는 우리로 하여금 우리와 같은 생각, 취미, 사상을 가진 사람들을 찾는 데 더 이상 지리적 요소의 제약을 받지 않아도 되도록 해준다. 우리는 그런 사람들을 쉽게 찾고, 대화하고, 또 필요하면 그들과 협력할 수 있다. 그러나 부정적인 측면도 있다. 우선은 정보매체를 이용하는 계층, 세대와 이용하지 않는 계층, 세대 사이의 문화적 격차가 커지고 있다는 점이다. 둘째는 정보를 이용하는 계층 사이에 존재하는 이른바 '문화의 다도해' 현상, 즉 하나의 사회문화가 여러 독립적인 섬처럼 분절될 가능성이다.[31] 가상공간이 제공하는 물리적 공간의 제약의 극복이라는 측복은 동시에 우리에게 가족, 친구, 동료, 이웃과 물리적 공간에 함께 존재하면서도 서로 이방인으로 지낼 수 있는 가능성을 제공한다. 만약 문화라는 것이 '삶의 방식 및 그것과 관련된 의식 및 규범'이라는 이 글에서의 정의가 타당하다면, 그러한 문화는 일차적으로 우리와 가장 가까이 있는 사람들과의 피부접촉, 관계 속에서 형성되고 유지된다. 가상공간에서 형성되고 전파되는 문화는 이러한 구체적인 일상적 삶과 유리되어 있다. 즉 문화와 그 문화의 토양으로서의 일상적 삶의 간격이 벌어지고 있는 것이다. 마찬가지로 지금까지 사회화 기능을 담당했던 가족, 학교, 이웃, 또래들의 역할도 축소될 수밖에 없다. 그 결과는 한 특정 사회의 문화적 통합성에 대한 위협이라고 할 수 있을 것이다.

그렇다면 이러한 현상은 결국 세계적 차원에서의 문화적 통합에 기여할 것인가? 적어도 지금까지 지리적 단위로 형성되어 있던 문화 구별의 의미는 점차 퇴색할 것이다. 그러나 사이버공간의 특성 때문에 세계적 차원에서도 더욱 복잡한 '문화의 다도해' 현상이 진행 중이다.

그러면 결국 사회문화의 의의는 사라질 것인가? 그렇지는 않을 것이다. 사람들은 이외로 문화적으로 보수적이다. 사이버공간은 가볍다. 일상적 삶은 무겁다. 정보화 시대에도 여전히 사람들은 가족과 이웃과 대화하고, 그 속에서 인생의 의미를 찾고, 정치적으로 행동해 갈 것이다. 다만 그 정도가 예전 같지 않다는 것이다.

---

31) Terry Teachout, "Culture in the Age of Blogging," *Commentary*(June, 2005).

***

정치문화는 어떤 형식이든 현실정치에 영향을 미친다. 그리고 우리는 정치문화에 대하여 끊임없이 이야기한다. 다만 문제는, 정치문화 연구가 등장한 초창기부터 제기된 것이지만, 정치문화란 보이지 않는 것이기 때문에 측정하기가 어렵고, 동시에 문화란 보는 사람에 따라서 각기 다르게 해석될 여지가 있다는 것이다.

정치문화의 의의는 궁극적으로 인간이란 정치적 선택을 포함한 여러 선택의 순간에 주어진 여건에서 여러 가지 대안(alternatives) 가운데 무엇이 자신에게 가장 이로운가를 계산하여 선택하는 존재인가, 아니면 그러한 선택에서 각 개인이 가지고 있는 독특한 세상을 보는 시각－그것을 세계관이라 부르든, 편견이라 부르든－을 적용하려 하는가 하는 문제와 관련이 있다. 또한 정치적 의식, 태도, 행동은 본질적으로 시장에서의 물건을 고르는 경제적 행위와 같은 것인가, 아니면 다른 것인가 하는 문제와 관련이 있다. 문화론을 지지하는 입장에서는, 인간의 정치적 선호나 행동에는 시장에서 물건을 고르는 과정에서의 합리적 선택(rational choice) 행위와는 다른 요소를 포함하고 있다. 정치의 세계에는 인간이 이성적 판단을 적용하는 영역과 더불어, 묵은 감정, 편견, 열정 등이 부딪치는 영역도 포함하고 있다. 특정 지도자에 대한 열렬하고 맹목적인 지지, 정치적 데모, 고함, 선거에 승리한 후보와 지지자들의 눈물 등을 생각해 보자. 이런 행위의 참가자들에게 이성적 판단과 자신이 옳다고 믿는 것을 '계산 없이' 추구하는 요소의 비중은 각기 어느 정도인가? 정치문화론은 이런 행위 속에는 후자의 요소도 상당 부분 내포되어 있다는 입장이다.

만약 정치의 세계에 대한 이러한 진단이 옳다면, 정치에 대한 인간의 의식, 가치, 그리고 집단의식 등의 영향을 다루는 정치문화에 대한 연구는 앞으로도 계속될 것이다.

참고문헌

Ⅰ. 한국문헌

김호동 역, Ibn Khaldun(원저), 『역사서설－아랍, 이슬람, 문명』, 서울: 까치글방, 2003.

어수영 · 한배호, "한국정치문화의 변화와 지속성에 대한 연구," 『한국정치학회보』, 제30집 3호(한국정치학회, 1996).

———, 『한국정치문화』, 서울: 법문사, 1987.

Ⅱ. 외국문헌

Almond, Gabriel A. & Sidney Verba, *The Civic Culture: Political Attitudes and Democracy in Five Nations,* Princeton: Princeton University Press, 1993.

———(eds.), *The Civic Culture Revisited,* Boston: Little Brown and Company, 1980.

Bahry, Donna, Cynthia Boaz & Stacy B. Gorden, "Tolerance, Transition, and Support for Civil Liberties in Russia," *Comparative Political Studies*, Vol. 30, No. 4, 1997.

Brehm, John, & Wendy Rahn, "Individual-Level Evidence for the Causes and consequences of social Capital," *American Journal of Political Science*, Vol. 60, No. 3, 1997.

Coleman, James, *Foundations of Social Theory*, Cambridge, MA: Harvard University Press, 1990.

———, "Social Capital in the Creation of Human Capital," *American Journal of Sociology*, Vol. 94, 1988.

Dawson, Richard E. & Kenneth Prewitt, *Political Socialization*, Boston: Little, Brown and Company, 1969.

Fukuyama, Francis, *Trust: The Social Virtues and the Creation of Prosperity*, New York: Free Press, 1995.

Huntington, Samuel, *Political Order in Changing Societies*, New Haven: Yale University Press, 1968.

Inglehart, Ronald, "The Renaissance of Political Culture," *American Political Science Review*, Vol. 82, No. 4, 1988.

———, "The Silent Revolution in Europe: Intergenerational Change in Post-

Industrial Societies," *American Political Science Review*, Vol. 65, No. 4, 1971.

Muller, Edward N., & Michell A. Saligson, "Civic Culture and Democracy: The Question of Causal Relationships," *American Political Science Review*, Vol. 88, No. 3, 1994.

Putnam, Robert D., *Making Democracy Work: Civic Traditions in Modern Italy*, New York: Oxford University Press, 1993.

———, *Bowling Alone: The Collapse and Revival of American Community*, New York: Simon and Schuster, 2000.

Scott, James C., *The Moral Economy of the Peasant: Rebellion and Subsistence in Southeast Asia*, New Haven: Yale University Press, 1976.

Teachout, Terry, "Culture in the Age of Blogging," *Commentary*, June, 2005.

Tocqueville, Alexis de, *Democracy in America*(New York: George Dearborn, & Co., 1838).

제6장 정치이데올로기

윤 순 갑*

정치이데올로기란 무엇인가? 우리는 많은 경우에 다른 사람들의 신념(信念)은 마치 나쁜 의미인 것처럼 이데올로기적이라고 비난하면서 자신의 신념은 그렇지 않다고 생각한다. 사실 모든 정치적 신념들이 이데올로기적이라고 말할 수는 없지만 이데올로기의 일반적인 정의를 알게 되면 스스로 이데올로기를 가지고 있는지를 확인할 수 있을 것이다. 사실 사람들은 이데올로기에서 자유로울 수 없다. 스스로 이데올로기를 가지고 있다고 생각을 하든 그렇지 않든 상관없이 특정한 사회에서 생활하는 사람들의 생활방식이 이미 이데올로기적인 경우가 많기 때문이다. 어쨌든 학계에는 철학, 이론, 개인적 성향 등으로부터 이데올로기를 구별하는 정의들이 많다.

하나의 이데올로기는 사회에서 권력이 어떻게 조직화되어야 하는가에 관한 관념들로 구성되어 있다. 그러한 관념들은 개인 및 사회의 측면에서 인간 본성에 내재하는 문제점과 가능성에 대한 특정한 관점으로부터 도출된다. 많은 이데올로기들은 비록 모든 사람의 본성이 동일하다는 점을 부정하고 있지만, 그 핵심에는 인간 조건을 특징지어주는 부분이 존재한다는 것을 인정하고 있다. 인간 조건을 특징지어주는 부분들에는 개인과 사회 사이의 권력관계에 대한 관념들이 활용된다. 그러한 관념들은 각 이데올로기가 담고 있는 행동 계획에 대한 영감(靈感)이다. 관념들은 세상에 대한 이미지를 제공한다. 그러한 이미지들은 우리들의 사고와 감정에 구체성을 제공하여 주는 데 도움을 주기도 하지만 다양한 사고와 감정을 일정한 것으로 인식하도록 하는 작용도 함께 한다. 하나의 관념으로 수렴될 수 있는 다양한 이미지들이 가지는 공통성들은 특정한 집단이 인식과 행위를 공유할 가능성을 높여준다. 따라서 정치이데올로기는 매우 강력한 형태의 공유된 이미

---

* 경북대학교 정치외교학과 교수.

지를 포함하고 있다.

일반적으로 이데올로기는 정치적 삶의 핵심적인 부분이다. 사람들은 어떠한 행태의 정당성이든 그것에 근거해서 권위에 복종하기도 하고 도전하기도 한다. 현대사회는 이데올로기들로부터 도출된 권력의 개념 위에 권위의 거대한 구조물을 형성해 놓고 있다. 또한 이데올로기는 경제학, 사회학, 정치학 및 철학의 관념을 감싸고 있는 문화에 대한 전반적인 지적(知的) 주제들을 제공한다. 그것들은 사람들의 삶에 공통적으로 영향을 미치는 수많은 결정들을 정당화하는 언어들로 구성되어 있다. 이러한 관념들이 우리의 행동을 실제로 지배하는지 아닌지는 확정적으로 말할 수는 없지만 그러한 행위가 관념들에 연결되어 있다는 것은 의심의 여지가 없다.

이데올로기는 사회가 공유하고 있는 일종의 편견이다. 따라서 그것의 정당성을 검증할 수 있는 방법은 없다. 단지 다양한 이데올로기의 분석을 통하여 현실에 가장 적합한 이데올로기를 선택하는 과정이 합리적일 수도 있고, 그렇지 않을 수도 있다. 역사적 상황과 이데올로기의 역할이 쉽게 분리되어 고찰될 수 있는 것은 아니기에 우리는 현실의 이데올로기를 알기 위해서는 숲속에서 숲의 모양을 관찰할 수 있는 통찰력을 가져야만 한다. 우리가 살펴보고자 하는 정치이데올로기는 결국 정치권력(政治權力)의 정당성에 대한 편견이다. 그것은 우리가 정치권력을 이해하고, 인정하는 방법과 기준에 대한 이미지, 그리고 그 이미지들을 포함하고 있는 관념에 대한 동의이기 때문이다. 우리가 만약 정치권력에 관한 관념 속에 무엇이 포함되어 있는가를 알고 그것들이 개인 및 공동체(共同體)의 삶에 관한 가정들과 어떠한 관련을 갖는가를 이해한다면 하나의 이데올로기를 이해하고 있는 셈이 된다. 하나의 이데올로기를 평가하기 위해서는 그 가정들이 옳은 것이냐, 권력에 관한 관념들과의 연결이 이성적이냐, 그리고 통치를 위한 구체적인 처방들이 현실성을 갖느냐 하는 것들에 대한 분석이 곁들여져야 한다. 물론 현실의 이데올로기를 이해하기 위해서는 앞에서 언급한 통찰력이 필요하다.

20세기는 이데올로기의 세기였다. 1789년의 프랑스 혁명에서 시작한 인간과 사회에 대한 인식 변화는 나폴레옹 전쟁으로 전 유럽에 민족주의와 자유주의를 퍼뜨렸고, 1939년에 시작된 제2차 세계대전은 전 세계에 민주주의와 공산주의를 중심으로 다양한 이데올로기를 만들어냈다. 모든 행위가 이데올로기적 행위로 이해되고, 이데올로기가 모든 행위의 기준이 되었던 20세기는 대립과 편견(偏見)으로 서로를 구분하며 이질적인 것과 공통적인 것을 찾아 서로를 일정한 진영으로 분리한 시기였다. 자유진영과 공산진영이라는 단순 논리가 무너진 21세기에 이데올로기의 역할은 무엇일까? 이데올로기 대립이 사라진 시점에서 또다시 이데올로기의 화합을 위한 이데올로기의 필요성이 제기되고 있다. 이데올로기에 대한 이해는 역사적 사실에 대한 인식과 이해이기에 앞서 인간에 대한 이해인지도 모른다.

Ⅰ. 정치이데올로기의 기원과 개념

1. 정치이데올로기의 기원

이데올로기는 프랑스 계몽주의(啓蒙主義)의 직접적 산물이기는 하지만 이 관념은 서유럽 지식인들이 중세적 세계관의 붕괴에 직면해서 제기했던 철학적 의미와 방향성에 관한 일반적인 의문에서 나왔다. 이데올로기 논의의 기원에 있어 보다 직접적인 선구자는 베이컨(Francis Bacon, 1561~1626)과 홉스(Thomas Hobbes, 1588~1679) 등과 같은 경험론자들이다. 베이컨은 『노붐 오르가논』(Novum Organon)(1620)에서 실험과 관찰에 근거해 사회를 연구하는 접근법을 시도했다. 여기서 베이컨은 인간의 인식이 '우상'(偶像, idols)이라고 지칭한 관념들의 방해를 받아왔다고 주장한다. 베이컨의 우상론은 근대과학의 출발점에 위치하고 있다. 이것이 홉스, 로크 등의 영국 경험주의 전통과 이데올로기 개념을 실제로 생성한 프랑스 계몽주의에 커다란 영향을 미쳤다.

왕권과 신권이 상당히 제한되었던 베이컨 시대의 영국과는 달리, 프랑스 계몽주의 철학자들은 전제적 교회와 연합한 절대왕정과 대결해야만 했다. 말하자면 마키아벨리와 베이컨에게 종교는 잠재적인 통합력으로 파악되었던 반면에, 프랑스의 선도적 계몽주의 사상가들에게 종교는 합리적 사회 질서의 주요 장애물로 파악되었다. 그래서 프랑스 사회개혁의 열쇠는 '이성과 자연'에 주어졌다. 자신의 권력을 유지하려는 왕과 사제들의 거짓말과 선입견에 대한 대책은 교육이 지닌 전능함에 주어졌다. 사회에 대한 합리적 분석과 과학적 접근방식은 인간의 의식을 분석하고 설명함으로써 인간행위와 사회적 관습에 대한 이론적 근거를 제공하였다. 이러한 결과로 발생한 계몽주의는 사회변화의 필요성을 이론적으로 설명하고, 변화에 대한 신념을 제공하였다는 점에서 계몽주의 사상가들은 1789년 프랑스 혁명의 지적 선구자(先驅者)들이었다.

그러나 이데올로기라는 용어가 최초로 역사에 등장하게 된 것은 프랑스 혁명 직후인 1789년이었다. 이 용어의 창시자는 드 트라시(Destutt de Tracy, 1754~1836)로서, 그는 계몽주의 이념을 확산하기 위해 혁명평의회가 설립한 프랑스 학술원의 책임을 맡은 철학자들 가운데 한 명이었다. 프랑스 학술원은 명예회원인 나폴레옹의 후원을 받았으나, 이후에 나폴레옹이 교회와 제휴하고, 점차 전제정치(專制政治)로 흘러감에 따라 불화가 야기되었다. 드 트라시는 『관념학의 원리』(Elements d'Idéologie, 1801~1815)에서, 다른 모든 과학의 지평이 되는 새로운 관념들의 과학, 즉 이데올로기를 제시했다. 드 트라시는 내적 관념과 개념을 거부하면서, 우리가 사용하는 관념들이 얼마나 육체적 감각에 기초하고 있는가를 설명했다. 그의 설명에 따르면, 종교나 형이상학적 선입견에서 벗어나 관념들의 기원을 합리적으로 연구하는 것은 정의롭고 행복한 사회의 기초가 된다. 왜냐하면 개별 관념들에 대한 연구는 보편적인 인간의 필요와 욕구와 관련해 그 관념의 공통적인 기원을 밝혀줄 것이기 때문이다. 관념에 대한 연구는 자연적 기초 위에서 사회를 규제하고, 상응하는 욕구들을 조화롭게 충족하도록 촉진하는 법률의 틀을 만든다는 것이다. 왜냐하면 자연적인 것과 사회적인 것이 서로 일치하기 때문이다. 그리고 이러한 일치는 관념의 기원을 합리적으로 평가함으로써, 즉 이데올로기에 의해 밝혀질 것이라고 믿었다.[1)]

혁명을 통하여 사회체제를 개혁한 프랑스의 경우와는 달리, 프랑스 혁명

1) 구승회 역, 『이데올로기』(서울: 도서출판 이후, 2002), pp. 15-27.

의 영향을 받은 독일의 경우에는 당시 새로운 사조였던 낭만주의(浪漫主義) 운동에서 우리가 세계에 의미를 부여하는 방식을 강조했다. 자연세계와 사회세계가 합리적 정신에 명료하게 포착된다고 생각한 드 트라시와는 달리, 독일 낭만주의자들은 인간 존재가 변화하는 상황에 대응해 개인적이고 집단적으로 자기 자신의 실재성을 창출한다는 점에 관심을 기울였다. 이런 사고를 체계적인 지적 기초로 삼고자 했던 헤겔(Hegel, 1770~1831)의 관점에서 보면, 특정 시대의 관념이란 변화하는 역사적 상황에 대해서 상대적이기 때문에 그 자체로 절대적 타당성(妥當性)을 가진다고 주장될 수 없다. 만약 역사에 의미나 합리성이 있다면, 그것은 특정 개인이나 특정 시대의 부분적 목표가 아니라 전체 과정 속에서 발견되어야만 한다. 왜냐하면 특정 개인이나 특정 시대의 기획들은 종종 독창적인 사상가가 의도된 바와는 동떨어진 결과를 산출해내는, 이른바 저 유명한 '이성의 간계'의 수단이기 때문이다. 이러한 헤겔의 생각은 마르크스에게 강한 영향을 주었으며, 독일과 프랑스의 양대 전통을 종합하면서 이데올로기 개념을 정치적 논의의 전면에 등장하게 한 것은 마르크스주의였다.

2. 정치이데올로기의 개념

정통적 신념들은 제한적이고 위계적으로 구조화된 '정합적 실제'(coherent entities)에 기초하는 경향이 있다. 따라서 일정한 형태로 특수한 사회적 환경에 맞추어 특정한 역사적 시점에서의 역할이 강조된다. 그러나 이데올로기는 다원적 사회의 산물이며, 서로 다른 분파적 '이익'을 추구하는 경쟁 집단들과 연결되어 있기 때문에 전통 종교가 개인의 일상적 삶과 피안의 지평이 갖는 신성(神性) 사이의 관계에 주목하는 것과는 달리, 세속화된 이데올로기적 세계에서는 명백히 자기 정당화하는 과학과 이성에 호소함으로써, 현세의 변혁에 관계되는 공적 기획을 정당화하는 데 관심을 둔다.

이데올로기는 '하나의 집단이나 조직의 특성을 반영하는 밀접한 관계의 믿음, 생각 또는 태도의 총체적 집합'으로 정의되어 왔다. 이러한 맥락에서 정치이데올로기는 '일반 시민들이 그들의 정치체제와 제도 그리고 그 정치체제 내에서의 자신들의 위치와 역할에 대해서 가지고 있는 일련의 생각과 믿음의 총체적 집합'이라고 정의할 수 있다. 다시 말해서 정치이데올로기는 이데올로기의 정치적 특성을 반영하는 협의적 의미로 해석할 수 있으며, 궁극적으로 세계의 다양한 정치체제는 그 구성원들의 독특한 문화와 전통과 함께 각기 상호 연관된 생각과 믿음을 적절히 조화시킨 자신들의 정치이데올로기에 기초한 하나의 정치적 생활의 패턴이다.

그러나 역사적으로 보면 정치이데올로기는 항상 변화해 왔다고 할 수 있다. 이는 일반 시민들이 추구하는 이상과 이익이 제각기 다르기 때문이었을 것이다. 즉 한 체제를 지배하는 기존의 이데올로기에 대해 생각과 태도를 달리하는 다양한 집단들은 그 체제의 변화를 요구하고 새로운 질서를 구축하기 위한 방법을 모색하기 마련이다. 이와 같이 정치이데올로기는 인간 집단의 생활양식과 기존의 정치적·사회적·경제적 관계를 변화시키기 위해서 일반 시민들을 실질적인 행동으로 동원하게 하는 원천을 제공하는 것이다. 따라서 현상의 유지를 정당화하려는 정치이데올로기와 이에 대항하는 경쟁적 정치이데올로기가 항상 존재한다. 역사적으로 존재해 왔던 모든 이데올로기는 변화와 유지라는 상호작용의 과정에서 그 결과물이었기 때문이다.

또한 이데올로기의 개념은 철학과 이론의 개념들과 밀접한 관계를 가지고 있다. 그러나 이러한 밀접성에도 불구하고 이들 개념들 사이에는 명확한 구분이 존재한다. 철학은 진리나 지혜를 얻기 위한 사고 또는 생각의 활동으로 규정할 수 있는 반면에, 이론은 어떠한 현상을 설명하기 위해 여러 변수들을 인과적으로 연결해 놓은 가설(假說)들이 공식화된 형태라고 볼 수 있다. 이렇게 볼 때, 철학과 이론에는 사고와 생각 또는 논증과 설명이 내포되어 있는 데 반해서, 이데올로기에는 사람들의 생각과 믿음을 통해 행동으로 표출하게 하는 힘이 내재되어 있다. 이데올로기는 비록 철학이나 이론에 근거하고 있기는 하지만 행동과 결집된 힘을 포함하는 개념이다. 이와 같은 논리는 인류의 오랜 역사적 경험에서 찾아볼 수 있는데, 역사상 수많은 철학자들과 이론가들의 생각과 설명은 시대적 요구와 환경에 의해 적절히 재분배되고 재해석되고 재생산되면서 하나의 새로운 이데올로기로 생성되고 변화되어 왔다.

Ⅱ. 정치이데올로기의 구조와 유형

1. 정치이데올로기의 구조[2)]

이론적 측면에서 보면 정치이데올로기는 ① 정치권력 내지 정치운동의 목표 또는 이상, ② 정치상황에 대한 분석과 판단, ③ 그 자체를 합리화시키는 철학 또는 신화라는 세 가지 요소로 구성되어 있다.[3)] 부연하면, 첫 번째 요소는 그 이데올로기가 지향하거나 실현하고자 하는 궁극적인 가치의 문제를 말하며, 두 번째 요소는 그것이 현실의 정치사회를 과연 어떤 것으로 보고 있느냐의 문제, 즉 이데올로기의 현실적 고찰에 관한 문제를 말한다. 그리고 세 번째 요소는 미래사회에 이르는 방법론(方法論)의 문제와 관련된 것이다. 그런데 이 세 가지 요소가 결합하는 양식은 다양한 양태로 나타나고 있다. 이를테면 자유민주주의의 이데올로기에서는 첫 번째의 이상적 요소가 뚜렷하게 관찰되고 있으며, 공산주의 이데올로기에서는 두 번째의 이론적 요소가 강하게 보이고, 파시즘의 이데올로기에서는 세 번째의 신화적 요소가 가장 강하게 부각된다. 그러나 이 세 가지 요소 가운데 어느 하나도 전혀 갖추지 못한 이데올로기는 현대의 정치이데올로기로서 강력하게 작용할 수 없다.

제1차 세계대전을 거치면서 정치이데올로기의 비중은 국내외적으로 매우 커지게 되었는데, 그렇게 된 원인으로 다음의 두 가지가 지적되고 있다.

첫째로 과연 어떠한 체제를 택하느냐의 '체제 선택'의 문제가 현대의 정치 투쟁에 더욱 중시되어지게 되었으며, 둘째로 대중민주주의의 발전으로 인해 어떠한 정치권력 내지 정치운동도 새롭게 정치무대에 등장한 대중의 적극적 또는 소극적인 지지를 획득하지 않고서는 성공할 수 없게 되었다는

---

2) 김재영, 『현대정치학』(서울: 삼우사, 1997), pp. 340-343.

3) 이데올로기는 가치의 판단기준으로 작용을 하기 때문에 논리적 완결성을 가지고 있어야 한다. 따라서 이데올로기는 전체로서의 통일성, 일관성, 체계성, 완결성을 표방한다.

것이다. 바로 이러한 이유에서 각종 매스 미디어를 동원해서 치열한 이데올로기의 선전전(宣傳戰)이 전개되게 된다.

그런데 이데올로기 투쟁이 지나치게 과열되면 그것이 지닌 이성적 요소가 비이성적인 요소나 정서적 요소에 의해 압도당하기 쉽다. 즉 현상에 대한 인식이 잘못되었거나 또는 현실을 고의로 왜곡시키든가 은폐시킴으로써 오로지 미래사회의 신화(神話)만을 감정적으로 과장하게 된다면, 마치 지난날의 나치즘과 일본의 절대주의적 천황제처럼 반이성적 이데올로기로 전락해 버리게 된다. 또 방법론이 가치에 우선하여 현상에 대한 인식을 무시할 경우에는 이른바 마키아벨리즘(Machiavellism)과 같은 모험주의가 생겨나며, 가치에 대한 감각과 방법론을 동반한 진지한 실천을 결여한 현상분석은 방관자적 엘리트주의에 빠질 위험성이 있다. 이데올로기에는 바로 이와 같은 불균형이 생길 위험이 항상 내포되어 있다.

현대의 이데올로기 투쟁에 있어서 간과해 버릴 수 없는 문제점은 그 이성적인 부분보다는 오히려 비이성적인 부분이 우세하게 되는 경향이다. 이데올로기가 인식의 수단으로서보다는 설득의 수단으로서 이용되어짐에 따라, 이데올로기에다 정서적 색체를 보다 더 진하게 칠하여 대중설득(大衆說得)의 효과를 거두려고 하는 요구가 높아진다. 여기에서 기만적인 이데올로기의 선전도 감행될 소지가 마련되는 것이다. 이러한 이유 때문에 이데올로기에 있어서의 진실과 기만을 능히 식별할 능력을 함양하는 것이 필요하다.[4)]

기능적 측면에서 보면, 이데올로기는 어떠한 작용을 하는가에 따라서 정서적 부분과 이성적 부분으로 나눌 수 있다. 즉 인간의 감정적이고 정서적 부분을 자극하는 신화적 · 주술적 요소와 인간의 이성적이고 논리적인 부분을 만족시켜주는 합리적 · 과학적 요소가 그것이다.

먼저 신화적 · 주술적 요소는 정확한 과학적 증명이 불가능한 가치나 신

---

4) 정치이데올로기가 효과적이기 위해서는 다음과 같은 세 가지 조건을 갖추어야 한다. 첫째, 권력의 대상인 대중에게 쉽게 전달될 수 있도록 간결하고 체계적인 내용을 가져야 한다. 둘째, 단순한 대중신앙과 같은 형태로 널리 전파될 수 있어야 한다. 셋째, 인간의 기호나 사회적 가치를 내용으로 하여야 한다.

앙에 관한 부분을 말한다. 이것은 이성적·합리적·과학적인 논증을 초월한 부분으로서 이데올로기가 갖는 신화적·신앙적 측면을 의미한다. 그렇지만 이것을 믿는 사람들에게는 커다란 힘이 되며, 합리적인 설득에 의해서도 좀처럼 뒤집어 질 수 없을 정도의 것이 된다. 이러한 신화적 요소를 실제로 갖춘 이데올로기는 적지 않다. 이를테면 절대왕정을 위한 왕권신수설(王權神授說), 데모크라시에 있어서의 국민주권의 신화, 공산주의의 계급의 신화, 나치즘의 민족의 신화나 지도자 원리의 신화 등이 그것이다. 이것들은 모두 초경험적·초현실적·비합리적인 것임에도 불구하고, 단순한 이론보다 더 많은 영향력을 가지며, 특히 사회적 긴장이 고조될 수밖에 없는 위기적 상황에서는 사람들의 행동 원천으로서 작용하기도 한다.

그리고 합리적·과학적 요소는 문자 그대로 현실에 적합하고 논리적인 설득력을 가지고 있으며 과학적으로도 검증될 수 있는 요소이다. 어떠한 이데올로기도 이와 같은 요소를 갖추지 않으면 이데올로기로서의 논리성을 가질 수 없다. 이러한 합리적·과학적 요소는 내용에 따라서 두 종류로 구분해서 생각해야 할 것이다. 그 하나는 어떠한 역사적 단계에서도 통용될 수 있는, 즉 역사를 초월한 보편타당성을 갖는 부분이며, 또 다른 하나는 오직 일정한 역사적 단계 또는 일정한 사회적 현실에서만 검증이 가능한, 그리고 그것 때문에 일정한 시일의 경과와 더불어 그 타당성을 상실하게 되는 부분이다. 이 후자의 부분은 새로운 현실에 부합되도록 끊임없이 새롭게 재검토하고 재구성하면서 발전시켜 나가지 않으면 안 된다. 만약 그렇지 않으면 편견이나 시대착오적인 환상(幻想)으로서 매장될 것이 분명하다.

그러나 이와 같이 이데올로기는 신화적·주술적 요소와 합리적·과학적 요소로 구성되어 있기는 하지만, 이 두 요소가 상호 분리되어 있는 것이 아니라 상호 보완적인 관계에 있다는 사실을 유념해야 한다. 이를테면 신화적 부분이 과학적 부분의 기초가 되는 경우가 있는가 하면, 과학적 부분이 신화적 부분을 그럴듯하게 현실성이 있는 것처럼 보이게 하는 경우도 있다는 것이다. 이와 같이 이데올로기는 이질적인 요소를 교묘하게 혼합시켜 하나의 거대한 힘을 가진 관념으로서 사람들을 일정한 방향으로 이끌어가는 것이다.

2. 정치이데올로기의 유형

(1) 제도와 정치이데올로기

제도의 변화에 대한 정치이데올로기의 입장을 유형화하면 크게 세 가지로 나누어 볼 수 있다. 첫째는 특정한 사회에서 특정한 시점에 존재하는 정치적·경제적·사회적 질서의 기본적 전제로 그 질서를 합리화하고 재생산함으로써 유지하려고 하는 일종의 현상유지(現狀維持)의 기능을 담당하는 이데올로기, 둘째는 기존의 정치적·경제적·사회적 질서에 저항함으로써 새로운 질서를 확립할 것을 요구하며 급진적인 사회변화를 지향하는 급진적 변혁 이데올로기 혹은 혁명적 이데올로기, 셋째는 기존의 사회질서와 새롭게 등장하는 변화된 사회질서의 요구를 점진적으로 수용하면서 결과적으로 변화를 요구하기는 하지만 그 변화 과정과 방법에 있어 점진적이고 안정적인 변화를 추구하는 이른바 개혁적 이데올로기 혹은 온건 변화적 이데올로기의 유형이 존재한다.

이러한 세 가지 유형의 이데올로기들은 상황에 따라 기능과 역할이 변화하는 것이지, 그 기능이 고정되어 있는 것은 아니다. 특정한 이데올로기는 특정한 사회질서와 관념을 기반으로 한다. 따라서 특정 시기에 혁명적 이데올로기의 역할을 수행하였던 이데올로기가 그 변화에 성공하여 새로운 사회의 기존 질서로 인정받아 혁명적 이데올로기의 가치와 믿음이 성공적으로 보편화되었을 때, 혁명적 이데올로기는 그 이데올로기가 추구하는 가치를 보존하기 위한 현상유지의 기능을 담당하는 이데올로기로 변화하게 된다. 즉 특정한 정치권력 체제하에서 역할을 수행하는 이데올로기는 체제를 보편화시키기 위하여 체제를 변화시키고, 그 체제의 변화가 성공했을 때 체제의 기본 이념화되는 것이다. 결국 어느 한 체제의 현상유지 이데올로기는 다른 체제에서는 혁명적 이데올로기로 간주될 수 있다. 예를 들어 북한의 주체사상은 북한 체제의 유지를 위한 하나의 현상유지 이데올로기이나 남한에서는 하나의 혁명적 이데올로기로 간주된다. 역으로 민주적 이데올로기는 남한에서는 현상유지 이데올로기로서 작용하나 북한에서는 혁명적 이데올로기로 작용되는 것이다.

한편, 현상유지 이데올로기, 급진적 변혁·혁명적 이데올로기, 그리고 개혁적·온건 변화적 이데올로기는 그들이 각각 추구하는 목표를 실현하는 방법에 의해서도 구별이 가능하다. 이데올로기들은 목표 달성을 위해 대체로 설득과 무력 그리고 조직화라는 방법을 사용한다. 근본적으로 포괄적 목표를 설정하고 있는 혁명적 이데올로기의 경우 조직화된 무력에 의존하는 경향이 높은 반면에, 개혁 이데올로기의 경우에는 부분적·점진적 목표달성을 위해 무력보다는 오히려 설득과 정치조직을 통한 방법을 주로 이용하는 것이다. 봉건적 질서에 대항한 유럽에서의 자유주의와 러시아에서의 공산주의는 혁명적 이데올로기의 대표적인 무력사용의 예가 될 수 있다. 그리고 자유 민주주의 정권하에서의 정당들의 정치적 경쟁과 다양한 정치제도들의 변화에 의존하는 방법은 개혁 이데올로기의 적절한 예가 된다.

(2) 퍼스낼리티(personality)와 정치이데올로기: R인자와 T인자[5)]

이데올로기를 퍼스낼리티와 관련지어 분석할 필요성에 따라 아이젱크(Hans Jürgen Eysenck, 1916~1997)는 R인자(因子)와 T인자라는 두 가지 척도를 사용하여 이것을 十자형으로 교차하는 가로축(R인자)과 세로축(T인자)의 도식으로 나타내었다.

먼저 아이젱크는 제임스(William James, 1842~1910)가 인간의 두 가지 기질을 설명하기 위하여 사용한 바 있는 '유순한 심성' 대 '강직한 심성'이라는 용어를 T인자로 사용하였다. 제임스에 따르면 '유순한 심성'은 합리주의적·주지적·관념적·낙관적·종교적·자유 의지적·일원적·독단적인데 비하여, '강직한 심성'은 경험주의적·감각적·유물적·비관적·비종교적·숙명론적·다원적·회의적이다.

가로축을 이루는 R인자는 '급진주의' 대 '보수주의'라는 척도이며, 이는 이데올로기가 정당에 관해서 우리들이 흔히 쓰는 말과 같은 의미로 사용된다. 이 축에서 공산주의자가 급진주의의 가장 좌익에, 사회주의자는 그보다

---

5) 김우태, 『정치학원론』(대구: 형설출판사, 1994), pp. 670-671.

는 약간 중앙에, 자유주의자는 중앙 가까이, 보수주의자는 중앙보다 오른쪽에, 파시스트는 보수주의의 우익에 각각 위치하고 있다.

한편 세로축을 이루는 T인자라는 척도는 '유순한 심성' 대 '강직한 심성'이라는 상하 축으로 표시되는데, 위쪽으로 갈수록 '강직한 심성'이 되고 아래쪽으로 갈수록 '유순한 심성'이 더해지는 것으로 되어 있다. 이 T인자는 R인자와는 전혀 다른 특질을 나타내는 것으로 사용되고 있다.

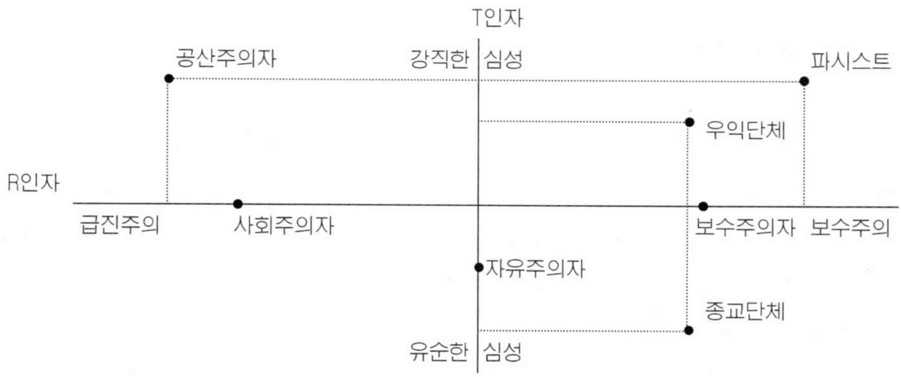

아이젱크에 의하면, '유순한 심성'에 가까운 의견이나 태도는 윤리적·도덕주의적이며, 자기 초월적이며, 이타적인 가치에 영향을 받지만, '강직한 심성'은 현실주의적·세속적·이기적이고 가치에의 집착을 강하게 나타낸다. 또한 '유순한 심성'은 심리학에서도 '외향적 성격'이고 '강직한 심성'은 '내향적 성격'과 관계가 있다고 한다. R인자와 T인자를 서로 연관시켜서 이차원적으로 정치이데올로기를 살펴보면, 공산주의자와 파시스트가 가장 강직한 심성의 소유자로 가장 위쪽에, 사회주의자와 보수주의자들은 중앙에, 자유주의자는 가장 유순한 심성의 소유자로 아래쪽에 위치하게 된다. 보수주의의 우익에 가까운 '우익단체'와 '종교단체'는 심성면에서도 전자는 '강직'하고 후자는 '유순'하다.

그에 따르면 R축을 따르는 전환, 즉 이데올로기 사이의 전환(보수와 급진)은 일어날 수 있어도, T축을 따르는 심성의 전환은 매우 드물다고 한다.

따라서 공산주의자가 파시스트로 전향하거나 파시스트가 공산주의자로 전향하는 것은 어렵지 않아도, 사회주의자와 공산주의자 사이, 보수주의자와 파시스트 사이의 전향은 어렵고, 자유주의자와 공산주의자나 파시스트 사이의 전향은 매우 어렵다는 가설이 성립한다.

Ⅲ. 정치이데올로기의 기능

1. 가치판단과 인식기능

정치이데올로기는 한 사회의 가치를 판단하는 기준을 제공한다. 인간은 현실을 판단하기 위하여 일정한 가치체계(價値體系)를 기준으로 삼는데, 이데올로기가 현실을 바라보는 안경의 역할을 한다는 것이다. 선과 악의 경계점에서 그것을 판단하는 기능, 특정한 행위나 특정한 가치를 선택할 때 어느 것을 우선시할 것인가에 대한 행위를 판단하는 기능, 그리고 외부의 자극에 대한 반응을 선택하기 위한 가치를 판단하는 기능은 특정사회와 특정 시점에 그 사실을 인식하는 기능에 의하여 결정된다. 또한 정치이데올로기는 특정 사실을 인식하는 기능을 한다. 가치판단을 위해 선행되어야 할 가치의 인식은 정치이데올로기의 중요한 기능이다. 우리는 가치판단에 앞서 그것의 중요성에 대한 선입견(先入見)으로 특정사실을 인식의 선상에 올릴 것인지의 여부를 결정한다.

2. 정당화

정치이데올로기의 가장 중요한 기능 중의 하나는 정권과 그 정치제도에 대해 가치를 부여하는 기능이다. 즉, 정치이데올로기는 국민들로 하여금 그들의 정권에 대해 이해하게 하고 또한 그 정권의 법률 및 규칙체계에 복종하게 함과 동시에 적절한 정치참여를 가능하게 하는 등 정권이 합리적인 정치운영을 순조롭게 할 수 있도록 기본적인 틀과 범위를 제공한다. 예를 들면, 특정 정권이 가장 기본적인 통치체계인 헌법을 제정하고 이에 대한 국민들의 지지와 가치를 획득하기 위해서 특정한 정치이데올로기의 기능과 역할에 의존해야 한다는 것이다. 정치이데올로기는 이와 같이 헌법(憲法)에 대한 국민들의 가치와 신념을 형성시키고 국민들이 그 정권하에서 각자의 역할과 책임을 인식하고 실천하도록 하는 기능을 담당하고 있다.

3. 자기정체성의 확립기능

이데올로기는 사람들이 그들의 세계를 바라보는 렌즈(인식기능)일 뿐 아니라 자신을 비춰보는 거울이자 다른 사람들이 바라봐 주기를 원하는 창문이기도 하다. 정치이데올로기는 개인, 집단, 국가들이 자신들을 규정하는 방식이면서 타인, 타집단, 타국이 나의 행동을 해석하는 준거틀이라고 할 수 있다. 자기정체성(自己正體性)의 확립은 나를 남으로부터, 우리 집단을 다른 집단으로부터, 우리 국가를 다른 국가로부터 구별하는 것에서 시작된다. 특정 정치이데올로기에 일체화된 순간부터 선택적 인지의 틀이 형성되어 나와 타인을 구별하는 생활이 일상화된다. 이런 의미에서 정치이데올로기는 포함의 원리이자, 배제의 원리이다. 그러나 구별이라는 보호기능으로 자기정체성을 확립하는 순기능은 주위의 환경이 적대적 성격을 가질 경우 쉽게 대립과 갈등이라는 공격기능으로 전화되어 배타적 자기합리화라는 독선주의(獨善主義)를 유발하는 역기능으로 바뀌게 된다.

4. 조직화와 행동화의 촉진기능

같은 정치이데올로기의 신봉자들은 그것을 통해서 공감대(共感帶)를 형성하고 일체감을 가지게 된다. 이처럼 감정적 공감대와 일체감이 조성된다는 것은 그들을 조직화하고 행동화한다는 것을 의미한다. 관념은 그것이 아무리 훌륭해도 개인의 가슴 속에서 고동치는 데 그치면 아무런 의미가 없고, 그것이 외부세계와 관련 속에서 발현되어야 하는데, 이와 같은 교량역할을 정치이데올로기가 담당한다. 이런 의미에서 정치이데올로기는 '행동하는 관념체계'(a body of ideas in action)이다. 정치이데올로기는 그 사회의 구성원들을 조직하여 조국을 방어하고 제국을 건설하게 하거나, 정치질서를 방어하고 다른 정치질서를 전복하기 위한 전쟁으로 이끌 수 있다. 그런데 이러한 조직화와 행동화는 지도자의 조작(操作)에 의해 결정될 수 있는데, 이때 지도자의 권력안정화와 지지획득의 수단으로만 이용되는 정치이데올로기는 비판의 대상이 된다.

5. 지도력과 조작

정치이데올로기는 정치권력을 소유하고 있거나 획득하고자 하는 자들에 의해서 의도적으로 그들의 목적을 숨긴 채 자신들의 욕망을 위해 그들이 원하는 방향으로 조작될 수 있다. 예를 들면, 독재체제를 구축하기 위하여 처음에는 의도적으로 자유를 지나치게 강조하다가 적절한 시기에 그 본색을 드러내거나, 또한 권력자들이 체제유지나 강력한 지지가 필요할 때 평상시 자신들의 체제가 평화를 사랑한다고 선전함에도 불구하고 적당한 명분하에 전쟁을 일삼는 행위 등이 대표적인 방식이다. 이러한 방식들은 주로 정당성이 취약한 지도자들과 일부 선전선동가(宣傳煽動家)들에 의해 정치이데올로기의 조작을 통해서 이루어진다.

6. 정치적 행동

정치이데올로기는 국가 · 계급 · 당파의 차원을 넘어 그것을 신봉하는 사람들로 하여금 그들의 이익이나 목표를 위해 행동하게 하는 힘을 가지고 있다. 역사적 경험에서 볼 때, 공산주의(共産主義)는 물질적 평등을 위해서, 자유주의는 개인의 권리와 자유를 위해서 기존의 질서를 대체하는 새로운 사회건설을 현실화시켰던 것이다. 이는 정치이데올로기의 기능이 소위 사회변화의 운동적 성격을 내포하는 것이라고 할 수 있다. 현실세계에서의 개혁과 혁명도 이러한 정치이데올로기에 내재된 정치적 행동의 대표적 예가 될 수 있다.

7. 사회적 결속과 통합의 촉진기능

사람들은 하나의 관념을 공유함으로써 하나의 집단, 정당 혹은 운동 속으로 통합된다. 사회적 결속과 통합은 중요한 활동, 상징(象徵) 혹은 야망에 대한 사회구성원들의 거의 자동적인 반응을 토대로 한다. 전통사회에서 이러한 집단적 반응은 혈연이나 지연 등 전통적인 요소를 통해서 도모되었다. 그러나 전통적인 요소들이 무력해진 현대사회에서 이러한 반응은 정치이데올로기를 통해서 달성될 수 있다. 그렇다고 해도, 사회, 민족, 국가라는 전체의 통합을 지나치게 추구하면 그 구성원 개개인의 인격과 개성을 바탕으로 한 유기적 통합을 해치게 될 위험성이 있다.

Ⅳ. 정치이데올로기의 종류

1. 자유주의(自由主義, liberalism)

집단에 의한 통제보다는 개인의 자발성(自發性)에 무게를 두고 제도보다는 개인의 자유와 개성을 보장하기 위하여 사회가 존재한다고 보는 자유주의는 인류의 역사와 함께 시작되었다. 고대 그리스의 전통에서 찾을 수 있는 정치적 자유의 관념에서도 이러한 자유주의의 기원을 찾을 수 있다. 그러나 개인의 자유를 보편적 가치로 인식하고 그것에 기초한 사회제도를 적극적으로 구상하는 자유주의 사상이 본격적으로 전개되어 국가와 사회의 지도원리가 된 것은 근대 유럽에서만 볼 수 있는 고유한 현상이었다.

인간은 각 개인이 고유의 가치를 지니고 있으며 자기 완성 능력을 갖추고 있다는 인간관, 원리적으로 개인의 자유와 모순되지 않는 정치제도가 존재할 수 있다는 정치관, 그리고 개인의 자발성 보장이야말로 사회발전의 조건이라는 사회관에 입각해서 자유주의는 근대사회의 구성 원리가 되었다. 종교개혁(宗敎改革)을 통해서 형성된 종교의 자유, 인간의 이성에 대한 믿음과 진보의 관념뿐만 아니라, 기본적 인권과 사회계약 그리고 고전경제학과 자유방임론 등 근대혁명을 이끈 사상과 관념들은 자유주의의 뿌리가 되었다.

비록 자유주의라는 용어는 19세기부터 사용되기 시작하였지만, 17~18세기의 부르주아 혁명이념은 자유주의의 실질적 내용을 보여주고 있었다. 영국의 명예혁명(名譽革命)은 절대주의를 청산하고 법에 의한 지배의 전통 위에 의회정치를 정착시킴으로써 근대적인 입헌주의의 시작을 알렸다. 로크(John Locke, 1632~1704)의 사회계약론과 스미스(Adam Smith, 1723~1790)의 고전경제학이 자유주의의 중요한 이론적 배경으로 제시되고 있는 이유도 여기에 있다. 영국의 명예혁명의 뒤를 이어 미국의 독립선언(獨立宣言)과 프랑스의 인권선언은 근대정치의 기본 이념을 인간의 자유에 두고, 인간의 자유를 보편적 이념의 한 형태로 표현함으로써 보편적 이념으로서 자유의 기초를 마련한 중요한 전기가 되었다.

그러나 이 시기의 자유주의는 유럽의 근대 혁명의 보편적 원리를 주창하는 부르주아가 토지귀족 세력의 정치적 지배를 타파하고 자신들의 계급적 이해를 관철하기 위해 19세기 전반에 성립시킨 정치적 주장이었다. 다시 말해서 당시의 자유주의는 한편에서는 봉건적 신분제도와 절대주의(絶對主義)를 극복하기 위한 자유·평등의 인간상과 합리주의를 계승하면서도 다른 한편에서는 재산과 교양이라는 기준으로 빈곤한 계급을 정치과정에서 제외시키고 자산가 계급에 봉사한다는 이중성과 국가권력의 배제를 주장하면서도 국가권력을 통해 유지될 수밖에 없는 한계를 가지고 있었다는 것이다.

휘그주의를 기원으로 하는 18세기 영국의 자유주의는 벤담(Jeremy Bentham, 1748~1832)의 공리주의와 리카도(David Ricardo, 1772~1823)의 경제학을 계승한 이른바 철학적 급진주의 운동을 수용함으로 산업혁명(産業革命)이 초래한 새로운 사회상황에 적응하는 데 성공하였다. 1832년 선거법 개정을 시작으로 곡물법 철폐(1846), 제2차 선거법 개정(1862)까지 일련의 정치과정은 자본과 노동의 자유라는 부르주아의 정치이념을 의회정치를 통해서 점진적으로 확립함으로써 영국을 전형적인 자유주의 국가로 만들어갔다. 일정 시기까지 자유당이 노동자를 대표하다가 노동당의 등장으로 자유당의 역할을 노동당이 대신하는 과정에서 알 수 있듯이 영국의 자유주의는 당파를 초월한 정치적 전통을 만들었다.

그러나 프랑스 혁명의 유산으로 만들어진 프랑스 자유주의는 가톨릭의 교권지배와 부르봉왕조의 정통주의에 대항하면서 한편으로는 자코뱅주의와 급진적 혁명주의를 자유주의와 지속적으로 구분할 필요가 있었다. 이러한 혁명과정에서 발생한 이념의 혼란은 결국 프랑스 자유주의자들로 하여금 정치적 민주화에 대해서 소극적인 자세를 갖게 하였다. 혁명에서 비롯된 혼란을 나폴레옹 3세가 인민투표(人民投票)를 실시하여 독재적으로 권력을 장악하고 나서야 극복할 수 있었다는 사실은 프랑스 자유주의의 취약성을 보여주는 것이기도 하다. 혁명과 급진적 민주주의 전통 그리고 나폴레옹 이후의 관료적 정치문화가 잔존하는 프랑스의 자유주의는 절대주의에 대한 비판을 통해서 새로운 이념국가(理念國家)를 건설했다는 긍정적인 측면과 함께 혁명을 통하여 발생한 혼란을 극복하기 위해서 개인의 자유를 제한하여야만 했던 부정적 측면을 동시에 담당해야만 했었다. 이러한 측면에서 프랑스의 자유주의는 앙시앙 레짐(ancien régime)에 대한 비판과 폭발적으로 증가한 개인의 자유의식의 억제라는 이중적 기능을 담당하지 않을 수 없었다.

19세기 유럽에서 확립되어가던 자유주의 전통이 체제의 원리로 확립되게 된 것은 미국의 자유주의를 통해서였다. 미국은 새롭게 건설되는 국가였기에 특권계층이 존재하지 않았고, 어느 정도 평등성이 유지되고 있었기에 자유주의와 민주주의의 모순이 유럽처럼 심하지 않았다. 세계공황에 직면해서 미국에서 시행된 뉴딜(New Deal)정책은 스미스의 고전경제학에서 주장하던 자유방임주의의 공급주도정책이 국가가 주도하는 수요주도정책으로 변환되었음을 의미함과 동시에 고전적 자유주의가 새롭게 변화되었음을 의미하는 것이기도 하다. 야경국가(夜警國家)적 이념하의 최소 규제 그리고 개개인의 이성을 통한 자율적 사회조절에 대한 믿음에서 행정국가(行政國家)를 통한 복지국가의 완성이 자유주의의 새로운 모습으로 탄생하게 되었다.

2. 보수주의(保守主義, conservatism)

보수주의의 이데올로기성에 대해서는 약간의 이견이 존재한다. 즉 보수주의를 하나의 이데올로기로 파악하기보다는 현재의 관습을 지키려는 이른바 변화를 거부하는 '관습의 관성'을 지향하는 정신상태로 보려는 입장에 대해서, 보수주의 이론가들은 버크(Edmund Burke, 1729~1797)에 의하여 보수주의는 특정한 정신상태라는 의미를 넘어서 실질적 내용과 함께 이론적인 체계성을 갖추게 되었다고 주장하고 있다. 변화에 대한 태도만으로 보수주의를 바라보는 입장에서는 보수주의를 변화에 거부하거나 변화에 저항하는 태도로 이해하여 접근하고자 하고, 보수주의의 이데올로기성에 대하여 긍정하는 입장에서는 보수주의는 가족과 국가, 인간의 속성에 대하여 다른 이데올로기와 다르게 이해하고 있다고 주장한다.

보수주의가 하나의 사조 및 운동으로서 의미를 가지게 된 계기는 1789년 프랑스 혁명을 통하여 구체제(舊體制)에 저항하는 혁명주의의 급진성을 비판하고 체제의 유지를 옹호하는 세력이 형성되었던 데 있다. 자유주의의 중요한 계기가 된 프랑스 혁명에 대하여 영국의 의회주의자였던 버크는 『프랑스 혁명론』(Reflections on the Revolution in France, 1790)을 통해서 급진적 혁명이 가져올 수 있는 인간성의 훼손과 검증되지 않은 변화의 실패 가능성을 지적하면서 프랑스 혁명을 비판하였다. 여기서 그는 인간의 순간적인 이성에 기대해서 역사의 진리가 담겨 있는 제도를 급진적으로 변화시키는 것은 인간이 지켜야 할 많은 가치를 손상시킨다고 주장함으로써 보수주의의 근대적 체계성을 확립할 수 있는 중요한 기점을 마련하였다.

결코 스스로를 보수주의자라고 언급하지는 않았던 버크는 보수주의를 자유주의에 접근시키고 있다. 물론 버크 당시의 영국 귀족층은 폐쇄적이지 않았고 자기들만이 정치권력을 독점할 수 없다는 사실을 알고 있었으며, 더욱이 영국의 정치적 전통이 자유주의적 입헌주의였다는 점을 주지할 필요가 있다. 그렇다고 해도 불평등한 귀족적 질서가 중시되고 있다는 점에서 자유주의와는 구별된다고 할 수 있다.

'보수주의'라는 용어는 샤토브리앙 자작(子爵), 프랑수아 르네를 비롯한 부르봉 왕정 복고주의자들이 1815년 처음으로 사용한 것으로 추측되며, 1830년에는 『쿼털리 리뷰』(The Quarterly Review)의 편집을 담당하던 영국의 크로커(John W. Croker)가 토리당(Tories)을 지칭하면서 이 말을 사용했다는 기록이 있다. 그러나 보수주의는 구체제를 타도한 프랑스 혁명에 반대하면서 구체제를 옹호하는 입장을 견지한다는 점에서 프랑스 혁명을 통하여 나타난 독특한 역사적 운동의 이데올로기라고 정의할 수 있다.

역사적으로 살펴보면, 부르주아의 역할을 중시했던 자유주의는 부르주아 이데올로기라고 할 수 있고, 프롤레타리아를 역사 발전의 주체로 이해하고 있는 사회주의는 프롤레타리아 이데올로기라고 할 수 있다. 동일한 기준으로 보수주의를 평가하면, 귀족층의 이익을 옹호했던 귀족의 이데올로기이며 구체제의 이데올로기라는 비난을 면할 수 없다. 그러나 보수주의에는 다양한 내용이 포함되어 있다. 즉, 보수주의는 현재의 제도를 옹호하고 그 가치를 긍정한다는 측면에서 인간성의 한 성향으로 이해되기도 하고, 그 옹호하는 가치가 지속적으로 변화하지 않고 어느 한 시기로 고정되어 시대의 변화를 거부하고 옛 가치로의 복귀를 주장하는 것으로 이해한다면 반동주의라고 주장될 수도 있다.

그러나 보수주의는 인간의 불완전함과 이기주의를 극복하기 위하여 역사에 의하여 검증된 관습의 가치를 중시하며, 개별 인간이 가지고 있는 현재의 이성보다는 역사 속에서 나타나는 신의 섭리(攝理)를 중시하며, 인간이 가지는 차별적 품성을 바탕으로 제도가 성립되어야 한다는 것을 주장한다는 점에서 체계적이고 이론적인 토대를 가지는 이데올로기라고 할 수 있다. 이와 동시에 보수주의는 현 제도의 고수만을 주장하는 것이 아니라 역사를 바라보는 가치관과 제도의 개선과 발전을 위하여 그들이 공유하고 있는 일정한 가치를 찾아낼 수 있다는 측면에서 단순한 전통주의와는 명확하게 구별된다고 할 수 있다.

이상과 같은 보수주의는 민족적 전통을 강조하다는 점에서 그리고 귀족적 성격을 가진다는 점에서 역사적으로 상이한 형태로 각국에서 전개되었다. 즉, 프랑스에서는 프랑스 혁명의 성과를 부정하고 왕정을 옹호하는 보날

드(Vicomte de Bonald, 1754~1840)와 메스트르(Joseph de Maistre, 1753~1821)로 대표되는 가톨릭 보수주의로, 독일에서는 계몽주의적 개인주의를 부정하고 전체성으로서의 국가와 민족을 강조하는 아담 뮐러(Adam Heinrich van Muller, 1779~1829)로 대표되는 정치적 낭만주의 등으로 전개된 것이 그것이다.

오설리번(N. K. O'Sullivan)이 지적하듯이, 보수주의는 "한계라는 관념을 지니고 있으며, 제한된 정치적 양식을 옹호하는 쪽으로 지향하는 불안전성의 철학"이라고 할 수 있다. 따라서 정치이론으로서의 보수주의는 프랑스 혁명시대 이래로 역사의 전환점들을 형성해 왔던 개혁주의, 혁명주의 그리고 전체주의 운동에 반대하고 제한된 정치적 양식을 설정해 놓았기 때문에 부분적으로 그 생명을 유지해왔다.[6] 그러나 이미 지적한 바와 같이 버크에 의한 보수주의의 출발은 프랑스 혁명에 대한 비판을 기점으로 한다. 따라서 변화에 대한 반대와 제한된 정치적 양식의 설정이 보수주의의 현상적 측면이기는 하지만 그 내용면에서 보수주의 또한 인간에 대한 기본적 이해와 역사적 경험을 통해서 검증 가능한 만큼의 진보를 추구한다는 점에서 반동주의(反動主義)와는 분명히 구별되어야 할 것이다.

3. 사회주의(社會主義, socialism)

이데올로기의 시대라고 할 수 있는 20세기에 사회주의만큼 다양한 형태로 많은 국가에 영향을 미친 이데올로기는 없을 것이다. 산업 혁명기를 거치면서 이룩한 경제성장에 새로운 의미를 부여하고자 하였던 일련의 노력들은 대부분 사회주의라는 이름으로 우리에게 소개되었다. 일반적으로 사회주의자들은 '인간은 사회적 존재여야 한다'는 믿음에 자신들의 이데올로기의 뿌리를 두고 있다. 자신의 욕망만을 충족시키기 위해서 탐닉하는 삶은 결코 진정한 삶이라고 할 수 없다는 것이다. 인간은 사회생활을 통해서 자신의 잠재적 능력을 발현시킬 수 있고 스스로를 완성할 수 있다고 믿는다. 사회주의자

6) 박성복 · 윤순갑 역, 『현대사상과 정치이데올로기』(서울: 대영문화사, 1994). p. 48.

들은 자유의 중요성을 부인하는 것은 아니지만, 자유를 바라보는 그들의 시각은 자유주의자나 보수주의자들의 그것과는 사뭇 다르다. 그들은 자유의 보장과 사회의 안정이 상충하는 것이 아니라 보완적이라고 생각한다.

사회주의를 어떻게 실현할 것인가 하는 방법론과 어떤 모습의 사회주의를 지향할 것인가는 다양한 사회주의의 모습만큼 그 주장 또한 다양하다. 특히, 사회주의의 실현 방법에 대해서는 영국의 영향력 있는 민주적 사회주의 조직인 페이비언협회의 『페이비언 소사이어티의 규칙』(Rules of Fabian Society, 1949)과 마르크스(Karl Marx, 1918~1893)의 『공산당 선언』(1848)에서는 상이한 방법이 제시되고 있다. 페이비언들은 기회균등이 보장되고 공동체의 경제적 자원에 대한 집단적인 소유와 민주적 통제를 통해서 개인과 계급의 경제력과 특권이 폐지되는 사회건설을 지향하면서 이러한 목표를 정치적 민주주의 방식으로 이루려고 한다. 이들은 균등한 시민권에 대한 확신과 성, 인종, 사회적 계급과 신조에 관계없이 사회주의를 실현하기를 원하는 사람들에게 개방적이다.

이에 반하여, 마르크스는 노동자 계급을 사회주의 건설의 주체로 생각하고 있다. 그는 자본주의 생산양식(生産樣式)에서 생산력(生産力)을 증가시키고, 자본가의 이윤을 지속적으로 증대시키려는 목적에서 이루어지는 노동자 계급에 대한 착취는 구조적으로 발생하는 문제라고 주장한다. 그래서 자본주의 생산양식에서는 노동과 생산 및 역사와 변혁의 주체인 노동자들이 이러한 착취에 대항하여 자신의 계급적 위치를 자각하고 단결할 때 노동자들에 의한 혁명이 일어날 수 있다고 하면서, 이러한 혁명을 통해서만 사회주의가 실현되고 공산주의가 완결된다고 주장했다. 인류 역사는 생산력의 발전과 분업을 기초로 하는 계급투쟁의 역사이기 때문에 자본주의의 발전과 함께 중산계급이 몰락하게 되면, 노동과 자본 사이의 계급투쟁이 격화되고 결국에서 사회혁명이 프롤레타리아트 독재를 통하여 성립된다는 것이다. 그리고 자본주의 사회에서는 계급지배의 도구에 지나지 않았던 국가는 사멸하고 계급없는 사회, 즉 공산주의 사회가 실현된다고 주장한다.

사회주의 사상의 성립에 루소(Jean-Jacques Rousseau, 1712~1778)의 영향은 지대하다. 그는 사람들이 어떻게 그들의 직접적인 사리사욕을 넘어서 전체사회의 이익에 봉사하는가를 설명하기 위해 의지를 개인의지(individual will)와 개인의 의지의 수량적 합인 전체의지(total will), 그리고 개개인의 의지가 사회에 봉사하도록 하는 일반의지(一般意志, general will)로 나누고 일반의지의 중요성을 역설했다. 루소는 만일 몇 가지 조건만 충족된다면 사람들은 일반의지에 따르게 될 것이라고 주장했다. "누구도 다른 사람을 살 수 있을 만큼 부유하지 않고, 누구도 자신을 팔아야 할 만큼 가난하지 않도록"하는 수준의 평등이 있어야만 한다고 주장함으로써 개인이 사회를 위하여 왜곡되거나 차별받지 않고 자신의 능력으로 봉사할 수 있어야 하고, 사회는 재화와 용역을 개인의 필요에 따라 분배함으로써 개인의 능력을 최대한 발현할 수 있도록 하는 것이 진정한 선이라는 사회주의 사상의 기본전제를 제공하여 주었다.

근대적인 의미에서 사회주의라는 용어는 프랑스 혁명에 대한 실망의 결과로 1830년경에 생시몽(Comte de Saint-Simon, 1760~1825), 푸리에(François Marie Charles Fourier, 1772~1837), 오웬(Robert Owen, 1771~1858)의 저서에 등장하였다. 이들은 비합리적인 사회현실에서 이성을 신뢰하고 자연법을 존중하면서 인도주의(人道主義)에 따라 재산의 공유와 부의 평등배분을 그 이상으로 설정하였다. 그리고 인간의 발전이 교육에 의해 가능하다고 믿고 부의 재분배는 혁명이나 계급투쟁에서가 아니라 인간 사이의 사랑과 설득에 의해서 이루어져야 한다고 주장하였다. 그러나 엥겔스(Friedrich Engels, 1820~1895)는 이성과 이상주의가 사람들로 하여금 이러한 새로운 형식으로서의 사회주의를 선택하게 할 것이라는 그들의 순진한 믿음을 비웃었다.

사회주의 운동과 사상은 마르크스주의뿐만 아니라 자본주의의 선진국이고 자유주의 전통이 강한 영국에서는 다른 양식을 보이면서 전개되었다. 단적으로 혁명적 변혁을 부정하고 의회제 민주주의 속에서 사회주의를 실현하려고 했던 것이다. 운동으로서는 노동자의 정치참여를 추구하는 차티스트 운동[7]이 있었고, 사상으로는 밀(John Stuart Mill, 1806~1873)에서도 맹아

7) 차티스트운동(Chartist movement)은 1838~1848년 노동자층이 중심이 되어 노동자의 정치참여와 선거권 획득을 위하여 전개된 영국의 민중운동이다.

를 발견할 수 있는 19세기 후반의 페이비언 사회주의로 이론화되었다. 페이비언 사회주의는 버나드 쇼(George Bernard Shaw, 1856~1950), 웨브 부부(Sidney and Beatrice Webb; S. Webb 1859~1947, B. Webb 1858~1943), 버전트(Annie Besant, 1847~1933)를 중심으로 1884년에 창설된 지식인 사회주의 연구 단체였던 페이비언 협회를 모태로 한다.

페이비언 사회주의는 무엇보다도 대의제 민주주의(代議制 民主主義)를 통해 점진적으로 사회개량을 진행하면서 생산수단의 공공적 소유라는 관점을 견지하는 사회주의 이데올로기로 정의할 수 있다. 특정의 경제이론이나 정치학설을 가지고 있지 않지만, 이들의 초기 저작을 살펴보면 그 역사관은 점진적 진보주의에 입각하고 있다. 즉 사회는 기술의 발달과 물질적 부의 증대를 통해서 구성원의 행복을 증진하는 방향으로 진보하는데, 그 과정에서 사회의 내부에서 존속을 위협하는 파괴적 요소가 나타나면, 그것을 극복하는 조치가 취해지게 된다는 것이다. '점진주의의 필연성'을 확신하는 페이비언 사회주의자들은 결코 대중조직이 되려고 노력하지 않았고 자신들이 인간권력에 대해서 실제적으로 겸손한 충고를 함으로써 사회를 변화시킬 수 있는 지식인 집단이기를 희망했다. 전체 사회조직의 지속성을 해치거나 급작스럽게 변화하지 않는 새로운 질서를 추구했다. 이 운동은 20세기에 접어들어 영국 노동당의 성립에 사상적으로 큰 힘이 되었다.

한편 근대 사회주의 이데올로기의 한 유형으로 무정부주의(無政府主義, Anarchism)가 있다. 부유한 사람들을 사회의 재산을 도둑질한 도둑이라고 정의한 프루동(Pierre-Joseph Proudhon, 1809~1865), 마르크스에게 맹렬하게 반대한 무정부주의적 공산주의자 바쿠닌(Mikhail Aleksandrovich Bakunin, 1814~1876), 그리고 다윈의 적자생존의 법칙에 반기를 들고 자연의 상호부조를 강조한 크로포트킨(Pyotr Alekseevich Kropotkin, 1842~1921), 개인의 개성을 철저하게 주장한 자기중심적(egoistic) 아나키스트인 슈티르너(Max Stirner, 1806~1856), 그리고 모든 폭력에 반대하여 무저항주의를 주장한 톨스토이(Lev Nikolaevich Tolstoi, 1828~1910) 등이 중요한 무정부주의자들이다. 무정부주의는 어떤 의미에서는 자유주의를 철저하게 옹호하고 모든 권위, 특히 국가조직을 부정하고 있지만, 그것의 급진적 성격 때문에 입헌주의에 기반을 둔 개혁을 부정하고 동시에 조직을 경시하기 때문에 개인적 테러리즘에 이르는 경향이 있었다.

페이비언과 무정부주의의 중간입장이라고 할 수 있는 생디칼리즘(Syndicalism)은, 특히 프랑스에 있어서 새로운 사회실현의 도구로서 노동조합을 제시한다. 생디칼리즘은 계급투쟁이나 역사관 등에서 마르크스주의를 답습하며 무정부주의와 혼합된 것이라고 할 수 있으나, 국가통제하의 사회주의 형태를 반대한다는 입장에서 마르크스주의와 구분되며 노동조합이라는 사회주의 실현의 주체를 분명히 하고 있는 점과 그 실현방법에 폭력적 의미가 강하게 내포되어 있다는 점에서 무정부주의와도 입장을 달리한다.

4. 민족주의(民族主義, nationalism)

민족주의가 세계사에서 중요한 힘이 된 것은 18세기 초였으나, 영국의 경우는 17세기에 이미 민족주의가 등장하고 있었다. 영국이 증기력이라는 새로운 동력의 발명으로 촉진된 산업혁명에 성공함으로써 세계에서 가장 먼저 자본주의(資本主義)를 발전시켰고, 자본주의의 담당자였던 부르주아의 성장 또한 다른 어느 나라보다 먼저 달성하였다. 부르주아의 성장과 함께 등장한 이성의 성장과 과학의 발전은 봉건적 토대를 가지고 있던 전제왕권의 약화와 교회권력의 약화를 가져왔다. 왕권신수설에 대항한 사회계약설의 등장과 신성(神性)에 대한 과학적 지식의 도전은 교회의 개혁을 주장하게 되었고 이러한 주장들은 국가가 왕의 것이 아니라 국민의 것이라는 의식을 심어주었다.

이러한 의식은 17세기 청교도 혁명을 통하여 최초로 실천되었으며, 청교도들에 의하여 개척된 신대륙에 뿌리를 내리게 되었다. 영국이 '사탕법'(Sugar Act, 1764)과 1765년 '인지법'(Stamp Act, 1765)을 제정하면서 야기되었던 영국과 아메리카 식민지와의 갈등은 '보스턴 차 사건'(Boston Tea Party, 1773)을 계기로, 영국의 폭정에 대항해서 식민지였던 미국이 일으켰던 독립전쟁(獨立戰爭, 1776~1782)으로 분출되었다. 이 독립전쟁에서 아메리카가 영국왕의 소유라는 것이 부정되고 국가는 국민의 것이어야 한다는 부르주아가 주도함에 따라 이들의 이념은 민족주의의 중요한 형태가 되었다.

그러나 민족주의가 역사의 무대에 구체적으로 등장하게 된 계기는 프랑스혁명이었다. 미국의 독립에 과도한 재정적 지원으로 막대한 타격을 입게 된 프랑스의 부르봉 왕조는 이로 인하여 야기된 재정파탄을 극복하지 못하여 왕권이 크게 약화되게 되었다. 미국이 독립전쟁에 승리함으로써 '왕조없는 국가'로 등장하게 된 것은 유럽의 부르주아들에게는 충격이었다. 누적된 재정 적자와 이로 인하여 야기된 혼란을 수습하기 위하여 1789년 5월에 소집된 삼부회의(三部會議)의 제3신분 대표들은, 구체제에 대항하면서 새롭게 성장한 부르주아를 대변하는 프랑스혁명을 통해서 민족주의를 구체적인 모습으로 나타냈다.

당시 프랑스에서 민족주의는 절대군주에게 반대하는 일이었고, 애국심이란 혁명을 지키는 일이었다. 바꾸어 말하면, 민족주의는 공화제와 민주주의를 뜻하는 것이었고 애국자는 곧 혁명가를 뜻하는 것이었다. 부르주아지는 혁명의 선두에 서서 민중을 이끌면서 민중의 압력을 배경으로 군주의 절대권을 부인하는 한편, 성직자와 귀족의 특권을 폐지하고 인권선언을 공표하였다. 혁명정권이 전면에 내걸었던 '자유·평등·박애'라는 기치는 프랑스 국민의 피를 끓어오르게 하였을 뿐만 아니라, 프랑스 이외의 나라들에도 커다란 반향을 불러일으켰다.

이어서 1792년에 국민공회가 왕정을 철폐하고 공화정을 수립함으로써 부르봉왕조가 몰락하게 되어 프랑스에서도 '왕조없는 국가', 즉 국민에 의해서 성립된 정부가 등장하게 되었다. 국민에 의해 성립된 국가는 국민의 문화적·혈연적·언어적·정서적 공감대를 기반으로 함에 따라 다른 국가와는 자연스럽게 구별되었고, 결국 이러한 차별화가 민족국가를 성립하게 됨으로써 민족주의를 확산하는 기반이 되었다. 민족주의는 신분제와 토지지배를 중심으로 하는 구체제의 붕괴를 주장하였던 부르주아의 성장과 함께 이루어졌기 때문에 민족은 자본주의와 함께 등장하였다.

민족주의가 유럽 전역에 확산되게 된 것은 국민개병제(國民皆兵制)로 이루어진 나폴레옹의 군대가 유럽정복전쟁을 시작하면서 실질적으로 확산되게 되었다. 나폴레옹의 침략은 당시에 부상하고 있던 민족국가라는 개념을 명확히 하는 계기가 되었다. 전쟁의 중심에 국민들이 서게 됨으로써 국가의 위기를 국민의 위기와 동일시하는 애국심이 고양되었으며, 왕조 대신에 국민이 국가의 주체가 됨으로써 국민은 정치의 주체로 등장하게 된 것이다. 그러나 나폴레옹 전쟁 이후의 반동복고로 인하여 이러한 자유주의와 민족주의의 결합은 와해되고, 또다시 군주가 국민적 통합의 상징으로 정치생명을 보유하게 되었다. 그렇기는 해도 혁명적 이데올로기로서 민족주의는 이후 독립국가운동의 중요한 이데올로기로 작용하게 되었다.

19세기 후반에 들어오면서 국가의 주체로써 국민의 역할을 강조하는 민족주의 전통은 정치과정에서 소외되었던 많은 계층에게 정치과정에 능동적으로 참여할 수 있는 길을 터놓았다. 동시에 민족주의는 이러한 정치참여와 함께 교육기회와 선거권의 확대를 가져오게 하였던 것은 물론, 광범위한 사회복지정책을 실시함으로써 민중을 체제내적 세력으로 흡수하는 데 중요한 역할을 담당하였다. 이와 같이 정치운동으로서 민족주의는 역사적으로 볼 때 그 형태가 매우 다양하기는 하지만, 그것의 일반적인 특징은 다음 두 가지로 요약할 수 있을 것이다.

첫째로 민족주의 운동은 일반정치운동과 마찬가지로 대중의 무정형한 국민감정을 기반으로 하여 이것을 지도자가 다소라도 자각적인 의식과 행동으로까지 조직화하여 나가는 과정을 가진다. 그러나 민족주의는 원래 이론으로써의 논리성과 체계성이 취약하므로 저변의 국민감정이 특정 이론으로 체계화되거나 승화되지 않고, 국민감정으로 축적되는 경향이 있으므로, 민족운동의 지도성은 민족주의가 갖는 그 저변의 비합리적 정서로 인하여 강하게 견제된다는 것이다.

둘째로 민족주의 운동은 다른 정치력이나 이데올로기에 의해 이용될 가능성이 일반적으로 높고 또 대부분은 독립된 운동으로서가 아니라 자유주의, 사회주의, 군국주의, 파시즘 등의 이데올로기 내지 운동과 결합하여 나타난다는 것이다. 이러한 경향이 첫째의 특질과 중첩되기 때문에 민족주의 운동의 정치적 성격은 대개 불안정해져서 진보성과 반동성이 동일한 운동 가운데 동시에 존재하고 미묘한 상황의 추이에 의해 그 역할이 전도되는 경우도 드물지 않다는 것이다.[8)]

민족주의는 개개인을 민족이라는 테두리 안에 묶어 공동의 정서와 의식을 가지도록 함으로써 국가와 민족 그리고 개인을 동일시하고, 정서공동체로써 국가를 인식하도록 만들었다. 따라서 민족주의는 타민족에 대한 자기민족우월주의(民族優越主義) 혹은 배타적 국가관을 형성하는 부정적 기능과 함께 국민의 단합과 정서적 공유를 통해서 강력하게 국가통합을 이루게 하는 중요한 이데올로기로 작용하게 되었다. 따라서 현대의 대중사회에서 민족주의는 특정 이데올로기의 정당성의 확보나 대중동원을 위하여 대중조작에 빈번하게 사용되고 있다. 이러한 민족주의는 편협한 시각의 우월주의나 고난주의, 신화의 조작을 위하여 사용되어지기도 한다.

5. 파시즘(fascism)

파시즘은 제1차 세계대전 이후 대공황 시기(1929~1939)에 이탈리아와 독일 그리고 일본에서 활발한 활동을 보였던 전체주의적 독재정권의 이미지를 상기시킨다. 또한 파시즘은 국가를 개인보다 우선시하고, 민족을 지도이념으로 삼아 특정한 지도자 체제를 형성함으로써 제2차 세계대전을 일으켰던 이데올로기라는 이미지도 강하게 가지고 있다. 좁은 의미에서 파시즘이란 1922년까지 이탈리아에서의 무솔리니(Benito Mussolini, 1983~1945) 지도하의 정치체제 또는 이데올로기를 지칭하는 것이지만, 넓은 의미에서는 1920년에서 1945년까지의 유럽제국에서 일어난 민족주의적 급진주의(急進主義) 모두를 의미한다.

일반적으로 파시즘이라는 용어는 국가주의적 전체주의적 운동이나 그런 정부를 지칭할 때 사용된다. 따라서 1922년에서 1943년까지 이탈리아, 1933년에서 1945년까지 독일뿐만 아니라 1939년에서 1975년까지 스페인 정치상황 또한 파시즘으로 설명하기도 한다. 파시즘은 자본주의가 만성적 공황으로 사회전반의 변혁이 요구되는 사회혁명의 위기에 직면했을 때, 다수의 대중이 가지는 불안의식과 안정의 희구의식 그리고 현실도피에 대한 갈망 등

8) 김순규 외, 『정치학의 이해』(서울: 박영사, 2004), p. 328.

이 자본주의사회의 반동적 부분과 결합하여 발현하는 정치 이데올로기적 반응이다. 동시에 이러한 파시즘은 소수의 특권층과 부르주아들만이 정치참여를 할 수 있는 시민사회에서 국민의 대다수가 정치참여를 할 수 있는 대중사회로 이행하는 시기에 대중 특히 중산계급의 사회불안과 불만을 조직화한 대중운동(大衆運動)이기도 하다.

다수의 대중이 정치에 참여를 할 수 있는 대중사회로의 이행과 경제공항은 자본주의의 심화과정에서 발생하는 현상이다. 자본주의의 심화는 대중일반을 노동이라는 생산의 요소로 전락시킴으로써 중세 시기에 그들이 갖고 있었던 정신적 일체감과 사회적 일체감을 박탈하였다. 대중사회로의 이행기에 발생한 파시즘은 일반대중들이 이러한 상황에 대응하여 나름의 방식으로 고립감과 연대감의 상실 문제를 극복하게 하였다는 것이다. 과학과 합리성을 강조하지만 개인의 존재감을 약화시키는 현상과 사회적 유동성(流動性)을 증가시키는 근대성에 대한 반항으로, 개인들은 안정성과 정서적 만족을 추구하게 되었다. 불안한 다수의 대중은 개인의 능력보다 더 강력한 민족이라는 공동체에 개인의 운명을 구속시킴으로써 현실의 불안함에서 탈피하고자 하였다. 국가와 영혼은 유사개념이며 민족은 영혼이 더 확대된 것이라는 프랑스의 민족주의 이념가인 모라(Charles Maurras)의 주장은 이러한 사실을 적절하게 묘사하고 있다.

민족이 대중에게 일체감을 부여한다는 믿음은, 자본주의와 부르주아의 성장으로 성립된 민족국가가 일반대중이 정치에 참여를 하게 되는 대중사회에 이르러 하나의 통일체로 인식하게 되면서 강화되었다. 민족은 동일한 역사와 문화를 가지는 운명적 공동체로 인식되었고 이러한 운명적 공동체에 대한 인식은 그 민족이 가지고 있는 역사적 소명을 공유함으로써 강화되었다. 이러한 역사적 소명을 설명할 수 있는 것이 바로 신화(神話)이다. 카시러(Ernst Cassirer, 1874~1945)가 『국가의 신화』라는 책에서 "신화란 결국 매우 단순한 현상이며 거기에는 복잡한 심리학적 혹은 철학적 설명을 할 필요가 없다. 그것은 인류의 단순성의 성소(聖所)일 뿐이기 때문이다"라고 지적하고 있듯이, 신화는 역사적 사실과 이성보다는 자연성과 비합리성 그리고 신념에 기반하고 있다.

독일인이 역사적 운명을 지니고 있다는 주장은 헤겔(Hegel, 1770~1831)을 중심인물로 했던 독일 철학의 생성에 그 뿌리를 두고 있다. 역사는 우수한 문화형태로 원시적인 문화형태를 바꾸려는 신의 계획의 전개라고 헤겔은 주장했으며, 유럽의 기독교 문화를 이러한 발전의 수준이 높은 문화라고 생각했다. 역사발전의 의무를 주장하는 선민(選民)의 신화에 의존하는 이데올로기는 지속적으로 희생양을 만들어낸다. 현실이 신화로부터 일탈함으로써 발생하는 긴장은 '적'을 향한 분노로 바뀌게 된다. 역사의 의무로서 최고의 문화형태는 일체의 가치와 이념을 정치적 국가생활에서 도출하는 것으로만 성립된다. 따라서 국가를 초월해서 진리나 정의는 있을 수 없고, 중요한 것은 이념이 아니라 타인을 향한 권력에의 의지라는 것이다. 그것은 정의국가라기 보다는 권력국가의 이상이다. 강력한 민족국가의 성립요구는 바로 이러한 신화에서 출발한다.

강력한 민족국가의 성립을 위해서는 강력한 연대감을 기반으로 한 조직이 요구된다. 집단 속에서 안정감과 강력한 힘을 추구하는 파시즘의 속성은 어떻게 파시즘이 단일한 조직체로 정서적 공유를 통해, 무계급에 대한 호소와 강력한 힘의 추구를 위한 지도자원리가 결합될 수 있었는가를 설명해 준다. 파시즘의 유토피아에는 결속은 있지만 평등은 없다. 결속은 거짓 평등화보다는 오히려 민족이라는 이념에 대한 공동의 헌신에 기초를 두고 있다. 따라서 파시즘은 지도자가 민족적 의지의 가장 순수한 표현이라는 지도자원리로 형상화된다. 바로 이 원리가 독일과 이탈리아를 가학적인 조작과 야만적인 파괴로 도덕성이 무너진 비현실적인 세계로 이끌었다.

사람을 구별하는 것은 개인의 기호와 양식에 따른 개별성이라기보다는 오히려 공동의 과업 속에 포함되는 그들의 기능이다. 따라서 파시즘은 특수한 집단의 사람들이 갖는 우월감에 대한 신비적인 믿음을 중심으로 한 인종적 차별주의와 민족주의 그리고 권위주의가 결합된 것이다. 이러한 정의는 아리안족의 우월의식과 제3제국의 역사적 사명 그리고 절대 권력의 지도자원리에 대한 믿음 등을 내용으로 하는 독일 파시즘에서 가장 분명하게 나타난다. 이와 같은 파시즘적인 정치운동은 서구 문화의 영향을 받은 모든 국가에 어떤 형태로든 존재해 왔으며, 이 점에 있어서는 미국도 예외가 아니

었다.[9]

이상에서와 같이 파시즘이라는 이데올로기의 특징은 근대 개인주의를 전면적으로 부정한다는 사실이다. 인간은 개체로써 독립하여 세계에 존재하는 것이 아니라, 공동체적 존재자로서 본원적으로 민족 또는 국가에 결부된다는 것이다. 따라서 파시즘에서 정치의 초점은 개인의 욕구에 답하고 견해차를 조정하고 개인의 요구를 사회에 반영하는 데 있기보다는 민족의 의미와 임무를 올바르게 해석하는 것이다. 그리고 여기서는 민족이 이성과 논리보다 중요하고, 민족적인 공동체는 인종적이며 부족적인 불화는 물론 계급적 불화에 의해서도 분열되지 않는다. 그렇기 때문에 다른 사람들과 계급적으로 결합하고 그러한 계급적 이익을 공동체 전체이익의 상위에 두는 공산주의자들의 주장은 반민족적이고 이기적이며 무책임한 것으로 이해된다.

그러나 파시즘이 이러한 이데올로기였음에도 불구하고 일시적으로 특정지역에서나마 광범위한 지지를 획득할 수 있었던 것은 철저하게 매스커뮤니케이션이나 대중심리학을 활용하여 대중이 갖는 불만을 조직화했으며, 그것의 배출구(排出口)를 제공했다는 사실에 있다. 민족주의와 그것을 통한 인종차별주의는 개별화된 인간으로 하여금 근대적인 생활에서 오는 긴장에 대처하는 수단으로서 기능하였다는 것은 누구도 부인할 수 없는 사실이다. 따라서 파시즘은 인간정신보다도 자연의 신성한 자발성에 의거해서 국가적이며 민족적인 생명과 피의 고귀성을 강조하는 비합리주의적이며 반인간주의의 성향을 갖는 이데올로기라고 할 수 있다.

6. 민주주의(民主主義, democracy)

오늘날 민주주의라는 용어처럼 다양한 의미를 포괄하며, 정치적 논쟁에 중요한 주제가 되고 있는 것도 없다. 민주주의는 다양한 상황에서 다양하게 사용되기 때문에 그 의미를 상황에 맞게 정확하게 파악하는 것은 매우 힘든 일이다. 따라서 민주주의가 무엇이라고 설명하는 것 또한 무척이나 어려운

9) 박성복 · 윤순갑 역(1994), p. 190.

일이다. 그러나 민주주의라는 말은 고대 그리스의 Demokratia, 즉 Demos(인민, 민중)와 Kratia(지배, 권력)의 합성어에서 유래한 것으로 어원적으로는 '민중의 지배', '민중의 권력'을 의미한다. 민주주의의 원형은 고대 그리스 도시국가의 정치에서도 찾아볼 수 있는데, 고대 그리스의 도시국가에서는 자유민들이 직접 정치적 의사결정에 참여하는 방식이 광범위하게 인정되었다. 이러한 민주주의가 사상 혹은 제도로 정치에 중요한 지위를 차지하게 된 것은 부르주아 계급이 전제적 절대군주 정치제도를 타파하고, 근대국가를 형성하기 시작한 17~18세기의 일이었다. 즉 계몽주의기와 시민혁명기를 거치면서 국민주권주의(國民主權主義), 기본적 인권존중, 법의 지배, 민주적 정치제도 확립 등 민주주의적 사상과 제도의 원형이 형성되었다.

주권개념과 기본적 인권존중 사상과 같은 근대적 민주주의 개념을 최초로 제기한 사람은 홉스(Thomas Hobbes, 1588~1679)였다. 『리바이어던』(The Leviathan, 1651)에서 그는 자연권에 대하여 설명하면서, 국가를 인간의 필요에 의하여 성립된 제도라는 점을 명확히 했다. 홉스는 '만인에 의한, 만인에 대한 투쟁 상태'인 자연상태(自然狀態)에서 발생하는 위험을 극복하기 위해 인간들은 상호계약을 통하여 자신의 권리를 통치자에게 위탁하는 계약을 맺었고 이 계약의 결과 주권이 발생하고, 주권을 위탁받은 주권자가 제정하는 법률에 의하여 평화로운 사회가 보장된다고 주장했다. 계약 또는 동의에 기반을 둔 홉스의 국가설립이론에서 근대 주권사상이 시작이 되었으며, 여기서 주권을 위탁받은 통치자를 국민의 대표라고 주장하는 대표개념이 생겨나게 되었다(군주주권론). 따라서 처음으로 홉스에 의해서 국가권력의 작용은 국민의 안전과 이익보호를 목적으로 하여야 한다는 것이 이론화되었다.

다수의 국민이 선출하는 대표가 의회를 구성하고, 의회가 민주정치의 중심이 되어야 한다는 이른바 의회제 민주주의 사상을 이론화한 것은 명예혁명기(1688~1689) 영국의 로크였다. 그는 『정부론』(Two Treaties of Government, 1690)에서 국가권력을 입법부와 행정부로 나누고, 의회와 행정부(국왕)와의 관계에 있어서는 의회가 우위에 있어야 한다고 주장함으로써 오늘날의 의회제 민주주의와 의원내각제(議員內閣制)의 원형을 만들었다. 또한 로크는 계약을 맺고 국가와 정부를 설립하는 것은 각자의 소유권을 보호하기 위한 것이며, 만약 입법부나 행정부 등의 국가기관이 소유권을 침해하는 중요한 사태가 발생하면 그것에 대항하여 혁명을 일으키는 것이 가능하다고 주장함으로써 사회계약을 가능하게 하였던 자연권이 계약을 통하여 소멸되거나 양도되는 것이 아니라 개인이 보유한다는 자연권 사상을 기초하였다.

로크에 이어 민주주의의 내용을 더욱 전진시킨 사람은 루소(Jean-Jacques Rousseau, 1712~1778)였다. 그는 『인간불평등기원론』(Discours sur l'origine et les fondements de l'inégalité parmi les hommes, 1755)에서 인간의 비참함과 불평등의 원인은 사유재산제도에 있다고 하면서, 유산계급이 자신들의 재산을 지키며 또 축재를 도모하고자 전제정치와 소수자에 의해서 다수자(생산자)를 지배하는 생산양식을 이용하는 것에 대해서 비판하였다. 이어서 그는 『사회계약론』(Du contrat social, 1762)에서, 인간은 사적 의지(individual will)를 실현하기 위하여 활동하지만 공공의 선(善)이라는 공동의 목적을 갖고 있기 때문에 다수의 계약을 통하여 합의할 수 있는 것은 개인의 이익이 아니라 공공의 이익을 위한 공공의 선(善)의 실현이라고 주장하였다. 따라서 사적 의지는 개인이 추구하는 것이지만 이러한 사적 의지가 가지는 공유점에는 공공의 선이 존재하고 그것은 법률이라는 형태로 구체화된다고 하였다. 그렇기 때문에 인간은 '사회상태'(社會狀態)에서도 '자연상태'에서와 같은 자유를 보장받으려면, 최대한 다수가 동의하는 계약을 통해 일반 의지(general will)를 형성함으로써 개인이익과 공공이익을 동시에 실현해야 한다고 주장하였다.

이러한 민주주의는 주권재민에 대한 사상가들의 이론적 논의와 함께 영국의 대헌장(1215)과 권리청원(1628) 등을 통해서 이것을 구체적으로 헌법에 규정하게 되었다. 특히 영국의 경우 명예혁명 이후 권리장전(1689)에서 인권 존중의 정신과 의회제 민주주의 정치방식이 인정되었다. 제도의 변화는 지속적으로 확산되어 영국에서는 선거법 개정을 통하여 선거계층이 지속적으로 확대되었고, 프랑스에서는 인권선언(1789)을 통해서 자유·생명·재산권을 핵심적 내용으로 하는 자연권으로서의 천부인권(天賦人權)이 확립되었다. 이와 같이 민주주의는 사상적 진보를 제도적으로 실현함으로써 점진적으로 발달하였다는 의미에서 구체적인 역사적 경험을 통하여 현실 속에서 발전된 역사적 개념이라고 할 수 있다.

동시에 민주주의는 다양한 역사적 사실과 결합되어 다양한 양식으로 발전될 수 있는 가능성을 가지고 있는 이데올로기이기도 하다. 이렇게 다양한 내용을 포함할 수 있는 민주주의 개념의 다의성에 대해서 베커(Carl L. Becker, 1873~1945)는 "민주주의는 우리가 원하는 모든 사회적 사실을 모아 함께 집어넣을 수 있는 일종의 개념적 여행용 가방"이라고 표현하였다. 넓은 의미에서 인간 생활의 실천원리라고 할 수 있는 민주주의는 이론적 개념에서 출발한 개념이기보다는 일상생활의 실천과정을 기반으로 성립된 역사적 개념이며, 모든 생활에 적용되는 보편타당한 원리이다. 따라서 민주주의에는 수많은 주장과 이론들이 존재하지만, 공식화된 도그마는 없다고 볼 수 있다.

그럼에도 불구하고 민주주의를 보다 협소한 의미로 해석해서, 독재에 반하는 정치형태로 규정하기도 한다. 정치형태로서의 민주주의에 대해 베커는 "민주주의라는 말은 1차적으로 정치형태에 관한 말로서, 1인에 의한 지배에 대립되는 다수자에 의한 정치를 일반적으로 의미"한다고 설명했으며, 브라이스(James Bryce, 1838~1922)는 "민주주의라는 말은 헤로도투스(Herodotus, BC 484(?)~430(~420))시대 이래 국가의 지배 권력이 어떠한 특정 계급이 아닌 사회 전체의 구성원들에게 합법적으로 부여되고 있는 정치형태를 지칭한다"[10]고 설명했으며, 달(Robert Dahl)은 완전한 민주주의는 지구상에 존재하지 않는다고 하면서 반대와 참여의 차원에 의한 소위 다원정치(多元政治)로 민주주의를 표현하기도 했다.

현대적 의미의 민주주의 개념은 다이아몬드(Larry Diamond), 린츠(Linz Juan), 립셋(Seymour Lipset)이 정의한 세 가지 기본적인 조건을 충족하는 정치체제라고 일반적으로 이해되고 있다고 볼 수 있다. 첫째로 정기적이고 비폭력적인 방법에 의해서 정부권력의 모든 실질적 지위를 위한 개인 및 조

10) James Bryce, *Modern Democracies*, Vol. 1(New York: The Macmillan Co. 1921), p. 29.

직들 간의 포괄적이고 의미있는 경쟁(競爭)이 존재해야 한다는 것과, 둘째로 정기적이고 공정한 선거를 통해서 주요 사회집단들이 배제되지 않은 정책결정이 이루어지고 지도자 선출에 있어서 높은 수준의 정치참여를 포용하며, 셋째로 완전한 정치적 경쟁과 정치참여를 보장하기 위한 언론·출판·집회·결사 등에서의 시민적·정치적 자유가 보장되는 정치체제이다.

이 외에도 민주주의 개념에는 다양한 의미가 존재한다. 정치적 의사결정권이 다수 지배의 원칙에 따라 전체 시민에 의하여 행사되는 통치형태로서의 민주주의, 정치적 의사결정권이 일반 시민들이 선출하고 일반 시민들에 대해 책임지는 대표자들에 의해서 행사되는 대의제 민주주의, 대의제 민주주의의 제반요소와 더불어 시민들이 언론·출판·종교의 자유와 같은 기본적인 인권을 향유할 수 있도록 헌법상의 제한이 마련되어 있는 자유주의적·입헌주의적 민주주의, 그리고 사유재산의 불공정한 분배에서 파생하는 사회적·경제적 불평등을 최소화시키는 데 초점을 맞춘 정치적·사회적 체제로서의 민주주의 등이 그것이다.

그러나 이처럼 다양하게 존재하는 민주주의 형태와 의미에도 불구하고, 민주주의의 실현을 위해서 필수적인 요건들이 논의되어 왔다. 이것들을 정리하면 대략 여섯 가지로 나누어 볼 수 있다. 첫째, 국민은 1인 1표의 보통선거권을 통하여 절대권한을 행사할 수 있어야 한다. 둘째, 적어도 2개 이상의 정당들이 선거에서 정치 강령과 후보들을 내세울 수 있어야 한다. 셋째, 국가는 모든 구성원의 민권(民權)을 보장하여야 하는데, 민권에는 출판·결사·언론의 자유가 포함되며 적법한 절차없이 국민을 체포·구금할 수 없다. 넷째, 정부의 시책은 국민의 복리증진을 위한 것이어야 한다. 다섯째, 국가는 효율적인 지도력과 책임있는 비판을 보장하여야 한다. 정부의 관리들은 계속적으로 의회와 언론에서 반대의견을 들을 수 있어야 하고, 모든 시민은 독립된 사법제도의 보호를 받아야 한다. 여섯째, 정권교체는 평화적 방법으로 이루어져야 한다.

참고문헌

Ⅰ. 한국문헌

강정인 외 역, 『에드먼드 버크와 보수주의』, 서울: 문학과 지성사, 1997.
강정인 · 문지영 역, 『통치론』, 서울: 까치, 1996.
고길환 역, 『이데올로기』, 서울: 동문선, 2003.
구승회 역, 『이데올로기』, 서울: 도서출판 이후, 2002.
김순규 외. 『정치학의 이해』, 서울: 박영사, 2004.
김우태, 『정치학원론』, 서울: 형설출판사, 1994.
김재영, 『현대정치학』, 서울: 삼우사, 1997.
박성복 · 윤순갑 역, 『현대사상과 정치이데올로기』, 서울: 대영문화사, 1994.
신복룡 외 역, 『현대정치사상』, 서울: 평민사, 1995.
역사문제연구소 편, 『한국정치의 지배이데올로기와 대항이데올로기』, 서울: 역사비평사, 1994.
이수인 외 역, 『정치사상사 연구방법』, 대구: 중문출판사, 2003.
이진우 역, 『정치철학』, 서울: 서광사, 1991.
정연식 역, 『보수주의 사상의 이론적 기초』, 대구: 경북대학교 출판부, 1994.
정준영 역, 『파시즘』, 서울: 도서출판 이후, 2002.

Ⅱ. 외국문헌

Bryce, James, *Modern Democracies*, Vol. 1, New York: The Macmillan Co., 1921.

제 7 장 민주주의와 정치참여

김 일 수*

Ⅰ. 민주주의의 본질

1. 민주주의의 개념

민주주의는 오늘날 세계 모든 나라에서 정치학(政治學)의 주요 개념으로 폭넓게 사용되고 있다. 민주주의는 고대부터 지금까지 서구사회에서 전세계로 확산되어 왔으며 민주주의의 의미 또한 시대에 따라 변화되어 왔다. 민주주의(democracy)라는 말은 그리스어 'democratia'에서 기원하는데, 국민, 민중이라는 뜻의 demos와 통치, 지배를 의미하는 kratos가 합쳐져 국민에 의한 지배(통치)라는 의미를 갖는다.

민주주의에 대하여 많은 이들이 정의를 다르게 내리고 있지만 이들의 공통점은 민주주의가 일인 혹은 소수의 몇 사람에 의해 이루어지는 통치가 아니라 일반 대중들이 모두 참여하여 스스로를 통치하는 것이라고 할 수 있다.[1)]

제임스 브라이스(James Bryce)는 "민주주의는 헤로도투스(Herodotus)의 시대 이래로 국가의 지배력이 어떤 특정 계급에서가 아니라 사회 전체 구성원들에게 합법적으로 부여되고 있는 정치형태를 가리키며, 국가권력을 행사하는데 있어서 될수록 많은 수의 국민의 의사를 그 과정에 참여하게 하려는 통치 구조"[2)]라고 말하였다. 또한 아브라함 링컨은 1863년 11월 19일 게티스버그(Gettysburg)연설에서 "국민의(of the people), 국민에 의한(by

---

* 충북대학교 정치외교학과 교수.

1) 이극찬, 『정치학』(서울: 법문사, 2000), pp. 495-498.

2) James Bryce, *Modern Democracies*, 서석순 역, 『현대민주정치론』(서울: 문교부, 1958), p. 39-43.

the people), 국민을 위한(for the people) 정치는 결코 지구상에서 멸망하지 않는다."라는 말로 민주주의에 대한 유명한 정의를 내렸다.[3]

미국의 칼 벡커(Carl Becker)도 "민주주의라는 말은 한 사람에 의한 정치에 대립되는 다수자에 의한 정치, 즉 폭군이나 독재자, 절대군주에 대립되는 인민에 의한 정치"라고 주장하였고,[4] 듀이(John Dewey)는 한발 더 나아가 "민주주의는 단순한 정치형태 이상의 것이며, 공동생활의 한 양식이며, 교섭할 수 있는 경험의 한 양식이다"라고 보며, 민주주의를 국가형태나 사회제도 밑에 흐르고 있는 세계관·심적태도·생활태도·생활양식으로 보았다.[5]

현대 사회에서는 세계 곳곳에서 다양(多樣)한 국가들이 민주주의를 정치이념으로 내세운다. 어떤 경우에는 독재주의(獨裁主義) 국가들, 공산주의(共產主義) 정치체제를 가진 국가에서도 자신들의 국가가 민주주의 국가라고 규정하고 있다. 이를 테면, 북한에서도 북한 스스로를 '조선민주주의인민공화국'이라고 칭하면서 민주주의 이념을 가지고 있음을 내세우는 것이다. 또한 나치독일의 선전상(宣傳相) 괴벨즈(Josef Goebles)도 히틀러의 체제야말로 "현대 민주주의 국가의 가장 숭고한 형태"라고 주장하였다.[6]

이와 같이 많은 국가들이 민주주의를 정치원리로 주장하는 것은 민주주의가 그 만큼 인간의 존엄성을 보장하고 인간을 위한 정치체제로서 가치가 있는 것이라 하겠다. 다양한 체제에서 민주주의 개념이 사용되고 있는 것에 대하여 벡커는 "민주주의란 조금만 조작하면 우리가 원하는 거의 모든 것을 끌어 모아서 넣고 다닐 수 있는 일종의 개념의 여행용 가방(a kind of conceptual Gladstone bag)"으로 비유하였다.[7] 그 가방 속에는 독재 정치형태를 위시한 각종 정치형태와 나폴레옹의 제국이건, 무솔리니와 히틀러의 파시스트 체제건, 스탈린의 소비에트 체제건 간에 모두 그 가방 속에 들어

3) 김우태 외, 『정치학의 이해』(서울: 형설출판사, 2000), pp. 225-227.

4) C. Becker, *Modern Democracy*, 마상조 역, 『민주주의란 무엇인가』(서울: 종로서적, 1980), pp. 14-15.

5) John Dewey, *Democracy and Education, An introduction to the Philosophy of Education*(New York: Free, 1916), p. 101.

6) 김우태 외(2000), pp. 228-229.

7) C. Becker, 마상조 역(1987), pp. 13-14.

갈 수가 있다고 말하고 있다.

민주주의에 대한 다양한 개념들을 레자이(M. Rejai)는 ① 규범적 민주주의 개념, ② 경험적 민주주의 개념, ③ 규범적·경험적 민주주의 개념 및 ④ 이데올로기적 민주주의 개념으로 크게 네 가지 유형으로 분류하였다.[8)]

먼저 규범적 민주주의 개념에서는 민주주의는 정부형태나 정치제도가 아닌 인간이 추구해야 할 이념이나 가치 및 궁극적 이상이나 목적을 민주주의의 개념으로 규정하였다. 로크의 불가양적 권리(不可讓的 權利), 루소의 일반의지(一般意志)의 공동선(共同善), 밀의 절대자유(絶對自由), 제퍼슨의 천부인권(天賦人權) 등이 규범적 민주주의 개념이다. 이 개념에서는 자유(自由), 평등(平等), 박애(博愛)와 같은 의미가 중요하게 다루어진다.[9)]

경험적 민주주의 개념은 규범적 민주주의 개념과 달리 도덕적 가치와 이상보다는 민주주의를 하나의 정치현실로 보고, 정치현실에 대한 체계적 분석이나 설명에 의하여 그 개념이 구성되어야 한다고 주장한다. 민주주의 개념을 이해하는 데 선행되어야 하는 것은 정치체제가 현실적으로 운영되는 과정에서 구체적으로 관찰할 수 있는 행태유형, 제도, 관행, 절차 등에 대한 경험적 연구이다.[10)]

규범적·경험적 입장은 규범적 개념과 경험적 개념을 융합시키려는 시도에서 나왔다. 자유, 평등, 인간존중과 같은 민주주의의 가치를 인정하면서 동시에 정치현실의 실재적(實在的) 요소에 대한 체계적 분석과 설명에 관심을 기울인다. 바아커(Ernest Barker), 린제이(A. D. Lindsay), 듀이(John Dewey), 매키버(Robert M. MacIver), 사르토리(Giovanni Sartori) 등이 이러한 입장을 취하고 있다. 이들은 가치와 사실, 이상과 현실이 실제에 있어서 구별될 수 있는 것이 아니라는 입장이다. 이들은 이상주의적인 민주주의 가치에만 주목하지 않는다. 이들은 공통적으로 자유와 평등사상을 민주주의

---

8) M. Rejai, *Democracy: The Contemporary Theories*(New York: Athton Press, 1967), pp. 23-46.

9) 로크는 인간은 자연법이 정해준 일체의 권리와 특권을 향유할 수 있는 자격을 갖고 있다고 말한다. 여기서 자연법(自然法)은 불가양적 권리 즉, 즉 다른 사람에게 넘겨줄 수 없는 권리로 천부인권을 나타낸다. 루소는 일반의사를 전제로 하여 인간이 달성해야 할 궁극적인 이념으로써 민주주의 개념을 나타냈다.

10) 김우태 외(2000), pp. 228-232.

의 기본원리로 삼고 토론과 타협에 의한 정치, 다수결원칙과 소수의 권리존중, 정치권력 남용(濫用)의 견제(牽制)장치 등을 중요시하고 있다.

이데올로기적 민주주의는 이데올로기를 하나의 이데올로기로 받아들이는 견해로, 마르크스(K. Marx), 만하임(K. Mannheim), 라스웰(H. D. Lasswell) 등이 주장하였다. 다른 이데올로기적 이념과 마찬가지로 이론체계나 신념 혹은 신화(神話)를 나타내며, 이것을 토대로 국민의 대다수가 공유하는 특정의 믿음, 정치적 태도, 행동 습성 등으로 민주주의를 바라본다.

무엇보다도 진정한 민주주의라는 것은 국민에 의한 통치, 국민을 위한 통치를 기본 원리로 삼고 있어야 한다. 또한 민주주의는 이념뿐만 아니라 절차와 제도면에서도 민주주의 원리에 부합되어야 한다. 아무리 국민을 위한다는 의도를 가졌다고 하더라도 국민 스스로가 통치하지 않고, 그것이 국민을 위한 통치가 아니라면 그것은 참된 의미의 민주주의가 아니기 때문이다. 그러나 민주주의가 국민에 의한 통치를 기본 원리로 삼고 있지만 이는 모든 국민이 직접적으로 통치하는 완전한 직접민주제를 의미하는 것은 아니다. 단지 민주주의는 모든 권력이 국민으로부터 국민을 위하여 국민 속에서 나와야 함을 말하는 것이다.

민주주의가 체제에 따라 다양한 모습으로 나타나는 것은 민주주의가 인간을 존중하는 통치원리이기 때문이다. 그러나 반대로 이러한 현상은 통치원리로서의 민주주의가 갖고 있는 의미가 혼란 상태에 있으며, 민주주의가 가지고 있는 본질 및 인류의 보편적 가치로써의 의미가 손상 받고 있는 것이라 하겠다.

2. 민주주의의 본질

(1) 민주주의의 기본이념

민주주의의 이념을 가장 효과적으로 실현할 수 있는 기본 개념은 인간의 존엄과 가치의 존중, 인간의 존엄성을 실현하기 위한 자유·평등의 보장이다.

첫째, 인간존중(人間尊重)은 민주주의 정신의 가장 필수적인 기본이념으로 인간을 존중한다는 것이다. 인간존중 이념은 자연권(自然權) 사상에서 유래되었고, 법적 보장을 받게 된 것은 근대시민혁명 이후부터이다. 시민혁명이후 인간의 존엄성에 대한 인식이 높아지면서 세계 곳곳에서 인간의 기본적 인권보장에 대한 조문을 명시하고 있다. 이는 세계인권선언, 프랑스 인권선언서, 대한민국헌법 등에서 발견된다. 세계인권선언은 "…사람은 태어날 때부터 자유이며, 평등한 존엄성과 권리를 가지고 있다"고 밝히고 있으며, 프랑스 인권선언서는 "사람은 이 세상에 태어난 이래 그 권리가 평등하다. 전 시민은 개인적으로나 그 대표자를 통하여 입법에 참가하는 권리를 가진다. 그리고 전 시민은 법률상 평등하기 때문에 누구나 평등하게 온갖 현직, 직위 및 공무에 취임할 수 있다"고 선언하고 있다. 대한민국 헌법에서도 "모든 국민은 인간으로서의 존엄과 가치를 가지며, 행복을 추구할 권리를 가진다"고 밝히고 있다.

인간의 존엄과 가치를 존중한다는 것은 인간을 윤리적인 면에서만 존중하는 것이 아니라, 정치적·경제적·사회적·문화적인 모든 생활 국면에 있어서 자유와 평등을 보장하여 인간다운 생활을 할 수 있도록 하는 의미를 포함한다. 즉, 인간의 존엄성은 인간의 기본적 인격을 존중하고 보장하는 것을 뜻한다. 민주주의 국가에서 소중하게 여기는 이념인 자유와 평등도 인간존중, 인간의 기본권에 대한 보장이 전제 될 때 실현될 수 있다. 인간존중이념은 어떤 의미에서 자유와 평등을 실현하기 위한 출발일 뿐만 아니라 소수의 권리를 존중하는 정신도 여기에서 시작된다. 인간의 존엄성을 가치 있게 바라보지 않고 가치를 도구화 내지는 경멸한다면 진정한 민주주의가 아닌 전제적 독재정치가 자행되는 것이다.[11)]

둘째, 민주주의의 실현을 위한 기본이념은 자유이다. 민주주의 국가는 국민의 기본적인 인권을 보호하는 것을 우선시 하는데, 자유는 이러한 이념의 핵심이다. 그렇기 때문에 현대 민주주의 국가에 있어서 국민의 자유는 침범할 수 없는 권리이다. 자유는 소극적인 의미에서 외부로터의 각종 위협과 강제로부터의 해방이고, 적극적인 의미로는 인간의 자율적 의지 또는 결정을 바탕으로 한 선택권의 행사 및 자기 의사의 발표기회가 허용되는 상태

11) 신승권·이범준, 『정치학』(서울: 박영사, 1986), p. 279.

를 말한다.[12] 영국의 라스키(Laski)는 “자유란 각 개인의 행복을 보장하는데 필요한 사회적 조건에 아무런 구속을 가할 수 없는 것을 의미하며, 최선아(最善我) 실현(實現)의 기회를 갖게 하는 분위기(雰圍氣)의 확보”라고 주장하였다.[13]

인간이 인간다운 삶을 살아가기 위해서는 사회생활의 모든 영역에서 개인적으로나 집단적으로 자유를 추구하고 실현하는 것이 중요하다. 민주주의 국가에서는 개인의 기본적 인권(시민적 자유)·참정권(參政權)(정치적 자유)·재산권(경제적 자유)의 자유가 보장된다. 민주정치는 국민주권(國民主權)과 국민자치(國民自治)의 원리에 입각하여 사회의 모든 구성원이 정책결정 과정에 참여하는 정치체제로 모든 개인은 참여와 선택의 자유를 가져야만 한다. 강제적인 사회에서의 참여는 참여가 아닌 동원이며, 공포 분위기 속의 타율적 참여는 진정한 참여라 할 수 없다.

자유는 민주정치를 위한 필수조건이다. 그러나 민주 사회에서의 자유의 개념은 결코 절대적이거나 무제한의 자유를 의미하는 것은 아니다. 자유는 절대적인 것이 아니라 상대적이다. 다시 말하면, 자유는 방종이 아니기 때문에 책임이 따라야 하며 다른 사람의 자유도 존중해 주어야 한다. 또한 민주주의에서 자유는 사회의 안전과 복리를 위해 필요한 경우 사회적 제약을 받을 수 있다. 따라서 타인의 자유를 침해하거나 민주정치 자체의 존립이 위태로울 때 국가의 통제는 정당화된다.

그러나 자유의 관념이 어느 시대나 어느 나라를 막론하고 똑같은 것은 아니었다. 서구에서 자유를 향한 투쟁은 종교의 자유를 찾기 위해 시작되었고, 그 다음에는 언론·출판의 자유 및 정치적 자유, 참정권을 위한 투쟁이 이루어졌다. 오늘날의 자유의 개념은 ‘빈곤(貧困)으로부터의 자유’, ‘공포로부터의 자유’ 등을 포함시키며 자유의 개념이 확대되고 있다. 이와 관련하여 루스벨트(F. Roosevelt)는 1941년 4대 자유 즉, 언론·출판의 자유, 신앙의 자유, 결핍으로부터 자유, 공포로부터 자유를 밝혔다. 결국 국민 전체를 위

12) 한국정치학회 편, 『민주주의론』(서울: 종로서적, 1985), pp. 16-17.

13) H. J. Laski, *Liberty in the Modern State*, 이상두 역, 『근대국가에 있어서의 자유』(서울: 범우사, 1975), p. 65.

한 경제적, 사회적 자유가 더욱 중요해지면서, 현대에서 사용되는 자유의 개념은 정치적인 참정권뿐만 아니라 문화적, 종교적, 사회적, 경제적 자유 등이 실현되어져야 한다.

개인의 자유 확보는 국가의 역할과도 관계가 있다. 18~19세기 서구에서의 자유에 대한 관념은 개인의 자유를 최대한 확대시키려는 경향이었다. 이를 위해 국가의 간섭을 최소화하는 자유방임주의(自由放任主義)적 경향이 나타나게 되었고, 이때의 국가 역할은 야경국가(夜警國家)로서의 역할만 수행하면 되었다. 그러나 20세기에 들어와 이와 같은 생각은 그 의미를 상실하였다. 20세기에 들어와 사회는 큰 변화를 보이게 되었는데, 현대국가에서 빈부의 격차가 발생하고, 계급투쟁이 격화되고 사회적 범죄가 증가되자 국가는 자유방임과 불간섭을 통해 방관할 수 없게 된 상황에 이르게 된 것이다. 다시 말하면, 대규모의 독점기업과 고도산업기술의 발달에 의한 사회의 분업화 현상으로 인해 발생된 사회 문제는 무제한적인 자유가 과연 개인의 실질적 자유를 보장할 수 있는가라는 의문을 갖게 하였고, 공공복리를 위해서는 국가의 간섭이 필요하다고 믿게 되었다.

셋째, 민주주의에서 자유와 함께 또 다른 중요한 개념은 평등이다. 프랑스의 인권선언과 미국의 독립선언문 서두에는 '모든 인간은 동등하게 창조'되었음을 명시하고 있다. 그러나 여기에서의 평등은 개인의 재능・지적・정신적・육체적 능력의 차이까지 평등하다는 뜻이 아니라 법 앞에서의 평등, 똑같이 투표할 권리, 평등한 기회를 가지고 인간 존엄성과 관련하여 동등한 인격의 소유자로서 평등하게 대우받을 수 있음을 의미한다. 민주주의에서 요구되는 평등사상은 인간의 존엄성에 대한 평등인 것이다. 인간은 누구를 막론하고 자기의 인격과 다른 사람으로부터 침해받을 수 없는 존엄성을 가지고 있기 때문이다.

현대 민주주의 국가에서는 경제적 조건에 있어서 평등을 어떻게 사회의 모든 구성원에게 보장해 주는가의 문제가 가장 큰 논의의 쟁점이 되고 있다. 공산주의체제에서는 모든 인간이 모든 면에서 평등하고 완전하다는 가정 하에 공산사회를 건설할 수 있다고 믿으며, 경제적 평등을 내세운다. 이에 현대 민주주의 사회에서도 자본주의 사회에서의 국민들의 경제적 불평등 문제를 해결하기 위하여 여러 가지 복지정책을 내세우고 있으며, 개인의 사유재산권에 대해서도 많은 제한을 가할 뿐만 아니라 소득분배의 공정에도 노력을 가하고 있다.14)

자유와 평등은 민주주의 체제에서 중요한 개념이다. 그러나 자유와 평등은 그것을 실현하는 데 있어서 서로 상충될 수도 있기 때문에, 자유를 너무 중시하면 불평등이 일어나고 평등을 지나치게 추구하면 자유가 파괴될 수 있다. 이에 대해 사르토리는 자유와 평등을 두 개의 실마리로 된 실타래에 비유하여 자유라는 실을 잡아당기면 평등이 무시되고 평등이라는 실을 잡아당기면 자유가 무시된다고 하여 자유와 평등의 조화가 얼마나 어려운 것인지를 단적으로 말해주고 있다.

오늘날 민주주의에 있어서의 자유와 평등은 서로 대립적이기보다 조화와 균형 위에 성립해야 한다. 인간은 자유를 누릴 수 있어야 하며, 동시에 그 자유는 평등한 입장에서 실현되어야 한다. 어떻게 하면 자유를 희생시키지 않고 평등함을 유지할 수 있느냐 하는 자유와 평등의 조화 문제는 현대 민주주의의 중요한 과제이다. 결국, 민주주의의 기본 이념은 인간답게 살기 위해 보장받는 원리로 그 기본정신이 훼손되지 않는 것이 중요하다.

(2) 민주주의의 기본원리

민주주의를 뒷받침하는 원리로는 국민주권(國民主權), 국민참여(國民參與), 권력분립(權力分立), 다수결주의(多數決主義), 입헌주의(立憲主義) 등 여러 가지를 들 수 있는데 본 장에서는 가장 기본적인 국민주권주의, 권력분립, 다수결주의 원리에 대해 살펴볼 것이다.

1) 국민주권주의

국가의사를 최종적·전반적으로 결정할 수 있는 최고의 원동력은 주권인데, 민주주의는 그 주권이 국민에게 있다는 국민주권사상(國民主權思想)을 그 기초로 하고 있다. 국민주권 원리는 중세 말부터 논의되기 시작하여

---

14) 전득주, 『자유민주주의와 사회주의 비교』(서울: 행림출판, 1991), pp. 70-72.

계몽사상가들에 의해 체계화되었다. 특히, 국민주권 원리는 1776년 버지니아 권리장전(Bill of Rights)에서 "모든 권력은 국민에 속하며, 또한 국민으로부터 나온다"고 명시되어, 현대 민주주의 헌법의 길잡이가 되고 있다. 우리 나라도 1987년에 개정된 한국 헌법 제1조에서 "대한민국의 주권은 국민에게 있고, 모든 권력은 국민으로부터 나온다"고 규정하고 있다.

국민주권은 제도적으로 두 가지 형태로 나타난다. 첫째는, 직접 국민이 법과 국가의 중대사를 결정하는 직접민주주의(直接民主主義) 형태이고, 둘째는, 대표를 통해 결정하는 간접민주주의(間接民主主義) 형태이다. 본질적으로 국민주권 원리는 치자(治者)와 피치자(被治者) 간의 정체성이 극대화되는 것을 목표로 한다. 그러나 세계에서 직접민주주의가 지속적으로 실행되고 있는 곳은 스위스의 작은 지방자치단체들에 불과하다.

현대 민주주의는 대의민주주의(代議民主主義)다. 즉, 국민은 선거를 통해서 대표를 선출하고, 대표로 하여금 정책결정을 하게 한다. 근대국가에 있어서 선거권의 확대는 간접민주제를 원칙으로 하면서 예외적으로 직접민주제를 채택하게 하였다. 따라서 주권자인 국민은 직접 혹은 간접적으로 국민의 대표자를 선출하여 그 대표자로 하여금 국민을 대신하여 국가적 의사를 결정하도록 하였다. 다만 그러한 간접민주제를 보완하기 위해서 국민이 직접 주권을 행사할 수 있는 직접민주제를 가미하여 혼합 민주제를 채택하고 있다. 이를 위해 현대국가에서는 직접민주제의 방식으로써 국민 투표제를 채택하고 있으며, 넓은 의미에서 국민투표제는 국민발안·국민표결·국민소환제를 포함한다.

2) 권력분립

권력분립(權力分立)은 국가권력의 작용을 입법, 행정, 사법 셋으로 분리 또는 독립시켜 상호간에 견제와 균형의 원칙으로 국가권력을 행사하게 하는 제도이다. 권력분립은 근대 초기에 로크와 몽테스키외에서 나온 것으로 절대주의(絶對主義) 군주(君主)의 전제정치(專制政治) 하에서 국민의 자유와 권리를 보장하기 위하여 주장된 것이었다. 법적으로는 1787년 미국 헌법에서 권력분립을 규정하였고, 1791년 프랑스 헌법에서도 규정하였다.

로크는 입법권과 집행권을 나누어 이권분립론을 주장하였다. 오늘날과 같은 삼권분립론은 몽테스키외의 『법의 정신(法의 精神)』에서 주장된 것이다. 몽테스키외는 권력을 장악한 자는 권력을 남용하는 경향이 있으므로 국가의 권력은 입법권, 집행권, 사법권으로 분리시켜야 한다고 보았다. 몽테스키외의 삼권분립은 국민의 정치적 자유를 보장하기 위해서 국민의 권력 남용을 막고자 한 것이었다. 이러한 삼권분립제가 채택된다면 삼권이 상호 견제함으로써 국민의 자유가 보장되어 전제정치의 출연이 저지된다는 것이다.

이상과 같은 고전적 권력분립론은 한편으로는 의원내각제의 형성 발전에 영향을 미치고 다른 한편으로는 대통령중심제의 전개에 영향을 미쳤다. 그러나 현대 복지국가에서는 삼권 중에서도 행정부가 강화되는 경향이 나타나 행정국가라고 불리워지고 있다. 권력분립의 의미에서 볼 때 행정권이 지나치게 강화되는 것은 민주주의 기본원칙에 위배되는 것이나 현실적으로 현대 국가의 경제적 불평등과 많은 사회 문제를 해결하기 위해서는 행정권의 확대가 요구되고 있는 실정이다. 현재 행정국가의 대두로 권력분립론이 비판을 받고, 그 존립의 근거를 상실해 가고 있는 상황이지만 오늘날에 있어서도 권력분립의 원칙은 여전히 민주적 가치로서 인정되는 문제이다. 따라서 민주주의는 어떻게 삼권분립의 원칙을 지켜 나가면서 효과적으로 정치를 운영해 갈 수 있는가에 달려 있다고 하겠다.

3) 다수결주의

다수결주의(多數決主義)는 다수의 판단에 따라 정치적 사안이 결정되는 것으로 민주주의를 실현하는데 필요한 하나의 형식적인 절차이다. 민주주의는 국민에 의하여 국민의 의사를 바탕으로 통치되어야 한다. 따라서 다수결주의는 대의 민주주의 운영에서 국민의 의사를 확인하는 방법으로써 유용한 수단이 된다.

현대 민주주의는 개개인의 다양한 견해가 인정되는 다원화된 사회로 다양한 국민의 의사를 단일한 의사로 집약하는 것은 어려운 일이다. 더욱이 만장일치의 단일한 의사 형성은 현실적으로 더욱 불가능한 일이다. 따라서 다수결주의는 다양한 사회 구성원의 의사를 가장 합리적이고 현실적인 방법으로 확인하는 절차라 할 수 있다.

다수결주의는 소수의 반대 견해가 있어도 다수의 의사가 전체 의사로 간주된다. 이러한 수에 의한 일반화는 어리석은 다수가 우수한 소수를 지배할 수 있는 가능성이 있다는데 문제가 있다. 고대에는 엘리트의 우수성과 대중의 어리석음을 강조하는 신념이 우세했기 때문에 다수결주의가 인정받지 못하였다. 그러나 영국 시민혁명 시기에 로크는 다수는 언제나 소수보다 양적으로 질적으로 우수하다는 신념을 가지고 다수결원칙을 이론화하였다.

다수결은 표결에 참여한 사람들 사이에 평등한 지위가 전제되어야 그 정당성을 인정받을 수 있다. 다수결이 현대 민주주의 사회에서 정당한 절차로 인정받는 것은 다수의 판단이 소수의 판단보다 실수할 가능성이 낮으며, 공공의 판단이 결국은 공공선(公共善)을 위한 것이라는 것 때문이다. 또한 평등한 구성원들의 많은 수가 원하는 것이 전체의 의사가 된다는 것은 만족한 사람의 수가 많음을 나타내는 것이기 때문에 다수결을 최상의 절차라고 보는 것이다.[15]

그러나 다수에 의한 결정방식으로 소수의 의견이 배제될 수 있는 다수결주의가 안고 있는 문제점을 극복하기 위해서는 반드시 자유로운 토론이 보장되어야 하며, 이를 통한 설득과 타협, 양보가 요구된다. 토론 과정은 소수의 의견을 최대한으로 받아들임으로써 다수의 의견이 가질지도 모르는 '다수의 횡포' 혹은 '다수의 독재'를 막을 수가 있다. 토론이 보장되지 않는 다수결은 민주주의 이념에 부합되지 않을 뿐 아니라 독재를 은폐하는 절차로 전락할 수 있다. 또한 이해관계가 첨예한 인종, 종교적 대립과 갈등 혹은 지역갈등 등은 다수결 원리로 문제가 해결되지 않고 오히려 갈등과 대립을 증폭시킬 수 있다. 따라서 다수결주의가 본래의 의미대로 행해지기 위해서는 타협과 양보가 있는 사회에서만 가능할 것이다.

---

15) 신승권 · 이범준(1986), pp. 280-281.

Ⅱ. 제3의 민주주의 물결과 민주주의 확산

1. 민주주의 물결 논의

민주주의는 1970년대 중반에 들어서면서 라틴아메리카부터 아시아, 아프리카까지 전세계적으로 가장 광범위하게 확산되었다. 제2차 세계대전 이후 제국주의 국가로부터 독립한 많은 제3세계 국가들은 국가의 근대화를 추구하는데 있어 서구의 민주주의를 추구하였다. 서구 국가들도 제3세계 국가들의 민주화를 지원하였다. 그러나 민주화를 추구했던 대다수의 국가들은 진정한 민주주의 국가가 아닌 권위주의적이거나 독재정권을 유지하였다. 계속적인 독재정권이 지속되자 많은 시민들은 지배자들이 경제적 안정, 사회적 복지를 내세우며 시민의 자유와 책임성을 희생하는 것을 정당화했다고 비판했다. 이에 많은 권위주의 국가들의 시민들은 유혈 또는 무혈 항쟁을 통해 독재를 타도(打倒)하기 시작하였다.

민주주의 확산은 1974년 포르투갈의 민주화를 시작으로 하여 1980년대 이후 권위주의 정권 하에 있던 남부 유럽, 라틴아메리카 및 아시아의 많은 국가들까지 민주화 과정이 이루어졌다. 이러한 흐름과 맞물려 우리나라도 1980년대 민주화 투쟁이 이루어졌다. 당시 세계적인 흐름에 있어 중동지역만이 민주주의 열풍에 영향을 받지 않았다. 더욱이 구소련의 개혁 개방 이후 1990년대 동유럽에서 사회주의 체제가 붕괴되면서, 사회주의 국가들도 민주화의 흐름에 합류함으로써 민주주의는 전세계적으로 빠르게 진행되었다.

구소련 붕괴 이후 프랜시스 후쿠야마(Fukuyama)는 자유민주주의가 인류의 보편적 가치가 되었다고 보았다. 후쿠야마는 "자유민주주의에 도전할 위치에 있는 보편성을 주장할 수 있는 이데올로기는 없고, 국민주권 이외에 정당성을 갖는 보편권리도 없다"고 주장하였다.[16]

---

16) F. Fukuyama, *The End of History and the Last Man*(London: Hamish Hamilton, 1992), pp. 45-46.

전세계적인 민주주의의 확산이 일어나자 민주화의 원인에 대한 연구가 이루어졌다. 이에 대해 헌팅턴(Huntington)은 이러한 전세계적인 민주화의 흐름이 19세기 초부터 세 번 일어났다고 보았다. 첫 번째 민주화의 물결은(1828~1926)은 프랑스 혁명과 미국혁명에서 시작되는 약 100여 년 동안 주로 유럽에서 이루어졌고, 두 번째의 물결(1943~1962)은 제2차 세계대전 이후 연합국 승리로 서독·이탈리아·오스트리아·일본·한국 등에서 나타났고, 세 번째의 물결(1974~)은 포르투갈을 시작으로 하여 20세기 말엽 유럽과 아시아 및 남미 등 전세계적인 규모로 민주주의가 확산된 것을 말하였다.

헌팅턴은 제3의 민주화 물결이 일어나는 원인을 개별 국가의 내부 요인뿐만 아니라 세계화와 같은 외부요인도 함께 거론하였는데, EU, 미국, 소련(고르바초프)과 같은 막강한 영향력이 민주화의 원인이 된다고 보았다. 이를 세부적으로 살펴보면 다음과 같다.

첫째, 비민주적인 권위주의체제(權威主義體制)가 동요하는 것은 국가의 경제 향상, 사회적 안정을 내세우며 개인의 자유를 희생시켰던 통치자들의 논리가 정당성을 잃게 될 때 나타난다는 것이다. 이는 두 가지 경우로 나타나는데, 하나는 1960년대 들어와 나타난 많은 군사정권들이 내세웠던 경제개발이 실패하면서 더 이상 정당성을 부여받지 못한 때이다. 다른 하나는 어느 정도 경제개발이 성공했다면 당초의 목표인 경제개발이 이루어진 상황에서 국민들은 더 이상 국민들의 희생을 정당한 것으로 바라보지 않고, 권위주의 정권이 물러나 진정한 민주주의 정권이 들어서길 국민들이 바란다는 것이다.

둘째, 권위주의체제하에서 이루어진 어느 정도의 경제발전은 중산층을 확대시키게 되었고, 높은 교육수준과 시민의식을 가진 중산층이 민주화를 강력히 요구하게 됐다는 것이다.

셋째, 1970년대와 1980년대에는 종교적인 변화가 민주화에 영향을 주었다. 헌팅턴은 서구역사에서 민주주의와 기독교가 상관성이 있으며, 많은 권위주의체제 국가들에서 기독교는 정치적 박해와 탄압에 항거하는 기초를 마련했다고 보았다.

넷째, 민주화는 외부의 압력에 의해 일어날 수 있다고 보았다. 즉, EU,

미국, 소련 등 외부의 강력한 행위자들에 의한 민주화 요구나 인권정책상의 변화가 민주화의 원동력이 되었다는 것이다.

다섯째, 민주화는 한 곳에서 일어난 일이 그 주변으로 전파되거나 전염되는 도미노 현상으로 나타난다. 즉, 한 나라에서 권위주의 체제가 잘 종식되면, 그 주변 국가의 지도자나 집단도 긍정적인 생각을 하게 되고 그것을 실행에 옮기게 된다. 대표적인 예로는 동구권에서 소련의 민주화가 시작되면서 급속히 동구권 다른 국가로 퍼지기 시작한 것이다.[17]

무엇보다도 구소련의 붕괴는 제3세계 민주화의 촉매(觸媒)제 역할을 하였다. 소련의 변화가 전 세계적인 민주주의 확산에 가져온 변화는 엄청나다고 볼 수 있다. 1917년 러시아의 볼셰비키 혁명에서 1980년대 중반까지 소련의 레닌, 스탈린 체제는 민주주의 체제들을 소련 스타일의 '프롤레타리아 독재'로 대체하기 위해 노력해 왔다. 이를 위해 소련은 1956년 헝가리, 1968년 체코슬로바키아, 1979년 아프가니스탄의 국가들에서 공산체제가 전복되는 것을 방지하고자 군대를 파견했다. 다른 한편 앙골라, 쿠바, 니카라과, 베트남에는 경제 및 군사원조를 보내 공산체제가 유지되도록 노력했다.

그러나 1985년 이후 고르바초프가 등장하고 개혁(改革)과 개방(開放)을 선언하면서 소련은 국제적으로 민주주의를 확산시키는 데 기여하게 된 것이다. 소련은 국내적으로 경제 실패, 아프가니스탄에서의 군사 실패로 국가발전을 위해서는 새로운 모색이 필요하다는 것을 공개적으로 발표하면서 소련 공산주의를 종식시켰다. 이로써 소련의 위성국가들, 많은 동유럽 국가들은 소련의 개입 없이 자국의 의지대로 행동할 수 있게 되었으며, 소련의 영향으로 민주주의체제로 전환하기 시작하였다. 그러나 아직도 상당수의 독재정권 및 군사정권이 제3세계에 존재하고 있으며, 비민주주의 정권 하에서 여전히 많은 국민들이 권익을 손상 받고 있다.

17) 오명호, 『현대정치학이론Ⅱ』(서울: 박영사, 2004), pp. 521-536.

2. 민주주의 확산의 예

세계 각국에서의 민주주의가 얼마나 확산되었는지를 살펴보도록 하겠다. 먼저 폴란드는 1989년에 공산주의 지배를 종식시켰는데, 50년 만에 최초의 의회 선거가 실시되어 솔리다리티운동을 이끈 레흐 바웬사(Lech Walsesa)가 집권하였다. 폴란드의 노동(공산)당은 공식적 권력 독점을 상실하였을 뿐만 아니라 사회민주당으로 개명하고 마르크스-레닌주의를 포기하고 민주사회주의 노선을 공약했다. 1990년 바웬사는 여러 후보들이 경쟁한 자유 선거에서 대통령으로 선출됐다.

헝가리에서는 1980년대 말 바르샤바 조약폐기를 주도하고 다당민주주의와 시장경제를 도입하였다. 체코슬로바키아는 1989년 국민들의 민주화 요구로 공산당 1당체제가 붕괴되고 모든 정당이 공존하는 다당제를 추구하였다. 극작가이자 대표적 민주주의자인 바클라프 하벨(Vaclav Havel)이 대통령에 당선되었다. 1930년대 이후 최초의 자유 의회 선거가 1990년 실시되어 친민주주의 정당들의 연립정부를 탄생시켰다.

루마니아에서는 1989년 장기 독재자 니콜라이 차우셰스쿠(Nicolae Ceaucescu)가 실각되고, 1990년 자유 의회 선거가 실시됐다. 같은 시기 불가리아에서는 공산당 지도자 토도 지프코프(Todo Zhivkov) 정권이 물러나고, 새로운 비공산주의 정권이 탄생했다. 소련의 동구 위성 국가들 가운데 가장 경제적으로 성공한 동독은 1989년 공산체제에 반대하는 저항으로 동요되기 시작하여 결국 장기 독재자 에리히 호네커(Erich Honecker) 정권이 붕괴되었다. 더욱이 민주주의 확산의 상징적 의미로써 공산주의 동 베를린과 민주주의 서 베를린을 가르고 있던 장벽이 제거되었고, 1990년 10월 서독과 동독은 통일을 이루었다.[18)]

라틴 아메리카에서도 민주주의가 확산되었다. 라틴아메리카의 브라질, 칠레, 아르헨티나 국가들은 민주주의를 채택하고 있었으나 1960년대와 70년

18) 오스틴 래니, 권만학 외 역, 『현대 정치학』(서울: 을유문화사, 1994), pp. 180-183.

대 민주주의 정부들이 군사쿠데타에 의해 전복되고, 이른바 '관료적 권위주의(官僚的 權威主義)' 정부가 등장하였다. 칠레는 1973년~1989년까지, 브라질은 1964년~1984년까지, 아르헨티나는 1976년~1983년까지 반대의견을 가진 조직화된 정치결사체를 조직하지 못하였고 인권이 침해되었으며, 시민사회의 의견도 무시되었다.

그러나 군사통치가 위력을 상실해 갈 무렵, 국내외 압력 특히 미국의 압력으로 말미암아 1980년대 라틴아메리카는 다시 민주화가 진행되었다.[19] 이리하여 좌익(左翼)의 소련식 독재와 우익(右翼) 군사 독재들이 민주주의체제로 전환되었다. 파라과이와 우루과이는 각각 1989년에 군사 독재가 민주체제로 교체되었고, 니카라과에서는 1990년 자유선거가 허용되어 민주주의가 실현되었다.

이와 같이 라틴아메리카의 대다수의 국가들이 민주주의를 채택하고 있으며, 아시아의 비민주 정권국가였던 파키스탄, 방글라데시, 네팔, 필리핀, 몽골 등의 국가들에서도 민주화가 이루어졌다. 또한 알제리, 가봉, 콩고 등 아프리카도 아프리카 내륙 50여개 국 중 절반 이상이 1980년대 후반과 1990년대 초반까지 민주선거를 실시했다. 거의 20년 간의 내전 이후 레바논에서는 민주정권이 재집권하였고 요르단도 민주화가 진행되었다.

1970년대 중반 이후 급속히 확산되기 시작한 전세계적인 민주화 물결은 민주주의가 인류의 보편적 가치로써 인정받고 추구되고 있음을 단적으로 보여주는 것이다. 그 동안 민주주의가 주로 민족국가를 단위로 하여 그 영토 내에서 다루어져 왔다면, 탈냉전 시대에 민주주의는 경제적 상호의존(相互依存)의 심화에 따른 세계화의 물결 속에서 민주주의가 확산되었다고 볼 수 있다.

---

19) Jeff Haynes, 장성호 역, 『위기의 제3세계 정치론』(서울: 학문사, 2003), p. 86.

Ⅲ. 전자민주주의와 정치참여

1. 정보화 사회와 정치적 변화

1990년대 들어와 급격히 발전한 정보통신기술은 기술상의 변화뿐만 아니라 정보통신기술의 발달과 활용으로 우리 사회에도 엄청난 변화를 가져왔고 앞으로 더 큰 변화를 가져올 것으로 예상되고 있다. 이러한 정보통신기술의 발달은 일반대중들의 정보에 대한 접근을 향상시켜 정치참여의 기회가 확대되도록 하고 있다.

인터넷을 통해 일반 대중들은 자신들의 의견을 제시할 기회를 많이 갖게 되었고, 특정 사안에 대해 네티즌들은 단합된 의견과 행동을 취함으로써 정책결정자들에게 영향을 주기도 하고 여론을 형성한다. 기존의 민주주의가 엘리트를 중심으로 하여 이루어지던 대의민주주의였다면, 현대에 들어와서는 인터넷 등의 전자매체를 이용하여 일반대중들의 정치참여가 확대되고 있다.

전자민주주의는 우선 정보통신기술의 발달에 따른 기술 활용에 의하여 정치적인 정보의 생산, 유통, 소비를 보다 자유롭고 신속하며 용이하게 하여 정치과정의 절차적(節次的) 민주주의와 실질적(實質的) 민주주의를 동시에 갖추어 나가는 정보화 시대의 민주주의라 할 수 있다.[20]

정보통신기술의 발달로 형성된 사이버공간에서는 자유롭게 문제를 제기할 수 있으며, 자유로운 분위기 속에서 활발한 토의가 이루어진다. 인터넷과 같은 새로운 정보통신기술은 시공간을 초월하여 다양한 사람, 집단들 사이의 상호작용을 가능하게 하고 가상공동체를 형성함으로써 집단적으로 정치적 주장을 펼 수 있는 기회를 갖게 된다. 이는 정부, 정치인들이 전통적인 형태의 압력집단 외에 새로운 형태의 압력집단의 요구에 추가적으로 대응

---

20) 강근복, "전자민주주의의 상: 유형과 가능성," 『지역개발논총』(충남대학교 지역개발연구소, 2003), p. 105.

해야 한다는 것을 의미한다. 또한 이와 같은 정보통신기술의 발달은 선거과정에서 시민의 참여가 확대되는데 기여할 수 있다. 후보자와 후보자들의 공약, 선거 쟁점 등에 관한 정보의 획득이 더 쉬워질 수 있기 때문이다.[21)]

이러한 흐름에 맞추어 정부의 정책결정에 참여하거나 통치자들을 감시·감독하는 등 국민들의 참여가 높아지고 있어 전자민주주의가 정치과정에서 참여민주주의의 대안으로 제시되고 있다.

2. 전자민주주의와 정치참여

정치참여에서 참여(參與)의 개념은 "사회의 보통 구성원이 의사 결정의 결과에 영향을 미치거나 영향을 미치고자 하는 행동으로" 정의될 수 있다. 그러나 여기서 말하는 참여는 정치인과 같이 직업적으로 참여하는 정책결정자는 참여의 주체에서 제외된다. 참여는 위에서 결정하여 이끌어내는 '위로부터의 참여'가 아닌 '아래로부터의 참여'가 진정한 참여인 것이다. 따라서 위로부터 정치적 목적을 위해 참여를 이끌어내는 것은 동원(動員)이지 참여가 아니다. 또한 참여에서 중요한 것은 참여는 행동을 의미한다는 것이다. 단순히 투표행위 뿐만 아니라 시위, 집회, 캠페인, 기부, 조직의 설립 및 조직에의 가입과 활동 등과 같은 다양한 형태의 행동을 포괄한다. 민주주의의 핵심이 '국민에 의한 지배'라고 한다면, 참여는 진정한 민주주의의 척도가 된다.[22)]

고대 그리스 도시국가에서는 노예와 여자, 외국인을 제외한 모든 시민들이 한자리에 모여 정책결정에 참여하는 직접민주주의를 시행하였다. 그러나 영토국가가 등장하면서 고대 그리스 도시국가에서 실시되었던 직접적인 참여민주주의는 현실적으로 불가능해졌다. 도시 국가가 아닌 영토국가의 방대한 영토와 대규모의 인구는 모든 시민들이 직접 정치에 참여하는 데 필요한 의사소통을 불가능하게 했기 때문이다. 시민들은 기본적으로 한자리에 쉽게 모일 수 있는 가까운 거리에 살고 있지 않을 뿐 아니라, 대규모 산업화로 인

21) *Ibid.,* pp. 98-99.

22) 참여사회연구소 편, 『참여민주주의와 한국사회』(서울: 창작과 비평사, 1997), pp. 15-41.

하여 익명사회(匿名社會)에 살게 된 것이다.[23] 결국 직접민주주의는 이상적인 모델로만 남게 되었으며, 근대 산업사회로 들어서면서 대의민주주의는 현대 대중사회의 불가피한 선택으로 효율적인 제도로서 당연시 여겨지게 되었다.

이와 같이 역사상 고대 그리스 도시국가를 제외하고는 모든 국민에 의한 참여는 이루어지지 않았다. 그러나 1990년대 이후 일반 시민들의 정치에 대한 참여 욕구가 상승되고, 정보통신기술의 발달로 그 동안 직접민주주의를 제약하던 의사소통이 어느 정도 극복됨으로써 전자민주주의가 참여정치의 한 대안으로 주목되고 있다.

전자매체를 통해 이루어지는 일반 국민의 정치참여는 두 가지 형태를 나타내고 있다. 첫 번째 형태는 국민이 사이버공간을 통해 서로 정보를 교환하고 토론을 벌이고, 더 나아가 정부나 정치인과 직접 대화를 나누는 것이다. 두 번째 형태는 전자투표를 통한 직접민주주의의 실현이다.[24]

현재 한국은 첫 번째 형태로서 전자민주주의가 구현(具現)되고 있으나 미국이나 유럽의 일부 도시에서는 국민대표를 선발하는 과정뿐만 아니라 정책결정과정에 디지털 참여를 제고시키는 다양한 방법을 찾고 있다. 또한 행정의 효율성과 투명성 제고를 위한 노력을 기울이고 있다. 미국에서는 이미 1980년대까지 많은 대통령선거조직이 컴퓨터를 이용한 전국적인 조직을 결성하는 노력을 기울였다. 1992년 대통령선거에서 클린턴(Bill Clinton) 진영은 러닝 메이트인 엘 고어(Al Gore) 상원의원의 도움으로 정강정책을 직접 CompuServe에 올려놓았고, 대선후보 중 한 사람인 로즈 페로(Rose Perot)는 그가 대통령에 당선되면 전자시청을 구축하여 시민들이 직접 토론과 사이버 투표에 참여하도록 하겠다고 선언하기도 하였다.

전자민주주의의 시도는 영국에서도 활발하게 전개되었는데 열린 정부(open government) 이념에 따라 중앙정부는 1990년대 초부터 정부의 주요 정보를 국민에게 알리는 열린 정부계획(Open Government Initiative, OGI)을 추진하여 왔다. 또한 유럽 국가들도 유럽연합 차원에서 전자민주주의의

23) 김영래, 『정보사회와 정치』(서울: 오름, 2001), p. 19.
24) 한종수, 『현대정치학의 이해』(서울: 동성사, 2001), pp. 92-94.

구현을 위한 기본계획을 구상하고 이를 구체적으로 실천하기 위한 전략을 수립하고 있다.[25]

정보통신기술의 발달은 그 동안 참여민주주의의 실현에 제약을 가하고 있었던 영토국가의 시간적, 공간적 제약을 해제시켜 주고 있다. 일반 대중들은 디지털 통신매체를 이용하여 직접 공공정책 결정에 참여할 수 있게 되었고, 인터넷을 통하여 정부와 정치인들과 직접대화를 하며, 매체가 제공하는 토론장을 통해서 공적 토론에 참가할 수 있게 되었다. 말하자면, 정보통신기술의 발달이 참여 민주주의를 확장시켜 주고 있는 것이다.[26]

대의민주주의에서 나타나는 문제점은 국민의 참여 부족과 정책결정의 투명성 및 개방성이 미흡하다는 것이다. 이러한 대의민주주의 체제의 위기를 극복하는 대안으로 등장한 전자민주주의는 의사소통에 제약을 주었던 거리·시간의 장벽을 극복함으로써 정책과정에서 국민의 참여와 투명성, 개방성이 제고(提高)될 것으로 예견하고 있다.

대의민주주의 체제에서 일반시민들의 정치불신이 나타나는 것은 정책결정과정에 시민들의 의사가 반영되지 않고 그 과정이 폐쇄적으로 운영될 때 증가한다. 따라서 정책결정과정에 다수의 시민들을 자유롭게 참여시키고 정책결정과정을 투명성있고 공개적으로 운영한다면 일반시민들의 정치불신은 감소할 것이다.

또한 전자민주주의는 대의민주주의에서 발생하는 투표에서의 참여비용으로 인한 투표율 저하, 거대관료제에 의한 정부정보의 독점, 정책의제 형성 및 집행과정에 대한 국민참여의 제한, 각종 이익집단에 의한 정책과정의 왜곡, 수직적·수평적인 의사전달 통로의 개방성 미흡 등의 문제를 해결해 줄 수 있을 것이다.[27] 모든 국민이 개인의 자유를 향유하고 평등한 권리를 보장받는 것은 정치의 핵심이며, 이는 곧 참된 민주주의의 실현이다. 정보기술의 발달에 의한 전자민주주의가 참된 민주주의 실현에 도움이 될 것인가 하

---

25) 김석주, "전자민주주의의 등장배경과 이론적 논의"(한양대학교 지방자치연구소, 2002), pp. 7-8.

26) 김영래(2001), p. 20.

27) 김석주(2002), pp. 4-5.

는 문제는 뒤에서 논의할 것이다.

3. 전자민주주의의 실현가능성

(1) 낙관적 전망

전자민주주의에 대해 낙관적 전망을 하는 이들은 정보통신기술을 이용하여 보다 많은 개인이 다양한 정보에 접근함으로써 국가권력을 감시 혹은 견제하게 된다고 본다. 또한 일반대중들이 인터넷 등 통신매체를 통해 정책결정과정에 참여할 기회가 확대됨으로써 국정운영에 자신들의 견해를 반영할 수 있는 기회가 증가한다고 주장한다. 더욱이 정보기술의 발달로 인해 과거 시간과 공간의 제약으로 인해 불가능하던 직접민주주의가 가능하게 됨으로써 모든 국민이 국정운영에 평등하게 참여할 수 있다고 여긴다.

이와 같이 정보사회에 대해 낙관적인 전망을 하는 이들은 주로 미래학자들에 의해 제기되었다. 토플러(Toffler), 벡커(Backer), 마스다(Masuda), 나이스빗(Naisbitt) 등은 정보사회가 도래하면서 시민들이 직접 정치에 참여하는 원격민주주의(teledemocracy)와 분산화된 정치권력을 통해 사회적 평등이 실현될 것이라고 보고 있다. 이들은 정보사회에서는 의사소통을 제약했던 시공간적 제약이 극복됨으로써 대의민주주의가 불필요해진다는 것이다.

벡커는 정보통신기술의 발달이 직접민주주의 구현의 방안으로 이용되어야 한다고 주장한다. 그는 전자포럼이나 전자공청회 같은 정보의 교환보다도 시민 개개인의 의사표시가 최대한 반영되는 투표행위가 민주주의 구현의 최선의 방안이라고 본다.

토플러는 정보통신기술의 발달과 정보량의 확대와 참여의 간편화 등으로 인하여 민주주의가 기존의 엘리트 중심적인 대의민주주의의 틀을 넘어 변화한 형태를 전자민주주의라고 말한다. 전자민주주의에서는 다양한 통로를 통하여 다양한 인종적, 사회적 주체들이 개성을 가지고 참여하지만 그 전체는 조화를 이루어 더욱 발전된 민주주의 체제를 창출할 것이라는 기대에서 토플러는 이러한 민주주의를 '모자이크 민주주의'(mosaic democracy)라고 불렀다.

이와 더불어 토플러는 정보통신기술을 이용하여 일반국민의 광범위한 정치참여가 가능하게 되는 21세기는 소수 엘리트에 의한 정치보다는 일반대중들이 광범위하게 정책결정에 참여하는 반(半)직접민주주의(semi-direct democracy)의 시대가 될 것이라고 전망한다. 즉, 제3물결 사회에서는 직접민주주의를 제한했던 시간·거리 등 다양한 제약조건이 정보통신기술을 통해 해결됨으로써 시민이 정책결정에 직접 참여할 수 있는 길이 열리게 되었다. 종전에는 전화나 직접 면담으로 가능했던 정치커뮤니케이션이 시간적, 공간적 제약 없이 PC통신이나 인터넷을 이용하여 전자메일을 보내고, 화상회의를 함으로써 상호정보를 교류할 수 있는 토론의 공간으로 활용될 수 있다. 정치의 장이 정보통신매체를 통하여 활발히 논의되는 가상공간은 정보사회를 기점으로 새로운 정치문화로 정착할 가능성이 크다. 따라서 그동안 불가피하게 대의민주주의를 실시해야 했던 기술적 문제들이 해결되어 대의민주주의는 설득력을 잃게 된다고 보고 있다.[28]

그러나 위와 같이 전자민주주의가 대의민주주의, 직접민주주의 대안으로 긍정적 측면에서 활용되기 위해서는 우선 교양 있는 시민들이 존재해야 한다. 다시 말하면, 시민들이 사회의 공공의 문제를 잘 알아야 올바른 정치적 결정을 내릴 수 있고 그래야만 민주주의가 효과적으로 운영될 수 있다. 또 한편으로는 시민들이 정치과정에 적극적으로 참여해야 한다. 시민들이 어떤 공적인 문제를 잘 알고 있다고 해서 반드시 정치과정에 적극적으로 참여하는 것은 아니기 때문이다.

(2) 비관적 전망

정보화 사회에 대해 비관적인 견해를 가지고 있는 이들은 정보화된 사회가 일반 대중들과 엘리트 사이에 불평등적인 요소가 제거되지 않아 평등한 사회가 실현되지 못할 것으로 본다. 이러한 시각을 가진 이들 중에는 정보통신기술의 발달이 정치권력에 의한 개인의 통제를 강화할 것이며, 국민들은 과거보다 더욱 강화된 감시체제 속에서 생활하게 될 것이라고 주장한다.

---

28) 권태환 외, 『정보사회의 이해』(서울: 미래 M&B, 2000), pp. 242-243.

한편으로 이들은 정보화의 진행이 사회 내 불평등을 더욱 악화시킬 것이라고 주장한다. 정보통신 수단에 접근할 수 있는 기회가 사회경제적 상류층에 제한될 수 있기 때문에 모든 사람들이 정보에 보편적으로 접근할 수 없다면, 정보가 일부계층에 집중되는 결과를 가져와 사회 내 불평등은 더욱 심화될 것이라는 것이다.

더욱이 정보사회에서 유통되는 정보의 절대량이 증가한다고 해도 정보획득에 필요한 경제력이나 정보 해독력 등이 개인의 습득 능력에 따라 심각한 차이가 나타날 수도 있다. 정보사회는 정보의 가치가 그 무엇보다도 중요하기 때문에 정보격차에 따른 정치적 영향력의 불균등(不均等) 문제는 심각한 문제이다.

또한 정보사회에서 정보통신기술이 소수에 의해 독점된다면 강력한 감시와 통제의 수단이 될 수 있다. 예를 들어 우리가 관공서의 신청서류에 제출하는 신상정보나 신용카드로 상품을 구매한 거래실적, 전자투표 결과로 얻은 정치성향에 대한 정보 등은 상호 연결되어 개개인에 대한 거대한 데이터베이스를 만들어 낼 수 있다. 정보통신기술의 발달이 정책결정에서 효율성을 가져올 수 있지만 반대로 감시의 간편성과 효율성을 극대화(極大化)시키는 것이다.29)

또 다른 비판적 시각에서는 전자민주주의가 직접민주주의의 위험요소를 증가시킬 것으로 본다. 전자투표와 같이 정보통신망을 이용하여 정치과정에서 전자기술을 사용하여 버튼 하나로 쉽게 일반국민들의 의견을 너무 쉽게 묻는다면, 대중의사결정이 사안에 대한 진지한 논의 과정을 소홀히 하여 감정적인 의사판단을 할 가능성이 있다.30)

아터튼(Arterton)은 정보통신기술의 발달이 시민참여의 증가를 가져오지 않을 것이며, 시민참여가 활성화된다 해도 대의 민주주의가 직접민주주의로 대체되는 것이 아니라 사이버공간을 이용하여 대의 과정이 활성화되는 것일 뿐이라고 주장한다. 그는 일반국민들이 집안에서 버튼을 눌러 신속

---

29) *Ibid.*, pp. 244-247.

30) 이유진, "PC통신, 인터네트와 한국의 전자민주주의의 가능성에 관한 고찰," 『한국정치학회보』, 31호(한국정치학회 1997), p. 147.

하게 정책의 찬반을 결정하는 직접민주주의 형태가 아니라, 정책결정을 하기 전에 충분한 사고를 할 수 있도록 다양한 정보와 토론의 기회를 제공하는 것이 전자민주주의의 핵심이라고 주장한다.[31]

대의민주주의의 책임성 결여에 대한 비판과는 대조적으로 정치가들은 이미 텔레비전, 신문, 여론조사 등에 지나치게 민감하고 이익집단은 정부에 대해 과도한 영향력을 행사하려 한다. 전자민주주의의 시대에는 이러한 현상이 더욱 심화되리라는 우려이다. 이러한 비관론에 의하면 첨단 정보통신망은 대중의 의견이 즉각적으로 수집, 표출될 수 있기 때문에 신중한 토론과 협의의 과정을 거치지 않은 의견이 난무(亂舞)할 위험이 있다고 본다.[32]

전자민주주의가 참여정치를 확대시킬 수 있다는 낙관적 전망이 있다고 하더라도 안전장치가 보장되지 않은 전자민주주의는 독단적(獨斷的)이고 무책임한 다수의 횡포로 전락할 가능성과 불필요한 소모적 쟁점에 지나치게 집착할 가능성을 배제할 수 없다. 즉흥적이고 비윤리적인 유권자들이 특정이익을 주장하거나 감정적으로 의사결정에 영향력을 미치려 한다면 오히려 전자민주주의는 정치발전에 역행(逆行)하는 결과를 가져오기 때문이다.

(3) 전자민주주의의 평가

앞서 살펴본 바와 같이 정보화된 사회는 시간과 공간의 제약을 벗어나 과거의 상하 수직적이면서도 일방적인 의사소통이 아닌 쌍방향 의사소통을 가능하게 하고 있다. 정보통신기술의 발달과 인터넷의 빠른 확산은 참여민주주의를 확대시켜 현재 실행되고 있는 대의민주주의의 한계를 보완하며 직접민주주의 시대가 될 것으로 기대되고 있다. 정보통신기술의 발달로 인한 쌍방향 커뮤니케이션의 활성화와 고속·대량 정보유통 확산은 새로운 민주주의 모델 등장의 가능성을 보여준다. 그러나 그렇다고 전자민주주의로 인하여 가까운 미래에 대의민주주의가 사라지고 직접민주주의나 반(半)직접민주주의의 시대가 도래하지는 않을 것이다. 더욱이 정보통신기술의 발달이 모든 국가에서 정치과정에서 투명성 및 참여의 확대를 가져오지는 않는

31) 김석주(2002), p. 6.
32) 이유진(1997) p. 147.

다는 것이다.

현실적으로 일반시민들은 자신들의 생활을 영위해 나가야 하기 때문에 정치에 적극적으로 참여하지 못할 수 있다. 사회가 발달하고 다변화(多變化)되고 복잡해짐에 따라 개인이 관심을 갖고 참여할 수 있는 분야는 제한되어 있다. 정보사회에서도 일반 국민들은 자신과 관련된 사회문제를 제외한 일반적인 정치상황에 대해서는 관심이 없을 수 있다. 모든 국민들이 모든 정치적 사안에 관심을 갖고 정책결정에 참여할 수는 없기 때문에 정보사회에서도 대의민주주의는 불가피하다.

따라서 전자민주주의 실현을 위해서는 우선 국민들의 적극적인 참여가 이루어져야 한다. 일반국민들이 적극적인 참여의식을 가지고 사이버 공간을 활용하여 정책결정자들에게 국가정책에 대한 의견을 제시하고 토론을 하지 않으면 전자민주주의의 성과를 기대하기는 어렵다.

다음으로는 정보 불평등의 문제가 해결되어야 한다. 앞서 정보통신기술의 발달이 오히려 정보에 대한 불평등한 접근으로 사회 내 불평등이 심화되고 통제가 강화될 수 있다는 것을 살펴보았다. 따라서 모든 사람들이 전자수단에 대한 접근이 이루어지지 않은 상황에서 정부가 정책을 결정하는데 전자적인 수단에 의한 결과에 의존한다면 사회 전체의 이익을 제대로 반영하지 못하는 결과를 낳을 수 있다. 그렇기 때문에 모든 사람들이 정보기술에 대한 접근이 이루어질 때 전자민주주의가 가능하다.[33]

전자민주주의가 민주주의체제에서 시민들의 정치참여를 이끌어 내고 우리 사회에서 긍정적으로 작용할지는 계속적인 논의를 통해서 지켜봐야 할 것이다. 그리고 무엇보다도 중요한 것은 우리가 전자민주주의 제도가 좋고 나쁨을 떠나 참된 민주주의 실현에 도움이 될 수 있다면 제도적으로 보완하면서 인간의 삶의 질을 향상시켜 나가도록 해야 한다는 것이다.

---

33) 김석주(2002), pp. 8-9.

***

민주주의는 오늘날 일상생활에서 너무나 익숙하게 사용하고 있어 그 의미를 알 필요도 없이 누구나 민주주의에 대하여 알고 있는 착각을 느끼기도 한다. 그러나 진정한 민주주의는 제도로서뿐만 아니라 인간존중을 위한 원리가 전제(前提)되어야 한다.

지금까지 민주주의에 대하여 살펴본 바와 같이 민주주의는 국민에 의한 정치로 국민의 참여를 중요시 하고 있다. 모든 국민이 국정운영에 참여를 한다는 것, 참정권을 가진다는 것은 각 개인 모두가 존엄성을 가진다는 인간존중에서 출발하는 것이다. 인간존중을 실현하기 위해서는 또한 자유와 평등이 보장되어야 한다. 자유와 평등은 상대적(相對的)인 개념으로 어느 것을 많이 추구하다 보면 다른 것이 위협을 받는 측면이 있기 때문에 자유와 평등은 상호보완적(相互補完的)으로 인간존중을 실현하기 위한 하나의 수단으로 이해되어야 한다.

이렇게 인간존중정신을 바탕으로 한 민주주의는 고대 그리스 시대부터 현대에 이르는 동안 꾸준히 발달되어 왔으며, 전세계적으로 확산되고 있다. 고대 아테네의 민주주의는 이상적인 직접민주주의였지만, 여자, 노예, 외국인에게는 참정권이 부여되지 않은 제한된 민주주의였다. 오늘날의 민주주의는 국토와 인구의 방대함으로 직접민주주의를 하지는 못하지만 모든 국민들이 참정권을 획득함으로써 사회 구성원으로서 존엄성을 가지고 대의제를 통하여 국가정책에 참여할 수 있게 되었다. 더욱이 정보통신기술의 발달로 인해 민주주의는 직접민주주의의 실현에 대한 기대가 높아지고 있으며, 현재 인터넷과 같은 통신매체로 인해 일반 대중들의 정치참여가 높아지고 있다.

무엇보다도 민주주의 사회에서 중요한 것은 각 개인을 존중하는 사회가 되어야 하며, 이성에 의해 동의를 얻어 다스려지는 사회가 되어야 한다. 이를 위해서는 국민의 공공이익 또는 공공선을 고려하여 문제해결에 대한 합의와 동의가 이루어져야 한다.

참고문헌

Ⅰ. 한국문헌

강근복, "전자민주주의의 상: 유형과 가능성," 『지역개발논총』(충남대학교 지역개발연구소, 2003).

권태환 외, 『정보사회의 이해』, 서울: 미래 M&B, 2000.

김석주, "전자민주주의 등장배경과 이론적 논의"(한양대학교 지방자치연구소, 2002).

김영래, 『정보사회와 정치』, 서울: 오름, 2001.

김우태 외, 『정치학의 이해』, 서울: 형설출판사, 2000.

신승권 · 이범준, 『정치학』, 서울: 박영사, 1986.

오명호, 『현대정치학이론 Ⅱ』, 서울: 박영사, 2004.

오스틴 래니, 권만학 외 역, 『현대 정치학』, 서울: 을유문화사, 1994.

이극찬, 『정치학』, 서울: 법문사, 2000.

이유진, "PC통신, 인터네트와 한국의 전자민주주의의 가능성에 관한 고찰," 『한국정치학회보』, 31호(한국정치학회, 1997).

전득주, 『자유민주주의와 사회주의 비교』, 서울: 행림출판, 1991.

참여사회연구소 편, 『참여민주주의와 한국사회』, 서울: 창작과 비평사, 1997.

한국정치학회 편, 『민주주의론』, 서울: 종로서적, 1985.

한종수, 『현대정치학의 이해』, 서울: 동성사, 2001.

Becker, C., *Modern Democracy*, 마상조 역, 『민주주의란 무엇인가』, 서울: 종로서적, 1980.

Bryce, James, *Modern Democracies*, 서석순 역, 『현대민주정치론』, 서울: 문교부, 1958.

Haynes, Jeff, 장성호 역, 『위기의 제3세계 정치론』, 서울: 학문사, 1996.

Laski, H. J., *Liberty in the Modern State*, 이상두 역, 『근대국가에 있어서의 자유』, 서울: 범우사, 1975.

Ⅱ. 외국문헌

Dewey, John, *Democracy and Education, An introduction to the philosophy of Education*, New York: Free, 1916.

Fukuyama, F., *The End of History and the Last Man,* London: Hamish Hamilton, 1992.

Rejai, M., *Democracy: The Contemporary Theories*, New York: Athton Press, 1967.

제 4 부

정치과정

제 8 장　정당과 선거
제 9 장　이익집단 · NGO · 여론
제10장　의　　회

제8장 정당과 선거

성 장 환*

Ⅰ. 정당과 선거의 중요성

복수정당의 존재와 민주적인 선거운영은 국가의 민주주의 수준을 가늠하는 중요한 잣대가 된다. 우리나라에서 정당을 중요한 연구대상으로 인식하게 된 것은 선거를 통한 정권교체가 현실화되면서부터였다.

1980년대까지만 해도 독재타도와 민주화가 우리 정치의 가장 큰 화두였다. 민주화과정의 중요 역할자는 정당이라기보다 김영삼과 김대중이라는 개별정치가였다. 1990년대에 와서 민주주의의 공고화가 어느 정도 이루어지고 또 정당을 통한 정권교체의 가능성이 어느 때보다도 커지자 정당에 대한 관심이 점점 높아지게 되었다.[1] 또한 냉전체제 종식과 함께 동유럽 공산국가들에서 민주화가 진행되었다. 이에 따라 이들 국가에서도 다양한 정당이 설립되고 또 정당과 선거에 대한 관심이 높아졌다.

그런데 민주주의국가에서 정당의 역할이 점점 중요하게 인식되고 있지만, 정당의 역할에 대한 비판이나 실망감도 커지고 있다. 정당지도자 충원과정의 비민주성, 국민의 의견수렴 및 반영의 미흡함, 정당의 관료화와 부패 등으로 인해 정당정치가 위기를 맞고 있다.

선거에서 정당의 후보를 정치지도자로 선출하는 목적은 국민의 요구와 바람을 적극적으로 수렴하여 국정에 반영하도록 하기 위함이다. 그렇지만 이들이 당선된 후에는 국민의 의사를 경시하거나 무시하고, 주로 소속 정당이나 개인의 이익을 대변하는 사례를 많이 볼 수 있다. 또한 정치인 가운데

---

* 대구교육대학교 윤리교육과 교수.

1) Mair, P., *Party System Change: Approaches and Interpretations*(Oxford: Oxford University Press, 1997), 김일영 외 역, 『정당과 정당체계의 변화: 접근과 해석』(서울: 오름. 2011), pp. 7-8 참조.

는 전문지식이나 능력이 부족한 사람이 선출되는 경우가 있다. 물론 이 경우 무능한 후보에게 표를 던진 국민의 책임도 있으나, 이러한 문제도 정당정치의 문제점이라고 지적할 수 있다. 2011년 서울시장 보궐선거에서 무소속 박원순 후보의 당선과 2012년 대통령선거에서 보여준 무소속 안철수 후보의 활동 등이 기존정당에 대한 불신과 정당정치의 위기를 나타낸 단적인 예라 할 수 있다.

그럼에도 대의제 민주주의국가에서 정당의 존재를 외면하면서 정치를 논하기는 어렵다. 아래에서 살펴보겠지만, 정치지도자를 충원하고 국민의 요구를 수렴해 갈등을 줄이고 해결하는 정당의 존재는 여전히 유효하다고 생각된다.

정당은 선거경쟁의 주체이며, 선거제도는 선거경쟁의 규칙이다.[2] 모든 공직후보자에게 공평하게 적용되는 선거제도를 마련하기 어렵지만, 공직자를 선출하는 선거제도는 가능한 한 모든 경쟁자에게 공평하게 운영되어야 한다.

Ⅱ. 정당과 정당제도

1. 정당의 필요성

대의제 민주주의 하에서는 대통령이나 국회의원 등 선거에서 선출된 사람들이 민의(民意)를 대변한다. 이들이 국민의 바람을 국정에 반영하면서 국정을 주도해 나간다. 국민이 원하고 바라는 것이 곧 여론이다. 여론을 결집시키고 조직화시키는 주체가 바로 정당이다.

국민의 대표가 되어 국정을 이끌어 가고자 하는 사람은 선거에 나서야 한다. 선거에 출마하는 사람은 정당과 무관하게 무소속으로 입후보할 수 있으나, 일정한 조직을 통해 선거에 참여하는 것이 보다 효율적이다. 이념과

2) 김광수, 『선거와 정당』(서울: 박영사, 2002), p. 9.

생각이 비슷한 사람들끼리 모임을 만들어 그들이 추구하는 바를 밝히고 이를 통해 국민의 지지를 얻기 위한 조직이 생겨나게 되었다. 이러한 점을 바탕으로 전국적 연결망을 가진 정당이라는 정치조직이 만들어졌다.

선거에서 정당후보를 당선시키기 위해 경쟁하는 과정에 정당조직이 확대·강화되었다. 정당은 이제 선거과정에서 핵심적 역할을 수행하는 주체가 되었다. 선거에서 정당후보자의 정견이나 정책 제시는 후보 개인의 공약일 뿐만 아니라 그 후보 소속정당의 공약이라 할 수 있다.

정당이 어떠한 상황에서 출현했는지, 그 배경을 몇 가지로 나누어 간략히 살펴보면 다음과 같다.[3]

첫째로, 의회와 선거제도가 발전함에 따라 정치적 파벌(派閥)이 정당으로 발전되었다는 주장이다. 정당설립의 주요 요인은 의회의 발전과 선거권의 확대라고 할 수 있다. 하지만 당시의 정당은 국민의 바람을 반영하기 위한 것이라고 하기보다 기존 정치지도자의 기득권유지를 위해 만들어졌다.

둘째로, 역사적 상황변화에 따라 출현했다는 주장이다. 즉, ① 현 통치자가 정통성 위기에 몰리자 일부 정치가들이 통치자에 대항하고자 정치조직을 구성할 때, ② 시대적 상황변화와 함께 새로 등장하는 계층의 정치참여 욕구가 클 때, 그리고 ③ 영토의 통합이나 민족의 결합으로 인해 그 지역 혹은 민족의 이익을 대변해야 할 때, 정당이 출현했다는 것이다.

셋째로, 근대화가 진행되는 과정에서, 특히 기업가나 전문가계층 등 새로운 사회집단의 등장으로 국민의 정치참여가 높아져 정당이 출현했다는 주장이다. 이것은 민주화과정에 있는 국가들에서 기존의 정당 외에 새로운 정당의 성립을 설명하는데 어느 정도 유효하다.

때때로 정당에 대한 불신이나 정당의 부패 등으로 인해 정당정치의 위기를 가져오기도 했지만, 정당이 대의제 민주주의국가에서는 있어야만 하는 필수요건으로 인식되고 있다.

---

3) 최한수, 『현대정당론』(서울: 을유문화사, 1995), pp. 134-145 참조.

2. 정당의 개념

근대정당은 선거를 통한 정치지도자의 충원, 선거권의 확대, 언론의 자유 및 집회·결사의 자유 등 대의제 민주주의를 뒷받침하는 여러 제도가 정착되어 가는 과정과 더불어 발전하였다. 정당의 본래 의미는 라틴어의 'pars', 즉 '일부분'이라는 말에서 나온 것이라고 한다. 그래서 어원상으로 보면 정당은 '전체 안의 일부'라는 뜻을 가지고 있다.[4] 따라서 정당이 하나뿐인 국가에는 그 정당이 사실상 전체이므로 진정한 의미의 정당이 존재한다고 할 수 없다.

정당이라는 개념을 몇 가지로 나누어 정리해 보면 다음과 같다. 첫째, 정당은 부분적 조직이다. 정치적 신념이나 의견에 따라 그에 맞는 여러 정당이 만들어지게 된다. 둘째, 자주적·계속적 조직이다. 정당은 특정한 정치권력의 자의적 힘에 의해서가 아니라 국민의 자유의사에 따라 자주적으로 만들어진 조직이다. 선거 시기에 한시적으로 결성된 조직이 아니라 계속적으로 유지되는 조직이다. 셋째, 정당은 선거에 이겨 정권을 잡아 공약을 실현하는 조직이다. 정당은 국민의 지지를 얻기 위해 공약을 제시하고, 정권을 잡은 정당은 공약실현을 위해 최선의 노력을 다해야 한다.[5]

요약하자면, 정당은 비슷한 정치적 이념과 생각을 가진 사람들이 모여 선거에서 승리하기 위해 자주적·계속적으로 활동하면서 그들이 뜻한 공약을 실현시키고자 하는 정치조직이라고 정의할 수 있다.

3. 정당의 발전과정에 따른 정당유형

정당의 발전과정에 따른 정당의 유형은 다음 네 가지로 구분된다. 첫째, 간부정당(cadre party) 둘째, 대중정당(mass party) 셋째, 포괄정당(catch-all party) 그리고 넷째, 담합정당(cartel party)이 그것이다.[6] 이들 유형에 대

---

4) 이극찬, 『정치학』(서울: 법문사, 2005), p. 358.
5) *Ibid.*, pp. 358-360 참조.

해 구체적으로 살펴보기로 한다.

첫째, 간부정당이다. 간부정당은 19세기 말경 보통선거제가 도입되기 전에 존재하던 정당유형으로서, 재산과 교양을 가진 중산계급 중심으로 조직된 정당이다. 이것은 정치적 목표를 위해서보다 개인적 친분이나 지연 등과 같은 비정치적 요인에 따라 모인 집단이었다. 정치자금은 주로 소수의 부유한 후원자의 몫이었다. 당시 간부정당은 집권당으로 존재했기 때문에 국가재정을 자기정당에 유리하게 활용할 수 있었다.[7] 당규(黨規)가 있어 외형적으로는 대중정당과 유사한 조직을 가지고 있었으나, 당원의 가입절차가 비공식적이었고, 당비(黨費)도 정기적 납부가 아닌 수시 기부형태를 많이 띠고 있었다. 따라서 간부정당은 근대적 의미의 정당요건인 정당의 이념, 조직, 당원 등을 갖추지 못한 원시적 형태의 정당이었다.

둘째, 대중정당이다. 대중정당은 20세기 초 보통선거권 확립으로 선거권이 확대되자, 이와 함께 등장한 정당유형이다. 간부정당이 지지자의 질에 의존하였다고 한다면, 대중정당은 지지자의 수에 의존했다고 할 수 있다. 당원에 대한 교육은 당 엘리트 충원을 위한 것이며, 당의 재정은 정기적으로 납부하는 당원의 당비로 충당하는 것을 원칙으로 하였다. 대중정당에는 당원의 자격, 권리, 의무 등의 규정이 명확히 규정되어 있었으며, 당원가입은 공식적인 절차를 통해 이루어졌다.

원외조직으로 출발한 대중정당은 의회에 진출하여 유력한 원내정당이 되거나 더 큰 세력을 얻어 집권당이 되는 것을 일차적 목표로 삼았다. 대중정당은 사회 전체가 아닌 일부 집단의 이익을 표방한 계급정당의 성격을 가졌다. 그래서 이들 정당의 소속의원은 자기 조직의 이익을 우선적으로 고려하였다. 이러한 정당의 주장은 강령으로 표출되었다.[8] 대중정당의 조직은 간부정당의 의회 중심 조직과는 달리, 전국적인 지구당 망(network)을 가지며 이를 중앙당이 관리・통제하였다.

정당의 후보가 선거를 통해 대표로 선출되며, 이들 대표가 정부를 구성

6) 김광수(2002), p. 59.

7) *Ibid.*, pp. 61-62 참조.

8) *Ibid.*, p. 64.

하게 되므로 국민에게 책임지는 정부가 탄생하게 된 것이다. 하지만 대중정당은 특정한 계층이나 집단의 이익을 대변하는 측면이 강하게 남아 있었던 정당이라 할 수 있다.

셋째, 포괄(包括)정당이다. 1950~60년대에 와서 대중정당을 대신해 포괄정당이 등장하게 되었다. 포괄정당은 정당이 선거에서 이기기 위해 어떤 집단이나 계층을 대변하던 것을 넘어 모든 국민에게 지지를 호소하는 정당을 말한다. 포괄정당은 일차적으로 선거에 이기는 것을 목표로 하기 때문에 특정한 집단의 이념추구나 이익대변보다 다양한 집단의 이익을 대변하는 정책이나 강령(綱領)을 만들었다. 그래서 가능한 한 많은 유권자의 지지를 얻기 위해 여론조사, TV홍보 등 새로운 홍보기술의 중요성을 강조했다.

포괄정당은 대중정당과 같이 당원을 기본으로 하지만, 당원의 동질성이나 당원만의 이익을 공개적으로 대변하지 않는다. 일부 계층이나 집단의 이익을 주장했을 경우, 선거에 승리하기 어렵기 때문이다. 포괄정당에서는 정당과 당원 혹은 지지자 사이의 유대감이 강하지 않다. 그래서 정당이 제시하는 공약이나 이념은 유권자들에게 정체감이나 유대감을 강하게 주지 못했다. 정당은 선거 때마다 유권자의 지지를 얻기 위한 적극적 선거운동을 해야 했다.[9] 포괄정당은 자기 정당의 기반이 되는 이념이나 지지계층의 입장도 어느 정도 고려하지만 모든 국민의 이익을 위한 대변자로서의 역할을 더 중시하는 중재자적 조직이라 할 수 있다.

넷째, 담합(談合)정당이다. 포괄정당의 뒤를 이어 1970년대와 80년대를 거치면서 담합정당이 등장하게 되었다. 서유럽의 경우, 포괄정당의 등장과 함께 심각한 정당존재위기를 경험하였다. 유권자들의 정당일체감 약화, 그에 따른 정당의 사회적 기반약화로 정당이 재정적 어려움을 겪게 되었다. 이러한 어려움을 이겨내는 방안으로 서유럽정당은 국가에 의존하는 방향으로 나가게 되었다. 다시 말해, 정당은 국가의 국고보조금을 새로운 재정기반으로 삼게 되었고, 정당에 대한 국가보조금은 급격히 늘어났다.[10]

이제 정당은 정당활동에 필요한 자금을 지지자로부터 찾기보다 국가의

9) 심지연, 『현대정당정치의 이해』(서울: 백산서당, 2003), p. 188.
10) *Ibid.*, pp. 188-189 참조; 김일영 외 역(2011), pp. 138-148 참조.

정당보조금에서 찾으려는 노력을 강화하게 되었다. 이와 함께 대의제 민주주의가 발달한 국가에서는 어떤 정당도 어느 정도 세력을 형성하면 집권할 수 있는 가능성을 가지게 된다. 그래서 정당은 서로 담합을 통해 상호공존을 모색하면서 정당활동을 전개해 나가게 된 것이다. 서유럽 국가들에서 많이 나타나는 연립정부 구성이 정당 간 공존모색의 한 예라 할 수 있다.

그런데 이 담합정당은 두 가지 문제점을 가지고 있다. 하나는, 집권당과 반대당의 차이가 명확하지 않으므로 국민의 정부통제능력이 약화된다는 점이다. 어떤 유력한 정당을 택하더라도 정당 간 차이가 별로 없다면 선거를 통한 국민의 정부통제능력은 감소될 수밖에 없다. 이는 국민의 심판에 의해 정당이 퇴출되지 않을 가능성이 크기 때문에 정당이 오만해지거나 국민을 무시하게 될 수 있다. 다른 하나는, 담합정당의 출현으로 정당지도자가 국민과 국가를 위한 지도자로서의 소명의식보다 단순한 정치가라는 전문직업인 의식을 더 가지는 경향이 있다는 점이다.[11)]

4. 정당의 기능

위에서 언급했듯이, 정당은 비슷한 정견을 가진 사람들이 정권획득·유지와 공통의 정치적 목적을 달성하기 위해 만든 자주적·계속적 조직이다. 현재 민주주의 국가에는 다양한 정당이 존재하고 있다. 이들 정당이 가지고 있는 이념이나 정견이 다양하지만 수행하고 있는 기능은 유사하다. 정당이 수행하고 있는 기능을 순기능과 역기능으로 나누어 살펴보고자 한다.

먼저 정당의 순기능으로 ① 정치권력에 대한 정당성 부여, ② 정치적 충원, ③ 사회적 갈등의 수렴 및 조정, ④ 정치 사회화, ⑤ 정치참여 기회의 확대 등을 들 수 있다. 이러한 순기능을 좀 더 자세히 알아보기로 한다.

첫째, 정당은 정치권력에 정당성을 부여하는 기능을 가진다. 선거에서 승리한 정당후보자가 정권을 잡고 일정 기간 정부를 운영하게 된다. 집권한 정당은 선거과정을 통해 국민의 주권을 위임받으며, 이를 통해 정부의 정당

---

11) 김광수(2002), pp. 79-80 참조.

성이 확보된다.12) 물론 이러한 정당성을 확보하기 위해서는 자유로운 정당활동이 인정되고 정당 간 자유롭고 공정한 선거과정이 보장되어야 한다. 1980년대 중반까지 집권한 우리나라의 권위주의정부가 정당성 확보에 실패한 주요 원인 중 하나는, 가장 많은 지지를 받은 정당의 지도자가 권력을 잡았음에도 자유로운 정당활동과 선거과정이 보장되지 못했기 때문이다.

둘째, 정당의 정치적 충원기능을 들 수 있다. 정당은 유능한 정치지도자를 양성하여 공직을 담당할 인재를 충원한다. 정당이 선택한 대통령 후보나 국회의원 후보를 선거에 나서게 하여 유권자의 심판을 받게 한다. 선거를 통해 당선된 후보자는 정치적 엘리트의 지위를 가지게 된다. 정당 외에 학교나 시민단체에서도 정치적 엘리트를 양성하는 기능을 일부 수행하고 있으나, 직접적으로 정치를 담당할 인재를 양성하고 충원하는 데는 정당이 가장 적합하다고 여겨진다.

셋째, 사회적 갈등을 수렴하고 조정하는 기능을 한다. 사회가 다원화되고 다양화됨에 따라 집단, 계층, 지역 등을 둘러싸고 여러 가지 갈등이 나타나게 된다. 이러한 갈등은 특히 선거과정을 통해 표출된다. 다양한 갈등의 표출로 국민이 무엇을 원하는지 그리고 어떤 점에 관심을 갖는지 알 수 있다. 하지만 지나치게 갈등이 확산되는 것은 바람직하지 못하다. 정당은 선거과정을 통해 여러 계층이나 집단에서 표출되는 갈등을 적절히 수렴하고 조정하는 기능을 한다.

넷째, 정당의 정치 사회화기능을 들 수 있다. 사회화란 사회구성원이 그 사회에 잘 적응해 생활할 수 있도록 살아가는 방법을 익히는 것을 말한다. 국민은 정당이 하고 있는 다양한 활동을 보면서 정부의 역할을 알 수 있게 된다. 특히 선거과정을 통해 국민은 실제로 정치가 무엇인지, 정당후보는 어떻게 선출되는지 그리고 국민의 여론이 어떻게 반영되는지 등을 정당을 통해 상당 부분 배우게 된다.

다섯째, 정치참여 기회의 확대를 들 수 있다. 일반적으로 정치사회화의 수준이 높으면 국민의 정치참여도가 높게 나타난다. 정당은 정치사회화를

---

12) 심지연(2003), pp. 182-183 참조.

통해 일반 국민의 정치이해도를 확장시키며, 이와 함께 정치참여도를 높인다. 또한 국민이 직접 정당활동에 참여하지 않더라도 정당은 보다 많은 사람이 투표라는 중요한 정치참여 기회에 동참하도록 독려한다.

다음으로 정당의 역기능으로 ① 정당의 과두화, ② 정당의 관료화, ③ 선거과정의 독점화, ④ 정당의 내부문제[13] 등을 들 수 있다. 이를 간략히 살펴보면 다음과 같다.

첫째, 정당의 과두화 문제이다. 정당에는 다수의 당원과 소수의 정당지도자가 존재한다. 일부 지도자가 정당의 중요한 의사결정을 좌지우지하기 때문에 정당이 과두화되는 경향이 있다. 그래서 정당이 일부 실권자(實權者) 중심으로 운영되는 경우가 많으며, 따라서 정당운영이 비민주적으로 이루어질 때가 있다.

둘째, 정당의 관료화 문제이다. 정당이 국민의 바람을 적절히 수렴하지 않고 독단적으로 정책결정을 할 때가 있다. 또한 행정부와 사법부에 대해서도 정당이 오만한 태도를 보이는 경우도 있다. 이는 정당이 관료화되어 국민에게 봉사하는 정당이 아니라 국민을 지배하는 정당으로 변했기 때문이다.

셋째, 선거과정의 독점화 문제이다. 선거 때 기존정당끼리 협의를 통해 무소속후보에게 불리한 규정을 만들어, 정당후보에게 유리하도록 일종의 진입장벽 장치를 마련할 때가 있다.

넷째, 정당의 내부문제이다. 당권을 장악하기 위해 당권파와 비당권파 간에 과도한 경쟁이 발생하는 경우가 있다. 이럴 때 정당은 국민을 위한 정치집단이라기보다 당권장악을 위한 정치인 집단이라는 국민의 따가운 비판을 받게 된다. 이는 국민의 정당에 대한 불신과 정당정치에 대한 회의론(懷疑論)으로 연결되기도 한다.

5. 정당제도

정당제도는 정당의 수와 규모에 따라 일당제(single-party system), 일당

13) 홍득표, 『정치과정론』(서울: 학문사, 1999), pp. 330-331 참조.

우위제(dominant party system), 양당제(two-party system), 그리고 다당제(multi-party system) 등으로 분류된다. 아래에서 이들에 대해 살펴보기로 한다.

(1) 일당제

일당제(一黨制)는 한 국가에 정당이 하나만 존재하거나, 여러 정당이 있다 하더라도 실질적으로는 한 정당만이 정당으로서의 역할을 하는 제도를 말한다. 역사적으로 볼 때, 제2차 세계대전 이전 독일의 나치스당과 이탈리아의 파시스트당, 그리고 제3세계 독재국가들의 정당 등이 이에 해당된다. 이들 일당제 국가에서는 집권정당이 실질적 권력을 가지고 있어 의회는 사실상 형식적 대의기구에 불과하다. 국회의원선거의 경우에도 집권당이 거의 모든 의석을 독점하다시피 할 정도로 후보 간 실질적 경쟁이 없다.

일당제 국가에서는 집권당이 정부를 지배하고 있기 때문에 집권당이 곧 정부라고 해도 과언이 아니다. 이들 국가의 집권세력은 정치권이 앞서서 국민을 이끌어 나가야 국가경제를 발전시킬 수 있기 때문에 일당제를 유지해야 한다고 주장한다.

(2) 일당우위제(혹은 패권정당제)

일당우위제(一黨優位制)는 한 정당이 지배적 우위를 가지고 있지만, 다른 정당의 존재를 허용하면서 이들의 정당활동을 어느 정도 인정하고 있는 제도를 말한다. 지배적 권력을 가지고 있는 정당은 보통 장기간에 걸쳐 정권을 잡는다.

멕시코의 경우, 1929년에 설립된 제도혁명당의 대통령후보는 1994년까지 한번의 예외도 없이 대통령으로 당선되었다. 국민행동당과 같은 야당이 여러 개 있었으나 집권여당이었던 제도혁명당은 야당의 선거참여를 정통성을 강화하는 데 이용하였다. 그리고 1965년부터 1973년까지 터키의 경우에도 일당우위제가 유지되었다.

(3) 양당제

양당제(兩黨制)는 두개의 유력정당이 대등하게 경쟁하면서 두 정당 가운데 한 당이 독자적으로 집권하는 경우를 말한다. 대체로 두 유력정당이 번갈아 가며 정권을 담당하게 된다. 여러 개의 중소정당이 존재하지만 이들의 세력은 두 거대정당과 비교해 볼 때 상당히 약하다. 일반적으로 양대 정당이 총선에서 획득하는 득표율을 합치면 90%를 넘지만, 한 정당의 득표율이 55~60%를 넘지 못한다.14)

대표적인 양당제 국가가 미국과 영국이다. 미국에서는 공화당과 민주당이 대 정당으로서의 위상을 가지고 있으므로 다른 야당의 집권 가능성은 사실상 없다. 영국에서는 노동당과 보수당 이 두 정당이 번갈아 집권하면서 양당제가 유지되고 있다.

양당제의 장단점을 살펴보면 다음과 같다. 먼저 장점으로 첫째, 일반적으로 의회 과반을 차지하는 정당이 있으므로 집권정당은 예산문제나 법률 제정 등의 국가정책을 원활하게 수행할 수 있다. 둘째, 정국이 안정된다. 셋째, 국민이 각 정당의 공약이나 정책을 쉽게 이해할 수 있다. 넷째, 양대 정당의 정책이 극단적인 방향으로 가기보다 수렴되는 경향을 보이며 비교적 일관성을 가진다.

양당제의 단점은 다음과 같다. 첫째, 국민의 정당선택 폭이 상대적으로 좁아진다. 둘째, 다양한 국민의 의사를 반영하기 어렵다. 셋째, 양당의 대립이 첨예화될 때 중재가 어려울 수 있다.

(4) 다당제

다당제(多黨制)는 두 개 이상의 정당이 경쟁하면서 여러 정당후보가 의회를 구성하는 제도를 말한다. 다당제의 대표적인 국가는 프랑스, 이탈리아, 네덜란드 등이다.

다당제의 장단점을 살펴보면 다음과 같다. 먼저 장점으로 첫째, 정당의 선택 폭이 넓다. 둘째, 다양한 국민의 의사를 국정에 반영할 수 있다. 셋째, 다당

---

14) 신명순, 『비교정치』(서울: 박영사, 1999), p. 238.

제 하의 정당은 양당제 정당보다 정당의 정책이나 정강이 더 차별화된다.

다음으로 다당제의 단점을 살펴보면 첫째, 작은 정당의 난립으로 정국이 불안해 질 수 있다. 둘째, 연립정부가 수립되었을 때 정부가 강력한 정치력을 발휘하기 어렵다. 셋째, 연립정부가 정책을 펼칠 때 책임소재를 밝히기 어렵다.

6. 우리나라 정당정치의 문제점과 대처방안

1948년 정부수립 이후 지금까지 여러 정부를 거치면서 정당정치의 명맥이 유지되고 있다. 서유럽에 비해 우리의 민주주의 역사가 짧기 때문인지, 우리의 정당은 아직 여러 가지 면에서 국민의 기대에 미치지 못하고 있다. 아래에서 우리나라 정당정치의 문제점과 대처방안을 함께 살펴보기로 한다.

첫째, 지나친 지역주의현상을 들 수 있다. 지역주의는 지역 간 갈등을 심화시키고 국민화합을 저해하는 요인으로 작용한다. 최근 선거과정을 보면, 국민의 후보자 선택기준이 지역을 기본으로 하면서도 이념이나 정책 등을 고려하는 방향으로 조금씩 바뀌고 있다. 이는 지역주의현상이 개선되는 조짐의 하나라고 여겨진다. 그렇지만 정치사회적 상황에 따라 지역주의바람이 강하게 불 수 있는 여지가 여전히 남아있다. 지나친 지역주의는 국민통합을 저해하며 우리의 정치발전에 걸림돌이 된다. 따라서 정치권과 국민이 함께 과도한 지역주의현상을 줄이거나 없애는 노력이 꾸준히 요구된다.

둘째, 정치자금 문제를 들 수 있다. 정당이 조직을 유지하면서 선거에 참여하므로 당연히 돈이 든다. 정책개발비, 홍보비, 인건비, 그리고 사무실 유지비 등 상당한 자금이 필요하다. 정당활동에 필요한 비용은 원칙적으로 당비, 후원금 혹은 기탁금 등을 통해 정당 스스로 마련해야 한다. 하지만 정당 스스로 모든 비용을 감당하기는 현실적으로 어렵다. 그래서 국민의 세금으로 정당에게 일정한 보조금[15]을 주는 제도를 마련해 놓고 있다. 정당이 상당한 액수의 국고보조금을 받고 있음에도 정당과 관련된 정경유착 문제, 불

15) 1980년 제3차 정치자금법 개정과 함께 정당에 대한 국고보조금제도가 만들어졌다.

법자금 문제 등이 여전히 불거지고 있어 정당정치를 훼손시키고 있다. 이는 국민의 정당정치에 대한 불신감으로 이어진다. 정치자금의 투명성을 높이는 정당의 자정노력이 필요하다.

셋째, 특정 인물 중심의 정당운영이다. 어느 조직이든 소수 지도자를 중심으로 운영되고 있다고 할 수 있으나, 우리의 정당은 지나치게 특정인물 중심으로 뭉쳐져 있다. 정당운영에 있어 소수 지도자의 영향력은 거의 절대적이다. 정당지도자의 주장이나 의견에 동조하지 않는 당원은 그 정당에서 살아남기 어렵다. 이러한 특정인물 중심의 정당은 의사결정이나 운영이 겉으로는 민주적으로 이루어지는 것 같으나 실질적으로는 비민주적으로 흐를 가능성이 크다. 정당운영이 인물 중심에서 정책이나 이념 중심으로 변화될 필요가 있다.

넷째, 정당의 수명문제이다. 정당은 정권획득을 위해 여러 가지 방안을 강구한다. 그런데 선거에 이겨야 한다는 명분을 방패삼아 기존정당의 간판을 내리고 새 간판으로 바꾸는 사례가 너무 잦다. 위에서 지적한 것과 같이, 정당이 특정 지도자 중심으로 설립 운영되는 경우가 많기 때문에 특정 인물의 진퇴에 따라 정당이 존재했다가 없어지곤 하는 사례가 많았다. 정당이 국민의 지지와 사랑을 꾸준히 받으려면 기존정당이 좀 문제가 있다 하더라도 그대로 유지하면서 쇄신을 꾀해야 한다. 그래야 국민이 정당을 믿을 수 있으며, 정당정치를 신뢰할 수 있다.

Ⅲ. 선거와 선거제도

1. 선거의 의의

선거는 국민이 가지고 있는 주권행사의 한 방법으로서, 국민을 대신하여 국정을 운영하는 대표를 투표로 선출하는 행위이다. 대한민국헌법 제1조 2항은 "대한민국의 주권은 국민에게 있고, 모든 권력은 국민으로부터 나온다"라고 하여 국민주권 원칙을 표방하고 있다. 대의제 민주주의국가에서 국민주권을 실현하는 핵심장치가 선거이다.

주권자인 국민은 선거과정에서 투표라는 행위를 통해 정치에 직접 참여한다. 국민은 선거를 통해 국가의 정책을 결정할 대표를 선출하고 정책결정에 참여한다. 선거과정에서 다양한 국민의 요구와 바람이 표출되며 선거를 통해 이 요구와 바람이 조정된다. 그래서 선거는 국민을 정치적으로 통합시킬 수 있는 중요한 수단이다. 또한 선거는 정치권력의 정당성을 부여하는 기초가 된다. 국민의 의사를 국정에 고르게 반영하기 위해 일정한 연령이 되면 모든 국민이 선거권을 가진다.

선거의 역사를 서구(西歐)를 중심으로 간략히 살펴보기로 한다. 고대 그리스나 로마시대에도 선거가 있었다. 물론 당시에는 일부 사람(남성 시민)에게만 선거권이 부여되었다. 자유와 평등을 주장했던 프랑스대혁명 이후에도 상당 기간 여성과 재산이 일정기준에 미치지 못한 남성은 선거권을 가질 수 없었다.

1832년에 일정한 재산을 가진 21세 이상 남성에게 선거권을 부여하는 보통선거제가 영국에서 가장 먼저 도입되었다. 1893년에 뉴질랜드에서 여성이 최초로 남성과 동등한 선거권을 가지게 되었다. 이어 1902년에는 호주에서, 그리고 1906년 핀란드에서 여성이 선거권을 가지게 되었다. 이후 여러 국가에서 여성이 선거권을 가지게 되었고,[16] 벨기에, 프랑스, 그리스, 이탈리아 등에서는 제2차 세계대전이 끝난 직후 여성의 선거권이 보장되었다. 우리나라에서는 1948년에 실시된 초대 국회의원선거 때부터 남녀가 동등하게 선거권을 가지게 되었다.

요약하면, 선거는 국민의 중요한 정치참여 행위이며 국민주권을 실현하는 장치이다. 또한 선거는 국민을 대표하여 정책을 결정하고 집행하는 대표를 선출하며, 국민의 다양한 요구와 갈등을 수렴하는 정치적 통합수단이다. 선거권의 확대는 곧 민주주의의 확대와도 맥을 같이 한다. 선거가 실질적으로 민주적이고 공정하게 이루어지는 국가는 민주주의 수준이 높은 나라이다.

---

16) 그 예로서, 노르웨이(1913), 덴마크(1915), 영국(1918), 네덜란드(1919), 미국(1920), 그리고 터키(1926) 등이 있다.

2. 선거의 기능

선거의 기능은 국가가 처해 있는 정치체제에 따라 다르다. 여기에서는 민주주의체제에서 이루어지는 경쟁선거[17]를 중심으로 선거의 기능을 살펴보기로 한다.

첫째, 선거는 대표를 선출하는 기능을 가지고 있다. 선거의 기능 중 가장 기본적 기능으로서, 선거는 법에 규정된 국회의원이나 대통령 등을 선출한다. 선출된 대표는 국가운영에 필요한 기구를 조직할 수 있는 권한을 가지게 된다.

둘째, 선거는 선출된 대표에게 정당성을 부여하는 기능을 가지고 있다. 선거과정에서 승리한 대표는 권력을 갖는데 합당한 정당성을 보유하게 되며, 이를 통해 공권력을 정당하게 행사할 권한을 가지게 된다.

셋째, 선거는 정치적 통합기능을 가지고 있다. 선거는 다양한 국민의 요구와 바람을 수렴하는 과정이므로 국민들에게 선거결과를 받아들이게 한다. 이를 통해 여러 이해관계로 인한 갈등과 대립을 조정하고 해결하는 정치적 통합기능을 수행한다. 다수결원칙에 따라 선거에서 승리한 대표가 정책을 수행할 수 있는 권한을 가지게 되며, 선출된 정치지도자가 합법적으로 사회 내 존재하고 있는 갈등과 대립을 줄이고 해소할 수 있게 한다.

넷째, 선거는 정치적 참여기능을 가지고 있다. 국민은 선거를 통해 직접 정치에 참여할 수 있는 기회를 가진다. 국민이 선거에 참여함으로써 국민됨을 경험하게 되며, 이는 국민의 주권의식을 높이는 작용을 한다.

3. 선거의 종류

선거는 목적과 방식을 기준으로 다음과 같이 구분된다. 먼저 선거의 목적에 따른 분류이다.

---

17) 주로 국회의원선거와 대통령선거를 의미한다.

첫째, 총선거(general election)이다. 이것은 의원의 임기가 끝났거나 의회가 해산된 경우에 실시되는 선거를 말한다. 대부분의 국가에서 총선거를 통해 모든 국회의원이 새로 선출되지만, 몇몇 국가에서는 전체 의원 가운데 일부가 교체된다.

예를 들어, 뉴질랜드와 한국에서는 총선거를 통해 의원 전원이 새로 선출된다. 한편, 미국 상원과 일본 참의원의 경우는 총선거를 통해 의원 일부가 교체된다. 미국 상원의 임기는 6년인데 2년마다 의원 1/3이 교체되며, 일본 참의원의 임기는 6년이고 3년마다 의원 1/2이 교체된다.

둘째, 재선거(reelection)이다. 일반적으로 재선거는 절차상의 하자 등으로 인해 선거가 무효화 되었을 때, 임기개시 전에 어떤 사유로 당선자가 그 직을 수행할 수 없을 때, 혹은 임기개시 전에 당선 무효가 확정된 때 실시하는 선거를 말한다.

셋째, 보궐선거(by-election)이다. 보궐선거는 의원이 임기개시 후 의원직을 상실하거나 그 직을 사퇴 또는 사망하여 수행할 수 없게 되는 경우에 실시되는 선거를 말한다.

대체로 다수대표제를 채택하는 국가에서는 보궐선거를 실시하지만, 소수대표제를 채택하는 국가에서는 보궐선거를 실시하지 않고 이러한 상황에 대비해 '대리인'을 총선거 때 선출해 두는 경우도 있다.[18]

다음은 선거의 방식에 따른 분류이다.

첫째, 보통선거와 제한선거이다. 보통선거란 재산, 인종, 성별, 교육 등과는 상관없이 일정한 연령 이상의 모든 국민이 참여하는 선거를 말한다.

둘째, 직접선거와 간접선거이다. 직접선거란 국민이 직접 선거에 참여하여 대표를 선출하는 것이다.

셋째, 평등선거와 차등선거이다. 평등선거란 국민 각자가 동일한 표를 가지며 그 표에 대해 동일한 정치적 가치를 가지는 선거를 말한다.

넷째, 비밀선거와 공개선거이다. 비밀선거란 국민이 투표할 때 누구에게 투표했는가를 타인이 알지 못하도록 비밀을 보장하는 선거를 말한다.

---

18) 안순철, 『선거체제비교』(서울: 법문사, 1998), pp. 41-42 참조.

4. 선거제도

선거제도는 선거 때 정당이나 후보가 합리적이고 정당한 경쟁을 할 수 있도록 만들어진 일종의 선거규칙을 의미한다. 다시 말해서 선거제도는 투표방법, 선거구 크기(의석), 의석배분방식(혹은 당선자결정방식), 표 등가성(等價性) 등과 관련된 일련의 내용을 의미한다. 선거제도는 선거의 결과에 결정적인 영향을 미치기 때문에, 선거제도의 변경은 정당이나 후보에게 아주 민감한 사항이다.

아래에서 선거구 크기와 의석배분방식을 중심으로 선거제도를 분류해 보기로 한다.

(1) 선거구 크기에 따른 분류

선거구는 선거구 크기, 즉 의석에 따라 소선거구제와 대선거구제로 구분[19]된다. 이를 구체적으로 살펴보기로 한다.

1) 소선거구제

소선거구는 한 선거구에서 1인의 대표를 선출하는 선거구를 말한다. 소선거구제는 일반적으로 한 지역구에서 가장 많은 표를 얻는 후보가 당선되는 다수대표제와 함께 운용된다. 소선거구제의 장단점은 다음과 같다.

가. 장 점

첫째, 대체로 소선거구제 하에서는 과반다수당이 출현하므로 정국이 안정되며, 따라서 정부의 효율성이 높아진다.

둘째, 선거구가 작기 때문에 선거자금이 적게 든다.

셋째, 유권자와 후보자 간 친밀감이 높아지며, 유권자는 후보자의 인물과 식견을 잘 파악할 수 있다.

---

19) 소선거구, 대선거구 외에 중선거구가 있는데, 이는 한 선거구에 2~4명의 의원을 선출하는 선거구를 말한다. 대체로 중선거구는 의원정수가 대선거구보다 적다는 것을 제외하고는 대선거구와 유사하다고 할 수 있다.

넷째, 재선거와 보궐선거 실시가 쉬우며, 선거관리가 비교적 용이하다.

나. 단 점

첫째, 사표가 많이 발생하며, 득표율과 의석 간 불균형 상태를 가져올 가능성이 크다.

둘째, 전국적 인물보다 선거구내 지역 명망가에게 유리하다.

셋째, 유권자의 후보선택 기회가 줄어든다.

넷째, 혈연·지연·학연에 따른 투표가 될 가능성이 크며, 정실(情實)이나 매수(買受) 등에 의한 부정선거 가능성도 높아진다.

2) 대선거구제

대선거구는 의원을 5명 이상 선출하는 선거구를 말한다. 대선거구제는 대체로 비례대표제와 함께 운용된다. 대선거구제의 장단점은 다음과 같다.

가. 장 점

첫째, 사표를 줄일 수 있다.

둘째, 전국적 인물이 당선될 가능성이 높다

셋째, 유권자의 후보자 선택 범위가 넓다.

넷째, 선거구가 넓기 때문에 정실이나 매수 등에 의한 부정선거를 어느 정도 방지할 수 있다.

나. 단 점

첫째, 중소 정당후보의 의회진출 기회를 확대시켜 정국의 불안을 가져올 수 있다.

둘째, 선거비용이 많이 든다.

셋째, 선거구가 넓기 때문에 유권자가 후보의 인물과 식견(識見)을 알기 어렵다.

넷째, 재선거, 보궐선거 실시가 복잡하다.

(2) 의석배분방식에 따른 분류

의석배분방식을 기준으로 한 선거제도는 다수대표제와 비례대표제, 그리고 다수대표제와 비례대표제를 혼합한 혼합형대표제 등으로 나누어진다.

다수대표제는 어느 한 정당이 과반 의석을 차지하게 하여 효율적 정국운영을 가능하게 하는 제도이며, 비례대표제는 유권자와 정당의 의석 간 비례성에 초점을 맞춘 제도라 할 수 있다. 그리고 혼합형대표제는 효율적인 정국운영과 유권자의 정확한 의사반영을 함께 추구하는 것으로서, 다수대표제와 비례대표제의 장점을 살리기 위해 등장한 선거제도이다. 이제 이들 선거제도에 대해 구체적으로 살펴보기로 한다.

1) 다수대표제

다수대표제는 다시 1위대표제와 연기(連記)다수대표제, 그리고 절대다수대표제로 구분된다.

1위대표제는 1석의 의원을 선출하는 소선거구제 하에서 득표수와는 상관없이 가장 많은 표를 얻은 후보가 당선되는 제도를 말한다. 이것은 마치 경마장에서 목표지점을 가장 먼저 통과한 말이 우승자가 되는 것과 같은 이치이다. 1위대표제는 지역대표 원리를 기본으로 한 것으로서 영국에서 발전한 제도이다.

1위대표제는 소선거구제를 기본으로 하기 때문에 제도운영이 비교적 간단하다. 총 국회의원 수를 총 선거구로 나누어, 한 선거구에서 1명의 의원을 선출하는 방식이다. 그래서 각 정당은 한 선거구에 1명의 정당후보를 내는 것이 일반적이다. 1위대표제 하에서 2명의 후보가 경쟁할 경우는 어느 한 후보가 과반을 얻어서 당선된다. 그런데 후보가 여러 명 경쟁할 때에는 50%에 미달하는 득표를 하더라도 당선되는 경우가 있다. 이런 경우 사표가 많이 발생한다는 단점이 있다.

연기다수대표제는 1위대표제를 변형시킨 형태로서, 한 선거구에서 여러 명의 의원을 선출할 때 사용되는 제도이다. 이 제도 하에서 유권자는 보통 의원정수만큼 투표권을 가지며, 득표순에 따라 당선자가 결정된다. 예를 들어 의원 3명을 선출하는 선거구의 경우, 유권자는 1~3개의 투표권을 가지게 되며, 득표순으로 1~3위의 후보가 당선자가 된다. 연기다수대표제에서는 같은 정당의 후보가 복수로 당선될 수 있는데, 그것은 유권자가 후보선택 때 정당을 가장 중요한 기준으로 생각할 때 많이 나타난다.

다음으로 절대다수대표제는 대표선출의 직접성을 살리면서 50% 이상의 득표율을 당선요건으로 하는 제도[20]를 말한다. 절대다수대표제의 예로, 대통령 결선투표제를 들 수 있다. 대통령 결선투표제는 무엇보다 유권자의 과반의 지지를 얻은 대통령을 선출할 수 있기 때문에 권력의 대표성을 높일 수 있는 장점이 있다.

결선투표제를 시행하고 있는 대표적 국가는 프랑스이다. 2012년에 실시된 프랑스 대선 1차 투표에서 과반 득표자가 없었기 때문에, 1위를 한 사회당 올랑드 후보와 2위에 머문 대중운동연합(UMP) 사르코지 후보가 결선투표에 진출했다. 결선투표 결과, 사회당 올랑드 후보가 51.6%를 얻어 대통령에 당선되었다.

우리나라에서도 대통령선거에 결선투표제를 도입하는 방안을 검토해 볼 필요가 있다. 1987년 헌법개정 이래 직접선거를 통해 선출된 대통령이 50% 이상을 득표한 것은 2012년 12월에 실시된 제18대 대통령선거 때가 유일하다. 앞으로 대통령선거에서 어떤 결과가 나올지 예측하기 어렵지만, 결선투표제 도입을 통해 대통령의 대표성을 높일 필요가 있다고 생각된다.

2) 비례대표제

비례대표제는 국민의 의사를 의석에 공평하게 반영하기 위해 고안된 제도이다. 그래서 비례대표제에서는 각 정당의 유효득표율에 따라 산술적으로 의석이 배분된다. 비례대표제는 영국과 프랑스를 제외한 대부분의 유럽국가에서 채택하고 있는 제도로서, 그 유형이 약 300개나 된다.

다수대표제는 제도운영이 간단하고 선거관리가 쉽다는 장점이 있으나 사표가 많이 발생한다는 단점이 있음을 지적하였다. 그 반면 비례대표제는 정당의 득표율과 의석을 공평하게 배분할 수 있기 때문에 국민의 의사를 보다 잘 반영할 수 있다는 장점을 가지고 있다. 물론 비례대표제를 채택하면 중소정당의 국회진출이 많아지는 경향이 있다. 그래서 정당의 유효득표율이 일정한 기준에 미달하는 정당에게는 비례대표 배분자격을 주지 않는 봉쇄

20) 김광수(2002), p. 177.

조항(threshold)을 설정하는 것이 일반적이다.

비례대표제는 크게 정당명부식(list system)과 단기이양식(single transferable vote system)으로 나눌 수 있다.

먼저, 정당명부식 비례대표제는 국민이 후보에게 직접 투표하는 것이 아니라 정당 후보 명부를 보고 자기가 지지하는 정당에게 투표하는 방식을 말한다. 그리고 비례대표제는 대체로 중·대선거구를 기본으로 하며, 유효득표율에 따라 정당의 의석이 공평하게 배분된다. 오스트리아, 노르웨이, 스웨덴 등 다수 유럽국가가 이 정당명부식 비례대표제를 채택하고 있다.

다음으로, 단기이양식 비례대표제란 국민이 한 선거구에서 선출되는 의석만큼 순위를 정하여 투표하는 방식을 말한다. 의석정수와 유효투표수에 따라 당선표준득표수를 산출하여 1순위 득표수가 당선표준수에 도달한 후보자는 당선된다. 당선표준수를 초과한 잉여표와 당선표준수에 미달한 부족표는 유권자가 정한 순위에 따라 이양된다. 잉여표와 부족표가 이양되기 때문에 사표를 최소화하는 장점이 있다.[21] 정당명부식과 비교해 볼 때, 단기이양식은 정당보다 개개 국민에게 더 큰 선택의 자유를 보장하는 제도라 할 수 있다.

3) 혼합형대표제

혼합형대표제는 의석의 일부는 다수대표제 방식으로, 나머지는 비례대표제 방식으로 후보를 선출하는 제도를 말한다. 이 혼합형대표제는 혼합형비례대표제와 혼합형다수대표제(혹은 혼합형병립제)로 구분된다.

먼저, 혼합형비례대표제에서는 정당의 유효득표율을 기준으로 총의석수가 배분된다. 의석수를 배분받은 정당은 그 의석수 내에서 다수대표제의석수와 비례대표제의석수를 결정한다. 혼합형비례대표제를 채택하고 있는 국가는 독일, 뉴질랜드, 멕시코 등이다.

다음으로, 혼합형다수대표제는 다수대표의석수와 비례대표의석수를 별도로 정한 후, 그 범위 내에서 정당의 의석수가 결정된다. 이 제도를 채택하

---

21) 김광수(2002), pp. 200-201 참조.

고 있는 국가는 일본, 필리핀, 한국 등이다. 대체로 다수대표의석수가 비례대표의석수보다 더 많다. 이 제도는 다수대표제의 불비례성을 완화하는 방법의 하나로 이용되고 있다.

한국의 현행 국회의원 선거제도는 혼합형다수대표제라고 할 수 있다. 이 제도는 2004년에 실시된 제17대 총선부터 도입되었다.[22] 2012년에 실시된 제19대 국회의원선거를 보면, 다수대표제에 따라 선출된 의원이 의원총수 300명 중 246명이었고, 비례대표제에 따라 선출된 의원은 54명이었다. 비례대표의석수는, 유효투표 총수의 100분의 3 이상을 득표하였거나 혹은 지역구 5석 이상을 차지한 정당에 한하여 득표비율에 따라 배분된다.

5. 선거와 정치참여

오늘날 대의제 민주주의국가에서 국민이 정치에 참여하는 방법은 다양하다. 국민 개개인의 의견이나 주장을 정부기관에 메일을 보낸다든가, 직접 국회를 찾아가 의사를 전달한다든가, 혹은 시민단체를 구성하여 요구사항을 전달하는 등의 정치참여 수단이 있다.

그렇지만 이들보다 더 중요한 정치참여 수단은 선거이다. 선거 때 투표를 통해 대통령을 선택하고 국회의원을 선출하는 것이야말로 가장 큰 정치참여 수단이다. 선거가 있기 때문에 정당과 정부는 국민의 눈치를 보게 되고 국민의 요구와 바람에 성실히 귀를 기울이게 된다.

그런데 투표에는 참여하지 않은 유권자가 당선자가 능력이 없다는 등 혹은 도덕성에 문제가 있다는 등 비판하는 것은 합리적이지 못하다. 선거에 무관심하다는 것은 정치에 무관심하다는 말과 같다. 정치적 무관심은 정치지도자에 대한 국민의 감시와 비판의 소홀을 의미한다고도 말할 수 있다. 이는 결국 정치지도자가 국민을 위한 정치를 하지 않고 개인 혹은 일부 집단을 위한 정치를 할 수 있게 만든다.

"민주정치는 정당정치이다"라는 말이 있듯이, 민주국가의 선거에서는 일

22) 이와 함께 후보자에게 1표, 정당에 대해 1표를 행사하는 1인 2표제가 도입되었다.

부 무소속후보를 제외하고 정당의 후보끼리 경쟁한다. 그런데 국민은 선거에 나선 후보 가운데 누가 가장 그 직에 합당한 적임자인가를 쉽게 판단하기 어렵다.

국민은 학교교육, 시민단체, 혹은 언론 등을 통해 어느 후보가 보다 나은 후보인지를 판단할 수 있는 능력을 키워야 한다. 또한 정치에 대한 꾸준한 관심과 참여를 통해 시민적 능력을 키울 필요가 있다. 선거참여는 국민의 중요한 정치참여 수단이다. 정치참여는 국가를 이끌어 가는 지도자의 탈선 방지와 민주주의의 발전을 위해서 참으로 중요하다.

참고문헌

Ⅰ. 한국문헌

김광수, 『선거와 정당』, 서울: 박영사, 2002.

김용호, 『한국정당정치의 이해』, 서울: 나남출판, 2001.

손병권, "대통령 선거의 정당후보 선발제도: 미국, 대만, 멕시코의 예비선거 도입과정과 비교," 『한국정당학회보』, 제8권 제1호(한국정당학회, 2009).

신명순, 『비교정치』, 서울: 박영사, 1999.

심지연, 『현대정당정치의 이해』, 서울: 백산서당, 2003.

안순철, 『선거체제비교』, 서울: 법문사, 1998.

이극찬, 『정치학』, 서울: 법문사, 2005.

최한수, 『현대정당론』, 서울: 을유문화사, 1995.

홍득표, 『정치과정론』, 서울: 학문사, 1999.

Ⅱ. 외국문헌

Amy, D., *Behind the ballot box: a citizen's guide to voting systems*, New York: Praeger Publishers, 2000.

Electoral Commission, *Everything you need to know about Voting Under MMP: New Zealand's Electoral System*, Wellington: Electoral Commission, 1996.

Mair, P., *Party System Change: Approaches and Interpretations*, Oxford: Oxford University Press, 1997, 김일영 외 역, 『정당과 정당체계의 변화: 접근과 해석』,

서울: 오름, 2011.

Sartori, G., *Parties and party systems: A framework for analysis*, Cambridge: Cambridge University Press, 1976.

제9장 이익집단 · NGO · 여론

이 재 영*

Ⅰ. 이익집단

정치과정은 개인이나 집단이 정치적 요구를 하면서부터 시작된다. 우리는 이를 이익표출(interest articulation) 내지 요구의 제기(demand making)라 명명하며, 이를 행하는 주체를 이익표출 기구라고 한다. 근대 이후 다양한 전문화된 조직이 생겨나기 시작했지만, 이들 중 이익집단(interest group)이 대표적 이익표출 기구로 자리 매김하고 있다. 정책결정이 이익표출의 양 · 방법 · 내용 · 강도에 의해 좌우되기 때문이다.

1. 이익집단의 개념

이익집단은 공통가치(shared goal or values), 즉 공통이익을 추구하기 위해 조직된 단체이다. 따라서 이익집단은 자신의 이익과 관련된 행위형태를 설정 · 유지 · 증진하는 것을 목적으로 하며, 실제로 자신의 이익에 반하는 정책을 저지하기 위해 행동하며 자신의 이익에 부합되는 정책이 입안되도록 노력한다. 그러므로 이익집단을 "자신과 연관된 이익을 옹호하고 증진시키기 위해 정치과정에 압력을 행사하는 개인의 집합체(collectivity of individuals)"로 정의할 수 있다.

- 벤틀리(Arthur F. Bentley): 이익집단은 정치체제에 자신과 관련된 특정한 요구를 표출하는 결합체이다.[1]

---

* 경남대학교 정치외교학과 교수.

1) Arthur F. Bentley, *The Process of Government*(Cambridge: Harvard University Press, 1967), pp. 209-210.

- 트루먼(David B. Truman): 이익집단은 어떤 한 집단이 공유된 태도에 의해 형성된 행태를 선정 · 유지 · 향상시키기 위해, 사회 내 타 집단에 대해 특정한 요구를 주장하는 집단이다.2)
- 샤트슈나이더(Elmer Eric Schattschneider): 이익집단은 관직을 위한 후보자의 지명이나 선거운동의 참여 혹은 정부의 완전한 장악 등을 꾀함이 없이, 특정한 공공정책의 결정과 집행을 위해 노력하는 결사체이다.3)
- 키(V. O. Key, Jr.): 이익집단은 관직을 위한 경쟁이나 정부 관리에 대해 책임지기보다, 정부에 영향력을 행사함으로써 자신의 특수한 이익을 반영하고 증진시키려는 조직체이다.4)
- 알몬드(Gabriel A. Almond): 이익집단은 이익이나 관심의 결속에 의하여 연계되었으며, 이러한 공유된 이익을 인지하고 있는 개인의 결합체이다.5)

이익집단의 의미는 정당을 비롯한 여타 사회집단과 비교해 봄으로써 보다 명확해 질 수 있다. 즉 이익집단은 ① 일반 시민에 의한 궐기대회나 규탄집회 같은 일회성 모임과 달리, 영속성을 지니고 있으며, ② 정치적 목적이 없는 친목단체 및 취미모임과 달리, 정치과정에서 자신의 이익을 옹호 · 증진시키기 위해 압력을 행사하고, ③ 공직획득을 추구하는 정당과 달리, 정부의 정책에 영향력을 추구한다.

그렇다면 이익집단(interest group)과 압력집단(press group)은 동일한 용어인가?6) 그렇지 않은가? 일부 학자는 압력단체와 이익집단을 동일하게 취급한다. 집단이 의사를 반영시키고자 하는 '수단'에 표현의 중심을 두면

2) David B. Truman, *The Governmental Process*(New York: Alfred A. Knopf, Inc., 1971), p. 33.

3) Elmer Eric Schattschneider, *Party Government*(New York: Farar and Rinehart, Inc., 1942), pp. 187-188.

4) V. O. Key, Jr., *Politics, Parties and Pressure Groups*(New York: Thomas & Crowell Company, 1958), pp. 21-30.

5) Garbriel A. Almond & Bingham G. Powell, *Comparative Politics: Systems, Process, and Policy*(Boston: Little, Brown and Company, Inc., 1978), p. 210.

6) 이극찬, 『정치학』(서울: 법문사, 2000), p. 389.

압력집단이 되며, '목적 내지 조직'에 표현의 중심을 두면 이익집단이 적절하다는 이유이다. 그러나 이들은 이익집단보다 압력집단을 선호하는 편이다. 일부 학자는 두 용어의 의미가 동일하다고 보지만, 이익집단의 사용이 무난하다는 견해를 표명한다. 이익집단이란 용어는 가치중립적이지만, 압력집단은 정치적 의미와 비정상적 방법(뇌물이나 협박)을 내포하고 있다는 이유이다.

현실에서 두 명칭이 혼용되고 있으며, 실제로 혼용하더라도 별 무리가 없다. 그러나 사회나 세계의 보편적 이익을 추구하는 집단, 즉 미국의 푸른산위원회, 영국의 농촌보존회, 오스트레일리아의 금주연합, 한국의 녹색연합 등을 이익집단으로 표현할 수 있느냐의 문제가 발생한다. 그러므로 두 용어를 적절하게 구분할 필요가 있다. 가장 적절한 분류는 집단 자신의 이익을 위해 정책과정에 영향력을 행사하는 집단(이익집단)과, 사회나 세계의 보편적 이익을 위해 정책과정에 압력을 행사하는 집단(압력집단)으로 나누는 방법이다.

2. 이익집단의 발생원인

이익집단이 본격적으로 형성되기 시작한 시기는 20세기 이후부터이다. 다원주의와 대중민주주의, 이익의 다양화와 의회기능의 한계성, 정당기능의 제한성, 국가의 자율성 증대 등이 원인이었다.[7]

첫째, 다원주의와 대중민주주의이다. 18세기부터 시작된 산업혁명은 직능, 계급, 사용자와 생산자 등으로 사회구조를 분화시켰다. 그러나 분화된 각 구조의 이익을 정책에 반영시켜주는 통로가 없었기 때문에, 이들의 의사가 정책에 반영되는 데는 한계가 있을 수밖에 없었다. 자연스럽게 이익집단의 필요성이 증대되었으며, 그 결과 각 구조를 대표하는 집단이 생겨나기 시작했다.

그러나 이익집단의 필요성이 곧바로 현실화 될 수 없었다. 근대 초기의

---

7) 김순규 외, 『정치학의 이해』(서울: 박영사, 2000), pp. 213-216.

정치구조는 공중민주주의(public democracy)로서, 교양과 재산을 가진 소수의 특권층만 정치과정에 참여할 수 있었기 때문이었다. 20세기로 들어서면서 비로소 이익집단의 결성과 정치과정에 이들의 개입이 가능해지기 시작했다. 제한선거제도가 철폐되고, 보통・평등・직접・비밀선거에 기초한 대중민주주의(mass democracy)가 성립되기 시작했기 때문이었다.

둘째, 사회구조의 다양화와 의회 기능의 한계성이다. 20세기에 들어서면서 정치구조의 변화가 있었지만, 인구의 과도한 증가로 직접민주주의의 실현이 불가능했다. 실시한다 하더라도, 참여방법과 과대참여로 인한 비능률의 위험이 너무나 컸다. 그 결과 출현한 제도가 대의민주주의였다.[8] 정부의 형성과 교체, 지도자의 선정과 교체, 통치의 근본 조건, 법률제정 등을 제외하고, 조직과 지도자에게 모든 것을 위임하는 제도를 만들어 낸 것이다.

대의민주주의는 지역대표에 기반을 두는 정치구조이다. 이 제도에서 유권자가 선거를 통해 자신이 속한 선거구의 대표자를 선출함으로써, 지역의 이익을 국가정책에 반영할 수 있었다. 그러나 분화된 사회구조의 이익, 즉 유권자 자신이 속한 직능・계급・인종・종교・사회 등의 이익을 정책에 반영시킬 수 없었다. 유권자는 지역의 이익 이외 자신과 관계된 여타 이익을 정책에 반영시킬 수 있는 방법을 모색하게 되었고, 이러한 과정이 이익집단의 형성으로 연결되었다.

셋째, 정당기능의 변화이다. 선거를 특징으로 하는 대중민주주의는 정당의 출현과 발전으로 이어졌다. 유권자는 자신의 이익과 정치적 목적을 위해 정당에 가입하였으며, 정당은 시간이 지날수록 거대한 조직으로 발전해 갔다. 대의민주주의를 떠받치는 정당이지만, 조직의 운영원리로 미첼스(Robert Michels)가 주장한 과두제의 철칙(iron law of oligarchy)을 적용하기 시작하였다.[9]

이후부터 정당의 운영이 소수 당 간부에 의해 지배됨으로써 대표성의 원리가 변질되어 갔다. 정당은 경직되어졌으며, 여론에 대한 적응력 저하로 당

8) 홍양표, 『이데올로기의 새로운 이해』(대구: 경북대학교 출판부, 1995), pp. 299-300.

9) C. W. Cassinelli, "The Law of Oligarchy," *American Political Science Review,* Vol. 47(1953), pp. 773-784.

원이나 국민의 이익을 제대로 대변할 수 없었고, 당원과 국민의 다양한 이해관계 모두를 대표해 주지 못하게 되었던 것이다. 결국 국민은 정당과 별도로 정치과정에 참여하기 위한 방법을 모색하게 되었으며, 이익집단의 결성이 해결책으로 출현하게 되었던 것이다.[10]

넷째, 국가의 자율성 증대이다. 17세기 중엽부터 19세기 중엽에 이르기까지, 서구 자본주의 국가가 선호한 국가관은 자유방임주의에 입각한 정부의 소극적 역할론이었다.[11] 20세기에 자유방임주의 국가론은 복지 · 사회 · 행정 국가론으로 대체되기 시작했다. 19세기 말부터 나타나기 시작한 노동 · 사회문제와 1930년대를 강타한 경제공황 때문이었다. 그 결과 정책결정을 비롯한 모든 정치 · 경제적 권위가 국가의 수중에 들어가는 국가 중심의 사회가 전개되기 시작했다.

국가가 정책결정권을 행사하게 되면서, 분화된 사회 각 구조가 배제되기 시작했다. 이들은 자신의 이익을 정책에 반영시킬 수 있는 방법을 모색하게 되었으며, 국가가 부담을 느낄 정도로 강력한 힘을 가지거나 적어도 국가와 대등한 입장에서 교섭할 수 있는 능력을 보유하고자 하였다. 결국 이들이 얻은 해답은 이익집단을 결성하여 국가를 압박하거나 국가와 교섭함으로써 자신의 의사를 정책에 반영시키는 방법이었다.

이외에도 이익집단의 발생 원인으로 정치참여 문화, 계급의식 증대, 교통과 통신 발달, 정치의식 성장, 각종 법제 발달 등을 들 수 있다.

3. 이익집단의 형성과정

이익집단의 발생과 성장의 조건에 대한 이론은 다양하지만, 평형이론

---

10) 정당운영의 과두제는 이익집단의 활성화와 관련이 깊다. 정당을 운영하는 당 간부의 중요한 임무 중 하나가 당의 운영비 조달이었으며, 이익집단의 목적은 정치적 의사의 반영이었다. 따라서 두 집단은 공생의 길로 들어서게 된다. 정당은 이익집단으로부터 정당운영과 선거에 필요한 자금을 공급받는 대신, 이익집단이 요구를 정책에 반영하기 시작했던 것이다. 이러한 공생 관계의 활성화는 기존 이익집단의 활동을 더욱 활발하게 했으며, 미조직된 다른 부분의 집단형성에도 큰 영향을 미쳤다.

11) 자유방임주의 국가관은 야경국가론(Nachtwachterstaat)으로 불리기도 하는데, 이는 독일의 국가사회주의자인 F. 라살이 자유주의 국가를 부르주아적 "사유재산의 파수군" 내지는 "야경"으로 비판한 데서 유래한다.

(equilibrium: David B. Truman), 선택적 혜택이론(selective benefits theory: Mancur Olson), 교환이론(exchange theory: Robert H. Salisbury)이 주요 이론으로 자리 잡고 있다. 그밖에 갈등이론(conflict theory: Arthur Bently)과 언약이론(commitment theory) 등도 배제할 수 없는 주장이다.

(1) 트루먼의 평형이론

트루먼은 이익집단의 형성에 대해 기능적 입장, 즉 정치적 요구가 이익집단의 형성원인이 된다는 자세를 취하고 있다. 그에 의하면 이익집단은 사회 구성원간 교호작용(交互作用)의 결과나 교호작용에 의해 강화되는 공유된 태도가 집단을 형성하게 되며, 형성된 집단끼리 교호작용이 증대하여 정식 결사체의 형식을 갖춤으로서 출현한다.[12)]

이익집단의 발생은 '기존 행위패턴의 파열'에서부터 시작된다. 평형이론이 파열이론(disturbance theory)으로 명명되기도 하는 이유가 바로 여기에 있다. '기존 행위패턴의 파열'이란 경제순환상태의 변화, 정부활동 강화로 인한 신분·소득 등의 변화, 혹은 전쟁 등을 말한다. 어떤 특정 시점에서 이러한 현상이 나타나 기존의 패턴이 깨지면 ① 손해를 보는 계층이 발생하며, ② 손해를 입은 계층끼리 서로 접촉하게 되고 ③ 접촉은 이들 계층간 교호작용을 초래하며, ④ 교호작용이 공유된 태도 형성을 이끌어 내고 ⑤ 교호작용이 더욱더 강화됨으로써 이익집단이 발생하게 된다.[13)]

따라서 이익집단의 발생변수는 행위패턴의 파열에 따른 사회세력의 움직임, 상대적으로 불리한 입장에 처한 계층의 집단화, 집단화 이후의 강화되는 교호작용 등으로 볼 수 있다. 또한 형성된 이익집단의 유지는 다른 이익집단이나 정부로부터 지속적 이익확보가 이루어질 때 가능해진다.

---

12) David Truman, *The Governmental Process: Political Interests and Public Opinion* (New York: Alfred A. Knopf, 1951), p. 59.

13) J. D. Greenstone, "Group Theories," *Handbook of Political Science*(Vol. 4), 1975, p. 265.

(2) 올슨의 선택적 혜택이론

올슨의 선택적 혜택이론은 이익집단의 형성이 '선택적 혜택'에서 비롯된다고 보는 견해이며,14) 무임승차론(free rider theory), 부산물이론(by-product theory of political interest group), 선택적 동기부여이론(selective incentive theory) 등으로 명명되기도 한다.

올슨은 기능주의적 입장, 즉 '정치적 요구'가 이익집단 형성의 원인이 되었다는 견해에 동의하지 않는다. 인간을 합리적 경제인으로 생각했기 때문이었다. 무임승차가 가능하다고 생각하면 인간은 이익집단에 가입하지 않을 수 있기 때문에, 기능주의적 입장으로 이익집단의 발생을 설명하는 데는 무리가 있다는 것이다.

대신 경제학자답게, 이익집단의 형성을 경제적 관점에서 보았다. 그는 인간을 시간 · 노력 · 경비 같은 이익집단의 참여비용이 선택적 혜택보다 적으면 이익집단에 참여하며, 무임승차가 가능하거나 혹은 선택적 혜택보다 참여비용이 크면 이익집단에 참여하지 않는 합리적 존재로 본다. 따라서 이익집단 창립자와 이익집단은 집단의 형성 · 유지 · 확대를 위해, 지속적으로 선택적 혜택이라는 참가동기를 부여하게 된다는 것이다.

(3) 살리스버리의 교환이론

살리스버리의 교환이론은 '선택적 혜택'이 이익집단을 결성하게 하며 유지시킨다는 점에서, 올슨의 선택적 혜택이론과 같다. 하지만 그 선택적 혜택이 정부나 다른 집단을 상대로 얻어지는 것이 아니라, 지도자나 구성원으로부터 나온다는 점에서 차이를 보이고 있다.

살리스버리에 의하면, 집단을 결성하려는 자는 조직결성에 소요되는 경비를 자신이 직접 부담하며, 선택적 혜택이라는 자원을 마련해서 집단의 구성원에게 분배함으로서 집단을 구성하고 유지한다.15) 물론 선택적 혜택은 정부에 영향력을 행사함으로서 얻어지는 것이 아니라, 집단의 지도자와 구

14) 한배호, 『비교정치론』(서울: 법문사, 1997), p. 193.

15) Robert H. Salisbury, "An Exchange Theory of Interest Groups," *Midwest Journal of Political Science*(February), 1969, pp. 1-31.

성원 사이 그리고 구성원과 구성원 사이에서 주어진다. 여기에는 ① 임금이나 서비스와 같은 물질, ② 특권·지위·동료의식·즐거움과 같은 결속 내지는 연대감, ③ 집단이 추구하는 높은 차원의 목적(ideology)과 같은 표현적 이익이 있다.[16]

이렇게 볼 때, 살리스버리의 교환이론은 환경보호단체, 반핵단체, 동물보호협회 같은 공공집단의 생성을 설명해 주는 이론이 아니라, 경제적 이익집단의 발생과 관계된 이론으로 볼 수 있다.

4. 이익집단의 분류

이익집단의 분류법은 알몬드와 포웰(Garbriel A. Almond, Bingham G. Powell)의 주장이 가장 실용적이며 효율적이다. 이들은 이익집단을 기능주의적 관점에서 조직상 특성을 기준으로 아노믹 집단, 비결합적 집단, 제도적 집단, 결합적 집단으로 분류한다.

첫째, 아노믹 이익집단(anomic interest groups)은 불만이나 항의의 자발적 표현으로 출현하는 비조직적 군중과 폭도를 말한다.[17] 현존하는 집단이 구성원의 이익을 적절하게 대변하지 못하는 곳에서, 우발적 사건이나 지도자의 출현에 의해 누적된 불만이 갑자기 예측할 수도 통제할 수도 없는 쪽으로 폭발할 수 있다. 아노믹 집단에는 집단의 이익과 계속성의 유지를 위한 전문조직이 없다. 다만 개인간 접촉에다 다른 사람의 행위에 대한 소문이나 뉴스보도가 더해져, 개인의 집합이 순간적 힘과 행위방향을 제공받는다. 1989년 차우세스쿠(Nicolae Ceausescu) 정권을 붕괴시킨 루마니아의 민중봉기, 1960년대와 70년대 미국에서 발생한 베트남 참전 반대시위 등이 여기에 속한다.

둘째, 비결합적 이익집단(non-associational groups)은 인종·언어·종교·직업 혹은 혈연과 혈통에 기반을 두고 있는 느슨한 집단을 말한다.[18]

---

16) Peter B. Clark and James Q. Wilson, "Incentive Systems: A Theory of Organizations," Administrative Science Quarterly(Vol. 6, September), 1961, pp. 129-166.

17) Almond & Powell(1978), p. 172.

18) *Ibid.*, pp. 173-174.

전문화된 조직은 없지만, 이익의 계속성이 존재한다는 점이 특징이다. 비결합적 이익집단 중 특히 흥미를 끌만한 두 가지 형태가 있다. 먼저 소비자집단과 같이 보편적 이익을 대변하는 집단이다. 이 집단은 무임승차를 노리는 비참가자가 존재하고 참여비용에 비해 이익이 적기 때문에, 전문적 결합체로 발전하기 어렵다. 이익의 표출이 간헐적이긴 하지만, 선거와 같은 특수한 상황에서 정치엘리트에게 미치는 잠재력은 매우 크다. 다음으로 규모가 작고 친밀한 혈연 · 지연 · 경제 · 인종집단이다. 이 집단은 이익표출의 지속성은 있지만, 전문화된 이익표현은 간헐적이다. 하지만 구성원 간 친밀한 상호작용과 상호의무의 분명한 규정에 기반을 두고 있기 때문에, 어떤 특수한 정치적 상황에서는 매우 효과적인 힘을 발휘한다.

셋째, 제도적 이익집단(institutional interest groups)은 정당, 회사, 의회, 군대, 관료, 교회와 같은 조직이나 조직 내부에 존재하는 집단을 말한다.[19] 이 집단의 모조직(parent organization)이 매우 분화된 역할구조를 가지고 있지만, 그것이 이익표출을 위해 존재하는 기구는 아니다. 그러나 모조직에서 나오는 가용자원을 이용할 수 있기 때문에, 제도적 집단은 매우 강력한 힘을 구사하기도 한다. 물론 제도적 집단을 무작정 이익집단으로 분류할 수 없다. 이들이 타 집단의 이익을 대표하고 있으면 이익의 대리자가 되지만, 본연의 임무를 수행하고 있으면 단순히 제도로서 역할수행이 되기 때문이다. 예를 들어 국회의원 집단이 자신의 세비 인상을 요구할 때, 정부 각 부처가 기획재정부에 예산 편성과 관련된 압력을 행사할 때, 국방부가 예산확보를 위해 국회에 영향력을 행사할 때만, 의원집단 · 정부부처 · 국방부는 이익집단이 된다.

넷째, 결합적 이익집단(associational interest groups)은 특별한 이익추구를 목표로 삼고, 이를 실현하기 위해 전문화된 이익표출기구를 갖추고 있는 집단을 말한다.[20] 노동조합, 인종결합체, 종교결합체, 특수한 사업이나 산업을 위한 조직체, 외교정책이나 관공서 개혁과 같은 특수한 정치적 목적을 위해 조직된 결합체 등이 이 범주에 속한다. 이들 중 노동조합은 명확히 결

---

19) *Ibid.*, pp. 174-175.
20) *Ibid.*, pp. 175-176.

합적 집단으로 규정하기 힘들다. 노동자의 권익을 위해 고용주와 협상하기도 하지만, 다른 영역의 이익표출을 위해 정치적 활동도 하기 때문이다. 이익집단의 조직과 활동이 자유롭게 보장되는 곳에서, 결합적 집단은 ① 다른 이익집단의 발전과 이익표출을 규제하는 경향이 있으며, ② 조직적 기반으로 인해 아노믹 집단과 비결합적 집단보다 많은 이점을 가지고 있고, ③ 추구하는 목표와 전술도 정당하게 인정받는다.

이외에도 살리스버리(Robert H. Salisbury)는 농업·노동·실업·전문직업·기타 등과 같이 이익의 내용, 연합조직집단과 단일조직집단과 같이 조직형태, 지방노동조합·국제노동단체·노동조합연합 등과 같이 회원형태로 분류하였다. 메이노(Jean Meynaud)는 이익집단을 정치적 파벌(political cliques), 의견집단(opinion groups), 압력집단(pressure groups)으로 분류하였다.[21] 하고피언(Mark N. Hagopain)은 사업집단(business-institutional groups), 부문집단(category-defence groups), 증진집단(promotional groups)으로 나누었다.[22] 맥켄지(R. T. McKenzie)는 영역집단(sectional groups)·증진집단(promotional groups)·기타집단(all other groups)으로 구분하였다.[23]

5. 이익집단의 자원과 전략

이익의 정책화는 투입량, 투입내용, 투입강도, 투입방법에 달려 있다. 투입량이 많으며, 투입내용이 전 국민의 관심을 불러일으키고, 투입의 강도가 강하며, 투입방법이 적절할 때, 이익집단의 요구와 지지가 정책으로 전환될 가능성이 높다는 의미이다. 이익집단의 효율성은 집단이 보유 및 동원 가능한 자원(resources), 집단이 구사하는 전략(strategy) 및 전술(tactics), 집단의 사회적 환경과 밀접한 관계를 지닌다.

---

21) Mark N. Hagopian, *Regimes, Movements and Ideologies: A Comparative Introduction to Political Science*(New York: Longman Press, 1978), p. 357.

22) *Ibid.*, pp. 357-361.

23) R. T. McKenzie, "Pressure Groups in British Government," *British Journal of Sociology,* Vol. 6, No. 2(June 1955), pp. 11-12.

이익집단의 자원은 이익집단의 효율성을 위한 내적요인으로 명명되기도 한다. 여기에는 경제력, 집단의 규모와 결속력, 대외적 명성도, 지도자의 리더십 등이 포함된다.

① 경제력(physical resources)은 이익집단의 운영과 목적달성에 핵심적 역할을 담당하며, ② 집단의 규모(organizational resources)는 집단의 잠재적 역량과 관계되며, 결속력(motivational resources)은 실제적 역량을 결정하고, ③ 집단의 대외적 명성도(intangible resources)는 집단이 추구하는 목표를 정당화시켜주는 역할을 담당하며, ④ 지도자의 리더십(political resources)은 집단의 존립 및 발전과 목적달성을 위한 정책결정과 시행을 주도한다.[24]

이익집단은 자신의 목표는 성취하기 위해 전담부서를 두거나, 광고회사나 법률회사 같은 외부대행기관에 의뢰하거나, 로비스트(lobbyist) 같은 전문가를 고용하거나, 혹은 2개 이상의 방법을 동시에 사용한다. 어떤 방법을 사용하던지 효율적 활동과 좋은 결과를 위해 철저한 준비가 요구된다.

즉 ① 항상 국회나 정부의 정책입안과정을 분석 · 검토해야 한다. 이 과정은 로비활동을 위한 접근대상 · 방법 · 통로를 결정하는 기반이 된다. ② 어떤 단계에서 누가 정책결정과정에 참여하는지 파악해야 한다. 이 과정 역시 접근대상 · 방법 · 통로를 제공하는 중요한 근거가 된다. ③ 정책결정자에게 접근할 수 있는 통로를 확보해야 한다. 이 과정은 정치정보를 획득할 수 있게 해 주며, 궁극적으로 집단의 정당성과 힘을 정책결정자에게 전달함으로써 정치적 목적을 달성할 수 있도록 해주는 출발점이 된다.

이익집단의 효율성은 자원을 동원할 수 있는 능력에 달려 있다. 영향력을 행사할 대상과 방법, 그리고 이들을 상대로 자신의 이익방어 · 증진을 위한 행위방법을 선택하는 데 달려 있다는 의미이다. 일반적으로 이익집단의 활동전략으로 개인적 관계(personal connection), 엘리트 파견(elite representation), 매스미디어(mass media), 정당(political parties), 입법부 · 내각 · 관료기관(legislatures, cabinets, and bureaucratic agencies), 선거운동

---

24) Norman J. Ornstein & Shirley Elder, *Interest Groups, Lobbying and Policymaking* (Washington D. C.: Congress Quarterly Press, 1978), pp. 69-79.

(election campaigns), 항의시위(protest demonstrations), 폭동(riot), 정치테러전략(political terror tactics) 등이 사용된다.[25)]

이들 중 항의시위는 특수한 정치적 환경의 룰(rules)과 시위자의 활동에 의존하기 때문에, 합법적 채널과 비합법적 채널 사이에 위치하는 접근형태로 취급된다. 이 방법은 정책결정자에게 접근할 수 없거나 영향을 끼칠 수 없는 힘없는 집단(powerless groups)의 전술로서, 주로 소외된 소수집단이나 젊은 계층이 동원된다. 하지만 노동조합과 농민집단의 활동에서 볼 수 있듯이, 어느 정도 영향력 있는 집단도 사안과 환경에 따라 항의시위를 이용하기도 한다. 폭동은 집단의 불만을 해결해 주는 합법적 채널이 제대로 작동하지 않을 때 선택하는 최후의 수단이다. 그러므로 주로 미국과 인도처럼 인종적·종교적 분열이 심하거나, 이탈리아처럼 정치적으로 불안하고 비활성적인 국가에서 발생한다. 테러는 정치게임의 규칙(rule of political game)을 변경하고자 하는 어떤 집단이나 집단들의 욕망을 반영한다. 즉 합법적 수단으로 정권획득이 불가능하거나, 특정인이나 특정집단의 정권획득을 방지하지 못하거나, 정부의 정책을 변경시키지 못하거나, 자신의 이념을 실현시키려고 혁명분위기를 조성하고자 할 때 최종적으로 테러를 선택하게 된다.

하지만 이익집단의 자원과 전략은 그 집단이 존재하는 사회의 제반여건과 조화롭게 결합되어야 한다. 이익집단의 효율성은 집단의 내적 자원에 의해서만 결정되는 것이 아니라, 이들과 정부구조·정치문화·정치구조와 같은 외적 자원의 조화로운 결합에 의해 결정된다는 것이다.[26)]

첫째, 정부의 의사결정이 중앙집권적이냐 혹은 지방분권적이냐에 따라, 전략과 전술을 다르게 구사해야 한다(정부구조). 예를 들어 미국의 이익집단은 목적에 따라 적절한 접근채널을 선택해야 한다. 미국의 권력은 중앙정부와 지방정부로 분권화되어 있으며, 중앙정부도 대통령·내각·의회·법원·관료에게 분산되어 있기 때문이다. 반면 영국의 이익집단은 특정 정당,

---

25) Almond & Powell(1978), pp. 181-191.

26) *Ibid.*, pp. 71-73; Alan R. Ball, *Modern Politics & Government*(Chatham, New Jersey: Chatham House Publishers, Inc., 1993), pp. 106-110.

당 간부, 당수를 로비대상으로 삼아야 한다. 영국의 정부구조는 중앙집권적이며, 정부는 집권당에 의해 구성되고, 정당의 규율이 엄격하며 고도로 중앙집권화되어 있기 때문이다.

둘째, 국민의 태도와 평가가 중요한 요인으로 작용한다(정치문화). 이익집단의 활동이 반국가적 · 반국민적 · 이기주의적이라는 정치문화가 형성되어 있거나, 특정한 목적을 추구하는 이익집단에 대해 적대적 풍토가 존재하는 곳에서 이익집단의 활동은 위축될 수밖에 없다. 또한 뇌물이나 연고에 의한 공직자 매수가 통용되는 문화에서, 이익집단의 활동형태는 다를 수밖에 없으며 선택에 따라 효율성도 달라진다.

셋째, 마지막으로 정치구조이다. 이는 이익집단의 자율성 및 독립성과 관련된다(정치구조). 이익집단이 사회기구 · 종교집단 · 특정인사 · 국가 등에 예속되어 있으면, 독립성을 가지고 자유롭게 활동할 수 없게 된다(자원의 동원, 전략선택과 구사, 내부결속의 유지). 로마 가톨릭 교회의 통제를 받고 있는 프랑스와 이탈리아의 노조 및 농민단체, 공산당의 지배를 받고 있는 사회주의 체제의 이익집단, 국가의 통제를 받고 있는 독재나 권위주의 국가의 이익집단이 이 경우에 속한다.

6. 이익집단의 평가

현대사회는 다원화 사회이며, 정치적으로도 다원주의(pluralism)가 보편적이다. 다원주의의 예찬론자인 달(Robert Dahl)을 거론하지 않더라도,[27] 대부분의 정치지도자는 다원주의와 민주주의를 동일시하고 있다. 그러나 다원주의도 국민과 이익집단의 행위 여하에 따라 민주주의와 등식화 될 수 있으며, 이익집단에 의한 독재가 될 수도 있다. 먼저 이익집단의 활동은 민주주의와 맞물려 돌아가고 있으며, 민주주의 발전에 매우 긍정적이다.[28]

첫째, 이익집단은 대의민주주의의 한계성을 극복해 준다. 대의민주주의

27) Robert Dahl & Charles E. Lindblom, *Politics, Economics and Welfare*(New York: Harper & Row Publishers, Inc., 1953), pp. 302-306.

28) 김순규 외(2000), p. 226.

에서 대표는 지역대표 성격을 지니므로, 분화된 모든 사회구조를 대변할 수 없다. 소외된 사회구조가 집단을 구성하여 정치과정에 자신의 이익을 표출함으로써, 이익집단이 대의민주주의의 모순점을 보완해 주는 기능을 수행한다. 정당도 사회의 모든 계층과 직능을 대변하지 못하므로, 이익집단이 정당의 기능을 보완해 주는 역할도 담당한다.

둘째, 이익집단은 테러・폭동・민란・혁명과 같은 급격한 사회 변혁 없이, 안정된 정치・사회적 발전을 가능하게 한다. 이익집단 정치에서 사회의 다양한 이익과 갈등의 표출은 직접적이고 물리적인 힘의 행사가 아니라, 소속된 집단을 통해서 이루어진다. 이익집단의 존재와 활동구조가 사회의 다양한 갈등을 여과시킴으로써, 물리적 힘에 의존하는 급격한 변혁보다 안정적 변화가 가능하게 되는 것이다.

셋째, 이익집단은 정당・의회・정부에게 다양한 정보를 제공하는 기능을 수행한다. 정당・의회・정부의 역할이 아무리 확대되었다고 할지라도, 분화된 모든 사회구조를 파악하여 정책에 반영할 수 없다. 이익집단이 정부가 미처 파악하지 못한 정보를 제공하게 되는데, 정책결정과정에 '이익집단의 참여'가 그러한 기능을 제공한다.

넷째, 이익집단은 대 국민 정치교육을 담당하는 역할을 수행한다. 이익집단이 직접적으로 교육활동을 하지는 않는다. 하지만 이익추구를 위한 각종 행사에서 자신의 정책 및 이와 관련된 정치권의 상황전달과 다양한 홍보를 진행함으로써, 간접적으로 국민에게 정치교육을 시키는 역할을 수행하게 되는 것이다.

그러나 민주주의 정치문화가 성숙하지 못한 국가에서, 이익집단의 활동은 여러 가지 부정적 결과를 낳게 된다.[29]

첫째, 이익집단이 목표달성을 위해 수단과 방법을 가리지 않음으로써, 국민의 이익이 심각하게 침해당할 수 있다. 또한 금전적 매수 같은 불법적 로비를 벌임으로써, 정경유착이나 각종 야합이 발생한다. 결국 이러한 현상은 이익집단의 독재로 이어져, 민주주의의 발전에 걸림돌로 작용하게 된다.

---

29) *Ibid.*, p. 227.

둘째, 정책결정과정에서 공공이익이 배제될 수 있다. 정부의 공공정책이 이익집단의 이익에 배치되면, 이익집단은 막강한 조직력과 자금을 바탕으로 정책결정과정에 영향력을 행사한다. 만약 정부가 집단이기주의에 굴복하게 되면, 사익추구가 공익추구에 우선시되는 현상이 발생하는 등 이익집단에 의한 독재가 초래될 수 있다.

셋째, 정당의 기능을 제한할 수 있다. 민주주의 국가에서 정당이 고유의 기능을 수행할 때, 정치가 발전하게 된다. 역으로 집단 활동의 과대한 확대는 정당기능을 위축시키게 되며, 이는 정치발전에 장애요소로 작용한다. 정당이 모든 집단을 대표하는 정치행위자는 아니지만, 정당은 민주정치 발전에 기여하는 정당 고유의 기능을 가지고 있다.[30]

넷째, 정치에 대한 국민의 불신이 나타날 수 있다. 다원주의가 조합주의적 다원주의와 결합되지 않으면, 정치와 정부에 대한 불신을 가져오게 된다. 비정상적 로비활동으로 인한 정책결정의 은폐는 각종 부정부패를 초래하며, 정상적 로비활동도 선거 · 정당 · 의회라는 공개된 정책결정과정과 배치되기 때문에 정부와 정치에 대한 신뢰감이 상실될 수밖에 없다.

Ⅱ. NGO

20세기 이후 국내 정치과정의 중요한 특징 중 하나는 NGO의 급속한 확산과 이들의 영향력 확대라고 할 수 있다. 미국에는 200만개 이상의 NGO가 활동하고 있으며, 이들 중 70% 이상이 지난 30년간 창립되었다. 캐나다에서도 1980년 이래 매년 3%씩 NGO의 수가 증가하고 있으며, 현재 인구의 약 31%가 NGO 활동에 참여하고 있다. 러시아에서 공산주의 몰락 이후, 약 65,000여개의 NGO가 형성되었다. 우리나라도 1963년 약 600여개에 불과했던 NGO가 2012년 현재 중앙행정기관 31개 부서에 등록된 1,283개와 17개

30) 정당의 기능은 이익표출과 취합, 사회갈등 조정, 정치사회화, 정치참여 조장, 정치엘리트 충원, 정치체제 유지, 정치과제 설정 등이다. 최한수, 『민주주의와 민주정치』(서울: 대왕사, 1995), pp. 270-275.

시도에 등록된 9,390개 등 총 10,673개의 NGO로 크게 늘었다.[31)]

1. NGO의 개념

NGO(Non Governmental Organization)를 번역하면 '비정부기구'이다. 하지만 이 용어에 대해 시민운동단체가 강한 거부감을 표명하고 있다는 사실을 굳이 언급하지 않더라도[32)], 이 용어는 권위주의적이며, 차별적이고, 시민운동의 의미를 적절하게 포괄하지 못하고 있다.

NGO라는 용어의 사용은 UN에서 비롯되었다. UN은 1국 1투표 원칙에 의해 정부대표를 중심으로 운영된다. 하지만 국제단체를 옵저버(observer)로 참석시켜왔는데, 그 이유는 전문성을 가진 이들의 의견을 참고하기 위해서이다. UN에서 외교권을 가진 국가대표와 옵저버가 함께 활동하게 되자, 이들을 구별하기 위해 NGO라는 용어가 발생하였다. 따라서 NGO는 참고용에 불과하며 외교적 지위를 갖지 못한 단체를 지칭하는 권위적 · 차별적 용어인 것이다.

또한 NGO라는 용어는 시민단체를 적절하게 설명해주지 못한다. NGO는 정부기구 이외의 단체를 의미한다. 용어 자체로 해석하면, NGO는 기업집단이나 특수한 이해집단까지 포괄한다. 그러므로 이 용어는 시민운동이 갖고 있는 특수한 사회적 지위를 반영한다고 할 수 없다. 시민사회운동을 지칭하는 능동적 용어로, 현재 시민단체 다수가 선호하는 '시민사회단체'가 적당할 것이다. 시민운동이 다음 3개의 대원칙을 토대로 만들어졌기 때문이다.[33)]

첫째, 비영리(non-profit)원칙이다. 국내외 시민운동의 감시대상은 국내외 정치 · 경제 · 사회 · 문화적 기관과 상황이므로, 국내기업과 다국적기업도 예외가 될 수 없다. 따라서 기업관련 단체는 NGO가 될 수 있을지라도, 시민사회단체가 될 수는 없다. 현재 기업이 운영하는 사회복지재단, 연구재단, 문화재단을 시민사회단체에 포함시키려는 경향이 있다. 이들의 목적이

31) http://www.mogaha.go.kr(2013년 1월 4일).

32) 한국사회교육원, 『지방화와 지구화 그리고 시민운동』(서울: 한울, 1996), pp. 45-50.

33) *Ibid.*, p. 46.

비영리적이며 공공선을 위해 활동한다는 이유에서이다. 그러나 이들이 시민단체로 인정받으려면, 조직의 운영이 객관적 · 중립적 · 합리적이 되어야 한다.

둘째, 비정치(non-political)원칙이다. UN의 분류에 의하면 정당이나 지자체도 NGO에 포함된다. 국가를 대표하는 기관이 아니기 때문이다. 그러나 이들은 정치적 지위의 상승과 집권을 목표로 활동하므로, 시민운동의 범주에 포함시킬 수 없다. 시민운동은 이러한 류의 정치적 영향력을 배제할 때, 사회적 신망을 받게 된다. 그러나 단체의 이익을 위해 편협한 운동을 하는 집단도 존재하며, 정부가 만든 위장 시민단체(Government Organized NGO: GONGO)도 활동하고 있다.

셋째, 힘의 비집중(non-centralized) 원칙이다. 종교집단이나 이데올로기 집단은 인위적이며, 다양성이 부족하고, 힘이 중앙본부에 집중되어 있다. 일사불란한 원칙체계를 가지고 활동하고 있는 것이다. 시민운동은 생성 자체부터 자발적이다. 다양한 곳에서 다양한 형태로 존재하며, 어디에도 시민운동을 일괄적으로 지휘하는 본부가 없다. 공동의 가치관을 가진 사람이 관심을 가지고 공감대가 형성되어 연대함으로써 네트워크가 구성되는 것이다.

따라서 NGO를 CSO(civil society organization)로, 총칭으로는 GCS (global civil society)를 사용하는 것이 시민운동의 목적과 운동방향에 일치한다. 문제는 세계 각국 시민에게 시민운동단체가 NGO로서 더 많이 알려져 있으며, CSO와 GCS는 생소한 용어라는 점이다. 장기적으로는 용어의 개명이 옳지만, 우선 NGO의 이해와 정의를 시민운동의 목적과 운동방향에 알맞게 해야 한다. 즉 NGO를 시민단체 내지 시민사회단체로 이해하고, "자발적인 사적 그룹과 개인을 그 회원으로 하는 기구로써, 지방이나 국가 혹은 국제 수준에서 공익을 위해서 활동하는 압력집단"으로 봐야 할 것이다.[34]

---

34) 박재창, 『정부와 NGO』(서울: 법문사, 2000), p. 3.

2. NGO의 종류

NGO는 조직이 일국에 한정되어 있는 국내 NGO, 국제적으로 연계되어 있는 국제 NGO, NGO의 정의를 벗어나는 유사 NGO로 분류할 수 있다.[35] 국내 NGO는 NGO의 개념에서 살펴본 바와 같다.

(1) 국제 NGO

국제 NGO(International Nongovernmental Organization: 이하 INGO)는 국제적으로 연계되어 있는 NGO를 의미한다. 보다 구체적으로 개념화하면, "이익을 추구하는 다국적 기업과 달리 시민에 의한 사적 단체로서, 조직이 여러 국가에 걸쳐 형성되어 있으며 활동 영역도 국제적 수준인 조직체"를 말한다. 국제기구연보(Yearbook of International Organization)를 발행하고 있는 국제협회연합(Union of International Association)이 정의한 기준을 살펴보면, INGO에 대한 이해가 빠를 것이다.

INGO는 ① 최소 3개국 이상에서 활동해야 하며 목표가 국제적 사안이어야 하고, ② 회원국이 최소 3개국은 되어야 하며, ③ 본부 및 공식적 활동 구조를 보유하고 있어야 하고 상주직원이 존재해야 하며 이들 직원도 교체되어야 하고, ④ 최소 3개국 이상에서 재정지원이 있어야 하며, ⑤ 비영리적 활동을 하여야 한다.

이상의 국제협회연합의 기준에 따르면 국제투명성기구(Transparency International: TI), 국경없는의사회(MSF), 대인지뢰금지협약국제운동단체(ICBL), 옥스팜(OXFAM), 그린피스(Greenpeace), 어린이구호회(Save the Childern), 국제가족계획연맹(International Planned Parenthood Federation) 등이 INGO에 속한다.

35) 박재영, 『국제기구정치론』(서울: 법문사, 1998), p. 319-320.

(2) 유사 NGO

유사 NGO(Quasi-Nongovernmental Organization: 이하 QUANGO)는 NGO의 형태를 갖추고 있기는 하나, NGO의 설립목적과 활동방향을 벗어나 있는 집단을 말한다.[36]

첫째, 정부에 의해 조직된 NGO(government-organized Non Governmental Organization: 이하 GONGO)이다. GONGO는 주로 냉전시대의 사회주의 국가, 제3세계 국가, 권위 및 독재국가에 존재한다. 특징은 집단의 운영자금이 거의 정부로부터 나오며, 항상 정부의 정책을 옹호하는 전위대 역할을 한다는 점이다. 북한 정권이 해외원조 교섭창구를 위해 설립한 종교단체나,[37] 남한 군사정권 때 존재했던 '바르게살기협의회'나 '새마을지도자협회'와 같은 친정권 집단, 김대중 정권의 '제2의건국범국민추진위원회' 등이 이러한 부류에 포함된다.

둘째, 유사 NGO(Quasi-NonGovernmental Organization: 이하 QUANGO)이다. QUANGO는 운영자금의 많은 부분을 공기금(Public Fund or Public Coffer)에 의존한다는 특징을 가지고 있다. 스칸디나비아와 캐나다의 시민단체, 일부 미국의 시민단체, 그리고 국제 적십자사위원회(International Committee of the Red Cross: ICRC) 등이 여기에 속한다.

셋째, 원조 제공자가 조직한 NGO(Donor-Organized NGO: 이하 DONGO)이다. DONGO는 원조를 제공하려는 자가 원조제공의 필요에 의해 조직한 단체를 말한다. 사실상 국가와 UN은 자신의 특별한 활동을 위해 자신의 NGO를 설립한다. UNDP(United Development Program)가 DONGO의 대표적 사례가 된다. 그리고 국제연합이 설립한 캄보디아 선거의 대중동원을 위한 NGO와 아프가니스탄에서 지뢰제거를 도운 NGO도 이 경우에 속한다.

---

36) Thomas G. Weiss and Loen Gordenker, eds., *NGOs, The UN, and Global Governance* (Boulder and London: Lynne Rienner Publishers, 1996), pp. 20-21.

37) 1997년 7월 22일 미 국무부가 발표한 「국가별 종교에 대한 평가보고서」에 따르면, 북한에는 88년 이후 개신교회 2개와 천주교회 1개가 있으나 전시용에 불과하며, 종교단체는 존재하지 않는다. 그리고 당시 식량 원조를 받기위해 국제원조기구 및 외국교회단체와 교섭을 벌였던 종교단체는 북한 정부에 의해 조직된 정부보조 집단이었다. 중앙일보, 1997년 7월 23일.

유사 NGO 중 GONGO는 NGO의 본질에 부합되지 않는다. 하지만 QUANGO와 DONGO는 GONGO와 완전히 다르다. 운영자금을 공기금에 의존하고 있다는 문제점이 있기는 하다. 그러나 이들 집단은 사적 지위를 보유하고 있으며, 국제적으로 인정된 목표를 실행하고 있다. 이들이 제공하는 서비스가 NGO의 활동범주에 들어간다는 의미이다. 따라서 QUANGO와 DONGO는 NGO의 범주에 포함시키는 편이 타당하다.

3. NGO 활동의 시대적 배경

18세기 산업혁명 이후 서구에서 국가능력의 한계, 과도한 국가권력과 경제권력, 공공가치의 훼손 등의 문제가 출현하였다. 자연스럽게 NGO가 이러한 문제를 해결할 수 있는 방안으로 부상하였고, 이후부터 NGO가 결성되고 활동하기 시작하였다. 그러나 NGO가 본격적으로 영향력을 발휘하기 시작한 시기는 20세기 이후부터이다. NGO의 활성화 배경으로 살라만(L. Salamon) 교수가 설명한 4대 위기, 2대 혁명, 3중 압력을 제시할 수 있다.[38]

첫째, 복지국가, 발전, 환경, 사회주의의 위기이다.[39] 먼저 복지국가의 위기이다. 1950~1960년대에 발전을 거듭하던 서구 복지국가는 1970년대에 이르러 오일파동과 1980년대의 경기침체로 위기를 겪게 되었다. 경제적 위기는 정부의 재정위기로 이어졌으며, 재정위기는 정치위기로 연결되었다. 그 결과 국가 중심적 복지정책은 국가가 시민단체 및 이익집단의 도움을 받아 복지국가의 취약점을 보완하는 방향으로 변화하기 시작하였다. 이후 전문성을 지닌 NGO가 폭발적으로 증가했으며, 이들의 전문적 활동도 풍부하게 이루어 졌다.

다음으로 발전의 위기이다. 이는 개도국에서 NGO의 활성화를 설명해주는 데 유용하다. 1970년대와 1980년대의 경기침체는 개발도상국에게도 예외는 아니었다. 개도국은 경제성장정책을 수정하게 되는데, 이들은 그러한

---

38) Lester M. Salamon, "The Rise of the Nonprofit Sector," *Foreign Affairs,* Vol. 73, No. 4(July/ August 1994), pp. 109-122.

39) 주성수 · 서영진, 『UN, NGO, 글로벌 시민사회』(서울: 한양대학교 출판부, 2000), pp. 19-21.

대안을 NGO와 이익집단에게서 찾았다. 개도국 정부는 전문성과 창의력을 보유한 NGO와 이익집단에게 경제문제를 해결할 수 있는 능력이 있다고 보았으며, 이들을 정책에 참여시킴으로써 위기를 돌파하고자 했던 것이다.

그리고 환경의 위기이다. 산업화가 지속되면서 오존층의 파괴, 지구 온난화, 원시림 축소 등 각종 환경문제가 지구촌 전체에 대한 위협으로 등장하게 되었다. 세계 각국은 자신만의 노력으로 이러한 문제를 해결할 수 없다고 인식하게 되었으며, 그 결과 국가 사이에 공동노선을 취해야할 뿐만 아니라 전문성을 가진 NGO와 협력관계를 유지해야 한다는 인식이 확산되었다. 더욱이 서구사회에서 녹색당 같이 NGO가 정당을 조직하는 등 정치세력화하자, 세계 각국도 이들 NGO의 지위를 인정하지 않을 수 없었다.

마지막으로 사회주의의 붕괴이다. 이는 사회주의 국가에서 NGO의 활성화를 설명해준다. 1986년 소련 공산당 서기장 고르바초프(Mikhail Gorbachov)의 페레스트로이카(Perestroika)정책 이후 소련체제가 붕괴되었다. 러시아와 소련의 옛 위성국에서도 정치적으로 민주주의가 경제적으로 자본주의가 받아들여지기 시작했던 것이다. 이러한 정치 및 경제적 자유는 NGO의 자발적 형성에 막대한 영향을 끼쳤으며, 그 결과 사회주의권에서는 NGO의 결성과 활동이 폭발적으로 증가하였다.

둘째, 경제성장과 커뮤니케이션 혁명이다.[40] 1950~1960년대를 통한 경제성장은 1960~1970년대에 물질적 풍요를 가져다주었고, 이는 중산층을 확대시켰을 뿐만 아니라 중산층의 사회활동과 정치참여의 폭을 넓혀주었다. 중산층의 정치의식이 성장하게 되었으며, 그 결과 시장과 정부의 역할에 대한 부정적 시각 및 시민운동에 대한 신뢰가 나타나게 되었다. 커뮤니케이션 혁명도 NGO의 형성과 발전에 지대한 영향을 끼쳤다. 특히 제3세계 국가에서 선진국의 정보유입 및 선진국과 정보공유는 시민권리의 인식과 행사로 이어졌으며, 이 과정에서 많은 NGO가 생성되고 성장하였다.

셋째, 국민, 국제사회, 국제기구, 정부 등의 압력이 NGO의 발생과 활성화에 중요한 역할을 담당하였다.[41] 먼저 '아래로부터의 압력'으로 명명되는

40) *Ibid.*, pp. 21-22.
41) *Ibid.*, pp. 22-24.

'국민으로부터의 압력'이다. 20세기는 '인간의 기본권리와 삶의 질 향상'에 대한 요구가 거세게 분출되었던 시대였다. 여기에 부응하여 시민단체의 구성이 활발하게 펼쳐졌으며, 이들이 정치권에 압력을 행사하는 등 시민단체의 운동도 활성화 되었다. 특히 급격한 경제성장을 이룬 개발도상국과 민주정치제도를 도입한 동구권에서 이러한 현상이 두드러졌다.

다음으로 국제사회로부터의 압력인데, 이는 주로 선진국의 NGO와 종교단체에 의해 이루어졌다. 선진국의 종교단체와 NGO가 개발도상국 및 저개발국가의 NGO에게 자금을 지원하고 조직의 운영원리를 전수함으로써, 이들 국가에서 NGO의 결성과 활성화를 유도해 내었다는 의미이다. 1990년대 폴란드를 비롯한 동구권 국가의 NGO는 가톨릭 조직의 도움을 받았으며, 남미, 아시아, 아프리카의 NGO는 기독교 조직의 원조를 받았다.

그리고 UN, OECD, World Bank 등과 같은 국제기구의 압력이다. 국제기구가 국내 NGO의 창설과 발전을 추구하기 시작한 시기는 1980년대 이후부터이다. UN은 말할 필요도 없고, OECD와 World Bank는 개발도상국의 NGO가 참여하는 프로젝트를 지원해오고 있다. World Bank의 경우 1990년에 전체 프로젝트의 약 12%가 NGO의 참여 속에서 진행되었으며, 1997년에는 47%에 이를 정도로 NGO의 참여율이 증가하고 있다.

마지막으로 정부의 정책노선 변화가 NGO의 혁명에 결정적 역할을 담당했다. 레이건(Ronald Reagan)과 대처(Margaret Thatcher)는 각각 신연방주의(new federalism)와 신보수주의(neo-conservatism) 정책노선을 지향했으며, 이는 시민사회의 육성과 민관 파트너십의 발전을 유도하였다. 프랑스의 미테랑(Francois Mitterrand)은 시민사회 지원책을 마련하면서, 법 개정을 통해 시민사회를 위한 정부조직과 장관직을 신설했다. 노르웨이에서 노동부가 민관협력을 위한 정책프로그램을 실시하고 있으며, 장기적으로 관료적 복지국가를 시민사회로 대체시키는 작업을 수행 중에 있다. 필리핀과 태국에서는 정부가 농협과 NGO에게 재정지원을 시작하고 있으며, 이집트와 파키스탄 정부는 5년 개발계획에서 NGO에게 참여기회를 부여하고 있다.

4. NGO의 기능

NGO는 운용적 기능(operational function), 교육적 기능(educational function), 대변기능(advocacy function), 감시기능(supervisory function) 등을 수행한다.42) 하나의 NGO가 이들 중 하나의 기능을 수행하는 경우도 있다. 그러나 하나의 NGO가 여러 개의 기능을 수행하기도 하며, 여러 개의 NGO가 협력을 통해 하나의 기능을 수행하기도 한다.

첫째, 운용적 기능이다. NGO 자신의 고유한 목적을 수행하는 기능을 말한다. NGO 중 구호와 개발 및 원조 NGO의 수가 압도적으로 많다. 이들은 불우이웃돕기, 노숙자지원, 재난구호활동 등을 펼치며, 정부의 구호정책이나 개발원조에 대해 자문 및 권고활동을 하기도 한다. 우리나라의 경우 소외된 이웃을 돌보는 '굿네이버스'와 빈민을 위해 구호활동을 벌이는 '월드비전한국' 등이 전문적 구호 NGO이다. 대다수의 NGO는 구호활동을 전문으로 하지만, 다른 운용적 기능을 수행하면서 구호활동을 벌이는 NGO도 많이 있다. 예를 들어 경실련 · 참여연대 · 환경운동연합 · 녹색연합 등과 같이 각기 자신의 전문영역을 가진 10,673여개(2012년 기준) 이상의 국내 NGO도 시기와 상황에 따라 구호활동을 수행한다.

둘째, 교육적 기능이다. NGO의 활동 그 자체가 교육적 기능을 수행한다고 볼 수 있다. 환경 NGO의 활동은 환경에 대한 이해 및 환경보호의 중요성을, 인권 NGO의 활동은 인권에 대한 전반적 지식과 인권보호의 당위성을, 정치 NGO의 활동은 민주주의를, 경제 NGO는 경제정의와 경제민주화를 시민에게 교육시키는 효과를 나타낸다. NGO의 교육적 기능은 NGO의 목적을 실현하는데 중요한 역할을 수행한다. 의도적이든 아니든 NGO의 교육기능은 NGO의 목적에 동의하는 여론을 형성시키게 되며, 이러한 여론형성은 동원을 가능하게 하며, 그 결과 소속 국가나 국제기구의 정책결정에 영향력을 행사할 수 있게 된다.

---

42) Shirin Sinnar, "Mixed Blessing: The Growing Influence of NGOs," *Harvard International Review*, Vol. 18, No. 1(Winter 1995-96), pp. 36-40.

셋째, 대변기능이다. NGO가 국민의 입장을 대변하여 정부나 기업에게 영향력을 행사한다면, 이는 NGO가 대변기능을 수행하는 것이 된다. NGO는 환경, 소비자보호, 노동, 여성, 경제, 교통, 의료, 행정 등에 걸쳐 국민의 의사를 대변하여 정부 및 관련기관에 영향력을 행사한다. 물론 이러한 활동은 어떤 NGO 단독으로 이루어지기도 하지만, 같은 목적을 추구하는 NGO가 연합하는 경우가 많다. 2001년 6월 26일 국회 환경노동위원회를 거쳐 7월 18일 국회에서 통과된 '모성보호관련 3법'은 여성의 입장을 대변하는 '한국여성단체연합'과 '여성노동자협의회' 등으로 구성된 여성단체의 연합이 노력한 결과로 볼 수 있다.[43]

넷째, 감시기능이다. NGO는 인권보호와 환경규제 같이, 자신의 전문분야와 관련된 문제의 실질적 이행여부를 감시한다. 위반이 있을 경우 직접 경고하거나 실질적 정책이나 행위변경을 위해 힘을 결집하여 운동을 전개하기도 한다. NGO의 감시대상은 정부, 정부기구, 기업 등이다. 경실련은 경제정의를 위해, 참여연대는 정치과정의 민주화를 위해, 환경운동연합과 녹색연합은 환경보호를 위해, 여성단체연합과 민우회는 여성의 권익보호를 위해 감시활동을 수행한다. 감시결과가 자신의 목표를 벗어났다고 판단하면, 자신의 목적을 위하여 힘을 행사하기도 한다. 이들의 활동 역시 전문분야에서는 독자적 활동을 하나, 관련분야의 NGO와 연합하기도 하며 세 과시를 위해 수많은 NGO가 결집하기도 한다.

5. 국가와 NGO의 관계

(1) 정부-NGO 관계의 현실

정부-NGO 관계의 현실을 비교론적 관점에서 분류하면 미국과 유럽의 후기복지국가형(post-welfare model), 남미권의 후기민주화형(post-democratization model), 동구권의 후기사회주의형(post-socialism model), 아시아와 아프리카의 후기발전주의형(post-development model)으로 구분할 수

43) 동아일보, 2001년 6월 27일; 7월 19일.

있다.[44]

첫째, 후기복지국가형에서 NGO의 역할에 대해 상반된 두 측면이 존재한다.[45] NGO활동을 통해 국가개입을 최소화시키려는 시장 중심적 입장, 그리고 NGO를 국가정책의 실질적 대안으로 생각하는 시각이다. 전자는 NGO를 신자유주의적 정책집행의 도구로 생각하며, 후자는 시민사회로 국가권력의 이양을 추구한다. 또한 전자는 NGO가 축소된 국가를 대신하여 시장과 시민사회를 연계시켜주는 역할을 담당한다고 보는 반면, 후자는 NGO가 국가와 시민사회를 공동체 중심적 양식으로 매개한다고 생각한다. NGO가 어떤 형태이던, 분명한 사실은 NGO의 활동이 국가역할의 축소를 초래한다는 사실이다.

후기복지형의 특징은 NGO의 활동영역이 건강 및 사회서비스 부문이며, 정부-NGO간 긴밀한 유대관계가 지속되고 있다는 점이다. 이러한 국가에서 문제가 되는 것은 NGO의 관료화와 상업화이다. NGO의 역할이 증가하고 조직이 확대됨에 따라, 시민과 접촉 기회는 줄어들고 조직 자체가 경직될 수밖에 없다. 또한 NGO간 경쟁과 경제적 어려움으로 인한 예산문제는 NGO의 상업화를 부추길 수밖에 없다.

둘째, 후기민주화형에서 점진적이고 이완된 형태의 민주화 여정이 정부-NGO 관계를 결정하는 여러 가지 환경적 요소를 발생시킨다.[46] 한편으로 시민사회는 국가에 대해 정치적 투쟁을 강화하며, 국가는 민주화 이행의 정당성을 얻기 위해 시민사회의 지지를 획득해야 할 상황에 놓여 있다. 다른 측면에서 시민사회는 '민주화의 피곤(democratic fatigue)현상'으로 분열되고 있으며, 국가는 민주화의 이완을 위해 시민사회에 대한 회유책을 강구하고 있다. 게다가 시민사회의 내부분열과 국제환경적 변수가 정부-NGO간 관계를 더욱 복잡하게 만들고 있다. 국제기구를 통한 중심부 국가의 신자유주의 경제화 압력은 국가의 권력을 약화시키기는 하지만, 시민사회를 시장화시킴

44) Lester M. Salamon, Helmut K. Anheier and Associates, *The Emerging Sector Revisited: A Summary*(Baltimore, MD: Johns Hopkins Center for Civil Society Studies, 1998), p. 9-17.

45) 박재창(2000), pp. 62-64.

46) *Ibid.*, pp. 64-65.

으로써 NGO가 설 땅을 좁히기도 한다.

남미의 NGO는 '민주화의 피곤현상'으로 시민사회 형성에 적극적이지 못한 대중과 밀접한 관계를 유지·형성해야 하며, 국가와 국제기구의 원조로 도구화되어가는 다른 NGO와 경쟁해야 하는 이중적 부담을 안고 있다. 하지만 남미에서 나타나는 가장 중요한 현상적 특징은 권력과 부의 불평등으로 인한 시민사회의 이중성(duality)이다. 가톨릭교회와 중상류층에 의해 운영되어지는 NGO는 안정된 재정을 기반으로 교육 분야에서 막강한 영향력을 행사하고 있다. 그러나 지역공동체 위주의 NGO는 재정상태가 열악하며, 주로 지역개발문제를 다루고 상당히 진보적 색채를 띠고 있다.

셋째, 후기사회주의형은 동구 사회주의의 몰락과 이에 대한 대안으로 부상한 분권화와 불가분의 관계를 가진다.[47] 동구권에서 중앙집권체제의 붕괴가 분권화된 시민사회의 성장과 시민민주주의의 이행으로 이어진다고 생각되었으며, 이 과정에서 NGO가 핵심적 역할을 할 것으로 기대되었다. 하지만 과도한 분권적 시민사회의 형성시도는 국가의 존립 자체를 위태롭게 할 정도로 파편화 되어, 민족주의에 근거한 신중앙집권적 국가화를 부추기는 지경에 이르렀다. 게다가 계획경제의 유산, 느린 민주화 과정, 경제적 궁핍도 NGO에 대한 실망을 불러일으킨 요인으로 작용하였다. 피폐한 환경문제, 개인의 재산권 반환문제, 공정한 심판관으로서 국가의 역할에 대한 현실적 이슈의 작용도 간과할 수 없을 것이다.

따라서 동구에서 나타나는 NGO-정부간 관계는 자연히 과거 사회주의 영향권 내에 있을 수밖에 없다. 스포츠·문화·오락 NGO, 즉 사회주의 체제에서 시민사회의 성장을 억제하기 위해 정책적으로 장려되었던 NGO가 주류를 이루고 있다. 의료 및 복지와 관계된 NGO의 활동이 미미하다는 사실은 두말할 필요도 없다. 이 지역에서 NGO가 제자리를 찾기 위해서 NGO 자체의 능력배양과 재원조달이 필요하며, NGO의 부패에서 비롯되는 시민의 이탈현상을 막아야 하고, 탈 사회주의에서 비롯된 민주화의 피로감으로부터 시민을 탈출시켜야 한다.

---

47) *Ibid.*, pp. 65-67.

넷째, 후기발전주의형에 대한 올바른 이해를 위해서, 1970년대에 행해졌던 미국의 해외정책을 살펴봐야 한다.[48] 미국은 월남전 패배와 제3세계에서 반서구적 민족주의의 세력증대로 인해, 제3세계에 대해 서구형 근대화를 위한 원조프로그램을 강화하게 되었다. 하지만 시민사회에 대한 탄압과 관료의 무능력 및 부패로 이 계획은 실패하고 말았다. 1980년대에 대안으로 미국은 자국중심의 새로운 제3세계 발전모델, 즉 '공공경영(public management)'의 전파와 '빈곤퇴치를 위한 농촌 공동체 조직의 활용'을 시행하기 시작했다. 1990년대에 이러한 상황은 지속되었으나, 이 기간 동안 민주화와 신자유주의적 세계화는 NGO에 대한 관심을 증폭시켰다.

이러한 환경에서 NGO의 활동이 증가하기는 했지만, 이들의 활동은 전문분야가 아니라 다방면에 걸쳐 있었다. NGO는 정치적 민주화, 시민사회의 형성 및 시민사회의 욕구 수용, 신자유주의적 NGO와의 경쟁 등을 동시에 수행해야 했던 것이다. 여기서 제3세계 국가의 NGO는 대체로 세 가지 경향을 띠게 된다. 민주화 NGO는 주로 부당한 정부권력에 대항하고 빈민의 이익을 대변하며, 경제적 NGO는 농촌개발 및 빈곤퇴치를 위해 활동하고, 신자유주의적 NGO는 세계은행과 같은 국제조직의 후원 하에서 후원기관의 발전정책과 효율적인 정부의 정책개발을 위해 일한다.

(2) 정부-NGO 사안별 관계

정부의 어떤 특정한 정책에 대해 NGO가 취하는 태도는 두 가지 형태이다. 정부의 정책이 NGO가 지향하는 노선과 다를 때, 이들은 정부의 정책을 바꾸거나 철회시키기 위해 정부에게 적대적 태도를 취한다. 반대로 정부의 정책이 NGO의 노선과 일치할 때, 이들은 정부의 정책을 옹호하면서 정부에게 우호적 태도를 취한다.

먼저 정부-NGO간 적대적 관계이다.[49] 정부가 자신의 정책노선과 다른 길을 걸을 때, NGO는 정부에 적대적 자세를 취한다. 여기서 NGO가 취하는 행위의 스펙트럼은 설득, 압력, 비난이나 비판, 혹은 격렬한 저항까지 다양

48) *Ibid.*, pp. 67-68.
49) 박재영(1998), pp. 367-368.

하다. 예를 들어 환경관련 NGO는 정부가 환경문제를 주요 정책의제로 채택하지 않거나 환경문제에 소극적 태도를 보이면, 정부가 환경문제를 정책의제로 다루고 구체적 정책을 제시하도록 어떤 행위를 취한다. 마찬가지로 인권관련 NGO는 정부의 인권보호 정책이 미흡하다고 판단되면, 국민의 권리와 복지를 위해 어떤 조치를 취한다. 이와 같은 NGO의 자세는 NGO의 행위 스펙트럼 중 어느 한 가지를 취하거나, 혹은 강도가 낮은 데서 높은 데로 상승하기도 한다. NGO의 적대적 행위는 단독으로 행해지기도 하지만, 다른 NGO와 연대하거나 국제NGO의 도움을 받기도 한다.

- 단독행위: 정부에 대해 적대적 태도를 취하는 것도 NGO 단독으로 결정하며, 행위의 스펙트럼을 결정하고 그것을 행동에 옮기는 것도 독자적인 경우를 말한다.
- 연대행위: 어떤 사안에 대해 NGO가 연대하여 정부에게 어떤 행위형태를 보이는 경우를 말한다. 여기에서 어떤 특정한 NGO가 반정부운동을 주도하면서 다른 NGO를 끌어들이기도 하며, 처음부터 연합전선을 구축하기도 한다.
- 국제 NGO 본부의 명령에 따른 행위: 어떤 국가의 NGO가 국제 NGO의 지부로 존재하는 경우에 발생한다. 즉 국제 NGO의 회의에서 결정된 사항을 국내정부에 압력을 가하는 형태로 진행되는 NGO의 활동을 일컫는 것이다.

다음으로 우호적 관계이다.[50] 이 관계는 다음 세 가지 경우에서 발생한다. 첫째, 정부가 NGO의 요구를 수용하거나, 정부가 NGO의 노선에 부합하는 정책을 시행할 때이다. 이 때 정부와 NGO가 실질적으로 동맹관계를 맺는 경우도 있으나, 대체로 NGO가 정부의 정책에 호응을 보내는 형태를 띤다. 정부-NGO의 유착이라는 비난을 사전에 예방하거나, 혹은 미래에 있을지 모르는 적대적 관계에 대비하기 위해서이다. 둘째, 정부가 국제회의의 대표단에 NGO회원을 참가시키는 경우이다. 정부가 NGO의 전문지식을 이용

50) *Ibid.*, pp. 368-369.

하거나, NGO와 적대적 관계를 원치 않기 때문에 정부 대표단에 NGO 구성원을 초청하는 경우가 많다. NGO도 자신의 정책노선을 정책결정에 반영할 수 있는 기회가 되기 때문에, 대부분 정부의 제의를 수락하게 된다. 따라서 이 경우를 명확히 우호적 관계로 규정하는 데 무리가 있다. 셋째, NGO가 독재정부에 의해 설립된 경우이다. 독재정부는 정책을 홍보하고, 정책의 실행을 용이하게 하기 위해 관변 NGO를 설립한다. 관변 NGO는 정부의 지시대로, 정책을 옹호하여 정부의 정책수행을 용이하게 한다. 그러므로 이 경우도 동맹관계라기보다, 지배 및 종속관계로 보는 편이 더 정확할 것이다.

6. NGO의 지위와 재정문제

대부분의 국가에 NGO의 지위를 결정하는 별도의 법률이 존재하지 않기 때문에, 일반 법인과 동등한 대우를 받는다.[51] 순수하게 국내활동만을 하는 NGO뿐만 아니라, 타국이나 자국에 본부를 두고 국제적으로 활동하는 NGO, 자국에 본부를 두고 타국 및 국제 NGO와 연계활동을 하는 NGO 모두 동등한 대우를 받는다. 한국에 본부를 두고 UN의 경제사회이사회와 협의적 지위를 누리고 있는 '한국이웃사랑회'를 실례로 들 수 있다. 이 단체가 한국에서 NGO로서 누리는 혜택은 매우 제한적이다. 사단법인에서 사회복지법인으로 전환하여 여타 사회복지법인과 마찬가지로 약간의 보조금을 받고 있으며, 한국해외협력단(Korea International Cooperation Agency: KOICA)으로부터 해외사업에 대한 보조금을 받고 있을 뿐이다. 따라서 현재 많은 국가가 NGO 활동의 촉진을 위해 NGO 지원과 관련된 법률제정을 검토하고 있기는 하나, NGO 사이의 형평성 문제 등 여러 가지 난제(難題)가 많아 그렇게 희망적이지는 못하다.

NGO의 재정문제는 이들의 지위를 불안하게 할 뿐만 아니라 활동 자체를 위축시킨다. NGO는 회원의 회비, 기업이나 기타 단체의 기부금, 인쇄물이나 기념품 판매, 정부의 지원 등으로 재원을 마련한다. NGO가 본연의 임

---

51) *Ibid.*, pp. 343-345.

무를 수행하기 위해서는 재정자립이 절실하다. 그렇지 않으면 스웨덴의 NGO처럼 최소한 기업이나 정부로부터의 지원을 최소화함으로써, 이들로부터 자유로워지거나 지원을 받더라도 자율성을 가질 수 있어야 한다.[52] 그렇지 못하면 특정기업이나 국가의 입김으로 인해, NGO는 NGO로서의 가치를 지니지 못하게 된다.

국내 및 국제 NGO 중 정부나 기업의 간섭을 받지 않을 정도로 재정적 자립을 이룩한 NGO도 있다. 국내 NGO로 참여연대를 들 수 있다.[53] 2011년 기준으로 참여연대는 12,802명의 회원을 확보하고 있으며, 이들로부터 연간 13억 9천여만 원의 회비를 거둔다. 1년 총지출 19억 8천여만 원의 69% 수준이다. 나머지는 21%의 후원금과 10%의 사업수입으로 충당한다. 서구 선진국에서 기부금문화의 정착과 비영리재단의 지원도 있지만, 무엇보다 회원의 높은 회비납부비율(미국 90%, 영국 75% 이상)로 재정자립을 이룬 NGO가 많다. 하지만 우리나라의 경우 거의 모든 NGO의 재정은 매우 열악하여, 운영비 마련을 위해 기업인이나 정치인에게 후원을 부탁하는 것이 하나의 관행처럼 되어 버렸다. 그 결과 NGO의 활동도 기업이나 정부로부터 자유롭지 못하거나 매우 부실하다. 2000년 11월 20일과 21일 양일에 걸쳐 '경제정의실천시민연합'이 주택공사·한전·토지공사·석유공사·관광공사 등 5개 정부투자기관에 공문을 보내 11월 29일 경실련 11주년 기념식 및 후원회 밤 행사에 각 1,000만원씩 재정지원을 해 달라는 공문을 보낸 사건도 이런 맥락에서 이해되어야 할 것이다.

한편 자율성을 가지기 위해 노력하는 NGO도 다수 존재한다. '굿네이버스'와 '국경없는 의사회'가 바로 그들이다. 소외된 이웃을 돕는 '굿네이버스'(Goodneighbors)는 약 59만 명의 회원이 납부하는 회비로 예산의 약 52.6%를 충당한다. 이외 지출은 정부보조금 26.9%, 기부금·후원금 14.3%, 기부물품 4.4%, 기타1.8% 등으로 충당한다.[54]

---

52) 중앙일보, 2001년 6월 25일.

53) http://www.peoplepower21.org(2013년 1월 5일).

54) http://www.goodneighbors.org(2013년 1월 6일). 2011년 기준으로 굿네이버스의 1년 수입과 지출은 8,3351,014,220원이다.

1971년 설립된 '국경없는 의사회'(Medecins Sans Frontieres, MSF)는 한 해 지출이 약 1조 3천 870억 원, 27개국의 지부, 3,000여명의 의사 · 간호사 · 행정요원, 세계 각국에 3만 여명의 자원봉사자를 거느린 거대 NGO이다. 이 단체의 재정은 개인과 기업기부금 89%, 유럽연합(EU) 관련단체와 UN난민고등판무관사무소 등으로부터 받는 공적기금 9%, 기타 2%로 충당한다.[55] 하지만 단체의 독립성과 자율성을 확보하기 위해 누구에게도 도와달라고 요청도 하지 않을 뿐만 아니라, 기부금과 공적 자금을 댄 기업과 국제기구 역시 청탁할 생각도 하지 않는다.

Ⅲ. 여　　론

민주정치는 여론(public opinion)을 기초로 진행된다. 이는 국민이 여론형성의 당사자로서 정치과정에 참여하고 있으며, 직접 정치권력에 접근하고 있다는 사실을 의미한다. 여론은 커뮤니케이션과 밀접한 관련을 가지고 있다. 커뮤니케이션의 수단인 매스미디어(mass media)는 국민을 설득하고 국민의 의견을 조작하는 수단으로 이용되기도 한다. 그러나 국민의 의견을 집약시켜 정책결정과정에 전달하고, 정책결정자가 이를 반영하는 데 필수불가결의 요소이기도 하다.

1. 여론의 개념

여론을 영문으로 표기하면 'public opinion'이며, 의미는 '공중의 의견'이다. 그러나 여론의 정의를 분명하게 이해하려면, '공중'과 '의견'의 의미를 잘 살펴봐야 한다.

공중(public)은 자신의 이익과 관련된 특정한 공공이슈에 대해 생각을 공유하는 개인의 집단을 일컫는다.[56] 어떤 특정한 이슈가 발생했을 때 개인

55) http://www.msf.or.kr(2013년 1월 6일)

56) Herbert Blumer, "Public Opinion and Public Opinion Polling," *American Sociological,*

이나(과) 집단은 공통적 관심을 바탕으로 상호작용하며, 공통의 이익을 공유하는 개인이나(과) 집단이 뭉쳐 공중을 형성한다. 하지만 그 이슈가 사라지거나 해결되면 공중도 사라진다. 그러므로 공중은 대중(crowd)과 구별된다.[57] 대중은 그때그때 신체적으로 접근되어 있는 일정한 인간집단을 말하는 반면, 공중은 공통의 이해관계로 소속감을 가지는 인간집단을 말한다. 공중은 대체로 다음과 같은 특징을 가고 있다. 특정 이슈에 대해 공통의 관심이나 이익으로 같은 생각을 가지고 있으며, 동일화된 상징이나 속성이 분명치 않은 특성을 가지고 있고, 구성범위·형성시기·소멸시기가 분명하지 않은 일시적·무정형적·비구조적 특징을 가지고 있다.

의견은 태도의 언어적 표현이다.[58] 여기서 태도는 몸가짐보다는 마음가짐을 의미한다. 알포트(Gordon W. Allpot)가 태도를 "반응을 위한 준비상태"로 정의하며, 케츠(Daniel Katz)가 "주어진 대상에 대해 호의적이거나 비호의적으로 반응하는 성향"으로 보는 것도 같은 맥락이다.[59] 태도는 과거 경험과 현재 상황의 결합으로 형성된다. 그러므로 태도는 어떤 대상에 반응하려는 마음의 준비상태, 어떤 대상에 대해 행동을 촉진하고 행위형태와 방식을 결정하는 인간의 정신상태, 경험과 배움을 통해 조직되고 발전된 인간의 성향, 관찰될 수 없는 이론적 구조로써 개인의 심리상태와 표출된 행위간의 교량적 매개체로 정의될 수 있다. 태도는 그대로 언어로 표현되기도 하지만, 의도적·비의도적으로 수정되거나 변경되어 나올 수도 있다.[60] 의견을 냄으로써 받을 수 있는 물리적, 사회적, 경제적, 정치적 결과에 대한 공포가 영향을 미치기 때문이다. 따라서 태도의 언어적 표현은 합리적 사고에 의한 표현, 감정적 분출, 기대적 표현, 가식적 표현 등과 같이 여러 가지 형

Vol. 13(1948), pp. 543-546.

57) 조재관, 『선전여론』(서울: 박영사, 1990), pp. 161-165.

58) Harwood L. Childs, *An Introduction to Public Opinion*(New York: John Wiley & Sons, Inc., 1940), p. 41; Erwin. P. Bettinghaus, *Persuasive Communication*(New York: Holt, Rinehart and Winston, Inc., 1973), p. 18.

59) Carl Murchison(eds.), *A Handbook of Social Psychology*(Massachusetts: Clark University Press, 1935), pp. 804-810; Daniel Katz, "The Functional Approach to the Study of Attitudes," *Public Opinion Quarterly,* Vol. 24(1960), p. 168.

60) Terence H. Qualter, *Opinion Control in the Democracies*(New York: St. Martin's Press, Inc., 1985), p. 40.

태를 띠게 된다.

이렇게 볼 때 여론은 공중이 가지고 있는 태도가 언어적으로 표현된 상태로 볼 수 있다. 문제는 공중의 의견은 하나로 통일되어 나타날 수 있지만, 대개 다양한 스펙트럼을 형성한다는 점이다. 즉 어떤 이슈에 대해 찬성하는 공중, 반대하는 공중, 이들 사이에 위치하는 다양한 공중이 존재할 수 있다는 의미이다. 만약 모든 공중의 의견을 여론이라고 한다면, 한 사회 내에 매우 많은 여론이 존재하게 된다. 그런데 여론은 '어떤 문제에 대해 공중이 가지고 있는 태도의 측정치'를 의미하기도 하기도 하지만, 일반적으로 '공중의 주된 의견'을 말한다. 그러므로 여론은 단순한 공중의 의견이 아니라, 토론의 결과로 나타나는 공중의 중심경향이 된다.

그러나 토론의 결과로 나타나는 공중의 중심경향만 여론이라고 단정할 수 없다. 토론의 과정을 거쳐 탄생되지는 않았다고 할지라도, 선(good)으로 인식될 수 있는 공중의 의견이 존재하기 때문이다. 예를 들어 학교주변에 유흥업소를 경영하지 못하는 법률을 제정하려 할 때, 분명 이해 당사자의 반발이 있을 것이다. 그러나 "학교주변에 유흥업소를 경영하지 말자"는 의견은 여론이다. 토론의 과정을 거치지 않았더라도, 거의 모든 공중이 그 타당성을 인정하는 사안이기 때문이다. 그러므로 민주주의에서 여론은 토론의 결과로 나타나는 공중의 중심경향, 혹은 토론 없이도 그 타당성이 인정되는 공중의 의견으로 이해하면 된다.

2. 여론의 형성

어떤 특정한 사안과 그러한 사안이 대두된 시점의 상황이 결합되어 의견이 형성된다. 그렇다면 여론이 형성되기 위한 조건은 무엇인가? 여론은 어떤 방식으로 형성되는가? 여론은 어떤 단계를 거쳐 형성되는가?

여론이 형성되기 위한 조건은 무엇인가? 여론형성의 대전제는 민주주의이지만, 세부적 조건은 이슈, 공중, 채널, 표현의 자유이다.[61]

---

61) 최한수, 『현대사회와 여론』(서울: 건국대학교 출판부, 2000), pp. 65-66.

첫째, 이슈(issue)의 존재이다. 단어 자체가 의미하듯이, 이슈는 문제의 존재, 문제의 공표, 문제의 이슈화라는 세 가지의 의미를 모두 포함하고 있다. 어떤 문제가 ① 논쟁의 여지를 가지며, ② 사회구성원 사이에 갈등을 불러일으키고, ③ 사회구성원을 찬반 그룹으로 나눌 때, 그 문제는 이슈의 자격을 가지게 된다는 의미이다. 따라서 자연법칙과 사회구성원이 당위적으로 인정하는 선과 악은 이슈가 될 수 없다.

둘째, 공중(public)의 존재이다. 공중은 ① 특정한 이슈에 대해 공통의 관심이나 이익으로 같은 생각을 가지고 있으며, ② 동일화된 상징이나 속성이 분명치 않은 특성을 가지며, ③ 구성범위 · 형성시기 · 소멸시기가 분명하지 않은 일시적 · 무정형적 · 비구조적인 특성을 가진 이질적 개인(혹은 그리고 집합체)을 말한다. 따라서 공중이 없으면, 여론형성은 불가능하다고 볼 수 있다.

셋째, 여론형성의 매체인 매스미디어(mass media)가 있어야 한다.[62] 이것은 공중에게 문제를 이슈화시키고, 이슈화된 문제를 여론화시키는 과정에서 없어서는 안 되는 요소이다. 매스미디어가 문제를 이슈화시켜주지 않으면, 문제는 단순한 문제로 종결되기 때문이다. 매스미디어의 역할이 없으면, 이슈화가 되었다고 할지라도 공중의 중심경향으로 자리 잡기가 불가능하기 때문이다.

넷째, 표현의 자유이다. 표현과 토론의 자유 그리고 매스미디어에 의한 전달의 자유가 있을 때, 사회발전을 위한 구성원의 의견이 여론으로 발전할 수 있다. 반대로 표현할 자유와 메스미디어에 의한 전달의 자유가 없다면, 사회 구성원의 의견은 중심경향으로 발전될 수 없다. 따라서 전체주의, 권위주의, 술탄주의 정치체제에서, 사회구성원의 의견이 여론으로 성장하기란 거의 불가능하다.

여론은 어떤 방식으로 형성되는가? 여론의 형성방식은 하향식, 상향식,

---

62) 여론형성의 매체인 매스미디어에는 신문, 라디오, 텔레비전, 인터넷 등이 있다. 이들은 의제를 설정하며, 쟁점에 대한 정보를 제공 · 해석 · 평가하고, 공중에게 토론의 장을 제공한다. 이상철, 『여론선전론』(서울: 범우학술평론, 1986), pp. 272-285; 김순규, 『정치와 매스컴』(마산: 21세기 국제 정경연구원, 1999), pp. 88-93; 조재관(1990), pp. 135-147.

수평식 등 3가지로 분류할 수 있다.[63)]

첫째, 하향식 여론이다. 지배엘리트가 성명 · 보도 · 매스미디어를 통해 자신의 정치적 의도나 사회적 이슈를 국민에게 전파함으로써, 자신에게 유리한 여론을 조성하는 방법을 말한다. 전체주의나 권위주의 정부는 자신의 정책을 합법화하기 위해, 각종 매스미디어를 이용하여 여론을 조성한다. 또한 여론조사라는 명목 하에서, 정부의 의견을 사회중론(社會衆論)인 것처럼 발표하는 방법을 이용하기도 한다. 민주주의 정부도 정책에 대한 관심과 협조나 근시안적 국민을 설득하여 미래지향적 정책을 입안하고자 할 때 하향식 여론형성 방법을 사용하기도 한다.

둘째, 상향식 여론이다. 상향식 여론은 국민으로부터 형성되어 정부로 전달되는 여론형성 방식을 말한다. 상향식이 본래의 의미를 가지기 위해서, 국민이 정부정책의 실체를 정확히 파악해야 한다. 정부의 정책이 국민에게 올바르게 전달되지 않는 경우, 오히려 상향이 잘못된 여론을 형성할 가능성이 높다. 상향식 여론은 정의의 편에서 정부의 기만과 위선에 대항하며 희생과 압박을 두려워하지 않기 때문에, 집권층이 가장 두려워하는 여론이다. 그러므로 비민주적 정부는 항상 상향식 여론 형성과정을 기피하거나 탄압한다.

셋째, 수평적 여론이다. 수평적 방법은 상향식 여론형성 과정에 존재하는 하나의 방식이다. 상향식 여론이 본래의 의미를 가지기 위해서, 반드시 구성원의 '토론을 거친 합의' 혹은 '토론을 거친 다수결'에 의해 중심경향이 도출되어져야 한다. 물론 여기에는 문제에 대한 자각 → 해결방법을 찾기 위한 토론 → 해결방법을 선택하기 위한 토론 → 합의나 투표에 의한 다수결 같은 의견일치의 과정이 필요하다. 따라서 수평적 여론은 상향식 여론형성에 있어서 필수불가결한 요소가 된다.

여론은 어떤 단계를 거쳐 형성되는가? 여론이 형성되기 위해서 앞에서 언급한 여론형성의 조건이 구비되어 있어야 한다. 이러한 환경에서 여론은 쟁점의 가시화 → 공중의견의 형성 → 공중의견의 가시화 → 의견의 합의라는

63) 김순규(1999), pp. 83-84.

4단계를 거쳐 형성된다.[64] 학자에 따라 이들 4단계 중 어느 일부분이 분리 혹은 통합되거나 다른 용어가 사용되는 경우도 있다. 그리고 여론이 형성되는 과정과 기간은 이슈의 성격과 이슈화된 당시의 국내 및 국제정치적 상황에 따라 달라질 수 있다.

쟁점의 가시화는 문제의 대두부터 문제의 인지까지의 과정을 말한다. 여기에는 매스미디어나 개인 상호간 커뮤니케이션, 혹은 두 가지 방법 모두가 사용되기도 한다. 공중의 의견형성은 공중의 형성부터 공중의 의견형성까지의 과정을 의미한다. 매스미디어의 충분한 보도, 대인간 커뮤니케이션 또는 외부환경과 상호작용을 통해 공중이 형성되며, 형성된 공중은 자신의 의견을 구성한다. 의견의 가시화는 공중 사이에 의견의 등장과 토론의 시작을 포함한다. 매스미디어나 사건주체자의 행위 등이 이 과정을 이끈다. 의견의 합의는 토론을 거친 의견의 합의와 영향력의 확보를 나타낸다. 정책결정기구가 이렇게 형성된 여론을 정책에 반영함으로써, 여론으로 나타난 요구와 지지는 실행되고 제도화된다.

3. 여론 형성기관

여론형성에 영향을 미치는 기관은 가정・종교・학교・정당・집단에서부터 매스 미디어에 이르기까지 매우 다양하다. 이들 중 현대사회에서 가장 중요한 역할을 수행하는 것은 매스 미디어이다. 정보의 제공・비판・교육은 물론, 과제 설정까지 담당하며 끊임없이 여론을 형성시키고 변화시키기 때문이다.

(1) 매스 미디어(mass media)[65]

매스 미디어는 직접적 접촉 없이 많은 사람에게 메시지를 전달하는 매체를 말하며, 신문・라디오・텔레비전・인터넷 등이 여기에 속한다.[66] 현대인

---

64) 최한수(2000), pp. 67-70.

65) 이상철(1986), pp. 272-285; 김순규(1999), pp. 88-93.; 조재관(1990), pp. 135-147.

66) 매체에는 대면매체(face to face media)와 대중매체(mass media) 2가지 종류가 있다. 대면매체는 편지나 전화처럼 커뮤니케이터가 수신자에게 직접적 수단으로 메시지를 전달하는

은 이들 중 신문을 필수불가결한 생활요소로 생각하면서, 여론의 최고지표 중 하나로 꼽는다. 여론과 동의어라고 해도 과언이 아닐 정도로, 많은 사람의 의견을 반영하고 있기 때문이다.

신문이 어떤 문제에 대해 즉각적 · 직접적으로 여론형성에 영향을 주지는 못한다. 그러나 어떤 문제에 대한 반복보도를 통한 누적효과와 수십 수백만의 사람이 동시에 그 문제에 대한 보도를 접한다는 점에서, 신문은 여론형성에 큰 영향력을 발휘한다. 게다가 신문이 가진 선택성 · 기록성 · 상보성(詳報性)은 독자에게 신속감, 의존성, 호의적 평가를 가지게 하기 때문에 여론에 미치는 간접적 영향력 또한 무시할 수 없다.

라디오는 능동적 노력을 필요로 하지 않고 일상생활에서 언제든지 접할 수 있기 때문에, 신문보다 침투성이 더 강하다고 할 수 있다. 라디오의 오락적 기능 때문에, 여론형성에 미치는 영향력이 뒤떨어진다고 생각할 수 있다. 그러나 라디오의 확산성(擴散性)과 속보성(速報性)을 생각하면, 반드시 그렇지만은 않다. 라디오는 일반인뿐만 아니라, 활동가 · 시각장애인 · 문맹자까지 그 영향력이 확산되어 있다. 그리고 라디오는 청취자가 사건과 상황을 실시간으로 접할 수 있는 속보성을 가지고 있다. 물론 라디오의 오락성이 보도를 가볍게 만들 가능성도 있다. 그러나 오락성이 뉴스나 토론 같은 여론형성 프로그램에 청취자를 묶어두는 역할도 수행하므로, 청취자가 자연스럽게 정보를 접할 수 있게 해주는 장점도 있다.

텔레비전은 가장 자주 접하고, 가장 길게 이용하며, 가장 집중하게 하는 대중매체이다.67) 그러므로 텔레비전이 여론형성에 미치는 영향력은 혁명적으로 평가할 수 있다. 세부적으로 근접성 · 동시성 · 직접성 · 완전성이 영향력의 결정요인이다. 첫째, 근접성이다. 사건과 상황을 가까이서 관찰할 수 있도록 해주기 때문에, 멀리 있는 사람도 관심을 가지게 한다. 둘째, 동시성

방식을 말한다. 대중매체는 신문 · 라디오 · 텔레비전 · 인터넷처럼 직접적 접촉 없이 많은 사람에게 정보를 전달하는 방법을 일컫는다.

67) 현대 민주사회에서 텔레비전의 영향력이 매우 높기 때문에, "권력은 텔레비전에서 나온다."는 말이 나오고 있다. 텔레비전이 정치영역에 영향이 증대됨으로서 나타나고 있는 특징은 ① 정치의 장을 정당의 정강정책과 지도자의 통치능력에서 정치가의 퍼스낼러티(personality)로 변화시켰으며, ② 정치현상을 흥미위주로 만들었고, ③ 정치적 조작의 개연성을 더욱더 증가시키고 있으며 ④ 정치과정을 중앙화 · 경향화시키고 있다는 점이다.

이다. 소리와 화면은 시청자가 보도현장에 함께 하고 있는 느낌을 갖게 하며, 이것은 시청자의 공공활동 참여를 유도한다. 셋째, 직접성이다. 카메라로 실제를 있는 그대로 보여주기 때문에, 시청자는 공공사건의 진실이 그대로 방송된다고 생각한다. 넷째, 완전성이다. 사건과 상황에 대해 완벽하고 전면적 보도가 가능하기 때문에, 시청자가 지속적으로 이용하는 정보전달 도구가 된다.

인터넷(internet)이 여론형성과정에 폭발적 영향력을 행사하기 시작한 시점은 20세기 후반부터이다. 1970~1980년대부터 시작된 인터넷 혁명은 21세기에도 지속되고 있으며, 여론형성에 대한 영향력도 이에 비례하고 있다. 인터넷에는 국경이 없기 때문에, 사회구성원에게 국내외의 정보를 마음껏 접하고 습득할 수 있는 기회를 준다. 또한 토론 전문사이트, 언론사의 토론방, 정치 · 경제 · 사회 · 문화 전반에 걸친 안티사이트 등을 통해 사회구성원은 열띤 토론을 벌인다. 이러한 일련의 과정은 특정 문제에 대한 하나의 중심경향을 만들어 내며, 정부는 인터넷을 통해 형성된 여론을 정책에 반영한다. 각국 정부는 인터넷을 통해 형성된 여론을 중시하며, 이들을 정책에 반영시킨다. 물론 인터넷이 여론에 미치는 역영향도 적잖다. 인터넷 여론을 형성하는 중심 계층이 젊은 세대이기 때문에, 그 이상 연령층의 의견이 반영되지 않는다는 단점이 있다. 또한 잘못된 정보나 편파적 사이트로 인해, 사회여론이 왜곡되는 결과를 낳기도 한다.

(2) 여론형성 기관에 대한 평가[68]

매스미디어가 여론 형성에 긍정적 영향을 미치지만, 부정적 영향을 미치기도 한다는 사실을 간과해서는 안 된다.

먼저 긍정적 측면이다. 첫째, 어떤 쟁점에 대해 구성원의 주의를 환기시킴으로써, 여론 형성의 계기를 형성해 준다. 사회의 감시자로서 문제점을 지적하고, 그에 따른 의제를 설정해 주는 기능을 수행한다는 것이다. 둘째, 쟁점에 대한 정보를 제공함으로써, 각 개인이 판단할 수 있는 기회를 주며, 정

68) 김순규(1999), pp. 93-96.

보를 해석하고 평가함으로써 구성원의 잠재적 판단능력을 향상시키거나 보강해 주고, 판단에 부분적 혹은 전면적 변화를 일으키는 전환 작용을 하기도 한다. 셋째, 이러한 과정을 거쳐 무관심하고 수동적인 구성원을 공중으로 변화시키며, 이들에게 토론의 장을 제공한다.

다음으로 부정적 측면이다. 첫째, 소유주나 광고주의 압력이 있을 경우 상향식 여론형성의 역할을 수행하지 못한다. 그러므로 경영과 편집의 분리가 필요하다. 둘째, 정책 합리화 목적으로 정부나 통치자가 매스 미디어에 개입하면 여론형성은 불가능하다. 이 경우 정부나 통치자는 위협이라는 직접적 방법을 사용하기도 하지만, 완곡한 협조이나 왜곡된 자료제공 등과 같은 우회적 방법을 사용하기도 한다. 매스미디어의 중립성 확보를 아무리 강조해조 지나치지 않는 상황이다. 셋째, 보도내용이 오피니언리더에 의해 중계되는 경우, 사회 구성원의 생각과 다른 여론이 형성될 가능성이 높다. 오피니언리더가 사회구성원의 의견을 존중하는 사람이라면 그렇지 않을 수도 있다. 넷째, 시청자 확보를 위해 오락적 내용에 중점을 두면, 정치 · 사회현상에 대한 사회구성원의 관심을 저하시킬 수 있다. 매스미디어의 구성원이 오락프로에 탐닉하다 보면, 복잡한 사회문제는 뒷전으로 밀리게 된다는 의미이다.

4. 여론의 기능

공중의 다양한 의견이 합의점에 도달한 상태가 바로 여론이다. 그러므로 여론은 사회구성원 사이에 화합을 도모하며, 사회를 안정시키고, 나아가 국가를 안정시키는 힘으로 작용한다. 하지만 위에서 검토한 여론형성의 조건이 만족되지 않으면, 다수의 횡포가 나타나는 등 올바른 여론이 형성되기 힘들다. 특히 여론형성기관이 제대로 작동하지 않으면, 대중의 의사와 무관한 결과가 여론이라는 이름으로 출현하며 이러한 여론은 정치지도자의 통치도구로 이용된다.

먼저 여론의 순기능이다. 여론은 ① 국가적 차원에서 국민통합과 안정에 기여하며, ② 사회적 차원에서 정치적 결정(법률제정, 정책결정 및 시행)을 내리고, ③ 문화적 차원에서 관습과 풍속을 변화시키는 힘을 가지며, ④ 집단적 차원에서 각종 사회조직을 견제하며 집단 내 통일성을 이룩하고, ⑤ 개인적 차원에서 구성원에게 정서적 안정감을 부여한다.

첫째, 흄(David Hume)과 노이만(Noelle Neumann)의 주장처럼,[69] 여론은 국민을 통합시키고 사회를 안정시킨다.[70] 사회 구성원이 사회규범과 가치를 공유하며, 사회규범과 가치의 정당성을 인정할 때 사회질서는 유지된다. 사회규범과 가치의 공유는 곧 의견의 일치를 의미하며, 의견의 일치는 여론과 동일한 말이다. 역으로 표현하면 여론은 의견일치를 의미하며, 의견의 일치는 규범과 가치의 공유를 말하고, 규범과 가치의 공유가 사회질서를 유지시킨다는 의미이다.

둘째, 여론은 법률을 제정하는 기능을 수행한다.[71] 민주주의 국가에서 법률제정은 국회에서 이루어지지만, 국회로 법안을 제출하도록 하는 요인은 여론이다. 대통령, 정부, 관료, 그리고(혹은) 국회의원이 국민의 여론을 취합하여 국회에 법안을 제출하는 것이다. 법률제정 과정에서 여야 의원은 열띤 토론을 벌인다. 여론의 지지를 얻음으로써, 자신의 제안이 법률로 제정되기를 바라기 때문이다. 그러므로 여론의 요구가 없으면 국민이 원하는 법안의 제출이 불가능하며, 여론의 지지가 없으면 법안이 제도화되기도 어렵다.

셋째, 여론은 정책을 결정·실행하게 하는 기능을 가진다.[72] 여론이 국민이 원하는 바를 제시하며, 정부는 국민의 소망을 의제로 설정한 후 이를 정책화시킨다. 여론의 지지가 없으면 정책의 실행도 매우 어렵다. 또한 여론은 법률의 개정역할, 즉 시대에 뒤떨어지는 법률의 개정을 촉구하는 기능과 시대에 뒤떨어진 정책을 수정하는 역할도 수행한다.

넷째, 여론은 관습과 풍속을 유지시키기도 하고 변화시키기도 한다.[73] 여론은 관습이나 풍속 같은 사회적·도덕적 규범을 기초로 성립된다. 관습

---

69) Carl Wennerlind, "David Hume Treaties of Human Nature and his fiduciary theory of money," *History of Political Economy,* Vol. 33, No. 1(2001), pp. 139-160; Elisabeth Noelle-Neumann "Public Opinion and the Classical Tradition: A Re-Evaluation," *Public Opinion Quarterly*, Vol. 43(1979), pp. 145-147.

70) 최한수(2000), pp. 45-47.

71) 박유봉, 『현대 매스커뮤니케이션 원론』(서울: 서울대학교출판부, 1985), p. 375.

72) Childs(1940), p. 317.

73) 장을병, 『커뮤니케이션과 정치발전』(서울: 범우사, 1981), p. 123.

이나 풍속 같은 사회적 · 도덕적 규범의 기반 위에서 여론이 형성된다는 의미이다. 따라서 여론은 관습과 풍속을 유지하는 기능을 가지고 있는 것이다. 다른 한편으로 여론이 정치과정을 변화시키는 것처럼, 토론을 통해 형성된 여론은 종래의 관습이나 풍속 같은 문화적 분야에 변화를 가져오기도 한다.

다섯째, 여론은 사회조직을 견제하며, 집단이 통일성을 가지도록 해준다.[74] 다원주의 사회에는 이익을 추구하는 다양한 집단이 존재하므로, 이들 사이에 상충되는 이익으로 인하여 혼란과 무질서가 예상된다. 하지만 다원주의 사회는 정연한 질서를 유지하고 있다. 여론이 각 집단의 행위를 규제하는 작용을 하기 때문이다. 그리고 각 집단의 여론형성 과정에서, 구성원은 자신의 의견에 따라 소집단을 형성하는 등 분리된다. 하지만 토론으로 쟁점에 대한 하나의 의견을 만드는 과정과, 그러한 결정을 달성하는데 필요로 되는 수단을 결정하는 과정에서 내부적 통일을 이룩하게 된다.

여섯째, 여론은 대중을 정서적으로 안정시키며, 대중의 사기를 앙양시킨다.[75] 개인의 의견이 집단의 의견(여론)으로 채택되었을 때, 이러한 현상이 나타난다. 개인 자신의 의견이 수정되었거나 다른 의견이 중론으로 채택되었다고 할지라도, 대표 의견이 집단의 배경에 의해 뒷받침되어 있고 집단 구성원에 의해 공유되었다고 믿으면 구성원은 심리적 안정감을 가지게 된다. 또한 여론은 대중의 사기를 진작시키는 역할을 수행하는데, 개인이 집단에 강한 소속감을 가지고 집단에 관심과 열의를 보일 때 이러한 상황이 가능해진다.

그러나 여론의 형성과정이 제대로 작동하지 않으면, 사회발전에 미치는 역기능도 만만찮게 나타난다. 다수의 횡포, 여론의 조작, 의사여론의 등장 등이 바로 역효과의 실례이다.

첫째, 다수의 횡포이다. 다수의 압력에 의해 질이 낮은 의견이나 사회발전에 도움이 되지 않는 의견이 우세하게 될 수 있다는 의미이다.[76] 이러한 상황을 '다수에 의한 강제'로 표현할 수 있으며, 대개 비민주적 국가에서 발

74) 최한수(2000), pp. 51-52.
75) *Ibid.*, pp. 52-53.
76) 김영석, 『여론과 현대사회』(서울: 나남, 1996), p. 46.

생한다. 소수가 자신의 의견에 대한 정당성을 마음껏 피력함으로써 다수가 될 수 있는 기회 자체를 부여하지 않기 때문이다. 반면 민주주의 국가는 최선책인 '토론 후 합의'나 차선책인 '토론 후 다수결'이라는 절차우선의 원칙을 고수한다. 이 과정에서 소수는 다수가 될 수 있는 기회를 부여받기 때문에, 다수에 의한 강제는 그만큼 줄어들게 된다.

둘째, 공중이 설득됨으로써 출현하는 여론조작현상이다.[77] 공중의 피설득성(susceptibility to persuasion)은 현대인의 특성 때문이다. 산업화와 기계화로 인해 현대인은 ① 고독한 존재로 전락하고 있으며, ② 무력감에 빠지기 쉬우며, ③ 사회현상에 관심을 가지지 않게 된다. 따라서 자신의 마음가짐을 정하는 데 있어서, 이성보다 감정에 지배되는 경향이 있다. 정치엘리트는 공중의 이러한 특성을 놓치지 않는다. 이들은 매스미디어를 통해 여론을 조작하며, 이러한 여론의 힘으로 자신의 주장을 정당화하고, 이로써 자신이 여론정치를 하는 것처럼 위장하는 것이다.

셋째, 의사(擬似)여론의 등장이다.[78] 의사여론은 주로 정치인·정부·정당 등이 자신을 정당화하기 위해 사용하며, 대중의 편견·아집·선입관·변덕과 같은 감정적 요인에 호소함으로써 형성된다. 국민정서(public sentiments), 대중인기(public popular), 인기여론(popular opinion), 다중폭론(多衆暴論) 등이 이러한 부류에 속한다. 의사여론이 빈번하게 통용되는 이유는 물론 앞에 설명한 현대인의 특성 때문이다.

5. 여론조작

여론조작이란 정치엘리트가 구성원의 정치적 의도나 신념을 자신에게 유리하게 작용하게 하는 일련의 과정을 말한다.[79] 정치엘리트는 구성원의 잠재적 태도와 욕구를 파악하기 위해 여론조사를 실시하며, 여론조사의 결과를 토대로 정책을 결정한다. 긍정적으로 보면 여론조사를 정치엘리트가

77) 최한수(2000), pp. 55-56.
78) *Ibid.*, p. 57.
79) *Ibid.*, p. 284.

국민의 요구를 정책에 반영하는 과정으로 볼 수 있다. 그러나 체제와 권력 유지를 위한 정치엘리트의 정치적 수단으로도 볼 수 있다. 어쨌든 여론조사의 주체가 정치엘리트이며 여론조사의 목적이 정치엘리트를 위해 이루어지므로, 여론조사 자체는 조작적 통제행위가 될 수밖에 없다. 여론조사기관의 발전으로 이러한 여론조작의 위험성은 한층 더 높아지고 있다.

첫째, 여론조사의 목적으로 인해, 여론조사 자체가 조작이 될 수밖에 없다.[80] 민주주의 국가에서 여론조사는 정치엘리트와 국민 상호간 커뮤니케이션의 흐름에서 유효하고도 불가결한 요소로 정당화된다. 하지만 '질문자와 면접자 사이에 권력의 평등성'이란 기준에서 보면, 여론조사는 민주적이라기보다 조작적 통제행위의 일부이다. 정부정책이나 정당 대표에 대한 여론조사는 국민을 위한 것이 아니라, 정부나 정당을 위하여 실시되기 때문이다. 조사주체가 이익을 추구하려는 목적을 가지고 있는 한, 국민은 이용당하지 않을 수 없게 되는 것이다. 이론상 국민이 국가의 최고 권력자이지만, 현실적으로 국민은 여론조사를 통해 자신의 견해를 밝힘으로써 정치엘리트에게 이용당하고 있는 셈이 된다.

둘째, 정치엘리트에 의한 지배는 항상 여론조작의 가능성을 내포하고 있다.[81] 폐쇄적 국가에서 체제유지와 강화를 위해, 어느 정도 여론의 도움이 필요하다. 그러므로 정치엘리트는 여론을 억제할 뿐만 아니라 여론을 조작하며, 여기에는 대중동원 및 매스미디어의 장악과 같은 강제적 방법이 동원된다. 민주주의 국가에서 우호적 여론은 정권안정과 재창출에 필수적이므로, 정치엘리트는 끊임없이 여론조작을 시도한다. 정치체제는 민주주의이지만, 정치엘리트의 정책에 따라 국민의 의사와 전혀 상관없는 것이 여론이라는 이름으로 발표되기도 한다. 어떤 정치체제이던 여론조작이 발생할 수밖에 없는 이유는 정치 · 사회적 현실이 여론이라는 이름으로 정직하게 발표되면, 국민의 저항에 부딪혀 정권유지와 재창출에 어려움이 따르기 때문이다.

셋째, 여론조사 기관의 생성과 발달이 여론조작의 위험을 한층 더 증가

80) *Ibid.*, pp. 288-290.
81) *Ibid.*, pp. 291-294.

시키고 있다.[82] 여론조사 기관도 영리를 추구하는 기업이기 때문에, 고객의 의뢰에 따라 금전적 대가를 받고 여론조사를 실시한다. 그러므로 적절하게 이루어지는 조사도 의뢰자의 정치적 목적을 위한 수단에 지나지 않는다. 더욱이 여론조사 기관이 금전적 대가에 현혹되어 의뢰자가 요구하는 방향으로 여론을 유도함으로써, 구성원의 의식과 관계없이 이들의 의견을 왜곡시키기도 한다. 물론 이러한 형태의 여론조작을 가능하게 하는 환경적 요인은 커뮤니케이션 체제의 확립이다.

물론 첫 번째를 여론조작으로 단정할 수 없다. 정치엘리트가 국민의 의사를 존중하며, 국민의 의사를 기반으로 정책을 결정한다는 측면이 있기 때문이다. 문제는 두 번째와 두 번째의 가능성을 증가시키는 세 번째이다.[83]

첫째, 여론 자체를 왜곡하는 여론조작이다. 여기에는 조사 주체가 자신에게 유리한 결과가 나오도록 여론조사과정 중 하나 혹은 여러 개를 동시에 조작하는 방법이 있다. 또한 조사 주체인 자신에게 불리한 여론조사결과가 발표되지 못하도록 매스미디어 기관을 억압하거나, 여론조사를 하지도 않고 자신에게 유리한 결과를 임의로 만들어 발표하는 방법이 사용되기도 한다.

둘째, 사건통제를 통한 여론조작이다. 독재와 민주국가 모두에서 이용되는 방식이다. 정치엘리트는 사회혼란을 선동 내지 방조한 후, 이를 구실로 자신의 의도대로 국민의 의견을 유도하기도 한다. 사소한 사건을 확대보도하게 하거나 어떤 사건의 발표시점을 조절함으로써, 자신에게 불리한 사건으로부터 국민의 관심이 멀어지게 하기도 한다. 그리고 자신에게 불리한 사건을 과소평가하게 함으로써 진실을 왜곡하기도 한다.

셋째, 보도내용 조정을 통한 여론조작이다. 정치엘리트는 언론으로 하여금 자기에게 불리한 인물·집단·사건을 보도하지 못하게 하거나, 사소하게 취급하도록 하거나, 혹은 왜곡하여 보도하게 한다. 반면 자신과 자신이 관계된 정책은 유리하게 과장시켜 보도하게 함으로써, 자신이 의도한 대로 국민의 여론을 이끌어 내기도 한다.

넷째, 진실왜곡을 통한 여론조작이다. 정치엘리트는 자신에게 불리한 진

---

82) *Ibid.*, pp. 286-288.

83) 김순규(1999), pp. 107-108.

실을 담은 소문 · 주장 · 성명 등을 유언비어로 간주하여 처벌하는 반면, 자신에게 유리한 내용은 언론이나 소문을 통해 진실인 것처럼 유포함으로써 자신의 의도대로 국민의 여론을 형성하기도 한다. 이러한 형태의 여론조작은 언론이 발전하지 못한 국가나 언로(言路)가 막혀버린 자연재해 상황에서 많이 사용되지만, 의외로 정치체제에 관계없이 모든 선진국의 정치엘리트에 의해서도 이용되기도 한다.

6. 바람직한 여론형성 방안

여론조사는 정치엘리트의 필요에 의해 생성된 제도이며, 여론조사를 이용하여 이익을 얻는 쪽도 정치엘리트이다. 이러한 측면에서 보면, 여론조사 자체가 여론조작이라는 주장에 타당성이 있다. 하지만 여론을 통해 국민이 자신의 의견을 주장하며, 국민의 의견이 정책화된다는 측면도 간과할 수 없다. 여론조사의 이용자는 정치엘리트임에 틀림없지만, 이것이 민주주의에 기여하고 있다는 사실도 부정할 수 없다. 그러므로 여론조사과정에서 정치엘리트의 여론조작과 이를 이용하고자 하는 정치엘리트의 의도를 봉쇄할 수 있다면, 여론조사는 민주주의와 국가의 발전에 지대한 공헌을 하게 될 것이다.[84)]

첫째, 국민의 의식이 변화해야 한다. 우선 국민이 능동적이고 활발하게 자신의 의견을 개진해야 한다. 이를 위해 국민 모두가 공공의 문제에 대해서 많은 관심을 가져야 하며, 어떠한 정치적 위협에도 굴복하지 않아야 한다. 그리고 여론조사에 성실하게 응하는 선진시민의 자세를 갖추어야 한다. 이를 위해 국민 자신의 의견이 여론조사를 통해 정책화 된다는 의식을 가지고 있어야 한다. 또한 정치엘리트나 언론기관이 여론을 조작하지 못하도록 감시해야 한다. 국민 개인의 의식전환과 감시활동도 중요하지만, 시민단체의 활동을 통한 감시활동이 더욱더 효과적이다.

둘째, 여론조사 기술이 발전되어야 하며, 여론조사기관이 사명감을 가져

---

84) *Ibid.*, p. 109.

야 한다. 20세기 이후 여론조사기관이 우후죽순(雨後竹筍)처럼 생겨났으며, 이들 중 여론조사기술이 부족하며 여론조사기관으로서 사명감을 가지지 못한 함량미달(含量未達)의 기관이 많다. 조사자의 면접기술과 같은 여론조사기술의 미숙은 국민의 의견을 올바르게 나타내지 못하게 하며, 이는 국민의 의견과 동떨어진 정책결정 및 시행과 연결된다. 그러므로 여론조사기술을 교육하며 여론조사기관의 사명감을 고취시켜줄 수 있는 전문학원이나 대학의 설립이 적절한 대안이 될 수 있을 것이다.

셋째, 정부의 정책적 배려가 중요하다. 여기에는 여론조사를 투명하게 할 수 있는 법률제정, 여론조사의 투명성 확보를 위한 여론조사의 공영화 조치, 여론조사평가위원회 설치, 혹은 여론조사 및 검정을 전담하는 공공기구의 설치 등이 포함될 수 있다.

넷째, 언론의 자유가 보장되어야 한다. 어떤 정치체제이든 여론 조작은 정치엘리트가 정권을 유지하거나 창출하기 위한 수단으로 이용한다. 이 과정에서 언론이 핵심적 수단으로 이용된다. 정치체제의 민주화가 이에 대한 처방이 될 수 있다. 그러나 민주주의의 정치엘리트 역시 언론을 이용하므로, 국민이 주인의식을 갖고 언론을 감시하는 수밖에 없다. 특히 힘의 결집이 언론의 자유를 획득하는데 유효하므로, 더 많고 더 능력 있는 시민단체가 결성되어야 하고 더 많은 국민이 시민단체에 참가하여야 한다.

올바른 여론형성의 시작은 공중의 존재와 의사교환체계의 확립이다. 공중은 자신의 이익과 관련된 특정 이슈에 대해 생각을 공유하는 개인의 집단을 일컫는다. 그러므로 공중의 존재는 민주정치체제에서만 가능하다. 언론·출판·집회·결사의 자유가 없이 이슈의 발생도, 개인과 개인-개인과 집단-집단과 집단의 상호작용도, 의견 공유자(共有者)의 결합도 불가능하기 때문이다.[85] 공중 사이에 의사전달체계가 확립되려면 ① 공정하고 객관적 보도를 위해 언론의 자유가 보장되어야 하며, ② 다원화된 정보 전달을 위해 매스미디어의 소유와 경영이 다원화되어야 하며, ③ 뉴스원에 의존하지 않고 직접 취재하는 기자의 투철한 직업정신이 있어야 하며, ④ 사회의 모

85) 이상철(1986), pp. 41-52.

든 계층이 참가할 수 있는 공개 토론이 보장되어야 한다.

참고문헌

Ⅰ. 한국문헌

김순규, 『정치와 매스컴』, 마산: 21세기국제정경연구원, 1999.
——— 외, 『정치학의 이해』, 서울: 박영사, 2000.
김영석, 『여론과 현대사회』, 서울: 나남, 1996.
박유봉, 『현대 매스커뮤니케이션 원론』, 서울: 서울대학교출판부, 1985.
박재영, 『국제기구정치론』, 서울: 법문사, 1998.
박재창, 『정부와 NGO』, 서울: 법문사, 2000.
유세경, 『여론조사보도』, 한국언론연구원, 1993.
이극찬, 『정치학』, 서울: 법문사, 2000.
이상철, 『여론선전론』, 서울: 범우학술평론, 1986
장을병, 『커뮤니케이션과 정치발전』, 서울: 범우사, 1981.
조재관, 『선전여론』, 서울: 박영사, 1990.
주성수 · 서영진, 『UN, NGO, 글로벌 시민사회』, 서울: 한양대학교 출판부, 2000.
최한수, 『현대사회와 여론』, 서울: 건국대학교 출판부, 2000.
———, 『민주주의와 민주정치』, 서울: 대왕사, 1995.
한국사회교육원, 『지방화와 지구화 그리고 시민운동』, 서울: 한울, 1996.
홍양표, 『이데올로기의 새로운 이해』, 대구: 경북대학교 출판부, 1995.

Ⅱ. 외국문헌

Almond, Garbriel A. & Bingham G. Powell, *Comparative Politics: Systems, Process*, and Policy, Boston: Little, Brown and Company, Inc., 1978.
Ball, Alan R., *Modern Politics & Government*, Chatham, New Jersey: Chatham House Publishers, Inc., 1993.
Bentley, Arthur F., *The Process of Government*, Cambridge: Harvard University Press, 1967.
Blumer, Herbert, "Public Opinion and Public Opinion Polling," *American*

Sociological, Vol. 13, 1948.

Cassinelli, C. W., "The Law of Oligarchy," *American Political Science Review*, Vol. 47, 1953.

Childs, Harwood L., *An Introduction to Public Opinion*, New York: John Wiley & Sons, Inc., 1940.

Dahl, Robert & Charles E. Lindblom, *Politics, Economics and Welfare*, New York: Harper & Row Publishers, Inc., 1953.

Hagopian, Mark N., *Regimes, Movements and Ideologies: A Comparative Introduction to Political Science*, New York: longman Press, 1978.

Katz, Daniel, "The Functional Approach to the Study of Attitudes," *Public Opinion Quarterly,* Vol. 24, 1960.

Key, V. O. Jr., *Politics, Parties and Pressure Groups*, New York: Thomas & Crowell Company, 1958.

Lindsay, A. D., *The Essentials of Democracy*, London: Oxford University Press, 1951.

Macdonald, Laura, *Supporting Civil Society: The Political Role of Non-Governmental Organizations in Central America*, New York: St. Martin's Press, Inc., 1997.

McKenzie, R. T., "Pressure Groups in British Government," *British Journal of Sociology*, Vol. 6, No. 2, June 1955.

Murchison, Car(eds.), *A Handbook of Social Psychology* Massachusetts: Clark University Press, 1935.

Nimmo, Dan D., *Political Communication & Public Opinion in America*, Santa Monica: GoodYear Publishing company, 1978.

Noelle-Neumann, Elisabeth, "Public Opinion and the Classical Tradition: A Re-Evaluation," *Public Opinion Quarterly*, Vol. 43. 1979.

Ornstein, Norman J. & Shirley Elder, *Interest Groups, Lobbying and Policymaking* Washington D. C.: Congress Quarterly Press, 1978.

Qualter, Terence H., *Opinion Control in the Democracies*, New York: St. Martin's Press, Inc., 1985.

Salamon, Lester M., "The Rise of the Nonprofit Sector," *Foreign Affairs*, Vol. 73, No, 4, July/August 1994.

———, Helmut K. Anheier and Associates, *The Emerging Sector Revisited: A Summary*, Baltimore, MD: Johns Hopkins Center for Civil Society Studies,

1998.

Schattschneider, Elmer Eric, *Party Government*, New York: Farar and Rinehart, Inc., 1942.

Sinnar, Shirin, "Mixed Blessing: The Growing Influence of NGOs," *Harvard International Review*, Vol. 18, No. 1, Winter 1995-96.

Truman, David B., *The Governmental Process*, New York: Alfred A. Knopf, Inc., 1971.

Wennerlind, Carl, "David Hume Treaties of Human Nature and his fiduciary theory of money," *History of Political Economy*, Vol. 33, No. 1, 2001.

Wilson, James Q., "The Strategy of Protest," *Journal of Conflict Resolution*, No. 3, September 1961.

Ⅲ. 인터넷 사이트

행정안전부 홈페이지 http://www.mogaha.go.kr

참여연대 홈페이지 http://www.peoplepower21.org

굿네이버스 홈페이지 http://www.goodneighbors.org

국경없는 의사회 홈페이지 http://www.msf.or.kr

Ⅳ. 신문

「동아일보」

「중앙일보」

「한국일보」

「서울신문」

제10장 의　　회

이　해　영*

Ⅰ. 의회제도의 발전과 구성

1. 의회의 발전

의회는 국민을 대표하는 대표민주주의의 전형으로서 국가의 법률을 제정하고 예산을 심의·의결하며 국민의 여론을 수렴하여 국가정책을 제안하고 결정하는 헌법기관으로 발달되었다.

따라서 의회는 직접적으로 민주주의를 실천하는 제일의 기관이다. 이와 같은 민주주의를 의회민주주의 또는 대의민주주의(representative democracy)의 전형이라고 할 수 있다. 국민을 대표하는 대표자들이 직접선거나 간접선거인 선거인단 등을 통해 국가를 구성하고 다양한 지역이나 직능단체, 인구단체, 인종집단 등을 대표하는 대표자들로 조직된 국가의 최고의결기관이 의회이다. 때문에 의회가 본질적으로 대표자들의 이해관계가 아닌, 대표자를 선택하고 선발한 지역주민이나 직능단체의 이해관계를 대표하고 수호하는 기관으로 작용할 때 의회민주주의는 실천될 수 있다. 나아가 의회제도는 발전할 수 있다. 그렇다고 의회가 선거구를 법적으로 대표해야 한다는 법적 강제는 없다.[1)]

의회는 아마도 인간이 조직사회를 구성하고 운영하면서부터 자연적으로 발생된 제도의 하나라고 할 수 있다. 예를 들면, 신라시대의 화백(和白)제도

---

* 영남대학교 행정학과 교수.

1) 의회의 국민대표제에 관한 설명으로, 의회는 법적으로 개인대표와 집단대표, 위임대표와 법정(法定)대표, 명령적 대표와 자유대표 등의 다양한 종류를 제시하고 있기도 하지만(최요환, 『의회정치의 이론과 실제』(서울: 박영사 1979), pp. 9-12. 원칙적으로 의회는 구체적인 선거구나 단체의 대표라기보다 국민 전체의 대표자 집단이라고 하는 것이 일반적 설명이다.

나 로마사회의 민회(民會) 등은 규모나 진행상태에서 지금의 의회제도와 비교할 수 없지만 왕이라는 행정집행기관에 대응하여 일반주민의 이해관계를 공정하게 반영하기 위한 조직으로 발생된 것이다. 그리고 중세시대의 서구 유럽에서 발달된 등족회의(等族會議)도 있었다. 등족회의는 비록 국민 전체를 대표하는 대표집단은 아니지만 귀족이나 대지주의 대표자들이 군주통치의 자문기관이나 때로는 동의의 전달기관으로 발달되면서 후에는 귀족과 승려계층 및 일반시민을 대표하는 대표기관인 삼족(三族)회의로 발달된 역사가 있다.2)

그러나 지금과 같은 형태의 의회제도가 본격적으로 발달하게 된 것은 영국에서 모범의회가 1215년에 대헌장(Magna Carta)을 제정하면서부터이다. 이에 따라서 모범의회가 왕의 통치권한인 주요 입법사항이나 신규과세의 징수 등에 강력한 동의권을 행사할 수 있게 되었고, 이것이 현재의 상원(上院)제도의 시초가 되었으며, 영국에서의 의회(Parliament)로 발달하였다. 영국에서의 모범의회도 고승이나 귀족을 중심으로 형성된 상원과 기사나 서민계급을 중심으로 하는 하원(下院)을 형성하면서 양원제도로 분리되었다. 따라서 1330년 이후에는 고급승려와 귀족이 귀족원을 형성하고, 일반승려와 기사 및 서민대표자들이 서민원을 형성하는 양원제를 실시하였다.

영국에서는 의회제도가 발달된 반면에 기타 유럽국가에서는 전제군주정치가 강력하여 의회제도가 형성되지 못하다가 18세기 경에 와서 의회제도가 발달하기 시작했다. 특히 미국은 1776년의 독립선언과 1787년의 연방헌법의 제정으로 견제와 균형에 의한 권력분립의 원칙에 따라서 영국의회제도와 같이 양원제를 발달시켰다. 그리고 프랑스에서도 미국독립과 루소(Jean Jacque Rousseau, 1712~1778), 몽테스키외(Charles-Louis de Secondat, Baron de Montesquieu, 1689~1755) 등의 주권재민의 민주주의 사상이 발생하고 이에 따라서 프랑스 대혁명을 겪으면서 단원제의 의회(국민회의)를 형성하였다.3)

한국에서 오늘날 서구에서 발달한 의회제도는 상당히 늦게 20세기 중반

---

2) 박종흡, 1998, 『의회행정론』(서울: 법문사 1998), pp. 3-4.
3) 최요환(1979), pp. 24-32; 박종흡(1998), pp. 5-21.

에야 시작되었다. 삼국시대와 고려 및 신라의 왕조시대에는 현재와 같은 의회제도가 존재하기 어려웠다. 영국에서 발달된 등족회의나 미국의 대표자대의원회 등이 한국의 왕권국가에서는 발달되기 어려웠다. 그러나 왕의 통치조직 내에서 조선시대의 사간원(司諫院)과 같은 기관이 왕의 통치권을 견제하고 비판하는 일종의 통제기능을 수행했을 정도였다. 특히 조선왕조 말에는 중인 출신의 지식인과 일부 양반세력들이 중심이 된 개화파가 갑신정변(甲申政變)으로 대변되는 개혁정책을 추진하면서, 유럽식 의회제도를 도입해야 한다고 한 주장도 있었지만 '3일천하'라고 하듯이 실패하고 말았다.

지금과 같은 견제와 균형에 의한 권력분립의 원칙에 따라서 의회제도는 일본의 식민지지배와 미국의 군정(軍政)에서 독립하면서, 1948년 5월 10일에 국회의원이라는 대표자를 선출하는 총선거를 실시하여 초대 제헌국회를 성립시키면서 시작되었다. 그래서 지금까지(2012년) 총 19대에 걸쳐서 의회의 대표자들이 선거에 의해서 성립되는 역사를 가지고 있다.

의회는 전국의 지역이나 직능을 대표하는 대표기관으로 발달되었지만, 지방자치에 의한 지역을 중심으로 하는 지방의회도 발달하였다. 조선시대의 향청(鄕廳)제도는 지방단체장의 자문기관 역할을 했지만, 현재의 의회제도의 하나로 지방수장의 통제기능을 담당하기도 했다. 그러나 지방의회도 제헌국회가 수립되고 대한민국 정부가 출범한 후, 6·25전쟁 중인 1952년 4월 지방의원을 뽑는 선거를 실시하여 초대 지방의회를 탄생시켰다. 이와 같은 지방의회가 3대까지(1961년 5월) 계속되다가 1961년에 5·16 군사혁명에 의해서 탄생된 군사정권에 의해서 중단되었다. 그러나 중단된 지방의회는 1991년 3월에 기초단체(시·군·구)의 지방의회와 6월에 광역자치단체(광역시·도)의 지방의회 선거를 실시하여 제4대 지방의회를 구성하면서 본격적으로 시행되고 있다(2010년 제5회 전국동시 지방선거에 의해서 제9대 지방의회가 구성되었음).4)

---

4) 중앙선거관리위원회, 『제5회 전국동시지방선거총람』, 중앙선거관리위원회 선거과 발행(2010).

2. 의회의 유형

(1) 양원제도와 단원제도

1) 양원제

영국에서 발달된 의회는 양원제(bicameral legislatures)로서 지금까지 대부분의 의회제도는 양원제를 중심으로 하고 있다. 양원제도는 영국정치의 기본인 의회정치의 산실이며, 귀족원인 상원(House of Lords)과 서민원인 하원(House of Commons)으로 구성되어 있는 전통적 양원제를 유지하고 있다. 이와 같은 영국 양원제를 모범의회로 하여 미국이나 일본 등도 양원제를 구성하고 있다.

일본은 정당정치의 다수파를 대표하는 4년 임기의 중의원(衆議院)과 이와 같은 다수파의 중의원을 견제하기 위해서 신분과 직능대표인 6년 임기이지만 3년마다 반수가 개선되는 참의원(參議院)으로 구성되어 있다. 미국은 2년 임기의 유권자에 의한 직접선거로 구성되는 하원(House of Representatives)과 각 주의 의회에서 선출되는 임기 6년의 상원(Senate)이라는 양원제를 구성하고 있다. 한국에도 제5대 국회의원을 선출한 1960년에서 61년 5·16까지 미국식의 양원제를 도입하여 상원에 해당되는 참의원과 하원격인 민의원을 구성한 역사가 있다.

양원제는 실질적으로 국민의 대표자로 구성된 하원이 다수정당에 의한 정치횡포나 다수결의 횡포 등에 의하여 민의의 진정한 수렴과 대표역할을 할 수 없을 가능성에 대비하여 직능이나 신분적 대표, 또는 사회원로 등으로 구성된 상원이 하원의 정쟁을 중재하고 조정하여 권력남용을 방지하기 위한 제도이다. 또한, 국가정책을 집행하고 관리감독하며 실질적으로 국가사업을 시행하는 권한을 가진 행정부와 과거 왕조국가에서 절대적 권력행사자인 국왕과 의회의 갈등이나 충돌이 있을 경우에 국가기능의 원활한 조정과 중재자의 역할을 수행할 수 있도록 상원을 구성하여 양원제를 도입한 경우가 많다.

양원제도가 있기 때문에 다수 집권정당이 행정부와 의회를 장악할 경우에는 국가의사를 보다 신중하게 처리할 수 있는 상원의 역할이 중요하다. 예를 들면, 예산 심의과정을 보다 신중하게 처리하여 다수의 집권여당에 의한 예산과정의 정치화를 방지한다든지, 의회의 법률심의과정에서 소수 여론이나 소외된 계층의 민원을 반영하고, 국가적 차원에서 국가정책을 합리적으로 처리할 수 있는 역할을 수행하기도 한다. 특히 정치적 고려에 의한 지역구 대표자들의 정치담합을 방지하면서, 동시에 대외정책이나 국가 주요 기간정책사업 등을 범국가차원에서 처리할 수 있는 장점이 있다.

그러나 단점으로는 인구수가 적다든지 국가영역이 작은 나라에서 의회를 지역선거구의 대표자와 기타 직능이나 신분대표자 등 양원으로 구성하면, 신속하게 의사를 결정하거나 여론을 수렴하기 어려울 수 있다. 특히 정치적 이해관계가 복잡하게 얽힐 수 있는 정치소용돌이가 상원과 하원간의 권력투쟁으로 변화될 경우에는 국사처리가 상당히 혼란스러워 질 수 있다.

이와 같은 단점에서 보면, 하나의 의회 권한이 상대적으로 다른 의회보다 강한 '약한 양원제'를 채택하고 있는 영국을 비롯한 유럽과 일본의 경우에는 하원의 권한이 절대적이기 때문에 상원은 신분적 대우와 정치예우 등과 같은 명예를 중시하고 있다. 이에 반하여 미국이나 독일 등과 같은 '강한 양원제'에서는 상원과 하원이 동등한 권한을 가지고 있다. 상하 양원 합동위원회나 기타 정치 중재의 역할을 할 수 있는 위원회제도 또는 시민단체 등의 이익집단 등이 의회정치에 상당한 영향력을 행사할 수 있다.[5]

2) 단원제

단원제(unicameral legislature)는 원칙적으로 지역구민에 의한 직접선거에 의해서 구성된 하원 하나만으로 의회를 구성하는 제도이다. 그러나 한국과 같이 정당 득표율에 따라서 배분되는 직능대표나 기타 이익집단의 대표자들도 포함되는 경우가 있다.

단원제 의회는 다원주의 사회의 다양한 이해관계나 민의를 대표할 수 없는 단점이 있다. 그리고 직능이나 신분계층을 대표할 수 있는 상원이 없기

5) 안성호, 『신정치학원론』(서울: 교육과학사, 2002), p. 446.

때문에 의회와 행정부와의 정치적 갈등이나 충돌을 방지하거나 조정하기 어려울 수도 있다. 나아가 의회를 장악한 다수당의 횡포를 막기 어렵고 입법과정이나 예산심의 과정이 하원 하나의 의사결정에 의존하기 때문에 신중할 수 없는 단점도 있다.

그러나 단원제 의회는 대부분 사회적이고 인종적이며 계층적으로 다원주의가 아닌 단일집단이나 동종의 이해관계를 쉽게 확인할 수 있는 사회에서 정치적 안정과 신속한 의회정치를 기반으로 국가사업을 결정하고 민의를 수렴할 수 있는 의회제도로 발달되고 있다. 그래서 한국도 지난 5대 국회인 내각제를 채택한 제2공화국의 짧은 기간을 제외하고, 현재까지 단원제 의회를 구성하고 있다.

물론 의회가 양원제인가 또는 단원제인가 하는 것이 정치발전이나 정당발전 및 국가의 정치우위를 결정하는 절대적 가치판단은 아니다. 단지 의회의 모범국가인 영국이나 미국 등에서 전통적으로 양원제를 구성하고 있기 때문에 정치 선진국은 양원제를 운영한다는 선입관을 가질 수 있다. 그러나 양원제와 단원제의 각각의 장단점이 있다(<표 10-1>).

(2) 지방의회

영국에서 발달된 등족회의 등의 의회도 당시에는 지방을 중심으로 하는

〈표 10-1〉 양원제와 단원제 의회의 장단점

	양원제	단원제
장점	다양한 이해관계와 민의를 대표 다원주의 사회의 사회구성의 대표성 확보 정쟁의 중재와 조정이 용이 다수당의 정치횡포로부터 신중한 입법 과정이나 예산심의 가능 국가적 차원에서 국가사업의 신뢰성과 합리성 제고	단일집단사회의 정치적 안정과 신속한 국사의 결정 행정부의 견제기능과 통제역할 강화 의회의 국가사업에 대한 책임소재가 명백 당파주의에 의한 정치적 동원과 지지의 가능
단점	정치적 다원주의 경험이 미숙하여 정치적 소용돌이가 심함 양원제도 운영에 필요한 국가예산의 낭비 선거제도가 복잡	신속하고 능률적 국사처리에서 오는 신중하지 못한 결정 직능, 신분 등의 다양한 이해관계의 대표성이 상실 정쟁의 조정 불가능

지방의회였지만 그것이 발달하면서 국가 전체의 의회로 변화되었듯이, 지방의회는 지역이라는 제한된 범위에서 그 지역의 자치권을 행사하는 지역의 자치정부(행정부)를 견제하고 지역주민의 민의의 전달과 수렴을 목표로 구성된 의회이다. 따라서 지방의회도 헌법기관으로서 지역주민의 선거에 의해 선발된 대표자와 기타 정당 소속원 등으로 구성되고 있다. 그렇기 때문에 지방의회는 풀뿌리 민주주의의 가장 대표적인 정치제도라고 할 수 있다.

현재 한국의 지방의회는 시·군·구의 기초단체에서부터 광역시나 도의 광역단체에 이르기까지 선거에 의한 지방의회 단원제도를 구성하고 있다. 지방의회의 기능이나 역할 등은 본질적으로 전국 의회의 기능과 크게 다르지 않다. 따라서 지방의회는 주민의 대표기관으로서의 지위와, 지방의 최고 의사 결정기관으로서의 지위를 가지고 있으며 주민의 의사를 모아서 일을 한다고 해서 합의제 기관으로서 성격도 갖고 있다.[6]

또한 지방의회는 지역주민의 이해관계를 가장 가까이서 접하고 관찰하기 때문에 정치적 성격보다 사업 중심의 지역 대의기관으로서 조례의 제정권과 개폐건, 지방예산의 심의와 확정, 집행기관인 지방정부의 행정사무의 감사 및 의결권, 지역주민의 청원 수리와 처리권, 지방채의 발행의결권, 사용료나 수수료의 징수의결권 등 일상적 지역주민의 생활에 밀접한 사항을 결정하고 처리할 수 있는 권한이 있다.[7]

3. 의회의 구성

(1) 조 직

의회는 주민의 직접선거에 의해서 구성되는 경우가 가장 일반적이다. 양원제의 경우에는 직능이나 신분계층의 대표자들이 일정한 비율에 따라서 선출되는 경우도 있다. 한국의 경우, 의회는 단원제이기 때문에 지역구의 주민들에 의한 직접선거에 의해서 의원이 구성되고 있다. 여기에 더하여 현재에는 직능단체나 이익집단의 대표성을 확보하기 위해 각 정당의 지역구 선

---

6) 최근열 외, 『지방의회론』(서울: 학현사, 2000), pp. 24-26.

7) 김해룡, "지방의회의 권한," 『공법학 연구』, 제4권 1호(한국공법학회, 2002), pp. 25-39.

거의 득표율에 따라서 소수의 전국구 의원을 구성하고 있다. 예를 들면, 2013년 1월 현재 제19대 국회의원의 경우 총 300명의 의원 중 246명은 지역구의 선거에서 당선된 의원이며, 나머지 54명은 정당별 득표수에 의한 비례대표 의원이다. 지방의회를 구성하는 방법도 전국을 대표하는 의회구성과 같이 직접 선거와 정당득표율에 의한 대표자들로 구성하고 있다.

그리고 양원제의 경우에는 각 국가마다 다양한 형태로 상원의원을 구성하고 있다. 대표적으로 영국의 상원의원은 700명의 귀족으로 구성되어 있고, 종신제와 세습제로 운영되고 있다. 그러나 평민에서도 국가에 큰 봉사를 한 경우 귀족작위를 받으면 상원의원이 될 수 있다. 미국의 상원은 각 주에서 2명씩 선출되고 있다. 그리고 일본의 상원에 해당되는 참의원은 1947년 이전에는 귀족이나 왕실에서 지명된 자들로 구성되었지만, 그 이후에는 시민의 직접 선거에 의해서 구성되고 있다.

한국의 제19대 국회는 국회의원 300명과 국회의 관료기관인 국회사무처 등으로 구성되어 있다. 국회의장과 2명의 국회 부의장 및 16개의 국회상임위원회와 2개의 특별위원회가 실질적으로 국회의 핵심조직이다. 그리고 국회사무처와 도서관 및 국회예산정책처 등은 의회의 입법기능을 지원하는 지원조직이다.

(2) 위원회제도

의회의 구성에서 가장 중요한 위치를 차지하고 있는 것이 위원회제도이다. 위원회는 의원 전원으로 구성되는 전원(全院)위원회, 상설기구로서 활동하는 상임위원회(standing committee), 양원제의 경우 상하 양원 합동위원회(joint committee), 한국 국회의 특별위원회에 해당되는 임시특별위원회(ad-hoc 또는 special committee) 등이 있다.[8)]

위원회를 설치하는 목적은 각 국가의 의회제도에 따라서 조금씩 차이가 있지만, 의회 의원들의 전문적 업무처리 분담과 이에 따라서 의회의 기능을 최대한 극대화하고자 한 것이다. 특히 의회 의원의 숫자가 많아지면서 이들

8) 구희권, "정부형태 및 원형의회체에 따른 의회위원회제도의 비교연구: 아시아·태평양 국가를 중심으로," 『의정연구』, 2권 1호(1996), pp.177-196.

이 모두 한자리에 모여서 법안을 심사하거나 제안하고 국사(國事)를 토론하기 어렵다. 또한 의원들이 취급하고 분석해야 할 국사가 대단히 복잡하면서 기술적으로 전문화되고 있다. 더구나 행정부의 기능이 전문화되고 이에 따라서 전문성과 복잡성을 갖춘 행정부를 효율적으로 통제하고 견제하기 위해서도 의회의 기능이 각 전문성을 중심으로 하는 위원회제도로 발전되어야 할 것이다.[9)]

위원회제도는 무엇보다도 미국의회에서 가장 발전되고 있다. 영국의회에는 전통적으로 모든 위원이 출석하여 발언하고 토론할 수 있는 전원위원회가 중심이 되고 있지만, 미국은 특별위원회나 상임위원회가 실질적 법안심사나 예산심사 등과 같은 강력한 권한을 가진 조직으로 발달되고 있다.[10)] 한국 의회의 위원회도 미국과 같은 기능과 역할을 기대하고 조직되었지만 아직까지 의원회의 전문성이나 활동영역이 미국에 비하여 크지 않다.

2013년 1월 현재 한국 의회의 위원회는 상임위원회와 특별위원회가 있는데, 상임위원회(국회운영위원회, 법제사법위원회, 정무위원회, 기획재정위원회, 외교통상통일위원회, 국방위원회, 행정안전위원회, 교육과학기술위원회, 문화체육관광방송통신위원회, 농림수산식품위원회, 지식경제위원회, 보건복지위원회, 환경노동위원회, 국토해양위원회, 정보위원회, 여성가족위원회)는 행정부의 각 부처의 기능에 대응할 수 있도록 설치되어 있다. 그리고 특별위원회(예산결산특별위원회, 윤리특별위원회)는 의회의 예산심의 기능과 의회 자체의 윤리문제 및 헌법이나 법률에서 정한 행정부 요직의 인사문제 등을 중점적으로 심의하고 견제하는 기능을 하도록 구성되고 있다.

각종 위원회는 대부분 소위원회(subcommittee)를 구성하고 있다. 한국도 특별한 안건의 심사나 특별의안을 심의하기 위해서 소위원회를 구성하고 있다. 그러나 소위원회제도가 가장 발달된 의회는 미국 의회이다.[11)] 소위

9) 박종흡(1998), p. 110.

10) 구희권, (1996), pp.188-190.

11) 1999~2000년의 106대 미국하원의 상설위원회(농업, 세출, 국방, 금융재정, 예산, 상업, 교육인력, 정부개혁, 하원행정, 국제관계, 사법, 자원, 규칙, 과학, 소기업, 공직규범, 교통기간시설, 퇴역군인, 세입, 정보특위)는 총 20개이며 소위원회는 총 87개이다(유병곤, “미국하원의 입법과정(2): 위원회 의안심사과정,” 『국회보』, 3월호(대한민국 국회, 2002), p. 93). 그리고 상원에는 농업(영양 수산포함), 세출, 국방, 금융(주택 도시 포함), 예산, 재무(과학 교통 포함), 에

원회는 각 위원회의 의안 사항 중 특정한 사항을 보다 전문적이고 구체적으로 심의하고 처리하기 위해서 임시적이고 한시적으로 구성된다. 그러나 미국의 경우에는 상설 소위원회가 많이 있다.

(3) 의회 운영의 기본원리

1) 회기제도

의회는 공식적으로 의회의 기능과 역할을 할 수 있는 기간이 있다. 이것을 회기(session)라고 하며, 특별한 규정이 없는 한 선거에 의해서 의원의 임기가 개시된 일로부터 임기 만료일이나 또는 의회가 해산되는 일까지의 기간이다. 회기제도는 의회의 집회시기와 의회의 활동기간이라는 두 가지 요소가 포함된다.

회기는 의회의 전체 의원이 소집되는 본회의를 전제로 하는 개념이다. 때문에 회기 중에는 본회의의 다양한 활동이 가능하며 위원회도 본회의의 전심(前審)기관이나 보조심의 기관이기 때문에 회기 기간 중에 다양한 활동을 할 수 있다.

회기제도는 한 의회의 기를 회기로 하는 상설의회형과 회기의 결정을 행정부 수장이 결정하는 정부결정형, 그리고 이와 같은 두 가지 형을 절충하기 위해서 헌법에서 의회의 소집시기와 활동사항을 규정하는 헌법규정형 등이 있다.[12]

또한 회의의 소집시기와 기간을 헌법이나 법률에 의하여 정해진 정기회와 의회가 열리지 않는 기간에도 헌법이나 법률 등에서 의회의 소집과 기간 및 의안 등을 결정하여 임시로 회기를 여는 임시회가 있다. 한국의 경우에, 정기회는 매년 9월 1일에 집회되며 100일 이내의 회의기간이 보장된다. 그리고 임시회는 대통령이나 국회 재적의원 4분의 1이상이 요구할 때 또는 재적의원 4분의 1이상이 국정조사를 요구할 시 30일 이내의 회기 내에 운영된다.

너지, 환경, 재정, 외교관계, 행정, 건강(교육 노동 연금 포함), 원주민, 사법, 규칙, 소기업, 퇴역군인 등의 위원회가 있다(Steffen Schmidt, Mack Shelley and Barbara Bardes, *American Government and Politics Today* (Belmont, CA: Wadsworth/Thomson Learning, 2001 p. 395).

12) 박종흡(1998), pp. 81-84.

2) 의회의 기본원칙[13)]

가. 다수결 원칙

의회제도의 기본원칙은 다수결의 원칙이 중심이다. 다수결의 원칙은 민주주의 기본정신을 존중하는 제도이다. 다수결의 원칙에도 단순히 다수결에 따르는 단순다수결, 과반수 이상의 다수결에 따르는 절대다수결, 3분의 2나 4분의 3 등의 특정다수의 결정에 따르는 제한다수결 등이 있다. 그러나 다수결의 원칙에도 소수자를 보호해야 할 임무가 있다. 절대 다수의 횡포로부터 소수의 권리와 존재를 보호하고 인정하는 민주주의 제도의 기본이념이 의회의 기본원리로 작용한 것이다.

나. 발언자유 원칙

의회의원은 자신의 의사를 독립하여 자유롭게 표현할 수 있는 원칙이다. 의회 의원의 면책특권으로 의회 내에서의 발언에 대하여 의회 외에서 민·형사상 책임을 지지 아니하도록 하고 있다. 그러나 면책특권이나 발언자유의 원칙에도 법률이나 윤리·도덕적 그리고 정보보호 등의 일정한 제한이 있다. 이와 같은 발언자유의 원칙에는 타 의원이나 기타 물리적 강압에 의하여 자신의 발언이 중단될 수 없는 발언계속의 원칙과, 이와 같이 발언을 계속하고 자유롭게 할 수 있는 기회와 권한이 의회의원 누구에게든지 균등하게 주어져야 하는 발언기회균등의 원칙이 있다.

다. 회기계속 원칙

의회에 상정된 다양한 법률안이나 기타 안건은 의회의 회기가 종료되었다고 하더라도 폐기되지 아니하는 원칙이다. 그러나 회기불계속의 원칙은 영국 의회가 채택하는 제도로서, 회기가 종료되면 그 회기 내에 상정된 모든 의안이나 안건은 자동 소멸되는 원칙이다.

라. 의석수 비율 원칙

의회는 다양한 정치적 배경과 재선이나 3선 등의 의원경험을 가진 의원들로 구성되지만 발언자의 수와 발언시간, 의장과 부의장 및 상임위원장의

---

13) 의회의 기본원칙과 뒤편의 의회의 회의운영의 기본원리는 박종흡의 책(1998), 제13장과 국회 홈페이지(www.assembly.go.kr) 내용을 중심으로 한 것이다.

배분, 각 위원회의 위원수의 배분, 의회예산의 배분, 의회내의 사무실이나 시설물의 배분, 의회직원의 배분 등 거의 모든 의회활동은 각 정당이 선거에서 차지한 의석수의 비율에 따라서 배분되는 원칙이다.

3) 의회운영의 기본원칙

가. 정족수 원칙

의회의 의사진행이나 의사를 결정하기에 필요한 최소한의 일정한 의원(출석의원)의 수를 말한다. 정족수 원칙에서도 의사정족수는 본회의나 각종 위원회의 개의나 개의 후 의사를 진행시키기 위한 필요한 최소한의 출석 의원수이며, 의결정족수는 실제로 표결에 필요한 법정 출석의원의 수이다. 또한 일반정족수는 법안이나 예산안 또는 각종 안건을 처리하는 데 필요한 최소한의 의회의원 수이나 안건이나 사안에 따라서 출석의원의 수나 또는 찬성의원 수를 달리하여 가중시키는 경우의 특별정족수가 있다. 예를 들면, 대통령의 탄핵소추에는 국회 재적의원 3분의 2 이상의 찬성이 필요하다거나 국회의장과 부의장 선거에는 재적의원 과반수의 찬성이 필요하다는 것이 특별정족수이다.

나. 회의공개 원칙

의회의 모든 회의는 원칙적으로 일반 국민에게 공개되어야 하는 원칙이다. 회의 공개는 일반적으로 모든 국가의 의회가 채택하고 있다. 이와 같은 회의공개의 원칙에는 방청의 자유, 보도의 자유 및 기록의 공표가 포함된다. 그러나 일정한 법률의 규정이나 출석의원 과반의 찬성이 있는 경우 등에는 회의를 비공개로 진행할 수 있다.

다. 일사부재의 원칙

의회 내에서 하나의 의사로 일단 결정되면 이를 다시 재론하거나 재결할 수 없는 원칙이다. 따라서 일사부재의 원칙에는 첫째, 동일회기 내에서는 동일한 사항(동일안건[동일내용])을 재심하거나 재결하지 않는 경우이다. 둘째, 한번의 의안 심사단계에서 결정된 것은 특별한 사정이 존재하여 상위단계의 의결에 의하여 되돌려 받지 아니하는 한 동일한 단계에서 스스로 재심하거나 재결할 수 없는 원칙이 포함된다. 그러나 일사부재의 원칙의 예외로서 번안제도가 있다. 일단 결정된 의안을 재의하여 그 의결을 무효처리하고 이전과 다른 내용으로 번복하여 의결하는 제도이다.

Ⅱ. 의회의 권한과 기능

1. 의회의 권한

일반적으로 의회는 국민의 대표기관으로서 주민의 선거에 의해서 구성된 합의체로서 민주주의 이상인 대표성과 자결의 원칙을 지키는 헌법기관이다. 따라서 법을 제정하는 입법권은 의회의 고유권한으로서 견제와 균형의 원칙에 따라서 권력을 분립하여 행정부와 사법부를 견제하고 감시·감독하여 국민의 이해관계를 조절하고 수호하는 기관이다. 따라서 의회는 국민의 대표기관이고 입법기관이며 국정의 통제와 감독기관으로서 헌법 입지위를 가지는 기관으로 특별한 권한을 갖고 있다.

의회의 입법이나 예산안 심의의결 및 정책의 조정과 결정의 권한, 자율권 등은 '의회의 기능'에서 자세히 설명하기로 하고 여기서는 한국 헌법이나 법률에서 부여하고 의회의 권한(이것을 의회의 특권이라고 할 수도 있음)을 설명하고자 한다.[14]

(1) 면책특권

의회 의원이 공적으로 직무를 수행하는 과정에서 행한 발언이나 그 내용에 대해서 대외적으로 민·형사상의 책임을 지지 않는 특권이다. 이와 같은 의원의 면책특권은 헌법(45조)에서도 "국회의원은 국회에서 직무상 행한 발언과 표결에 관하여 국회외에서 책임을 지지 아니한다"라고 규정되어 있다.

이와 같이 면책특권은 본회의나 위원회 등에서 의원의 발언과 토론, 표결, 연설, 진술, 질문, 찬반의사의 표시 등에 적용되며, 공간적으로는 국회내, 즉 의사당 내의 본회의 장이나 위원회의 장과 의사당 밖이라도 의회의 공적활동이 진행되는 곳에도 적용된다. 그리고 시간적으로는 의원이 재직할

14) 박종흡(1998), pp. 41-53.

때뿐만 아니라 퇴직 후에도 적용된다.

(2) 불체포 특권

불체포 특권은 면책특권에 비하여 보다 구체적으로 일정한 사법절차로부터 의회의원이 보호받도록 하는 특권이다. 본질적으로 불체포 특권은 군주나 왕으로부터 불법적이고 부당하게 의원을 체포하거나 신체적으로 구금하는 것을 방지하기 위해서 영국에서 가장 먼저 의회특권법(1603년)을 제정하여 보장하고 있다. 그 이후로 의회제를 채택하고 있는 거의 모든 국가에서 이 특권을 부여하고 있다. 한국에서도 헌법 44조에서 "국회의원은 현행범인인 경우를 제외하고는 회기 중에 국회의 동의없이 체포 또는 구금하지 아니한다. 국회의원이 회기 전에 체포 또는 구금된 때에는 현행범인이 아닌 한 국회의 요구가 있으면 회기 중 석방한다"라고 규정하여 의원의 불체포 특권을 부여하고 있다.

(3) 의회모욕 처벌권

위에서 지적한 면책특권이나 불체포 특권이 침해받거나 또는 의회의 권위를 모독하는 등의 반의회적 침해행위에 대항하여 이를 처벌할 수 있는 권한을 가지고 있다. 한국에서는 반의회적 범죄행위를 일반 법원의 관할권에 위임하고 있으며, 처벌의 종류에는 금고나 벌금, 견책, 경고 등이 있다.

(4) 의회의원의 의무

이와 같은 의회의 권한(특권)이 있지만 그러나 의회도 권한에 대한 의무와 책임을 가지고 있다. 대표적으로 헌법 제43조에서는 의회의원은 법률이 정하는 직을 겸직할 수 없도록 하여 오로지 국민의 대표자로서 입법기능을 충실히 그리고 공정하게 수행할 것을 요구받고 있다.

그리고 헌법 제44조에서는 의회의원의 청렴의무를 규정하고 있다. 그리고 국가이익을 최우선하며 양심에 따라서 의원직을 수행해야 하고, 나아가 자신의 지위를 남용하여 국가나 공공단체 또는 기업체와의 계약이나 처분 등에 의하여 재산상의 권리나 이익, 직위 등을 취득하거나 타인을 위하여 취득 등을 알선해서도 안된다는 강한 윤리규정을 정하고 있다. 이에 따라서 국회에서도 윤리특별위원회를 구성하여 상설기관으로서 의원의 자격심사나 윤리심사 및 징계에 관한 사항 등을 관리하도록 하고 있다.

특히 1991년에는 국회 윤리특별위원회에서 의원의 윤리규범을 크게 강조하여, 국회의원 윤리강령의 제정과 국회의원 윤리실천규범을 제정하고 국회법을 개정하여 윤리특별위원회를 상설 위원회로 규정하였다.[15] 더구나 국회법 제14장에서는 구체적으로 국회의원이 국회의원 윤리강령 및 윤리실천규범을 위반했을 경우에 이를 심사하여 징계하는 절차와 규정을 정하고 있다.

그러나 구체적인 강제규범의 효력은 없지만 가장 일반적으로 국회의원의 윤리실천 내용과 방향을 규정한 국회의원 윤리강령은 "주권자인 국민으로부터 국정을 위임받은 국민의 대표로서 양심에 따라 그 직무를 성실히 수행하여 국민의 신뢰를 받으며, 나아가 국회의 명예와 권위를 높여 민주정치의 발전과 국리민복의 증진에 이바지할 것을 다짐"할 것을 선언한 의회의 윤리의무를 포괄적으로 규정하고 있다.

그러나 이와 같은 윤리강령에 따라서 국민의 신뢰를 받고자 하는 의회 자체의 노력에도 불구하고 현실적으로 국회의원의 윤리수준과 관련하여 일반 시민이 생각하는 의회에 대한 신뢰성의 정도는 가장 하위 수준이라는 점이 문제이다. 하나의 예로, 2002년 7월에 실시한 여론조사에서 국회를 전혀 신뢰하지 않는다는 부정적 응답이 시민단체나 군대, 노동조합, 종교계, 법조계, 의료계, 정부, 언론계 등을 포함한 기관에서 가장 하위(57.0%)를 기록하여[16] 아직까지도 의회의 윤리수준은 상당히 문제가 있다고 할 수 있다.

따라서 앞으로 의회의 윤리수준을 향상시키기 위해서는 다양한 방법과 수단이 필요하지만 윤리강령의 차원에서 제시된 방안으로, 윤리강령을 보다 구체화하여 선언적 의미뿐만 아니라 실천적 행동강령이 될 수 있도록 해야 한다. 또한, 겸직금지 조항을 명문화하며, 의원의 재산공개 등을 현실적으로

15) 한국의회발전연구회, "국회의원의 의무와 법적책임에 관한 연구," 연구보고서(www.assembly go.kr... 검색일: 2013년 1월 14일).

16) 임성호, "의원윤리의 제도적 강화: 윤리위원회 개혁방안," 국회의원 윤리강화방안에 대한 공청회 발표논문(2004년 9월).

구체화시키면서, 비윤리적 규정 위반을 보다 철저히 조사하고 징계해야 한다. 나아가 국회윤리위원회를 상설위원회로 구성하고, 외부인의 참여에 의한 통제기능을 강화해야 할 것이다.17)

(5) 의회 규칙제정권 등

의회는 헌법이 보장하는 의회의 권한과 기능을 원만히 수행하기 위해서 의회운영에 관련되는 각종 의사의 규칙이나 절차 등을 규정할 권한이 있다. 따라서 규칙제정권은 헌법이나 법률에 규정되지 아니한 의회의 운영절차에 관한 규칙을 의회가 자율적으로 정할 수 있다. 그리고 의회의 기능과 역할에 관한 핵심사항인 의회행정에 관한 예산을 독자적으로 정할 수 있는 권한이 있다.

2. 의회의 기능

(1) 입법기능

헌법 제40조에서 법률을 제정할 입법의 권한은 국회에 속한다고 분명히 규정하고 있다.

따라서 권력분립 원칙에 따라서 법을 제정할 권한은 국회의 고유 기능이다. 물론 의회는 민주주의의 이상과 원칙인 주권재민의 대표기관으로서 국민의 이해관계에 관한 법률을 제정하고 개정할 권한을 소유하고 있지만, 구체적으로 의회의 활동기능에서 입법기능은 의회의 고유기능이면서 가장 중요한 역할이라고 할 수 있다. 특히 대의정치에서 입법권은 의회의 고유권한이고 기능이다.

국가의 법률을 제정하고 개정하는 기능을 절차적 측면에서 보면 입법의 과정이고 이것이 의회정치에서는 대단히 중요하다. 그러나 실질적 측면에서 보면 국가법률은 국가의 의사결정인 국가정책의 구체적 내용이다. 정책이 의회에서 법으로 제정되면서 국가의사는 최종적으로 강제력을 가지게 된다.

---

17) 함성득, "국회의원의 윤리강화 방안," 국회의원 윤리강화방안에 대한 공청회 발표논문 (2004년 9월).

이때 정책(policy)은 국민의 이해관계와 소망을 법으로 성문화시키는 작업의 산물이며 국가문제를 해결하기 위한 다양한 대안을 의회가 법으로 제정한 것이다. 때문에 정치학에서는 국가의 정책이 결정되는 과정이나 의회와 행정부에서의 국가정책 결정에 관한 이론적이고 실천적 분석이 대단히 중요하다. 그래서 한국의 국회에서도 입법기능을 지원하는 국회조직으로 국회사무처나 국회도서관, 국회예산정책처 등을 두고 있다.

특히 국회예산정책처(www.nabo.go.kr)는 의회의 입법기능 중 국가예산을 정책적으로 분석하고 이를 의회에 제공하는 중요기관이다. 의회가 예산기능에 따라 입법기능을 수행하기 위해서 예산정책처는 관련 자료와 정보를 분석하고 이를 의회에 제공하여 실질적 입법기능, 즉 국가정책을 가장 효율적으로 결정하고 나아가 이것이 행정부에 의해서 법에 준하여 성실하게 집행되는 것을 감시감독하고 통제할 수 있는 역할을 할 수 있도록 하고 있다.

(2) 입법과정

입법기능의 절차인 입법과정(legislation process)은 각 국가의 의회제도와 양원제나 단원제 등에 따라서 조금씩 차이는 있으나 근본적으로 의회가 주도한 의회의원이 중심이 되어서 최종적으로 성문화된 법을 제정하는 일반적 과정을 준수하고 있다.

양원제의 대표적 기능을 가장 잘 수행하고 있는 미국의회의 입법과정과 단원제인 한국 의회의 입법과정을 그림으로 비교설명하면 입법과정을 보다

[그림 10-1] 한국의회의 입법과정

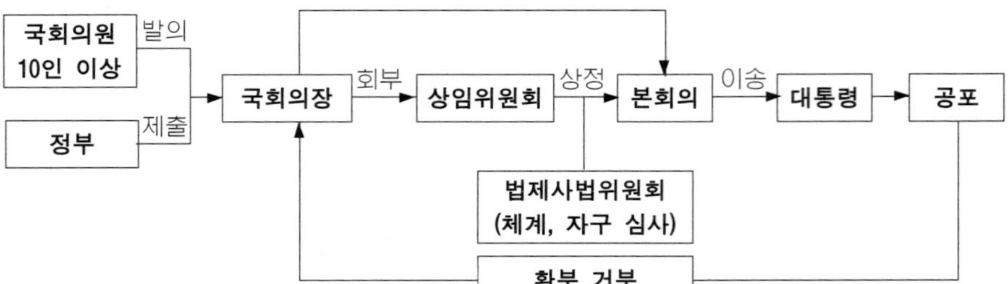

출처: www.assembly.go.kr/ifa/aut_01_02.jsp, 검색일: 2005년 1월 31일.

자세히 이해할 수 있을 것이다.

먼저 단원제인 한국의회의 입법과정을 [그림 10-1]과 같이 요약할 수 있다.

[그림 10-1]에서 보듯이, 법률안을 제안하고 발의하여 제출할 수 있는 권한은 국회의원 10인 이상과 위원회이며, 정부도 국무회의의 심의와 대통령의 서명과 관계 국무위원이 부서하여 국회에 제출할 수 있다. 이렇게 제출된 법률안을 국회의장은 의원과 본회의에 보고한 후 법률안의 내용에 따라서 상임위원회에 회부하게 된다. 법안을 회부 받은 당해 위원회는 위원회상정→법률안 제안자의 취지를 설명→전문위원의 검토보고→대체토론 →소위원회의 심사보고→축조(逐條)심사→찬반토론→의결(표결)의 순서를 거치게 된다. 이 과정에서 위원회의 심사를 마친 법안은 법제사법위원회에 회부되어 법률안으로서의 체계와 자구 등의 전문심사를 거친다. 법률안 중에서 정부조직에 관한 법률안이나 조세 또는 국민에게 부담을 주는 주요 의안은 본회의 상정 전이나 이후에도(재적의원 4분의 1이상의 요구) 의원 전원으로 구성된 전원위원회의 심사를 거치게 할 수 있다.

이렇게 체계와 자구 심사 등을 마친 법률안은 본회의에 상정되며, 질의토론과 심사를 거쳐 일반적으로 재적의원 과반수의 출석과 출석의원 과반수의 찬성으로 의결된다. 의결된 법률안은 행정부에 이송되어 15일 이내에 대통령이 공포하면 법률로 제정된다. 그러나 대통령이 국회에서 의결된 법안을 거부할 경우에는(거부권 행사) 국회가 재적의원 과반수의 출석과 출석의원 3분의 2 이상의 찬성으로 전과 같이 의결하면 그 법률안은 자동적으로 법률로서 확정된다. 또한 행정부에 이송된 법률안에 대하여 15일 이내에 대통령이 공포하지 않거나 재의 요구를 하지 않은 경우에도 그 법률안은 자동으로 법률로 확정된다.

미국과 같이 양원제의 경우에는 입법과정이 단원제보다 복잡하다. 대표적으로 미국의회의 입법과정을 [그림 10-2]와 같이 요약할 수 있다.

[그림 10-2]는 양원제에서 법률안은 단원제보다 복잡한 과정을 거치게 됨을 보여주고 있다. 미국 의회에서는 상하 양원의원 누구든지 법률안은 제안하고 발의할 수 있다. 그러나 예외적으로 조세에 관한 법안이나 세출에 관한 법안은 미국헌법에서 하원만이 발의하고 제안할 수 있게 하고 있다.[18)]

[그림 10-2] 미국의회의 입법과정

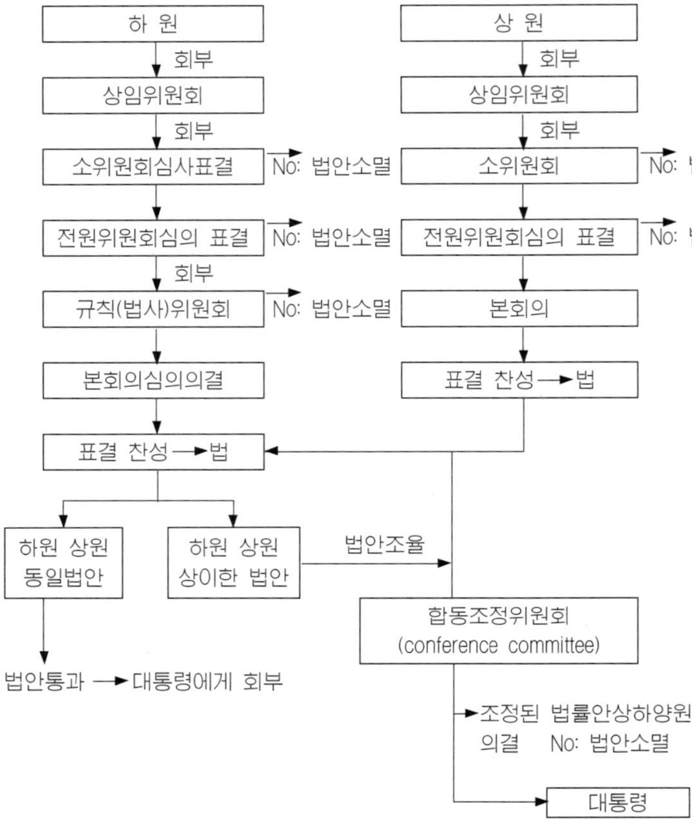

출처: Neal Tannahill, *American Government: Policy and Politics*, 7th edition(New York: Pearson Education, Inc., 2004), pp. 276-277.

먼저 하원의 경우에 제안된 법안내용이 관련된 상임위원회(복수의 경우도 있음)에 회부되면 위원회 의장은 관련된 소위원회에 회부한다. 소위원회는 청문회나 기타 축조과정을 거치면서 표결하여 부결되면 법안이 소멸되고, 가결되면 계속해서 전원위원회(full committee)에 회부된다. 전원위원회에서도 동일한 과정을 거쳐 표결되면 법안은 규칙위원회(rules committee)에 회부된다. 그러면 규칙위원회는 상정된 법안을 하원의 본회의에 상정할

18) Gary Wasserman, *The Basics of American Politics*, 11th edition(New York: Pearson Education, Inc., 2004), p. 97.

것인가 하는 것을 결정하고 상정하지 아니하면 법안을 소멸되지만 상정이 결정되면 하원의 본회의(Full House)에서 법안을 심사하고 통과시키게 된다. 이때 부결되면 법안은 자동으로 소멸되지만 가결되더라도 상원에서 통과된 법안과 동일하다면 이것을 대통령에게 송부할 수 있다.

그러나 상원에서 통과된 법안과 차이가 있다면 상하 양원의 차이점을 조정하고 협의하기 위해서 협의체인 합동위원회(conference committee)에 회부된다. 합동위원회에서 상하 양원의 두 법안의 차이점을 조정하지 못하거나 또는 상하 양원에서 이 위원회에서 조정된 법안을 부결시키면 법안은 소멸되지만 만약 조정된 법안을 상하 양원에서 재결하면 법안은 대통령에게 송부된다.

마찬가지로 상원의원도 누구든지 법안을 발의하고 제안할 수 있다. 그러면 관련된 상임위원회와 소위원회 등을 거쳐 전원위원회에서 심사표결하고 이것이 곧 바로 상원 본회의(Senate floor)에 상정되어 심의 표결을 거친다. 표결된 것이 위에서 설명한 바와 같이 하원의 것과 동일하다면 문제가 없지만 다르다면 합동위원회의 한 단계를 더 거쳐서 재 의결해야 된다. 재 의결된다면 법안은 대통령에게 송부된다.

미국 대통령이 법안에 서명하면 법률로 제정된다. 그러나 법안에 거부권을 행사할 경우에는 복잡해진다. 만약 의회의 회기 중이라면 대통령이 거부해도 법안은 정식으로 법이 될 수 있지만 의회가 법안이 통과된 10일 이내에 휴회할 경우에는 법안은 소멸된다(이것을 포켓 거부권<pocket veto>)이라고 한다). 그러나 대통령이 거부권을 행사한 법안을 상하 양원에서 3분의 2이상의 찬성으로 재의결하면 공식적으로 법이 된다.

(3) 예산 · 결산 심의 의결기능

의회의 또 하나의 중요한 기능은 행정부에서 편성된 예산을 심의하고 의결하는 기능이다. 의회는 예산의 적절성과 국민적 합의에 의한 정책을 올바로 추진할 수 있는 타당성과 적법성 등을 국민의 수권기관으로서 국민을 대표하여 심의하고 의결하는 예산안의 심의 · 확정에 관한 권한을 가지고 있다.

국가예산은 국민으로부터 조세의 징수에 의한 세입을 원천으로 해서 국민이 원하고 바라는 정부사업을 사전에 계획하고 이에 따라서 사용해야 할 세액을 배분하는 것이다. 따라서 국민 개인의 부담인 조세를 전제로 하기 때문에 예산은 반드시 대의정치의 주권기관인 의회의 심사와 승인이 필요하다. 나아가 행정부가 국가예산을 편성하지만, 예산편성과 배분이 지역선거구와 주요 사업과 주민의 이해관계와 나아가 국가 전체의 이해관계를 조정하여 예산의 균형점을 어떻게 찾을 것인가 하는 것은 고도의 정치적인 것이다. 그래서 전통적으로 예산은 정치과정이라고 하고 있다. 따라서 의회의 예산심의와 결정과정을 우선 이해할 필요가 있다([그림 10-3]).

[그림 10-3]의 예산과정을 좀더 자세히 설명하면, 행정부만이 예산안을 편성하고 제출할 권한이 있다. 행정부가 편성한 예산안을 회계연도 개시 90일 전까지 국회에 제출하면, 의장은 예산안을 각 소관 상임위원회에 회부하고 본회의에서 행정부의 예산안에 대한 시정연설을 듣게 된다. 이후에는 각 상임위원회에서 예산안을 상정하여 제안설명을 듣고, 전문위원의 검토와 보고 및 각 소위원회에서 대체토론을 거치고 찬반토론을 거쳐서 표결하게 된다. 그리고 상임위원회의 예산안 예비심사를 예산결산특별위원회에 회부하게 된다. 예산결산특별위원회는 상임위원회의 예비심사에 구속되지는 않으나 일반적으로 이를 존중하고 있으며, 예산안의 증액이나 새로운 비목을 설치할 경우에는 상임위원회의 동의를 얻도록 하고 있다.

[그림 10-3] 국회의 예산심의 과정

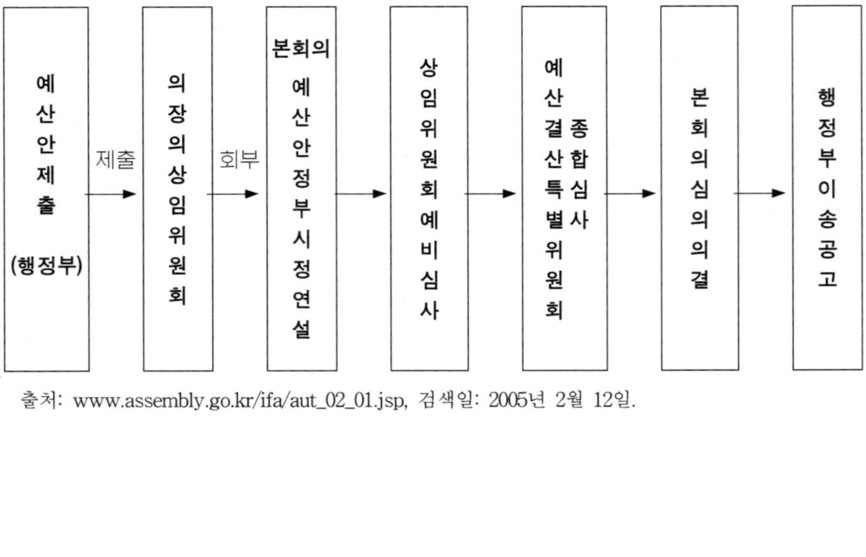

출처: www.assembly.go.kr/ifa/aut_02_01.jsp, 검색일: 2005년 2월 12일.

예산안은 예산결산특별위원회의 종합심사에서부터 본격적으로 의회정치의 과정을 거치게 된다. 의장은 예비심사의 예산안을 예산결산특별위원회에 회부하고 이것을 심사하기 위해서 예산결산특별위원회의 심사절차(제안설명)→전문위원 검토→종합정책질의→부별심사 또는 분과위원회 심사→예산안 조정소위원회 심사→찬반토론→의결(표결)을 거친다. 이때 국무위원 전원을 대상으로 의회는 국정전반에 관하여 예산안의 편성배경과 사업의 우선순위, 예산의 효과와 비용계산, 정치적 고려, 국익의 조정, 선거지역구의 이해관계의 조정 등을 질의하고 답변을 듣는 과정에서 의회의 예산안 심의는 실질적 기능을 하게 된다.

예산결산특별위원회에서 심사통과된 예산안은 본회의에 회부되고 재적의원 과반수의 출석과 출석위원 과반수의 찬성으로 의결하게 된다. 이때 국회는 회계연도가 시작되기 30일 전까지 의결해야 한다. 의결된 예산안을 행정부에 이송하면 대통령이 공고한다.

결산심사는 의회에서 심의되고 의결된 예산이 과연 그대로 잘 집행되었는지를 사후에 평가하는 의회의 기능이다. 이것은 행정부의 국정전반에 관한 의회의 감시와 감독 및 평가기능이기도 하지만 예산의 집행에 관한 것이기 때문에 실제로 의회의 재정에 관한 기능으로 보고 있다. 그렇지만 때때로 의회가 결산을 심사하는 것을 예산의 심사의결보다 소홀히 하는 경향이 강해지면서 많은 비판의 대상이 되기도 한다. 왜냐하면, 일단 집행된 예산의 법률적 적법성과 정치적 타당성보다는 의회는 앞으로의 예산과 국가정책에 관한 정치적 이해관계에 더욱 민감하게 작용이기 때문이다. 또한 절차적으로 예산안이 제출되기 30일 전에 결산안이 제출되기 때문에 모든 의원은 앞으로 제출될 예산안에 더 많은 관심과 이해관계를 기울이기 때문이다.

그러나 일반적으로 결산심사도 중요한 의회의 기능이다. 결산심사의 절차는 우선 감사원의 심사를 거친 세입세출의 결산을 회계연도가 시작되기 전 120일 전까지 국회에 제출해야 된다. 이렇게 행정부가 제출한 결산을 소관 상임위원회에서 예비심사를 거치고 이것을 예산결산특별위원회에서 종합심사한다. 종합심사에서 의결된 결산은 본회의에 회부되어 최종 의결되면 예산과 결산의 모든 과정은 종료된다.

의회는 예산과 결산의 심사와 의결 이외에도 국가의 재정에 관한 중요한 사업을 심사하고 의결하는 기능을 하고 있다. 헌법 제59조에서 조세의 종목과 세율은 법률로 정하도록 되어 있기 때문에 원천적으로 의회가 조세에 관한 국가재정의 입법권을 행사하고 있다. 그리고 국가가 특정한 목적을 위하여 자금을 운용할 필요가 있는 기금운용의 계획과 결산을 심사하고 있다(예: 국민주택기금, 감채기금 등). 또한 회계연도를 넘어서 장기적으로 예산을 지출해야 하는 계속비를 의결하고, 예비비의 총액지출의 승인권을 가지고 있다. 국채를 발행하기 위해서는 국회의 동의를 얻어야 하고, 예산 이외에 국가의 재정 부담이 될 수 있는 계약을 체결할 경우에도 국회의 동의가 필요하다.

(4) 국민대표기관으로서의 기능

의회는 다양한 법률을 제정하고 행정부가 편성한 예산안을 심의하고 조정하여 국민의 의사에 반영할 수 있는 국가정책을 결정하여 국민의 대표자로서의 기능을 수행하고 있다. 이것이 보다 구체적이고 실질적인 국민대표 기능이다.

그러나 의회는 주권재민을 실현하는 대의민주주의의 직접 담당자로서 선거지역 주민의 대표자뿐만 아니라 국가 전체의 대표자로서 국익을 증강시키는 기능을 담당하고 있다. 특히 행정부의 전문화된 관료기술과 합리성에 대응하여 의회는 국민의 직접적 수권기관으로서 시민들의 이해관계를 대표하고 이를 반영하면서 동시에 국가 전체의 이익과 조정될 수 있는 방법과 길을 찾을 수 있는 기능을 수행해야 한다.[19]

따라서 전통적으로 대의정부론에서는 의회의 위상과 기능을 중요시하고 있다. 견제와 균형에서 행정부와의 권력관계를 정립하면서 동시에 국민들에게서 위임받은 권한을 발휘하여 행정부를 감시하고 규제하면서 다양한 의견과 여론을 수렴하고 개진하는 민주주의 실천의 장(場)을 마련해야 되는 기능을 중시하고 있다.[20] 다양한 이해관계와 의견이 의회의 대의정치의 장

---

19)이현출, “19대 국회의 주요 이슈와 전망,” 『월간 경영계』, 398권 (2012), pp.10-13.

20) 이태숙, “존 스튜어트 밀의 의회론,” 『영국연구』, 9호(영국사연구, 2003), pp. 86-88.

에서 토론되고(이점에서 숙의 민주주의<discursive democracy>가 강조된다) 이것이 원만히 조정되면서 다원주의의 민주주의 철학이 실천되는 곳이 의회이다.

이러한 의회의 대표기능을 두 가지로 설명하고 있다. 첫째는 수탁자 대표이론(trustee representation)으로서, 의원은 자신의 지역구나 기타 좁은 의미의 이해관계가 아닌 국가나 사회 전체의 이해관계를 수탁받은 수탁인으로 대표기능을 수행해야 한다는 이론이다. 둘째는 지시위임 대표이론(instructed-delegate representation)으로서, 전체 이익의 수탁자가 아니라 의회는 선거주민의 이해관계를 직접적으로 위임받은 위임인으로 활동해야 한다는 것이다.[21]

이와 같은 두 가지의 중요한 기능을 의회가 원만히 수행하지 못할 때 의회는 많은 비판과 비난을 받게 된다. 역사적으로 민주주의와 의회정치의 경험이 약하거나 절대군주나 강력한 왕권의 지배를 오래 받는 국가나 또는 최근세에 유행한 공산주의(communism)와 행정부에 의한 독재세력이 큰 국가에서는 의회는 단순히 행정부나 절대독재정권의 시녀로서 법을 통과시키는 통법부의 역할로서 절대권력을 정당화시켜 주었다는 비판을 받고 있다. 때문에 시민은 의회를 불신하고 의회는 고립되면서 진정한 대의정치가 실현되기 어려운 점도 있었다.

그래서 의회는 구조적으로 다수 정당의 정치세력이 조화를 찾으면서 발생되는 정치적 소용돌이 때문에 시민을 대표하는 기관이 아닌 정당의 대표기관으로 전락하기도 했다. 그리고 국정의 내용이 전문화되고 복잡해지면서 단순히 주민의 대표자로 선발된 순수 정치인의 전문성이 전문화된 국정기능을 담당하기 어려운 수준이었고, 시민의 관심이 행정부의 국정결정과 집행에 집중되면서 정치선전이나 정치심리적으로도 의회는 위축되기도 했다. 그리고 선거에 의해서 일정한 기간이라는 한정된 조건에서(물론 재선되는 비율도 있지만) 수행하는 국민의 대표자 역할은 제한적일 수밖에 없었다.[22]

---

21) Schmidt, Shelley and Bardes(2001), p. 380.

22) Michael G. Roskin, Robert L. Cord, James A. Medeiro and Walter S. Jones, *Political Science: An Introduction*, 5th edition(Englewood Cliffs, New Jersey: Prentice Hall Interna-

특히 초선 의원은 자신이 의회정치에 적응하고 국정 정보에 익숙해져야 하는 어려움 속에서 국민의 대표자 역할을 원만히 수행하기 어려운 구조적 문제점도 있다.

(5) 행정부 통제 및 견제기능

의회는 또한 국정을 직접 집행하는 행정부의 활동을 감시하고 통제하여 대의정치의 수권기관으로서 국민의 이해관계를 대표할 수 있는 기능이 있어야 한다. 이와 같은 행정부 통제의 대표적 기능으로 각국의 의회제도와 역사에 따라서 다양하지만 가장 공통적으로 국정감사 및 조사, 청문회제도(대정부 질문 포함), 탄핵소추, 기타 일반국정권한에 의한 통제기능 등을 들 수 있다.

1) 국정감사 및 조사기능

행정부의 국정운영의 실태와 예산운영 등의 내용을 보다 구체적으로 정확히 파악하고 이에 관한 자료수집과 비리나 부정의 실태를 파악하여 이를 적발하고 시정하기 위해서 국회는 매년 정기적으로(9월 10일부터 20일간) 국정전반에 대한 감사를 실시한다. 특히 국정운영의 잘못이나 문제가 있으면 이와 같은 특정의 목적으로 국정조사를 수시로 실시하여 계속적으로 행정부의 통제기능을 수행하게 할 수 있도록 하고 있다.

국회는 정기적으로 국정감사를 실시하는 이외에 특정한 사안에 대한 국정감사와 조사를 실시할 수 있다. 특히 국회는 재적의원 4분의 1 이상의 요구에 의하여 국정의 특정사항에 관하여 상임위원회나 특별위원회를 구성하고 국정조사를 실시하여 행정부를 통제할 수 있다(이 경우에 조사계획서가 본회의에서 승인되어야 함).

국정감사나 조사의 가장 중요한 내용은 감사나 조사의 결과가 분명해야 한다는 사실이다. 그래서 국정감사나 조사의 내용을 정부나 기타 해당기관이 통보받고 시정하거나 처리 등의 요구사항을 이송받았을 경우에 이것을

---

tional, Inc., 1994), pp. 273-277.

즉시 처리하고 결과를 국회에 보고하도록 하고 있다. 나아가 이와 같은 처리결과의 보고에 만족할 수 없을 경우에 국회는 새로운 결과보고서를 제출할 것을 의결할 수 있고, 앞으로 예산안을 심의하고 의결할 때 이것을 반영하여 정치적 제제를 가할 수 있으며, 관련된 국무위원을 해임할 것을 행정부에 건의할 수 있도록 하고 있다.

2) 청문회

청문회(hearing)는 국정조사나 감사 또는 법률안의 심사 및 예산안의 심의 과정 등에서 일정한 결론을 결정하기 이전의 중간단계로서 가장 활발한 토론과 논쟁을 할 수 있는, 숙의나 토론 민주주의의 전형이라고 할 수 있다. 현재 청문회제도가 가장 발달된 곳이 미국 의회이다.

청문회와 별도로 공청회제도가 있다. 공청회(public hearing)는 공개적 청문회의 성격으로 시민의 여론이나 전문가의 의견 등을 의회 내부뿐만 아니라 외부로부터 수집하여 국회의 대정부 견제기능을 보다 전문적이면서 여론수렴에 의한 정치적 기능, 국민의 알권리를 충족시키면서 동시에 행정부를 국민과 함께 견제할 수 있는 방법으로 진행하는 제도이다.

이와 같은 청문회는 입법에 필요한 사실을 확인하고 사실발견과 확인의 입법청문회와 특정한 국정조사에 관한 내용과 정보를 수집하고 진상을 규명하는 차원의 조사청문회, 행정의 기능과 활동, 특히 집행기능을 감독하는 감독청문회 등으로 나눌 수 있다.[23] 그리고 청문회의 절차는 국회법(제65조)과 국정감사 및 조사에 관한 법률 등에서 자세히 규정하고 있다.

특히 인사청문회(국회법 제46조 3; 제 65조 2)를 통하여 행정부의 인사임명권에 대한 실질적 통제와 견제기능을 수행하고 있다. 예를 들면, 헌법에 의하여 국회의 동의를 얻어야 임명이 될 수 있는 공무원의 경우(대법원장, 헌법제판소장, 국무총리, 감사원장, 대법관, 헌법재판소 재판관, 중앙선거관리위원회 위원 등, 그리고 대통령이 국가정보원장, 국세청장, 검찰총장, 경찰청장 등의 후보자에 대한 인사청문을 요청한 경우)에 이들의 인사에 대한

23) 박종흡(1998), pp. 519-522.

청문회를 개최하여 국민으로 하여금 대통령이 추천하는 중요한 국가 공직을 담당할 도덕성과 전문성 등을 파악하여 국민과 더불어 정치적으로 행정부를 견제하고 통제할 수 있다.

3) 탄핵소추권을 통한 견제

의회는 헌법기관을 구성하거나 대통령이 추천하는 일정 공무원의 임명동의를 통하여서도 행정부를 견제할 수 있지만 대통령을 포함하여 일정한 정부기관의 주요 정책결정권자를 탄핵하여 보다 강력하고 실천적으로 행정부의 견제 기능을 수행할 수 있다. 이와 같은 탄핵소추권을 한국 의회가 헌정사상 처음으로 시행하여 노무현 대통령의 측근비리와 준법의무와 헌법수호의무의 불이행 등을 제시하여 탄핵을 결정하여(2004년 3월) 대통령의 권한을 일시적으로 정지시키면서(헌법재판소의 기각, 2004년 5월) 행정부 수장을 강하게 견제한 경험이 있다.

국회의 탄핵소추 대상자는 대통령과 국무총리, 국무위원, 행정각부의 장, 헌법재판소 소장 등이며 가장 직접적인 탄핵소추 사유는 직무집행에서 헌법이나 법률을 위배했을 때이다. 이때 정치적인 무능력이나 정책결정에서의 과오나 오류 등은 탄핵의 대상이 될 수 없다. 탄핵대상이 된다고 판단되면(상당히 정치적 요소도 가미됨) 국회는 재적의원 3분의 1 이상의 발의와 재적의원 과반수의 찬성으로 탄핵을 결정한다(대통령의 경우에는 재적의원 과반수의 발의와 재적의원 3분의 2 이상의 찬성).[24)]

4) 일반 국정권한에 의한 통제

의회는 일반적으로 가장 흔하게 대정부 질문을 하면서 항상 국정을 감시하고 견제할 수 있다. 대정부 질문은 구두질문과 서면질문으로 나눌 수 있으나 대체적으로 의회는 구두질문과 토론 등을 선호하고 있다. 또한 행정부의 정책결정과 집행사항에 대하여 구체적인 정보를 입수하거나 또는 위법

---

24) 그러나 이와 같은 국회의 결정도 탄핵심판기관인 헌법재판소의 결정(6인 이상의 찬성)을 얻어야 그 효력이 공식적으로 발생하도록 하여 의회의 독주를 방지하고 있다(www.assembly.go.kr/ifa/aut_03. 검색일: 2005년 2월 9일).

하고 부당한 사업을 사전에 방지하는 대정부 질문보다는 이미 진행된 정부 정책에 대한 문책형 질문이 보다 일상적이다.

현재와 같이 TV나 인터넷 및 언론매체가 중심이 된 정보사회에서는 입법청문회 또는 예산심사 등의 의회활동보다도 일일 또는 시간대 별로 진행되는 의회의 대정부 구두질문을 국민에게 뉴스시간이나 특별방송 등으로 중계되는 경향이 강하면서 대정부 질문은 실질적인 의회의 행정부 견제기능을 수행할 수 있는 중요한 채널이 되고 있다.

또한 국무총리나 국무위원 등이 국회에 출석하여 답변하게 하거나, 외국과의 조약이나 전쟁, 국군의 해외파견 등을 의회가 동의권을 행사하여 견제할 수 있고, 직무수행상의 위법과 과오에 대한 책임을 물어 국무총리와 국무위원의 해임을 건의할 수 있는 등 다양한 방법으로 행정부의 일반적 국정내용을 실질적으로 견제할 수 있다.

(6) 정책기능

의회의 존재이유와 기능 중에서도 최근에 크게 중요시되는 것이 정책기능이다. 특히 인터넷을 중심으로 하는 사이버사회가 진행되면서 의회의원은 각자의 정책기능을 행사할 수 있는 사이버공간(대표적으로 홈페이지 구축, 사이버 블로그(blog), 사이버 토론방 등)을 확보하면서 의회의 정책기능은 더욱 활성화되고 있다.[25)]

하나의 예로서, 사이버공간을 중심으로 전개되는 전자민주주의 시대에 의회의원은 각자의 홈페이지에 마련된 토론방이나 자료실 또는 여론조사나 수렴, 청원 등을 지역구 선거 주민으로부터 직접적으로 수집하고 대화할 수 있게 되었다. 따라서 이제는 지역주민의 이해관계를 쉽고 정확하게 파악할 수 있게 되었고 나아가 국가 전체의 이해관계도 전 세계적으로 연결되는 인터넷 정보망으로 파악할 수 있게 되었다.

의회의 기능과 역사가 오래된 국가인 영국이나 미국 등 정치적 다원주의가 발달된 국가일수록 의회의 정책기능은 중요하다. 정책의제가 설정될 때

---

25) 현재 한국의 국회의원의 홈페이지 구축현황과 문제점에 관한 보다 자세한 것은 국회의 홈페이지(www.assembly.go.kr)를 방문하여 각 국회의원의 홈페이지를 관찰하는 것이 좋다.

부터 의원은 지역구의 이해관계와 나아가 국가 전체의 이해관계를 조율하면서 법률안 심사나 예산심사 등의 정책기능을 우선시하고 있다. 따라서 의회의원은 자신의 정책이념과 철학을 정책기능의 중요한 기준으로 잡고 있다. 그래서 자신의 정책이념과 다를 경우 정당을 바꾸거나,26) 과거의 관행으로 되어 있던 정당의 정강이나 당론에 따라서 입법안에 투표하기보다 정책이념에 따라서 투표하는 경향이 증가되고 있다.

앞으로 정보사회와 개인의 욕구와 이해관계가 분명히 개진되는 다원주의의 민주주의가 발달할수록 정책을 구체적이고 현장적으로 집행하는 기능은 행정부의 역할이 크지만 정책안을 제안하거나 정책을 형성하고 집행된 정책을 평가판단하는 역할에서는 의회의 기능이 점점 더 중요하게 될 것이다.27)

참고문헌

Ⅰ. 한국문헌

구희권, "정부형태 및 원형의회체에 따른 의회위원회제도의 비교연구: 아시아 · 태평양 국가를 중심으로," 『의정연구』, 2권 1호(1996).

김해룡, "지방의회의 권한," 『공법학 연구』, 제4권 1호(한국공법학회, 2002).

박종흡, 『의회행정론』, 서울: 법문사, 1998.

안문석 · 김지희 · 황민섭, "한국국회의원의 정책성향 분석," 『평화연구』, 제11집 1호(고려대학교 평화연구소, 2003).

안성호, 『신정치학원론』, 서울: 교육과학사, 2002.

임성호, "의원윤리의 제도적 강화: 윤리위원회 개혁방안," 국회의원 윤리강화방안에 대한 공청회 발표논문, 2004년 9월.

유병곤, "미국하원의 입법과정(2): 위원회 의안심사과정," 『국회보』, 3월호(대한민국

26) 안문석 · 김지희 · 황민섭, "한국 국회의원의 정책성향 분석," 『평화연구』, 제11집 1호(고려대학교 평화연구소, 2003), pp. 67-91.

27) 실제적으로 국회의 입법지원기관인 국회예산처도 2000년부터 예선정책국에서 2004년 3월에는 현재의 예산정책처로 이름을 바꾸면서 국회의 기능에서 정책기능을 강화해 나가고 있다(.(www.nabo.go.kr... 검색일: 2013년 1월 14일).

국회, 2000).
이태숙, “존 스튜어트 밀의 의회론,” 『영국연구』, 제9호(영국사연구, 2003).
이현출, “19대 국회의 주요 이슈와 전망,” 『월간 경영계』, 398권(2012).
함성득, “국회의원의 윤리강화 방안,” 국회의원 윤리강화방안에 대한 공청회 발표논문, 2004년 9월.
최근열 외, 『지방의회론』, 서울: 학현사, 2000.
최요환, 『의회정치의 이론과 실제』, 서울: 박영사, 1979.

Ⅱ. 외국문헌

Roskin, Michael G., Robert L. Cord, James A. Medeiros & Walter S. Jones, *Political Science: An Introduction*, 5th edition, Englewood Cliffs, New Jersey: Prentice Hall International, Inc., 1994.
Schmidt, Steffen, Mack Shelley & Barbara Bardes, *American Government and Politics Today*, Belmont, CA: Wadsworth/Thomson Learning, 2001.
Tannahill, Neal, *American Government: Policy and Politics*, 7th edition, New York: Pearson Education, Inc., 2004.
Wasserman, Gary, *The Basics of American Politics*, 11th edition, New York: Pearson Education, Inc., 2004.

제 5 부

국제정치와 세계화의 도전

제11장 국제정치와 외교
제12장 세계화의 도전과 한국의 진로

제11장 국제정치와 외교

김 옥 준*

Ⅰ. 국제정치의 특징

1. 국제정치의 개념

국제정치(國際政治)란 국제사회에서 일어나는 정치현상을 말한다. 국제사회를 형성하는 가장 기본적인 단위는 국가이므로 국제정치를 협의로 정의할 때에는 국가와 국가간의 정치현상을 일컫는다. 이와 관련되어 현재에는 국제관계(國際關係)라는 말 역시 광범위하게 쓰이고 있다. 그러나 엄밀히 볼 때, '국제정치'와 '국제관계'는 그 개념상에 차이가 있다.[1] 국제정치(international politics)는 자국의 외교정책 목적을 달성하기 위하여 주로 정치·안보 분야에서 다른 행위주체들과 상호작용하는 정치현상을 말한다. 즉, 국가간 또는 그 이상의 단위 간에서 갈등이 일어나고 해결되는 일련의 과정을 의미하며, 주권국가간 혹은 정부간의 공적인 상호작용과 반작용을 말한다. 이러한 개념은 국가가 국제정치 영역에서 거의 모든 주역을 담당하던 시대의 전통적이고 제한적인 개념이라 할 수 있다. 이에 비해, 국제관계(international relations)는 국제적 수준에서 일어나는 공적, 사적인 모든 상호작용을 의미한다. 다시 말해, 행위주체들 간의 갈등에 관련된 것뿐만 아니라 갈등과 무관한 것까지 즉, 정치·군사·안보적인 현상뿐 아니라 경제·사회·문화적인 분야, 그리고 정부차원·비정부차원 등의 모든 상호작용을 의미한다. 이것은 과거 국제정치의 주요행위자가 국가에 국한되어 있었던

---

* 계명대학교 정치외교학과 교수.

1) Keith R. Legg and James F. Morrison, *Politics and the International System*(New york: Harper & Row, 1971), p. 32 참조.

상황에서 특히 2차대전 이후 비국가적, 비정치적 행위자들이 새로이 국제정치의 행위주체로 등장함에 따라 나타난 넓은 개념이라 할 수 있다. 또한 과거 정치와 안보분야에 국한되었던 국제정치의 연구 대상이 경제, 통상, 환경, 자원, 에너지, 인권, 테러리즘 등 인간생활 전반에 걸친 영역으로 확대됨에 따라 더욱 유용한 개념이 되었다. 그러나 현실에서 본다면 여전히 국제정치와 국제관계의 개념은 엄밀히 구분되어 쓰이지는 않고 있으며, 두 개념이 거의 같은 의미로 쓰이기도 한다.

2. 국제정치와 국내정치

국내정치(國內政治)는 한 국가의 범위 내에서 자국의 국가, 사회만을 대상으로 국가의 권력(權力)을 획득, 유지, 강화하기 위하여 전개되는 사회 제 집단간의 대립, 투쟁, 또는 협력관계의 총체라고 할 수 있다. 따라서 국내정치에서 정치가 미치는 영향은 한 국가의 범위 내에 한정되어 있으며, 하나의 권력기관이 존재하고 권력은 집중되어 있다. 그리고 국내정치의 권력관계는 치자와 피치자의 종적인 권력관계(權力關係)를 이루고 있다.

그러나 국제정치는 적어도 두 국가, 혹은 두 행위주체 이상의 관계에서 발생한 사안을 대상으로 하고 있으며, 그 영향은 단지 한 국가에 대해서뿐만 아니라 타국에도 미친다. 그리고 국제정치가 이루어지는 국제사회는 다수의 주권국가(主權國家)가 공존하고 있으며, 국내정치와 같은 중앙집권적인 권력이 존재하지 않기 때문에 무정부상태(無政府狀態)와 다름없다. 이러한 무정부상태에서 각 주권국가들은 무력행사까지 포함하는 행동의 자유를 가지고 있으며, 이로 인하여 각 행위 주체 간에는 국제정치 특유의 불확실성과 위험이 존재하고 있다. 국제정치의 권력관계는 주권국가간의 횡적인 권력관계를 이루고 있으나, 이것은 반드시 평등한 권력질서를 의미하는 것은 아니다.

국제정치를 국내정치와 비교할 때, 가장 현저한 차이점은 우리가 정치를 '사회적 제 가치의 권위적 분배'라고 정의할 때, 국내정치는 이러한 사회적 제 가치를 분배할 수 있는 권위를 가진 실체가 있으나, 국제정치에서는 국제 사회적 제 가치를 분배할 수 있는 권위를 가진 실체나 기관이 없다는 점에서 찾아볼 수 있을 것이다. 다시 말해, 국제사회의 구성원들 간의 갈등과 분쟁을 해결 할 수 있는, 그 구성원들이 모두 동의한 그러한 법적·제도적 장치가 없다는 것이다. 따라서 국제사회에서는 제한된 희소 가치들을 차지하기 위하여 많은 경우 각자가 가진 힘에 의존하여 왔으며, 각 국가는 힘의 논리가 지배하는 냉엄한 현실에 직면하여 왔다. 물론 많은 정치가들이나 학자들이 국제적인 갈등과 분쟁을 평화적으로 해결하기 위한 법적·제도적 장치들을 마련하기 위하여 노력해 왔고, 이러한 노력은 지금도 계속되고 있지만, 여전히 국제적인 갈등과 분쟁을 평화적으로 해결할 수 있는 공인된 장치를 마련하기에는 한계가 있다.

여기서 우리가 이해해야 할 개념 중의 하나는 외교정책(外交政策)이다. 외교정책이란 한 국가의 대외목적과 그것을 성취하는 수단과 방법을 포함하는 것으로서 광범하고 다양한 목적들을 성취하기 위해 고안된 어떤 지배원칙, 계획 및 행동과정으로 파악되는 것이다. 외교행위는 반드시 계산적이고 목적 지향적인 것이어야 하며, 관리들이 그들의 사회를 위해 국제환경을 이용하거나 거기에 적응해야 하는 적응행위로 볼 수 있다. 이렇게 볼 때, 외교정책이란 국내정치와 국제정치를 연결하는, 두 영역에 걸쳐있는 고리와 같은 역할을 하고 있는 것이라 할 수 있다.[2]

3. 국제정치의 행위주체

근대적인 국제정치의 출발점이라 말하는 1648년 웨스트팔리아회의 이후 19세기까지 국제정치의 유일한 행위주체는 국가(주권국가, 민족국가)였다. 그러나 20세기 이후 특히 제2차 세계대전 이후 국제정치에는 국가와 더불어 비국가적(非國家的), 비영토적(非領土的)인 행위주체들이 중요한 역할을 하게 되었다.

이러한 비국가적 행위주체들은 정부간 국제기구(政府間 國際機構), 비정

---

2) James N. Rosenau, *The Linkage Politics*(New York: The Free Press, 1969) 참조.

부간 국제기구(非政府間 國際機構), 국가내부집단(國家內部集團), 개인(個人) 등으로 대별해 볼 수 있을 것이다.[3]

먼저, 정부간 국제기구(Intergovernment Organization: IGO)는 회원국들이 공통된 이익을 추구할 목적으로 복수의 주권국가들의 협정 즉, 국제법(國際法)에 의해 설립된 것으로서 특별한 기능을 수행하기 위한 정식조직을 지닌 공식적이고 지속적인 결사체를 말한다. 이는 참여범위 및 이해지역에 따라 세계적 국제기구와 지역적 국제기구로 나누어 볼 수 있고, 회원국들이 추구하는 공동이익의 성격에 따라 군사안보(軍事安保)를 목적으로 하는 방위기구(NATO, SEATO, 각종 동맹 등), 경제적 목적을 위한 기구(WTO, OPEC, APEC 등), 정치적·종합적인 목적을 위한 기구(OAS, ASEAN, 아랍연맹 등) 등으로 나누어 볼 수 있다. 또한 유럽공동체(EU)와 같이 제한적이나마 회원국 정부를 구속할 수 있는 결정권을 가진 초국가적 기구(super-national organization)도 여기에 속한다고 볼 수 있다.

두 번째로, 비정부간 국제기구(International Nongovernment Organization: INGO)로서 이는 정부 이외의 단체들이 국경을 초월하여 조직한 정치·경제·종교·이념적인 조직을 말한다. 여기에는 환경, 인권, 노동 등 각 방면에서 활동하고 있는 많은 국제적인 민간단체들이 포함되며, 국제올림픽위원회(IOC), 국제적십자사(IRC)등이 여기에 속한다. 이 단체들은 비정부단체임에도 불구하고 국제정치와 국제사회에 상당한 영향력을 가지고 있다. 또한 비록 영리를 목적으로 하는 집단이기는 하나 다국적기업(多國籍企業) 또한 국제정치의 행위자로서의 역할을 하고 있다. 이들 다국적 기업은 그들의 경제활동이 복수의 국가영역에서 이루어짐으로써 그들의 기업 이익을 위해서 본사국과 투자대상국에 정치적 영향력을 행사하지 않을 수 없게 되는 것이다.

세 번째로, 국가내부집단(sub-national group)을 들 수 있다. 즉, 정당(政黨), 이익단체(利益團體), 메스미디어, 노동조합 등과 같은 국내단체들로서 이들은 통상 비슷한 성격의 집단들끼리 국제적인 연대를 형성하여 국제정

3) Joshua S. Goldstein, *International Relations,* 4th ed.(New York: Longman, 2001), 김연각 등 옮김, 『국제관계의 이해』(서울: 인간사랑, 2002), pp. 31-34.

치에 영향력을 행사한다.

마지막으로, 이제는 개인(個人)도 국제정치에 직접적인 영향을 미치는 경우가 적지 않다. 일반적으로 개인은 어떤 집단이나 국가를 통하여 국제정치적인 행위를 하는 것이 보통이지만, 개인의 자격으로 직접 국제정치에 영향을 미칠 수도 있다. 예를 들면 노벨평화상 수상자라든지, 강대국의 전직 대통령, 국제적인 저명인사 등은 국제정치의 행위자로서 역할을 수행하고 있다. 1차 북핵 위기시, 카터 전 미국대통령이 중재에 나서서 북한을 방문하고 남북대화를 주선한 것이나, 노벨평화상 수상자였던 만델라 전 남아공 대통령이 지금도 국제분쟁 해결을 위해 노력하고 있는 것 등이 좋은 예가 될 것이다.

위와 같은 비국가적 행위주체들은 주로 특정한 이슈에 대한 국제여론 형성과 국내외적 압력, 특정 이슈에 대한 국제적인 규범 확립, 국제규범과 규약 등의 실천여부 감시 등을 통하여 국제정치에 영향을 미치고 있다. 21세기에도 당연히 국가가 가장 중요한 국제정치 행위자인 것은 부인할 수 없을 것이나, 이러한 다양한 비국가적 행위주체들의 역할 또한 증대될 것이라는 데도 이견이 없을 것이다.

4. 국제정치의 연구목적과 대상

국제정치 연구는 간단히 말하자면 전쟁(戰爭)과 평화(平和)의 문제를 다루는 학문영역이다. 전쟁과 평화의 문제를 다루는 학문으로서의 그 목적은 당연히 전쟁의 재발을 방지하고 세계평화와 인류의 행복에 공헌하고자 하는 것이다. 그러나 이러한 국제정치 연구목적의 성격 때문에 자칫하면 현실과 유리된 유토피아적인 관념론에 빠질 위험이 있다. 이러한 위험에서 벗어나기 위해서는 국제정치의 연구를 과학화시켜야 하며, 국제정치 연구의 과학화를 위해서는 먼저 현실에 대한 냉정한 분석이 필요하다. 국제관계에 영향을 미치는 모든 요인들을 설명하고 국제관계에 존재하는 제 법칙을 발견하기 위한 국제정치현상의 사실분석이 핵심이 되어야 한다. 이 과정에서 연구자는 가치중립적인 입장에서 자신의 감정과 편견을 배제시켜야 한다. 이렇게 함으로써 비로소 이론화가 가능하게 되는 것이다. 모든 학문의 이론화의 목적이 그렇듯이 국제정치 역시 이론화를 시도함으로써 국제정치현상에 대한 예측을 가능하게 하고자하는 것이다. 그러나 국제사회에서 일어나는 정치현상들을 예측하기란 쉽지 않다. 국제사회에서는 어느 누구도 예측 할 수 없는 일들이 벌어지고 있다. 1989년의 베를린 장벽의 붕괴나 2001년 미국의 9·11사건과 같은 일들은 전문가들도 깜짝 놀란 예측 불가능의 일이었다.

이와 더불어 오늘날 국제정치 분야에서 다루어져야할 대상이 더 한층 광범해 졌으며, 세계화의 조류 속에 국제관계는 상호의존적인 성격이 짙어지고 정치, 경제, 사회, 문화, 군사, 안보적인 영역의 구분이 모호해져 이들의 중첩 현상이 나타나고 있기 때문에 더욱 더 예측이 어려워지고 있다. 또한 과거 국제정치 연구의 대상이었던 국가, 외교, 국력, 국가이익, 세력균형, 안전보장, 국제기구 등 국가와 국가간의 관계에 한정되었던 연구 대상들은 이제는 초국가적(超國家的), 초국경적(超國境的)인 문제 즉, 인구, 식량, 자원과 에너지, 환경, 인권, 여성, 민족, 종교 등의 문제로 확대되고 있다. 국제정치가 국제평화를 추구하는 학문이라면 이제 21세기 국제적 갈등요인으로 떠오르고 있는 이러한 범지구적인 문제들에 대한 해결방안을 찾아야 할 것이다. 이러한 과제들을 해결하지 못한다면 국제평화와 인류의 번영은 기대하기 힘들 것이며, 인간이 만든 또 다른 형태의 대재앙이 엄습할지도 모르는 일이다.

Ⅱ. 국제정치를 보는 시각[4]

국제정치의 연구목적은 앞에서 말했듯이 전쟁을 방지하고 평화를 유지하는 것이다. 이러한 목적을 달성하기 위하여 우리는 여러 가지 방향에서 접근해 보면서 여러 가지 방안을 제시해 볼 수 있을 것이다. 즉, 전쟁을 방지하고 평화를 유지하는 방안을 모색하는 길 바꾸어 말하자면, 전쟁을 유발하는 원인과 평화를 위협하는 요인들을 제거하는 방법은 사람마다 다를 수

4) 박재영, 『국제정치 패러다임』(서울: 법문사, 1998) 참조.

있다는 것이다. 국제정치를 보는 시각이 서로 다르다는 것은 바로 전쟁이라는 병을 치료하기 위하여 각기 다른 몇 가지 진단과 처방이 있을 수 있다는 말이다. 이러한 국제정치를 보는 시각들은 크게 이상주의(理想主義), 현실주의(現實主義), 자유주의(自由主義), 구조주의(構造主義) 등으로 구별될 수 있다.

1. 이상주의

이상주의(idealism)는 "국가가 어떻게 행동해야 하는가, 어떻게 행동해서는 안 되는가"라는 당위(what ought to be)의 시각에서 국제정치를 본다. 이러한 당위의 시각에서 국제정치를 보는 근거는 인간의 본성이 선하다는 성선설(性善說)에서부터 출발한다. 즉, 인간은 이성적이고 합리적이기 때문에 조화와 협력이 가능하다고 보며, 선한 사람은 결코 전쟁을 원치 않으며 전쟁은 상호간의 오해나 교육을 받지 못한 마음이 지배할 때 발생하는 것으로서 전쟁의 원인은 시대착오적인 사악한 지도자에 의한 국가적 에고이즘(egoism)의 발로라고 주장한다. 따라서 국가들 간에는 근본적으로 이익의 자연스러운 조화가 존재하며, 전쟁은 대외정책의 합리적인 수단이 아니라는 것이다.

이상주의자들은 인간의 진보와 발전 가능성에 대한 신뢰로부터 국제사회는 보편적인 선과 도덕, 여론 등에 의해 지배된다고 보고 있으며, 인간의 이성적 사고와 행동, 양심에 호소함으로써 국제협력을 통한 분쟁의 사전 방지와 국제문제의 평화적 해결을 국제정치의 본질로 인식하고 있다. 이를 위해 기존 국제질서[5]의 개혁과 초국가적인 국제기구의 설립, 국제법의 확립 등을 주장한다. 법의 지배로부터 국가가 이탈할 수 있다는 가능성은 인정하나 이는 정상적인 것이 아닌 예외적인 것으로서 통제되어지고 벌을 주어야 할 것으로 생각하였다. 또한 전쟁이란 인간성으로부터 유래되는 것이 아니라 불완전한 정치제도[6]에 그 원인이 있다고 주장하고 현 제도의 미비점을

5) 나폴레옹 전쟁 이후 1차대전 이전까지의 주로 동맹체제와 비밀외교로 유지되었던 유럽 세력균형체제(비엔나 체제)를 말한다.

보완하거나, 또는 새로운 제도의 수립을 통해 세계질서유지와 평화가 가능하다고 보았다.

이러한 이상주의는 유럽의 세력균형체제(勢力均衡體制)가 1차 세계대전의 발발로 붕괴되자 종래의 세력균형이론에 대한 회의와 함께 등장하였다. 당시 미국의 윌슨(Wilson) 대통령은 세력균형체제를 대체할 새로운 세계질서 수립의 필요성을 역설하고, 집단안전보장제도(集團安全保障制度)의 수립을 희망하였으며, 국제연맹(國際聯盟)의 창설, 국제법의 확립, 국제사법재판소, 국제경찰 등 제도의 수립을 지지하였다.

그러나 1930년대 일본의 만주침략, 이탈리아의 이디오피아 점령, 독일의 폴란드 침공 등의 침략행위에 대해 이상주의자들이 설립한 국제연맹이라는 집단안전보장제도는 제대로 작동하지 못하였으며, 그 결과 2차대전이 발발하고 말았다. 2차대전의 발발에도 불구하고, 이상주의자들은 여전히 국제기구나 제도에 대한 집착을 버리지 않았으며 결국 전후 국제연합을 창설하였다. 이상주의자들은 국제연맹이 실패한 것은 평화와 안전을 위한 제도적인 장치의 수립이라는 처방 자체는 옳았으나 제도적인 미비 때문이라고 생각하였던 것이다.

하지만 이상주의자들은 '현실'보다 '당위', '실행 가능한 것'보다는 '바람직한 것'에 집착한 나머지 결국 2차대전이라는 인류의 대재앙을 가져오고 말았다는 비판과 함께 현실주의가 등장하게 되었다.

2. 현실주의

현실주의(realism)는 인간이 비이성적이고 비합리적인 동물이라는 전제하에 '국가가 실제로 어떻게 행동 하는가'라는 사실(what is)에 입각하여 국제정치를 본다.

현실주의자들은 성악설(性惡說)에 근거하여, 인간은 권력 지향적인 악한 존재이며, 타인에 대한 지배에 영원히 만족하지 못하는 무제한적인 권력의

6) 비민주주의 정치제도를 말하며, 전쟁의 원인을 제공하는 이러한 불완전한 정체제도를 제거하기 위해서는 민주주의 정치제도를 확산시켜야 한다고 주장한다.

욕구를 가지고 있는 동물로서 자신의 이해관계(利害關係)를 위해 행동하는 이기적, 자기중심적인 동물이라 보기 때문에 인간사회의 본질은 조화와 협력보다는 경쟁과 대립이 지배하고 있다고 주장한다. 따라서 국제적인 윤리, 도덕, 규범 등의 존재를 믿지 않으며, 권력이 국가의 행동을 결정하는 요인이고, 국제사회에는 인간의 보편적인 도덕원리가 적용되지 않는다고 본다.

현실주의자들은 또한 국제정치에서 가장 중요한 행위자는 국가이며, 국가는 국력의 극대화를 목표로 행동한다고 주장한다. 즉, 국가는 국력의 극대화를 위하여 합리적으로 행동하는 국가의 합리성을 전제로 한다. 대표적인 현실주의 학자인 모겐소(H. J. Morgenthau)는 국제정치의 생리는 국가권력을 구성요소로 하고 국가권력을 수단으로 하여 국가권력을 유지, 강화하려는 것이라고 지적하였다.[7] 즉, 모든 국가의 목표는 권력으로 정의된 국가이익(國家利益)을 획득, 보존, 확대하는 것이라고 주장하였다. 국가들 사이에 있어서 이익의 조화는 본질적으로 없으므로 협력은 불가능한 것이며, 국제관계는 본질적으로 갈등적이고 무정부상태가 정상적인 것이다. 그리고 질서, 정의, 그리고 도덕은 예외적인 것으로서 국가간의 관계는 홉스(Hobbes)가 말하는 자연 상태이며, 이러한 자연 상태에서 국제관계를 결정하는 것은 오직 국가의 권력(power)이라고 주장한다.

이러한 현실주의자들의 관점에서는 국제평화란 오로지 국가들 간의 국력과 국가이익의 추구에 대한 필연성과 그들 간의 억제와 균형에 의한 타협과 양보에 의해 이루어지는 상대적인 안정에 의해서만이 가능한 것이다. 즉, 힘은 힘에 의해서만 억지될 수 있으며, 이러한 힘의 균형에 의한 상대적인 안정이 국제평화를 유지할 수 있는 방법이라는 것이다. 이러한 인식에서 출발하여 현실주의자들은 다음과 같은 국제평화의 조건을 제시하고 있다. 첫째, 개별국가들이 제한된 국가이익을 추구해야 한다. 국가의 생존에 비본질적인 국가이익의 추구는 국가간 대립이나 분쟁의 근원이 된다. 둘째, 세력균형에 대한 국가간의 합의가 평화유지를 위한 가장 효과적인 방법이다. 세력균형 자체보다는 세력균형을 이룩하는 국제적 합의가 더욱 중요하다. 셋째,

---

7) Hans J. Morgenthau, *Politics Among Nations: The Struggle for Power and Peace*, 4th ed.(New York: Alfred A. Knopf, Inc., 1967), p. 7.

조정에 의한 평화의 수단으로서 외교를 중요시 한다. 외교의 본질은 대화와 협상을 통한 분쟁의 해결이며, 대화와 협상은 타협과 양보를 전제로 하는 것이다.

이러한 현실주의의 등장 배경은 이상주의의 실패로 인한 2차대전의 발발과 2차대전을 유발한 전체주의 이데올로기에 대한 반발이었다. 2차대전의 발발은 법에 의한 지배와 국제기구에 대한 신뢰를 무너뜨렸으며, 전후 냉전체제의 형성과 핵무기의 출현은 이러한 현실주의의 주장에 힘을 실어 주었다.

위에서 본 바와 같이 현실주의자들은 '국가', '권력과 세력균형', '국가이익' 등을 주요 개념으로 국제정치를 설명하려 한다. 이러한 개념 역시 그 정의가 모호하다는 비판이 있으나, 현실주의는 정치행태의 연구에서 하나의 중요한 변수 즉 권력(power)에 초점을 맞추어 국제정치이론을 발전시키려는 중요한 시도이며, 다른 이론이나 방법론들에 의해 밝혀 질 수 있는 정치행위에 관한 일련의 명제를 마련해 주었다는 점에서 국제정치 연구에 상당한 공헌을 하였다.

3. 자유주의

자유주의(liberalism)[8]는 현실주의에 대한 비판과 함께 등장하였다. 먼저, 자유주의자들은 국가가 더 이상 국제정치에서 가장 중요한 행위자가 아니라고 주장한다. 그들은 국제정치에서의 국가 중심성을 부인하고 다양한 행위자에 주목하였으며 비국가적 행위자를 중요시하였다. 또한 이러한 다양한 행위자들 간의 상호관계와 행위과정을 중요시하면서 국제기구(國際機構)를 단순히 국가에 의해 설립된 국가에 순종하는 도구로 보지 않고 제한적인 의미이기는 하지만 자율성을 갖는 행위자로 보았다. 다음으로, 자유주의자들은 현실주의의 가정인 국가는 통합된 합리적 행위자라는 것을 비판한다. 자유주의자들에 있어서 국가는 국제정치과정에서 독립된 행위자의 가능성을 지니고 있는 일단의 관료조직(官僚組織)과 제도로 구성된 분절된 행위자이

8) 자유주의는 다원주의, 국제주의, 초국가주의, 세계주의 등으로도 불리운다.

며, 이러한 관점은 국가의 의사결정이 비합리적일 수도 있다는 것을 가정하는 것이다. 비국가적 행위자의 인정과 국가의 통합성에 대한 부인이 국가의 합리성 부인으로 연결되고 있는 것이다.

또한 자유주의자들은 국가들이 권력으로 정의된 국가이익(國家利益)만을 추구하면서 국제사회에서 타국과 경쟁・대립하고 있는 것이 아니라, 타국을 그들의 국민 복지를 확대하고 번영을 실현하는 데 필요한 파트너로 인식하였고, 이를 위한 국가간의 협력과 조화가 가능해 지고 있다는 것이다. 상대에 대한 이러한 파트너 인식은 서로의 협력을 촉진하게 하여 상호의존도(相互依存度)를 높이게 될 것이고, 상호의존도가 높아질수록 전쟁의 가능성은 줄어들게 된다는 주장이다. 따라서 상호의존을 심화시키기 위한 국제제도 및 국제기구의 설립이 중요하며, 이러한 국제제도나 국제기구가 제한적이나마 자율성을 가짐으로써 국가간의 협력과 조화를 주도해 나갈 수 있다고 보고 국제제도(國際制度)에 대해 신뢰를 보내고 있다.

이들은 국제제도를 통한 경제적, 기술적 영역 등 비정치적인 영역에서의 상호의존이 국가간의 정치적 상호의존을 가져오는 중요한 역할을 하게 되어 결국은 전쟁의 가능성이 줄어들게 된다고 주장한다. 다시 말해서, 경제적인 영역에서의 상호의존이 깊어지면 질수록 상대와 연결된 자신의 경제적 이익을 보호하기 위하여 갈등이나 분쟁을 평화적으로 해결하고자 할 것이며, 이는 곧 서로 전쟁을 피해야 한다는 공동인식을 형성하게 되는 정치적 상호의존을 가져온다는 것이다.

결국 자유주의는 정치・군사・경제・사회적인 상호의존이 심화되고 있는 국제체제에서 국가들의 행동과 국가 간의 특징은 무엇이며, 어떻게 평화로운 변화를 촉진할 수 있는가에 관심을 가지고 있으며, 정책결정이론, 통합이론(연방주의, 기능주의론, 신기능주의론), 상호의존론 등이 이 범주에 속한다.

4. 구조주의

급진주의(急進主義)라고도 불리우는 구조주의(structuralism)는 위의 몇 가지 관점들과는 달리 제3세계의 경제발전에 대한 문제의식으로부터 출발하였다. 즉, 제3세계의 저발전 문제에 대해 관심을 가지고 "왜 후진국들은 발전하지 못 하는가"라는 문제에 대한 해답을 국제적인 차원에서 찾고자 하였던 것이다.

구조주의는 신마르크스주의(neo-Marxism)에 기반을 두고 있다. 따라서 구조주의자들은 국제체제를 구성하는 기본적인 단위이자 중요 행위자는 국가가 아니라 '계급(階級)'이며, 관심의 대상은 '국가간의 갈등'이 아니라 '계급간의 투쟁'이라 보고 있다. 또한 국제관계를 지배하고 있는 것은 '국가와 국가'와의 관계가 아니라 '착취자와 피착취자', '억압자와 피억압자'와의 관계이며, 국제관계를 결정하는 가장 중요한 동기는 경제적 이해관계로서 국제사회에서의 가장 근본적인 갈등은 선진국(先進國)과 후진국(後進國)간의 갈등이라고 주장한다.

또한 구조주의자들은 한 국가의 발전과 저발전을 국제체제의 구조적 결과물로 이해하고, 후진국의 저발전 요인은 국내적인 문제가 아니라 세계자본주의 경제체제의 구조적 모순인 지배와 착취 때문이라 보고 있다. 세계자본주의 경제체제에는 후진국의 발전을 가로막고 세계적인 규모의 불균등한 발전을 초래하는 기제(mechanism)가 존재하고 있으며, 이러한 기제는 선진국과 제3세계국가간의 관계를 지배와 종속의 관계로 전락시켰다고 주장한다. 구조주의적인 종속이론(從屬理論)에 의하면 세계를 중심부(선진국)와 주변부(개도국, 후진국)로 나누고, 중심부의 자본주의발전은 주변부의 저발전을 초래하며, 중심부와 주변부와의 관계를 착취와 피착취의 관계, 그리고 제로-섬(zero-sum)적인 관계로 인식하고 있다.

그러나 이러한 구조주의자들이 시각은 시간이 흐름에 따라 아래와 같은 비판과 함께 국제정치를 보는 관점으로서는 점점 이론적으로 주목을 받지 못하고 있다.[9] 그것은 첫째, 종속이 경제적, 사회적 후진성을 가져왔는지 아니면 경제적, 사회적 후진성의 결과로서 종속이 유발되었는지에 대한 인과성이 분명하지 않다. 둘째, 국제관계에 있어서의 정치적이고 전략적인 동기

---

9) Paul R. Viotti and Mark V. Kauppi, *International Relational Theory: Realism, Pluralism, Globalism,* 2nd ed.(New York and London: MacMillan Publishing Company, 1993), pp. 464-468.

등을 무시하고 경제적인 동기에 지나치게 의존, 경제적 영역과 독립적인 정치적인 영역을 인정하지 않고 있다. 이러한 입장은 세계자본주의체제가 등장하기 전의 주권국가간의 행동에 있어서 정치적인 동인을 설명할 수 없다. 셋째, 저발전과 종속을 설명하는 데 있어 지나치게 국제적인 변수에 의존하고 국내변수(정치, 사회, 문화 등)의 역할을 과소평가하고 있다. 경제성장 부진, 사회불안, 강압적인 정부와 같은 현상을 모두 선진 자본주의국가의 탓으로 돌리고 있어 한국과 같은 신흥공업 국가들의 발전에 대한 적절한 설명을 하지 못 한다. 넷째, 자신의 견해를 입증하는 사례들만 선별적 연구함으로써 이론적으로 지나치게 경직되어 있다. 다섯째, 일반적으로 대안적인 세계질서를 제대로 정의하지 못하고 있다. 즉, 그들이 종속관계를 탈피하기 위해서는 자율적인 발전을 강조하고 있지만 자율적인 발전이란 무엇이며, 이러한 목표는 어떻게 달성될 수 있는가에 대한 고찰이 없다. 여섯째, 과학적으로 가치중립이 지켜지지 않고 선・후진국간의 관계의 본질적인 변화라는 규범적인 가치에 편향되어 있다. 다시 말해, 서구 선진국에 대한 대항논리와 이를 위한 제3세계국가들의 결집에 더 많은 주의를 기울이고 있다는 것이다.

Ⅲ. 국가와 국가이익

1. 국가와 국력

국가란 인간들이 임의적으로 만든 정치・사회적인 단체이다. 일반적으로 국가로서 성립하려면 국민(國民), 영토(領土), 주권(主權), 정부(政府)라는 요소들을 구비하여야 한다. 이러한 국가의 구성요소들을 살펴보면, 먼저 국민은 국가의 구성요소중 제1의 구성요소라 할 수 있다. 즉, 다른 요소들은 일시적으로 상실 되어도 국가로서 인정될 수 있으나, 국민이 없으면 국가로서 인정받지 못한다는 것이다. 국민이란 한 국가의 통치권 하에 있고 그 국가의 국적을 가진 사람을 말하며, 혈연관계를 떠나 정치적으로 결합되며, 그 국가의 시민권과 정치적 특권을 소유한다. 따라서 한 국가의 국민은 한 민족으로 구성될 수도 있고, 여러 민족으로 구성될 수도 있다. 또한 한 민족이 한 국가를 이룰 수도 있고, 여러 국가에 흩어져 있을 수도 있다. 현 세계에는 한 국가가 한 민족으로 구성된 단일민족 국가와 여러 민족으로 구성된 다민족국가도 있으며, 다민족 국가가 보편적인 현상이라고 볼 수 있다.

둘째, 영토는 국가의 배타적 통치권(統治權)이 미치는 공간을 의미한다. 여기에는 영토, 영해, 영공을 모두 포함한다. 이는 국가 존립의 기초가 되는 것으로 유태인들은 이 국가 존립의 기초가 되는 영토가 없어 수세기 동안 세계 각지를 유랑하다가 2차대전이 끝나서야 비로소 지금의 이스라엘을 건설하였다. 유태인들이 팔레스타인 지역에 국가를 건설하자 그 지역에 거주하던 사람들 역시 국가존립의 기초를 잃어버리고 유랑생활을 하면서 이스라엘과의 분쟁이 끊이지 않고 있는 것이다.

셋째, 주권이다. 국가의 주권은 두 가지 측면 즉, 대내주권과 대외주권으로 나누어 볼 수 있다. 대내주권이란 통치권을 말하는 것으로서 국내에 있어서 국가권력의 최고성을 의미한다. 즉, 국가의사를 전체국민과 단체에 강요할 수 있는 구속력을 가진 권한과 집행에 필요한 물리적 강제력을 포함한 국가의 최고권을 말하는 것이다. 이에 반해, 대외주권은 국내외의 사무처리에 관하여 다른 주권주체에 종속되지 않는 것을 의미하는 것으로서 독립권을 말한다. 그러나 국제사회에서 이러한 국가의 대외주권은 국제법(國際法)이라는 개념과 기본적으로 상충되는 의미를 지니고 있음을 알 수 있다. 다시 말해 국가는 배타적인 주권을 가지고 있으므로 국제사회의 어떠한 규범에도 종속되지 않으나, 현실적으로 국제법은 국가의 행위를 규제하는 국제적인 규범으로서 작용하고 있다. 주권과 국제법 간의 이러한 기본적 모순을 해소하는 방법이 '국가의 동의(consent)'이다. 국가는 주권을 행사함에 있어 일정한 규칙준수와 일정의 의무를 약정하도록 스스로를 구속할 수 있으며, 국제법은 국가를 초월하는 것은 아니나 현실적으로 국가들은 수시로 많은 국제적 협약의 체결을 통해서, 또는 국제기구의 구성원이 됨으로써 주권의 제한에 동의하고 있다는 것이다.

넷째, 정부이다. 정부는 통치기관을 말하는 것으로 국가의 집단의사를 형성하고 그것을 국가정책에 반영시켜 공동이익을 증진시키는 기관이다. 따라서 1국 1정부의 원칙이 지켜져야 한다. 그러나 한 국가에서 1국 1정부의 원칙이 무너졌을 때 즉, 한 국가가 내전의 상태에 들어가 기존의 정부가 영토의 일부를 상실하여 실질적으로 두 개 통치권이 행사되고 있거나, 혹은 외적의 침략으로 인하여 일시적으로 영토의 전부를 상실하여 타국에서 망명정부를 수립하였을 때, 국제사회는 일시적으로 그러한 '정부' 혹은 '교전단체'를 국제사회의 행위주체로 승인하기도 한다. 2차대전 당시 런던에 수립된 프랑스 망명정부를 연합국들은 승인하였고, 팔레스타인 해방기구(PLO) 역시 많은 국가들이 교전단체로서 이를 승인하였다.

현재 이 지구촌에는 200개에 가까운 크고 작은 국가들이 존재하고 있다. 이들 모두가 주권을 가진 주권국가로서 국제사회에서 평등한 지위를 누리고 있다. 그러나 국제사회에 형성되어 있는 국제질서는 평등한 것이 아니라 '질서'라는 개념이 말해 주듯이 불평등하고 종적인 권력관계를 유지하고 있다. 이러한 불평등한 국제질서를 형성하는 근거가 되는 것이 바로 국가의 힘(power) 즉, 국력이다. 다시 말해서 세계는 각 국가의 힘의 크기에 의해 위계적인 국제질서(國際秩序)를 형성하고 있으며, 그 질서 속에서의 각 국가의 위치는 자신의 의사와는 관계없이 그 국가가 가지고 있는 국력에 의해 정해진다.

그렇다면 국력(國力)은 무엇이고 국력의 차이는 어디서, 왜 나는 것인가. 먼저, 국력이란 국가가 보유한 능력으로서 자기보존, 자기확장, 자기극복의 정책을 개별적, 복합적으로 추구하는데 필요한 힘이며, 안보, 번영, 평화 및 기타의 국가정책목표를 추구하는 데 필요한 능력이라 할 수 있다. 이러한 능력은 국가마다 다르며, 능력이 다른 이유는 국력을 구성하는 요소들에서 차이가 나기 때문이다.

국력을 구성하는 요소에 대해서는 다양한 견해가 있다. 그러나 이러한 다양한 견해들을 정리해 보면 다음과 같이 요약할 수 있다.[10] 우선, 국력의 요소는 양적인 요소 즉, 측정이 가능한 요소와 질적인 요소 즉, 측정이 불가능한 요소로 나누어 볼 수 있다. 양적인 요소로서는 첫째, 지리적 환경을 들

10) 구영록, 『인간과 전쟁: 국제정치이론의 체계』(서울: 박영사, 1977), p. 195 참조.

수 있다. 이것은 국토의 규모, 형태, 위치, 지형, 기후 등을 포함한다. 미국, 중국, 소련 등이 강대국이 될 수 있었던 이유와 열대지방에 강대국이 존재하지 않는 것 등이 그 예가 될 수 있을 것이다. 둘째, 자연자원이다. 이것은 식량과 천연자원을 말한다. 그 중 식량은 가장 기본적인 요소로서 식량의 자급자족이 불가능한 국가는 식량의 확보가 그들의 대외정책의 1차 목표가 되며, 식량의 부족이 그들의 대외정책이나 행동에 제약요인으로 작용하게 된다. 천연자원의 중요성은 전쟁수단의 기계화에 비례한다. 19세기까지 영국은 석탄과 철을 자급자족함으로써 세계에서 유일한 강대국으로서의 지위를 누렸으나, 전략자원으로서 석유의 중요성이 대두된 1차대전 후부터 미국과 소련이 강대국으로 부상하게 되었고 영국의 세력은 약화될 수밖에 없었으며, 아라비아반도를 둘러싼 열강들의 각축과 함께 중동 산유국들의 국제적 지위가 급속히 상승하였다. 셋째, 인구이다. 인구는 현재의 인구 보유량뿐만 아니라 인구의 증가 추세 역시 국력의 중요한 요소로 간주된다. 중국과 인도가 잠재적인 강대국으로 주목을 받는 이유는 넓은 영토와 함께 막대한 인구를 보유하고 있기 때문이다. 또한 인구의 증가추세는 한 국가의 인구정책의 산물이라 할 수 있는데 19~20세기 초에 이르는 미국의 이민정책은 현재의 미국을 있게 한 기초가 되었다고 할 수 있다. 또한 1870년 독일통일 후의 급속한 인구증가는 그 이후 독일의 국력을 가능하게 하였다. 그러나 인구가 과다하여 식량의 자급자족을 불가능하게 한다면 그것은 국력에 역기능을 할 수 있다. 따라서 반드시 인구가 많다고 해서 강대국이 될 수는 없으나 적은 인구를 가지고는 절대로 강대국이 될 수 없다. 넷째, 경제력의 기초가 되는 산업능력 혹은 공업능력이다. 천연자원 역시 공업능력과의 결합이 있을 때 비로소 국력형성 요소로서의 의미를 갖게 된다. 특히 무기의 개발과 생산능력은 전시의 국력에 결정적인 요소가 된다. 다섯째, 군비 혹은 군사력이다. 여기에는 군대의 보유량과 군대의 질, 무기의 질적·양적 수준, 지도력(지휘력) 등이 포함된다. 군대의 양은 병력의 규모를 말하며, 이는 예비부대와 현역부대의 규모뿐만 아니라, 육·해·공군의 적절한 배분까지도 포함하며, 외교적으로 추구하는 임무를 수행하기에 적절한 수준을 보유해야 한다. 과다한 경우 국력의 낭비를 가져 올 수 있기 때문이다. 병력의 질은 측정하기 곤란하지만 군대의 사기와 임무수행능력 등이 군사력에 지대한 영향을 미친다는 것은 부인할 수 없을 것이다. 또한 국가의 운명과 전쟁의 승패는 흔히 무기기술의 수준차이에서 결정되곤 하였음이 역사적으로 입증되고 있다. 그러나 전쟁억지의 수단인 핵무기의 양적 증대가 곧 그에 상응하는 국력의 증대를 가져오지 않는다. 그리고 군 지휘관들의 지도력과 지휘력 역시 측정하기는 어려우나 군사력의 중요한 요소이다. 군사적 지도력은 병력의 질에 영향을 미치고, 병력의 질은 다시 무기의 성능에 영향을 미침으로써 군사력 전체에 영향을 미치는 것이다.

다음은 질적인 요소로서 먼저, 국민성을 들 수 있다. 국민성이란 사회 속에서 공통의 생활경험이 축적된 대다수 국민의 공통적인 성격을 의미하는 것으로 국민의 동질성 여부, 국민성의 종류에 따라 국력에 영향을 미친다. 단결심, 복종심, 인내심, 근면성 등의 국민성을 가진 국가는 그렇지 않은 국가보다 강대국이 될 가능성이 높을 것이다. 둘째, 국민의 사기이다. 국민의 사기란 국민들의 심중의 상태를 말하며 집권정부에 대한 지지도를 의미한다. 애국심이 국가에 대한 충성심이라면 사기는 정부의 정당성에 대한 지지도를 말한다. 양자간에는 상호 정비례하는 경우도 있지만 특정정부가 국민의 지지를 받지 못할 때는 반비례한다. 즉, 국민의 사기는 다음의 정부의 질과 밀접한 관계가 있는 것이다. 셋째, 정부의 질이다. 민의를 충분히 대변하고 있는 민주적인 정부는 국가적 에너지를 집약시켜 자국의 정책 및 그 정책목표에 대한 지지를 동원할 수 있는 가장 커다란 가능성을 가지고 있다. 5천년 역사동안 수많은 전쟁에서 우리는 '자유민이 노예보다 더 잘 싸운다'다는 사실을 발견할 수 있었다. 넷째, 외교의 질을 들 수 있다. 많은 학자들, 특히 현실주의 학자들은 외교의 질을 국력의 요소 중 가장 중요한 것이라 주장한다. 외교란 국제사회에서 자국의 목적을 가장 효과적으로 성취하고 국제문제를 자국의 국가이익에 가장 유리하도록 해결하는 기술이다. 또한 외교는 국력을 결정하는 모든 요인을 전체로서 결합, 이것에 방향과 무게를 부여하는 것이며, 유능한 외교는 국력의 잠재적 구성요소를 개발, 최대한 이용하여 예상수준을 능가하는 국력을 유지할 수 있게 한다. 전시의 군 지휘관의 역할을 평시에 외교관이 하는 것이며, 이렇게 볼 때, 우수한 외교관의 양성은 국력배양을 위한 효과적인 방법이라 할 수 있다.

2. 국가이익

국가는 국가이익(國家利益)의 획득, 보존, 확대를 목표로 정책을 수립하고 집행한다. 국제정치에는 영원한 우방도, 영원한 적도 없으며 오로지 국가이익만이 있을 뿐이라고도 한다. 그렇다면 국가이익은 구체적으로 무엇인가? 국가이익의 개념은 전체주의적 입장과 민주주의적 입장이 그 견해를 달리한다. 먼저, 전체주의적 입장에서는 국가를 최고선이라고 보는 관점이며, 국가이익은 국가주의의 이념과 일치한다. 즉, 국가이익은 국가자체의 존립과 정신의 고양, 나아가서는 국가의 유기체적 팽창주의까지 포함한다고 본다. 그러나 민주주의적 입장에서는 전체 국민의 필요로 보는 관점이다. 국가자체가 중요하기는 하지만 국가 역시 국민의 필요를 충족시키는 수단에 불과하며, 국민의 복지와 사회적 필요를 조달하는 사회조직의 최고 형태일 뿐이라 주장한다. 따라서 국가이익이란 국민의 공동체적 이익을 의미하며, 한 국가사회를 위한 최선의 것, 또는 한 국가에 유익한 것으로 평가되는 것이라 할 수 있다. 이렇듯 국가이익에는 물질적, 정신적, 추상적인 이익개념이 포함되어 있으며 한 국가사회의 선호된 가치도 포함하고 있어 모호성이 상존한다. 또한 시간에 따라, 상황에 따라, 혹은 정책결정자에 따라 국가이익 구체적인 의미와 내용은 달라질 수 있다.[11]

위에서 보듯이 국가이익의 개념이 과학적이지도 못하고 모호성을 가지고 있으며 그 구체적인 내용과 의미가 달라질 수 있다 할지라도 모든 국가가 추구하는 국가이익의 공통적이고 기본적인 내용은 찾아볼 수 있을 것이다. 즉, 모든 국가가 공통적으로, 기본적으로 추구하는 국가이익은 첫째, 국가의 안전보장(national aecurity), 둘째, 국가의 번영(national prosperity) 셋째, 국가의 위신제고(national prestige)로 요약될 수 있다.[12]

---

11) Joseph Frankel, *National Interest*(London: Macmillan, 1970); James N. Rosenau, *The Scientific Study of Foreign Policy*(New York: Free Press, 1971) 등 참조.

12) 김영준, 『국가이익과 국가정책』(서울: 신명문화사, 1962), pp. 5-11.

먼저, 국가의 안전보장(安全保障)은 국가의 생존과 존립에 관련된 가장 중요한 국가이익이라 할 수 있다. 이것은 외부의 위협으로부터 자국의 영토와 국민, 그리고 재산을 보호하는 것을 의미한다. 그리고 국가의 번영(繁榮)은 국민들의 경제적 욕구를 충족시켜주는 것이다. 국가의 생존이 국가이익의 전부는 아니다. 국가적 번영을 추구함으로써 국민들의 복지 향상과 삶의 질 제고 등을 실현하여야 한다. 예를 들어 북한의 경우 생존이라는 국가이익을 위하여 최대한의 노력을 경주하고 있으나, 번영이라는 국가이익 추구에는 실패하였기 때문에 주민들이 이탈하고 있는 것이다. 마지막으로 국가위신(國家威信)이란 타국에 의해 한 국가에게 주어지는 관심, 존경심, 경의 등을 의미한다. 국내사회에서 사람이 가지는 위신과 크게 다를 바 없다. 사람들은 한 사회에서, 국가들은 국제사회에서 왜 위신을 높이려고 하는가? 그것은 국내사회이건 국제사회이건 위신이란 복종심을 유발하게 하고 그들의 목적 달성을 용이하게 만들어 주기 때문이다. 따라서 국제적인 위신이 높은 국가는 국제사회에서 그들의 목적을 달성하기가 용이하며, 그렇지 못한 국가는 그만큼 자신의 목적을 달성하기가 어렵다는 것이다. 이렇게 본다면 국가위신의 제고는 앞의 두 가지 즉, 안보와 번영이라는 국가이익의 달성을 위한 기초가 되는 중요한 것이라 할 수 있다.

앞에서도 언급하였듯이 모든 국가는 예외 없이 이러한 국가이익을 기초로 외교정책을 수립하고 추진하고 있다. 따라서 한 국가의 외교정책의 목적은 국가적 이기주의와 자국 중심주의에 기초하고 있으며, 정책결정자들의 행위는 국가이익에 의해 배타적으로 지배되고 있다. 이러한 점들이 바로 국제정치에서 국가간의 이익 충돌이 발생하는 이유이다.

3. 강대국과 약소국

현재 지구촌에는 수많은 국가가 존재하고 있으나, 모든 국가들이 모두 평등한 지위를 가지고 있는 것은 아니다. 현실세계에는 엄연히 위계적인 국제질서가 존재하고 있으며, 주어진 국제질서(國際秩序) 속에서 국가들의 위치는 국가 자신이 자의적으로 정하는 것이 아니라 그들의 국력에 의하여 객관적으로 정해진다. '질서'라는 단어가 가지고 있는 의미가 말해 주듯이 국제질서가 형성되어 있는 국제사회는 불평등한 사회이다. 국제체제는 평등의 이념보다는 현실적으로 불평등한 능력을 반영하여 이루어졌고 유지되어 왔으며, 국제정치의 역사는 불평등의 역사라고 할 수 있다. 이러한 불평등의 근거가 되는 것이 바로 국력이며, 국력의 크기에 따라 강대국(强大國)과 약소국(弱小國)으로 구분되어 진다.

국제정치에서 약소국과 강대국의 외교정책, 형태를 의미 있게 구분하기 위하여 널리 인정되고 있는 기준이나 근거는 없다. 약소국의 개념을 정의하는 변수 또는 기준이 너무 다양하고, 이 변수나 기준의 상호관계가 복잡하고, 또는 시간과 장소에 따라 적용기준이 변하고 있기 때문이다. 따라서 '약소'의 개념 정의는 절대적이 아니며 비교적, 상대적인 정의일 뿐이다. 그러나 불완전하지만 약소국의 행태와 외교를 논하기 위한 분석을 목적으로 약소국의 정의를 내릴 필요는 있다. 가장 보편적인 방법은 물질적·계량적인 기준에 의한 강대국과 약소국의 구분이다. 이와 함께 우리의 주의를 끄는 것은 코헤인(Keohane)의 체제적 역할(system role)에 의한 국가의 구분이다. 즉, 그는 국제체제(國際體制)에서 개별국가가 수행하는 역할과 영향력의 정도에 따라 국가를 4가지 종류로 구분하였다. 먼저, 체제 결정적(system-determining)역할을 하는 국가를 초강대국, 그리고 체제에 영향을 주는(system-influencing)국가를 강대국, 체제에 효과적인 자극을 주는(system-affecting)국가를 중위국, 마지막으로 체제에 영향을 주지 못하는(system-inaffecting)국가를 약소국이라 정의하였다. 또한 약소국의 개념을 심리적인 인식의 문제로 정의하기도 한다. 즉, 약소국이란 근본적으로 자신의 능력에 의해 국가안보를 확보할 수 없고, 이를 위해 다른 국가나 국제기구 등에 의존하지 않을 수 없다는 사실을 그 자신이 인식하고 있는 국가, 그리고 동시에 다른 국가들에 의해서도 이 사실이 충분히 인식되는 국가로 정의 될 수 있다는 것이다.

위의 정의에서 본다면 국제체제는 강대국이 만들어 놓은 체제이며, 약소국은 체제 형성에 아무런 영향을 주지 못할 뿐 아니라 자신의 힘으로 자신을 지키지 못하는 국가이다. 현실적으로 강대국들은 그들이 원하는 것들, 그들이 추구하는 가치들, 그들이 응징하거나 보상을 하는 데 선택하는 행태들이 국제정치·경제체제를 만들어 냈고, 그 체제들을 지배하여 왔다. 강대국들은 자신의 이익을 정의하고, 이 이익을 반영하는 국제체제의 존속을 추구하고 있으나 약소국들은 이러한 체제 속에서 생존을 추구해야만 하였다.

그렇다고 이러한 약소국의 처지를 너무 비관적으로만 생각할 필요는 없다. 경험적으로 본다면, 강대국들에 의해 형성된 국제체제하에서 이를 잘 이용하여 국가발전에 성공한 약소국들 역시 적지 않다. 유럽의 약소국들과 아시아의 한국, 대만, 싱가폴 등 국가들은 양극체제라는 미·소가 정해놓은 체제 속에서 괄목할 만한 경제성장을 이룩하였으며, 유럽의 약소국들은 이미 정치적인 강대국은 아니지만 선진국(先進國)으로서의 지위를 확고히 구축한 국가들로서 국제사회에서 적지 않은 영향력을 발휘하고 있다. 또한 여전히 강대국 중심의 세계질서가 형성되어 있지만, 약소국의 지위와 역할도 점점 신장 되어가고 있으며, 약소국의 평등과 자유를 보장하는 국제적 규범들을 강대국들이 점진적으로 수용하고 있다. 더욱이 냉전체제가 무너짐에 따라 정치, 군사중심의 블록화가 쇠퇴하고 경제중심의 블록화가 등장하면서 약소국의 역할과 영향력이 증대하고 있다. 따라서 오늘날 우리는 강대국이라고 모두 선진국이 아니며, 약소국이라고 반드시 후진국(後進國)이 아니라는 사실에 주목해야 할 것이다.

Ⅳ. 외 교

1. 외교의 정의

외교(Diplomacy)란 대외적인 환경(국제사회)에 대처하는 한 국가의 행위를 말하며, 구체적으로는 협상에 의한 국제관계의 관리, 이들 관계가 외교사절에 의하여 조정, 관리되는 방법,[13] 혹은 좁은 의미로는 외교 관리들의

---

13) Harold Nicolson, *Diplomacy*(New York: Oxford University Press, 1964), pp. 4-5

업무나 기술이라고 할 수 있다.

외교(外交)는 우선 국가와 국가간의 평등한 권력관계가 전제되어야 한다. 우리가 근대적인 의미의 국제정치와 외교가 시작된 시점을 1648년 웨스트팔리아회의라고 보는 것도 이 때문이다. 유럽의 30년 종교전쟁을 종결짓는 이 회의에서 처음으로 국가와 국가간의 평등한 권리를 인정가 인정되었던 것이었다. 하지만 엄밀한 의미에서 본다면 당시의 절대군주국가(絶對君主國家)하에서는 실제로 국가간의 평등한 권리라기보다는 군주간의 평등한 권리가 인정된 것이었다.

그러나 당시 동양에서는 서구와 같은 그러한 외교라는 개념은 찾아 볼 수 없었다. 즉, 동양에서는 외교의 전제가 되는 평등한 국가와 국가간의 관계가 존재하지 않았다는 것이다. 그 이유는 중국이라는 아시아 최강국이 다른 국가들과 엄청난 국력차이를 유지하면서 다른 동양 제국들을 자신과 평등한 국가로 보지 않고 야만인이나 오랑캐로 취급하면서 모두 자신에게 조공(朝貢)을 바치는 신하국가 혹은 속국으로 인식하였기 때문이다. 따라서 중국은 자신과의 평등한 권리를 가지는 국가의 등장을 허용하지 않았으며, 어떠한 국가든 자신과 동등한 지위를 추구하려 하면 그것은 곧 정벌(征伐)의 대상이었다. 중화사상(中華思想)에 젖어 우월주의에 빠져 있던 중국이 처음으로 다른 국가와의 평등한 지위를 인정한 것이 아편전쟁 결과 영국과 1842년에 체결한 '난징(南京)조약'이다. 따라서 동양의 외교는 이때부터 시작한다고 볼 수 있는 것이다.

과거 19세기까지의 외교는 주로 전쟁의 뒤처리를 위한 강화조약(講和條約)이나 평화조약(平和條約) 등을 둘러싸고 이루어졌으며, 그 대상은 정치적 관계에 치중되어 있었다. 그러나 오늘날의 외교는 국가의 대외적인 정치관계만을 대상으로 하는 것이 아니라, 경제적, 사회적, 문화적인 모든 관계를 대상으로 하는 넓은 영역에 걸쳐 이루어지고 있다. 그리고 외교관을 통한 정식외교 경로 외에 정상외교(頂上外交), 의원외교(議員外交), 각 영역에서의 민간외교(民間外交) 등을 통한 다원적인 외교가 이루어지고 있다. 특히 탈냉전 시대의 국제사회는 정치, 군사, 안보의 중요성이 상대적으로 저하된 반면 경제적인 영역에서의 중요성이 강조되고 있으며, 이와 더불어 환경,

에너지 등 영역에 있어서의 국제협력이 절실하게 요구되고 있다. 이러한 비정치적인 영역에서의 교류와 협력의 확대는 과거 외교관을 통한 정식외교 경로 이외에 범국가적인 다양한 외교 경로를 필요로 하게 된 것이다.

또한, 2차대전 이후 전쟁이나 무력의 행사로 자국의 대외정책이나 목표를 실현하려는 경향이 과거에 비해 크게 줄어들었다. 2차대전 이후 어떠한 국가도 주권을 침탈당하고 강대국에 의해 식민지가 된 예는 없으며, 오히려 2차대전 직후에 비해 국가의 수는 크게 증가하였다. 이는 군사력의 행사로는 뜻하는 바를 성취시키지 못한다는 것이 경험적으로 입증되고 있는 것이며, 미국의 베트남전쟁, 소련의 아프간 침공, 이라크의 쿠웨이트 침공 등이 모두 실패한 것은 그 좋은 예라고 할 수 있다. 다시 말해, 이는 이제 전쟁이나 무력행사가 국가이익의 성취 수단으로서의 의미를 상실하였음을 증명하고 있는 것이다. 따라서 오늘날은 외교가 국가의 이익을 극대화하는 외교정책을 실천하는 중요한 수단이므로 외교는 국제정치의 한 방편으로 이해되고 설명되어야하는 것이다.

결론적으로 오늘날 외교는 한 국가의 외교정책 또는 외교정책목표뿐만 아니라 타국과의 우호 및 협력관계증진, 국가간의 갈등·분쟁해결 등을 위해 행해지는 모든 평화적인 대외행위를 일컫는 것이라 할 수 있다. 외교의 역할이 끝나는 곳에 군대의 역할이 시작된다. 따라서 어떤 형태이든 무력의 행사는 외교의 실패를 의미한다.[14)]

2. 외교의 범위와 유형

오늘날의 외교가 비록 다양하게 다원적인 차원에서 이루어지고 있다고는 하나 국가와 국가간의 관계, 국가와 국제사회와의 관계는 여전히 정식외교가 주를 이루고 있다. 우리가 흔히 '외교'라고 부르는 것은 이러한 정식외

---

14) 외교란 평화적인 방법에 의한 국가이익의 추구, 혹은 국제문제의 해결이며, 전쟁은 무력의 행사에 의한 국가이익의 추구, 혹은 국제문제의 해결이므로 이는 엄격히 구분되어야 한다. 크라우제비츠(Carl von Clausevitz)가 "전쟁은 다른 수단에 의한 외교의 계속"이라 주장하였지만 전쟁무기의 수준이 고도로 발달한 오늘날 이는 외교에 있어서의 군사적 수단(징벌과 보상의 수단, 묵시적 위협과 약속의 수단)을 강조한 것이라 이해되어야 할 것이다.

교를 의미하는 것이다. 그렇다면 이러한 외교의 공간적(空間的), 시간적(時間的) 범위는 어디까지인가? 먼저, 우리가 흔히 '외교'라 부르는 행위의 공간적 범위는 원칙적으로 모든 대외행위가 국가의 이름으로, 국가의 관리에 의해 행해지는 행위를 말하며, 이러한 행위가 직접적인 정치적 합목적성(合目的性)을 가진 것이어야한다. 따라서 외교관뿐만 아니라 어떤 사람이 국가의 이름으로 국가가 관리하는 대외행위를 한다면 그것은 외교이며, 이에는 군인에 의한 군사적 시위, 기타 행정부서의 관리, 대통령 특사 등의 대외적인 행위를 포함한다. 그리고 외교의 시간적인 범위는 원칙적으로 '선 관계, 후 행위(先 關係, 後 行爲)' 즉, 국가간 공식외교관계가 수립되어야 비로소 공식적인 상호작용이 이루어질 수 있다는 것이다. 그러나 일방적인 정치적 외교행위는 외교관계의 수립에 관계없이 행해질 수도 있다.[15] 또한 국가간에 공식적인 외교관계가 없더라도 국가의 정치적 목표의 실현수단으로 행해진 대외행위는 외교행위라고 본다.[16] 외교적인 범위의 제한에 '원칙적'이라는 용어가 들어 있는 것은 그만큼 예외적인 경우가 적지 않다는 것을 의미한다. 결국 한 국가의 어떠한 대외행위가 외교행위인가 아닌가의 판단 기준은 그 행위의 정치적 합목적성에 있다고 볼 수 있다.

이러한 외교적인 행위는 여러 가지 형태를 통하여 행해진다. 외교적인 행위가 여러 형태로 나타나는 것은 참여자와 대상의 범위, 접촉의 형태, 전략 등에 근거하여 각기 다른 양식을 채택하기 때문이다. 먼저, 비밀외교와 공개외교(secret or public diplomacy)로 구분해 볼 수 있다. 비밀외교(秘密外交)란 19세기까지 성행하던 외교의 방식으로서 궁정외교라고도 하며, 일부 전문 외교관들에 의하여 국민들에 공개되지 않고 국제적인 문제가 처리되는 것을 말한다. 이로 인하여 외교적인 문제가 일반 국민들에게 공개되지 않기 때문에 과거에는 국민들은 자신의 국가가 왜 전쟁을 하는지, 또는 자

15) 예를 들어, 한국정부의 1988년 7. 7선언은 중국의 국호를 중공에서 중국으로 개칭함으로써 중국에 대한 적극적인 관계개선의 의사표시를 한 외교행위이며, 1987. 3, 미국의 제3국에서 자국 외교관의 북한외교관과의 접촉 허용한 것이나 동년 7월, 북한을 DPRK로 호칭한 것은 관계개선의사를 시사한 외교행위라고 볼 수 있다.

16) 예를 들어, 1971년의 중·미의 '핑퐁외교', 한국과 일본의 수교전 한·일 교섭과 외교관계정상화를 위한 합의각서(당시 중앙정보부와 일본 외무성), 중·미 수교전인 1971년 키신저의 중국방문 등은 외교행위이다.

신의 권리가 왜 침해되어야 하는지도 모르고 전쟁에 휩쓸리고 고통을 당하는 경우가 많았다. 또한 비밀외교는 이중동맹정책과 같은 외교정책을 가능하게 하여 결국 전쟁 발발의 원인이 되었다는 지적도 면할 수 없었다. 이에 1차 세계대전이 끝난 후 미국의 윌슨(Woodrow Wilson) 대통령은 이러한 비밀외교의 폐해를 지적하면서 공개외교(公開外交)를 주장하게 되었다. 공개외교는 국제사회에 팽배해 있는 의구심을 불식시킬 수 있을 뿐 아니라, 국민들의 알 권리를 충족시키고 국가에 대한 불신감을 해소시킬 수 있다는 장점을 가지고 있다는 것이다. 오늘날의 외교는 공개외교를 지향하고 있지만 협상과정에서는 국민여론을 의식한 불필요한 강경입장 고수 등으로 타협이나 양보를 어렵게 만들 수 있는 폐단이 있으므로 협상과정에서는 어느 정도의 비밀이 필요하다는 주장도 있다.[17] 다음으로 양자외교와 다자외교(bilateral or multilateral diplomacy)가 있다. 양자외교(兩者外交)는 두 행위주체간의 상호외교행위가 이루어지는 것을 의미하며, 한・미외무장관 회담, 한・일어업협상, 한・중 수교회담 등을 예로 들 수 있으며, 외교행위의 대상은 주로 양 행위주체간의 문제에 국한된다. 이에 비해 다자외교(多者外交)는 셋 이상의 행위주체들이 함께 참여하여 외교적인 행위가 이루어지는 형태이며, 이 때 다루어지는 문제는 주로 지역적인 공동문제, 지구촌의 공동문제 등이 주를 이루고 있으며, 모든 이해당사국이 참여하여 공동문제에 대하여 포괄적으로 협상하고 토론할 수 있는 장점이 있기 때문에 최근 이러한 형식이 보편화 되고 있다. 한국과 관련된 지역적인 다자외교의 예로는 북핵관련 6자회담, APEC, ARF, ASEM 등이 있으며, 세계적인 범위에서는 수많은 정부간 국제기구를 통하여 이루어지고 있다. 또한 외교의 형식으로 의회식(議會式)외교와 회의식(會議式)외교를 구분해 볼 수도 있다. 의회식 외교란 주로 유엔에서 이루어지는 외교의 형태로서 그 외교적 의사결정이 국내의 의회와 같은 표결방식인 다수결에 의해 이루어진다는 특징이 있다. 따라서 이러한 외교의 방식은 비공식 교섭의 중요성이 대두되게 되며, 득표외교에 따르는 부조리와 부담이 있을 수 있다. 그리고 회의식 외교는 국제회의

17) Dougherty and Pfaltzgraff(eds.), *Politics and the International Systems*(Philadelphia: Lippincott, 1984), p. 426.

방식을 통한 양자간, 다자간 협상의 방식이며, 일반적으로 비밀외교를 지양하고 공개외교를 추구하는 방식이다. 이 방식은 회의 전후에 기자회견의 방식을 통해 회의의 결과와 자국의 입장을 표명함으로써 회의를 공개하는 것을 원칙으로 하고 있으나, 협상의 원활한 진행을 위하여 당사자간의 합의를 통하여 특정사안을 일정기간 동안 공개하지 않을 수도 있다. 이는 위에서도 언급했듯이 회의의 공개성이 높으면 높을수록 양보와 타협이 어려워지기 때문이다.

그 밖에도 묵시적외교와 공식외교(tacit or formal diplomacy), 정상외교와 각료외교(summit or ministeral diplomacy), 위기외교(crisis diplomacy), 왕복외교(shuttle diplomacy), 총력외교(total diplomacy) 등 여러 가지 외교의 방식을 가리키는 용어들이 있다.

3. 외교의 기술과 수단

일반적으로 외교관들의 기능은 보고(報告)의 기능과 협상(協商)의 기능이라는 두 가지의 기능으로 크게 나누어 볼 수 있다.[18] 보고의 기능은 주재국의 정치, 경제, 사회, 문화, 군사 등 모든 영역의 정보를 동태적으로 파악, 관찰하여 본국정부의 대 주재국 정책결정에 활용할 수 있도록 보고하는 것이다. 그리고 협상의 기능은 주재국과의 협상에서 자국에 유리한 상황을 유지하거나 유리한 결과를 유도해내는 것이다. 외교관의 중요한 기능 중의 하나인 협상을 효율적으로 진행하기 위하여 활용하는 고전적인 기술은 다음 세 가지로 요약될 수 있다.[19] 먼저, 강압의 기술(technique of coercion), 혹

---

18) 1961. 4. 18. 채택된 '외교관계에 관한 비엔나협약' 제3조에는 외교관의 기능을 1) 접수국에 있어서 파견국을 대표하는 것, 2) 파견국에 있어서 국제법이 허용하는 범위 내에서 파견국과 그 국민의 이익을 보호하는 것, 3) 접수국의 정부와 교섭하는 것, 4) 모든 합법적 수단으로 접수국의 제반정세와 사태발전을 관찰하고, 이에 관하여 파견국정부에 보고하는 것, 5) 파견국과 접수국의 우호관계증진과 파견국과의 경제·문화·과학관계를 발전시키는 것 등의 다섯 가지로 규정하고 있다.

19) 외교의 기술을 강압의 기술, 설득의 기술, 조정의 기술, 합의의 기술 등 네 가지로 제시한 학자들도 있으나, 외교의 기술이란 결국 협상에서 합의에 도달하는 기술을 의미하므로, 합의의 기술은 강압, 설득, 조정(즉, 타협과 양보의 절차)의 기술을 적절히 배합하여 궁극적으로 협상을 타결하는 기술 즉 앞의 세 기술을 포괄하고 있는 기술을 의미하는 것이라 볼 수 있다.

은 실력행사의 위협(threat of force)이다. 이것은 일방의 당사자가 실력을 행사하겠다고 위협함으로써 자국의 주장이나 요구를 관철시키고자 하는 것이다. 실력행사의 위협은 정치적, 경제적, 군사적 등 모든 형태의 실력행사를 포함한다. 이는 국력의 차이가 현저할 경우 효과적일 수도 있으나 관계당사국의 관계를 악화시키기 쉬우며, 최악의 경우 전쟁으로 발전될 수도 있다. 다음으로, 설득의 기술(technique of persuasion)이다. 자국의 입장을 설명함으로써 상대국으로 하여금 그것을 충분히 이해하게 하고 더 나아가서 자국의 요구를 받아들이도록 하는 방법이다. 이 방법은 자국의 입장을 원칙적으로 고수하는 태도이므로 분쟁해결방법으로는 부적합하며, 주로 동맹조약 교섭, 통상협정 체결 등에 사용된다. 이러한 기술은 관계국이 공통이익에 의해 결속될 때, 혹은 일방이 특히 우세한 국력을 가지고 있는 경우에 활용된다. 마지막으로 타협의 기술(technique of compromise)이다. 가장 보편적으로 사용되는 외교적 기술로서 자국이 양보할만한 부분은 양보하고 상대국의 양보를 적당한 수준으로 얻음으로써 양국간의 쟁점을 타결하는 방법이다. 여기에는 상대방의 요구를 수용하는 양보(concession)와 협상당사자가 서로 새로운 것을 제시하는 거래(give and take)의 방식이 있다. 흔히 위와 같은 세 가지 기술을 활용하여 협상에서의 합의를 추구하지만 그것에 순서가 있는 것은 아니며, 이 세 가지 기술은 동시에 병용된다고 볼 수 있다.

외교는 국가가 국제사회에서 그 국가이익을 위하여 이용하는 수단 중 가장 일반적이고 평화적인 방법이다. 또한 현대외교의 특징인 총력외교에서는 이러한 외교적 목적을 위하여 경제, 군사, 문화, 심리 등 모든 분야의 역량을 총동원하게 된다. 따라서 외교의 수단은 경제적 수단, 군사적 수단, 문화적 수단, 심리적 수단 등으로 크게 나누어 볼 수 있다. 먼저, 경제적 수단(經濟的 手段)은 현대와 같이 세계화의 추세 속에 전 세계의 경제적인 상호의존이 심화되어 가는 상황에서 상당한 영향력을 가지고 있다고 할 수 있다. 경제적인 수단이 외교의 수단으로서의 유용성을 가질 수 있기 위해서는 경제

따라서 합의의 기술을 다른 세 기술과 같은 차원에서 보는 것은 무리이다. Charles O. Lerche, Jr. & Abdul A. Said(eds.), *Concepts of International Politics,* 3rd ed.(New Jersey: Prentice-Hall, Inc., 1979), pp. 78-79 참조.

적 상호의존에 부수되는 관련 국가간의 경제적 상호민감성과 취약성, 그리고 비대칭적인 경제력의 분포에 내재하는 힘의 불균형 상태가 존재해야 한다.[20] 바꾸어 말하여, 경제가 외교의 수단으로 그 기능을 수행하기 위해서는 국가간의 경제관계가 불평등하게 형성되어 있거나 일방적인 의존관계가 형성되어 있어야 하며, 한 국가가 다른 국가에게 경제적 혜택을 베풀 수 있는 잉여가치를 가지고 이를 베풀 수 있는 의지를 가지고 있어야 한다는 것이다. 이러한 경제적인 불평등관계를 전제로 하고 있기 때문에 경제적인 수단은 약속과 보상이라는 당근으로 활용될 수도 있고, 징벌과 응징이라는 채찍으로도 활용될 수도 있다. 일반적으로 사용되는 경제적 수단의 구체적인 방법은 상대국의 화폐가치를 절하시키기 위한 재정적인 조작과 투자와 차관 등을 통한 경제적 침투, 각종 무역정책을 이용한 경제적 보상 제공, 혹은 경제적 응징 등을 들 수 있다.[21] 이것 외에도 오랫동안 외교의 수단으로 사용되어 온 해외원조가 있으며 여기에도 역시 원조 제공국의 정치적 목적이 숨어 있음을 부인할 수 없다. 원조를 제공하는 공여국은 그 목적을 세계 평화와 인도적 목적을 위한 것이라 하지만 엄격히 말하면 그것은 부차적인 것이고 1차적인 목적은 원조제공국의 정치적 목적 즉, 자국의 안보 확보, 수혜국의 대내외정책에 대한 영향력 행사, 수혜국의 대외적 목적 달성을 위한 조치 등을 추구하기 위한 것이라는 주장이 제기되고 있다.[22] 해외원조가 공여국이나 수혜국 모두에게 유익하다는 주장도 있으나 이 역시 공여국이 정치적 목적과 이득을 취할 수 있다는 것에는 이견이 없다.[23]

다음으로, 외교적 수단으로서의 군사적 수단(軍事的 手段)은 직접적인 무력의 사용을 의미하는 것은 아니다. 무력의 사용 즉, 전쟁의 개시는 외교

---

20) 박경서, 『지구촌 정치학』(서울: 법문사, 2004), p. 157; 송영우, 『국제정치학』(서울: 건국대학교 출판부, 1992), pp. 221-222 참조.

21) William C. Olson, David S. McLellan and Fred A. Sondermann(eds.), *The Theory and Practice of International Relational Relations,* 6th ed.(Englewood Cliffs, New Jersey: Prentice-Hall, Inc., 1983), p. 154; Robert Gillpin, *The Political Economy of International Relations*(Princeton: Princeton University Press, 1987), p. 307 참조.

22) H. J. Morgenthau, "A Political Theory of Foreign Aid," *American Political Science Review,* Vol. 56, No. 2(June, 1962), pp. 303-304.

23) K. J. Holsti, *International Politics,* 4th ed.(Englewood Cliffs, New Jersey: Prentice-Hall, 1986), 곽태환 · 김왕현 공역, 『국제정치학: 분석의 틀』(서울: 박영사, 1990), p. 366 참조.

의 실패를 의미하는 것이라고 이미 앞에서 지적한 바 있다. 따라서 외교적 수단으로서의 군사적 수단은 군사적 자원을 이용한 징벌과 보상의 수단, 그리고 명시적 혹은 묵시적 위협과 약속의 수단으로서 외교적 협상의 뒷받침이 되는 것이다. 이는 국가의 안보가 국가이익의 절대적인 지위를 차지하고 있었던 냉전시대에 군사동맹과 군사원조를 외교적 흥정의 수단으로 빈번히 활용되었으나, 핵무기로 인한 공포의 균형이 유지 되면서 특히 탈냉전시대에 접어들면서 군사력은 일부 여전히 대외적인 안보의 위협을 받고 있는 몇몇 국가를 제외하고는 외교적 수단으로서의 유용성과 영향력은 크게 반감되었다고 할 수 있다. 그러나 군사적 수단은 그 자체로서 상대국의 행위를 자국이 원하는 방향으로 강요하거나 억지 할 수 있는 수단으로 활용되고 있다는 점에서 볼 때 여전히 외교의 수단으로서의 유용성은 가지고 있다 할 것이다.

마지막으로 문화·심리적 수단(文化·心理的 手段)은 외교 수단의 간접적인 수단으로 이용되고 있는 것으로서 선전을 통하여 상대국가 국민들의 마음과 정신을 움직임으로써 상대국가의 외교정책을 자국에 유리하게 유도하고자 하는 것이다. 이는 상당한 시간과 노력, 그리고 기술이 요구되는 수단이지만 그 효과는 대단히 파격적일 수 있다. 오늘날 모든 국가들이 상대국에 전달하고자하는 메시지는 상대국 국민들의 자국에 대한 호의적인 태도의 유지 혹은 창출과 최소한 적대감의 제거를 목적으로 하고 있다. 문화적·심리적 선전효과는 상대국 국민들의 의식 속에 서서히 침투하여 결국 의식과 행동양식의 종속현상을 만들어 놓는 것이다. 그 결과 상대국 국민들은 자국의 대외정책에 관하여 호의적인 태도와 이미지를 갖게 되며, 자국의 외교정책과 외교적 입장을 긍정적으로 경청하게 되는 것이다.[24] 외교의 문화적 기술은 국력을 바탕으로 한 강대국의 문화적 공세로 나타나기 쉽고 이것이 문화적 제국주의로 인식되기도 한다. 이는 강대국의 선전홍보가 효과적으로 침투되게 하기 위한 기초 작업이며, 불특정 다수의 마음과 정신에 무의식적인 문화적 침투를 한 다음 특정 소수를 상대로 선전이 집중적, 효

24) James N. Rosenau, Kenneth W. Thompson and Gavin Boyd(eds.), *World Politics: An Introduction*(New York: Free Press, 1976), pp. 406-407.

과적으로 전개될 수 있도록 하는 것이다.[25] 오늘날과 같은 전자 정보화시대, 이러한 문화적·심리적 수단을 이용한 외교는 그 중요성이 커져가고 있으나, 역으로 우리에 대한 문화·심리적인 침투를 어떻게 방어할 것인가의 문제도 심각하게 고려되어야 할 것이다.

참고문헌

Ⅰ. 한국문헌

구영록, 『인간과 전쟁: 국제정치이론의 체계』, 서울: 박영사, 1977.
김연각 등 옮김, 『국제관계의 이해』, 서울: 인간사랑, 2002.
김영준, 『국가이익과 국가정책』, 서울: 신명문화사, 1962.
박경서, 『지구촌 정치학』, 서울: 법문사, 2004.
박재영, 『국제정치 패러다임』, 서울: 법문사, 1998.
송영우, 『국제정치학』, 서울: 건국대학교 출판부, 1992.

Ⅱ. 외국문헌

Dougherty and Pfaltzgraff(eds.), *Politics and the International Systems*, Philadelphia: Lippincott, 1984.
Frankel, Joseph, *National Interest*, London: Macmillan, 1970.
Gillpin, Robert, *The Political Economy of International Relations*, Princeton: Princeton University Press, 1987.
Goldstein, Joshua S., *International Relations*, 4th ed., New York: Longman, 2001.
Holsti, K. J., *International Politics*, 4th ed., Englewood Cliffs, New Jersey: Prentice-Hall, 1986, 곽태환·김왕현 공역, 『국제정치학: 분석의 틀』, 서울: 박영사, 1990.
Legg, Keith R. & James F. Morrison, *Politics and the International System*, New york: Harper & Row, 1971.
Lerche, Charles O., Jr. & Abdul A. Said(eds.), *Concepts of International Politics*, 3rd ed., New Jersey: Prentice-Hall, Inc., 1979.

---

25) 박경서(2004), p. 161.

Morgenthau, Hans J., *Politics Among Nations: The Struggle for Power and Peace*, 4th ed., New York: Alfred A. Knopf, Inc., 1967.

———, "A Political Theory of Foreign Aid," *American Political Science Review*, Vol. 56, No. 2, June, 1962.

Nicolson, Harold, *Diplomacy*, New York: Oxford University Press, 1964.

Olson, William C., David S. McLellan, and Fred A. Sondermann(eds.), *The Theory and Practice of International Relational Relations*, 6th ed., Englewood Cliffs, New Jersey: Prentice-Hall, Inc., 1983.

Rosenau, James N., *The Linkage Politics*, New York: The Free Press, 1969.

———, *The Scientific Study of Foreign Policy*, New York: Free Press, 1971.

———, Kenneth W. Thompson, and Gavin Boyd(eds.), *World Politics: An Introduction*, New York: Free Press, 1976.

Viotti, Paul R. and Mark V. Kauppi, *International Relational Theory: Realism, Pluralism, Globalism*, 2nd ed., New York and London: MacMillan Publishing Company, 1993.

제12장 세계화의 도전과 한국의 진로

변 창 구*

우리는 오늘날의 국제관계를 이해할 때 세계화(globalization) 현상에 대한 정확한 인식을 전제하지 않고서는 그 실체적 진실에 접근하기 어렵다. 비록 세계화 자체에 대한 평가는 국가마다 다르다고 하더라도, 한 가지 분명한 것은 세계화로 인하여 오늘날의 국제관계는 과거와 전혀 다른 양상을 보여주고 있다는 사실이다. 나아가 세계화는 국제관계뿐만 아니라 한 국가의 국내 정치·경제·사회·문화 등 거의 모든 영역에 커다란 영향을 미치면서 각 국가들로 하여금 지구촌(global village)시대에 걸맞은 사고와 정책을 요구하고 있다.

이른바 '무한경쟁'과 '상호의존'을 특성으로 하는 세계화시대의 도래는 우리에게 기회와 가능성을 증대시켜 주기도 하지만, 동시에 엄청난 도전과 위험을 수반하고 있다. 특히 선진 강대국의 논리를 반영하는 신자유주의적 세계화는 그들의 주장과는 달리 적자생존(適者生存)이 지배하는 '정글의 세계'를 만들고 있다는 점에서 반드시 도덕적이거나 민주적인 것은 아니다. 이러한 이유 때문에 개도국 지도자들은 '인간의 얼굴을 가진 세계화'를 강력히 요구하고 나섰지만, 약자들의 주장은 냉혹한 국제정치무대에서 하나의 공허한 메아리가 되고 있는 현실은 누구를, 그리고 무엇을 위한 세계화인가를 반문하게 한다.

그러나 우리는 신자유주의적 세계화가 우리의 선호나 가치판단에 관계없이 거스를 수 없는 대세라는 사실을 명심해야 하며, 세계화의 명암(明暗)에 유의하면서 민족과 국가의 활로를 개척하는 동시에 인류공영에 이바지하는 지혜를 찾지 않으면 안 된다. 특히 우리가 강대국이 주도하는 신자유주의적 세계화의 거센 파고를 넘으면서 남북통일을 이룩하여 민족웅비의

---

* 대구가톨릭대학교 정치외교학과 교수.

시대를 열어가야 하는 것은 이 시대를 살아가는 우리에게 주어진 시대적 소명이 아닐 수 없다.

Ⅰ. 세계화의 개념과 촉진요인

1. 세계화란 무엇인가

우리는 세계화의 개념을 보다 정확히 이해하기 위하여 먼저 '세계화'와 '국제화'의 개념적 차이를 비교해 볼 필요가 있다. 우선 이 두 개념의 언어적 의미 차이는 영어의 globalization과 internationalization을 통하여 알 수 있다. 즉 전자는 globe에서 파생되어 나온 단어로서 '지구'(earth)와 밀접한 관련을 갖고 있으며, 지구는 오직 하나뿐이기 때문에 세계화는 '하나의 세계'가 되어가고 있음을 의미한다고 할 수 있다. 이러한 맥락에서 '지구촌'이라는 용어는 세계화시대를 매우 잘 함축(implication)하고 있다고 하겠다. 반면에 후자는 inter+nation이라는 조합 위에 구축되어 있으며, 그 핵심은 nation이라는 단어에서 파생된 것이다. 그리고 nation이란 단어는 이른바 '근대'의 가장 특징적인 '국민국가'(nation state)의 근간을 이루고 있는 개념이다. 따라서 국제화란 바로 이러한 민족국가를 기본단위로 하여 그들 사이에 이루어지는 관계로 이해할 수 있는 것이다.[1] 결국 국제화는 그 용어의 구성에서 나타나듯이 기본적으로 '국가 간'(inter-nation) 관계를 전제하고 있는 반면, 세계화는 국가간 관계보다는 '지구적'(global) 맥락을 상대적으로 더 강조한다. 두 개념이 지향하는 방향은 같으나 상대적인 중심축이 쌍무적 국가 관계에 있느냐 범지구적인 데 있느냐에 차이가 있다고 할 수 있다.[2]

이러한 언어적 의미의 차이는 실제로 국제관계현상을 설명하는데 있어서도 그대로 나타나고 있다. 딕캔(P. Dicken)은 국경을 초월한 경제활동의

---

1) 김석근, "세계화, 전통사상 그리고 교육: '새 문명의 모색'과 '자기확인'의 대위법," 세계정치학회(IPSA) 17차 서울세계대회 동시학술회의, 1997. 8, pp. 4-5.

2) 김성한, "세계화, 분권화, 지방화,"『계간 사상』(사회과학원, 1995년 봄호), pp. 83-84.

기능적 통합 여부로 국제화와 세계화를 구분하고 있다. 즉, 국제화는 단지 국경을 가로질러 경제활동의 지리적 영역이 넓어지는 것을 의미하는 것이며, 국경을 초월한 초국적 기업들이 생산과 분배의 체계를 구축하여 활동하고 있을 때 세계화를 말할 수 있다는 것이다. 이런 의미에서 국제화는 새로운 것이 아니며, 경제활동의 세계화와는 질적으로 다르다. 그에 의하면 세계화는 보다 발전되고 복잡한 유형의 국제화인데, 국제적으로 분산되어 있는 경제활동들이 일정한 수준 이상으로 기능적으로 통합되어 있는 경우를 가리키는 것이다.[3]

이상의 견해들을 종합해 본다면 결국 국제화는 국민국가의 존재를 전제로 하고, 이들 사이의 관계를 기초로 하여 국가의 발전과 국제협력이 증진되어 가는 과정을 지칭하는 데 반해, 세계화는 기존의 민족국가의 개념을 초월하여 전 인류·전 지구적 수준에서 경쟁과 협력을 통하여 통합이 이루어져 가는 과정을 나타낸다고 볼 수 있다. 국제화는 국민국가의 존재와 그 유지가 중요함에 반하여, 세계화는 국민국가의 약화 혹은 해체를 통한 하나의 세계, 혹은 국제적인 제도에 의하여 조직되고 운영되는 세계를 설정하고 있는 것이라 볼 수 있다.[4] 이는 국제화가 전통적인 민족국가를 전제로 한 현실주의적 세계관에 입각하고 있는데 반해서, 세계화는 다양한 국제적 행위자의 자유의지를 강조한 자유주의적 세계관에 입각하고 있기 때문이다.

이와 같은 두 개념의 차이를 전제로 하여 이제 세계화에 대한 의미를 좀 더 구체적으로 논의하여 보기로 하자. 세계화가 구체적으로 무엇을 의미하는지에 대한 정의는 학자들의 관심분야의 차이로 인해 다소 강조점에 편차를 보여주고 있기는 하지만, 이 모든 견해들은 세계화 현상을 설명하는데 중요한 구성요소가 되고 있기 때문에 주요한 견해들을 함께 소개하기로 한다.

먼저 세계화 현상이 가장 극명하게 나타나고 있는 경제적 영역에서 세계

---

3) Peter Dicken, *Global Shift: The Internationalization of Economic Activity*(London: Paul Chapman Publishing Co., 1992), p. 1.

4) 유석진, "세계화·국제화와 정치," 백완기 편저, 『국제화에 대한 사회과학적 이해』(서울: 박영사, 1995), pp. 137-138.

화가 무엇을 의미하는지 살펴보자. 경제학자들의 경우, 세계화에 대한 특별한 개념 정의 자체가 불필요한 것처럼 인식하고 있는 듯하다. 그 이유는 세계화 현상의 가장 기본적이고 중심적인 측면이 세계경제의 통합 증대이고, 이것은 두말할 것도 없이 국가 간 무역의 증가, 초국적기업의 활동 증가, 세계금융시장의 거대화 및 통합 심화, 국경을 뛰어넘는 정보・통신・방송의 흐름 증대 등을 통하여 이루어지고 있기 때문이다.5)

세계화가 급속히 이루어지고 있다는 증거는 세계 무역의 증대가 세계경제의 총 성장률보다도 월등히 높다는 데서 찾을 수 있다. 더 나아가 국가 간 해외직접투자액은 무역의 증가율보다 더욱 크게 나타나고 있다. 또 국제분업구조에 상당한 변화가 일어나고 있다. 하나의 제품이 생산되는 과정에 무수히 많은 국가가 관련된다. 즉 각기 다른 공장이 그에 가장 유리한 지역에서 수행되는 것이다. 의류 생산의 예를 들면 디자인은 프랑스에서 이루어지고, 재단은 이탈리아에서, 봉제는 중국에서 이루어지는 것이다.6)

한편 정치학자들은 주권국가들의 대내외관계에 일차적인 관심을 가지고 있기 때문에 세계화를 국가간 상호의존의 심화로 대개 정의하고 있다. 세계정치(global politics)의 개념을 제안하고 있는 맥그루(A. McGrew)는 "세계화는 근대 세계체제를 형성하고 있는 국가들 및 사회들 사이에 존재하는 연계와 상호연관의 다수성(多數性)을 가리킨다. 이것은 세계의 한 지역에서 일어나는 사건들, 결정들, 행위들이 지구의 매우 먼 지역에 있는 개인들과 공동체들에 대하여 중요한 결과를 갖게 되는 과정을 말한다"7)고 하였다. 바로 이러한 인식에서 기딘스(A. Giddens)는 "세계화란 지방들(localities) 상호간의 사회적 관계가 세계적으로 확대 심화되어 어느 한 지방에서 일어나는 일이 다른 지방에서 일어나는 일을 형성하고 형성 받는 현상"8)이라고 정의하였던 것이다.

---

5) 정진영, "세계화: 개념적・이론적 분석," 정진영 편저, 『세계화시대의 국가발전전략』(성남: 세종연구소, 1995), p. 26.

6) 서진영 외 엮음, 『21세기 한국의 비전』(서울: 도서출판 삶과 꿈, 1998), p. 62.

7) A. McGrew, "Conceptualizing Global Politics," in A. McGrew & Paul Lewis et al., *Global Politics: Globalization and the Nation State*(Cambridge: Polity Press, 1992), p. 23.

8) A. Giddens, *The Consequences of Modernity*(Stanford: Stanford University Press, 1990), p. 64.

그 밖에도 사회적·인식적 측면에서 세계화 현상을 설명하는 학자들도 있는데, 로버트슨(R. Robertson)은 세계화를 '세계의 압축(compression)과 세계 전체에 대한 의식의 심화'를 통하여 '세계의 유일성'(the unicity of world)으로 향한 추세를 가리키는 것으로 정의하고 있다. 그러나 그는 이 과정이 '세계 전체의 구체적인 구조화'를 통하여 일어나는 것이지 단선적 수렴이나 동일화를 가져오는 것은 아니라고 강조한다. 오히려 세계화를 통하여 개체성과 상대성에 대한 인식이 증가하여 개인과 전체에 대한 새로운 정체성(identity)이 형성되고 보편성과 특수성 사이에 새로운 관계가 형성되고 있다고 주장한다.[9] 역시 같은 시각에서 워터스(M. Waters)도 "세계화란 사회적·문화적 관계에 대한 지리적 제약이 축소되고 사람들이 점차 이러한 사실을 인식하게 되는 사회적 과정"[10]으로 보았다.

이처럼 세계화의 구체적 의미에 대한 인식과 정의는 논자의 전문적 관심 분야에 따라서 다소 강조점을 달리하고 있는 것은 사실이지만, 이 모든 견해들이 세계화 현상의 각 부면적 특성들을 잘 말해 주고 있다는 사실에 주목할 필요가 있다. 따라서 우리는 어느 하나의 정의에 따르기보다는 다양한 견해들을 종합하여 세계화 현상을 총체적으로 이해하는 것이 중요하다고 하겠다.

2. 세계화의 촉진요인

오늘의 세계가 하나의 지구마을로 불리어질 정도로 급속한 변화를 일으키고 있는 것은 무엇 때문인가? 그것은 국제관계에 있어서 정치·경제·과학기술 등 다양한 요인들이 복합적으로 작용하면서 세계화를 촉진시키고 있기 때문이라고 할 수 있다.

이러한 요인들 가운데 우선 국제정치적 측면에서 보면 탈냉전으로 인하여 복수의 세계체제가 하나의 세계가 되었다는 사실을 지적할 수 있다. 냉

---

9) Ronald Robertson, *Globalization: Social Theory and Global Culture*(London: Sage Publishing Co., 1992), pp. 8-27.

10) Malcolm Waters, *Globalization*(London: Routledge, 1995), p. 3.

전시대에는 미국을 중심으로 하는 자본주의 진영과 소련을 중심으로 하는 공산주의 진영이 세계를 양분하면서 대립과 갈등을 전개해 왔으나, 1989년 베를린 장벽의 붕괴로 가시화되기 시작한 냉전의 종식은 소련 및 동구공산권의 붕괴로 이어지면서 새로운 세계질서의 형성을 가능하게 하였다. 특히 공산정권의 붕괴로 인한 계획경제체제의 포기와 개방경제의 지향은 자본주의의 범세계적 확산을 초래하면서 세계가 하나의 시장경제체제로 통합되는데 일조하였다. 이미 주권국가가 설정한 국경이라는 장벽을 넘어 움직이고 있던 자본은 이러한 탈냉전의 환경변화로 인하여 자신의 활동영역을 본격적으로 확장할 수 있게 되었던 것이다.

다음으로 경제적인 측면에서 보면 오늘날의 '지구촌화'에는 자본주의의 동태성이 중요한 영향을 미치고 있음을 알 수 있다. 월러스타인(I. Wallerstein)에 의하면 자본주의는 끝없는 자본축적을 목적으로 삼고 있으며, 그 지배의 법칙으로서는 시간과 공간의 제약을 받는 생산수단의 통합된 체제임을 강조한다. 따라서 역사적 자본주의는 필연적으로 종국에는 세계적이 된다고 본다.[11] 이러한 자본주의의 속성이 탈냉전으로 인하여 공산권이 개혁·개방경제체제로 전환함으로써 하나의 경제권으로의 일원적 통합에 더욱 박차를 가하게 되었던 것이다.

그 결과 이제 우리는 자본·생산·경영·시장·노동·정보·기술이 국경을 넘어서 조직되고 있는 지구촌 경제시대를 맞이하고 있다.[12] 국민국가가 경제의 조직에 여전히 중요한 행위자임에는 틀림없으나 경제행위자들의 경제적 계산의 단위, 경제전략 수립의 준거 틀이 일국경제가 아니게 되었다. 기업·노동자·농민들이 국경을 넘어서 전 세계적으로 경쟁을 하고 있는 것이다. 정보통신혁명과 생산기술의 혁명은 민족국가를 단위로 진행되어 왔던 세계자본주의 경제를 질적으로 변화시키고 있다. 이제 자본시장·생산시장·노동시장에서는 국경의 개념이 사라지고 있다.[13]

---

11) I. Wallerstein, "Patterns and Prospectives of Capitalist-World Economy," in *The Politics of the World-Economy,*"(Cambridge: Cambridge University Press, 1984), p. 18.

12) Manuel Castells, "The Information Age and the New International Division of Labor," in Martin Carnoy et al., *The New Global Economy in the Information Age*, University Park(PA: Pennsylvania University Press, 1993), p. 18.

자본시장의 세계화 추세를 본다면, 초국적 금융자본은 전 세계적으로 연결된 금융망을 통하여, 또한 상호간의 전략적 제휴관계를 통하여 일국의 금융정책을 무력화시킬 수 있을 정도로 충분히 성장하였다. 뉴욕 · 런던 · 홍콩 · 동경을 연결하는 주식시장은 하루 24시간을 관통하면서 돈의 흐름을 촉진하고 있다. 뉴욕 주식시장에서의 주가 변동은 곧바로 홍콩과 동경 주식시장에 영향을 미치고 있으며, 이를 통한 자본의 이동은 우리가 목도하여 온 어느 시기보다도 활발하다.[14)]

뿐만 아니라 '정보통신혁명'과 '생산기술혁명'은 또한 '생산의 국제화'를 촉진시키고 있다. 이 두 혁명은 인적 · 물적 자원의 시간적 · 공간적 제약을 해제하여 기업들로 하여금 국경을 넘어서 이윤이 나는 곳이면 어디서나 생산 활동을 가능케 하였다. 그 결과 기업에 대한 국가의 통제는 갈수록 약화되고 생산에 있어 국경의 개념은 점점 흐려져 가고 있다. 한국의 상품은 반드시 한국의 기업이 한국자본과 한국기술, 한국노동을 사용하여 만들어진 상품이 아닌 시대를 맞이하고 있는 것이다. 한국의 기업이 스위스 은행에서 자본을 조달하여, 독일의 기술로, 일본의 기계를 도입하여 중국에 공장을 세워 중국노동자들을 고용하여 생산하는 것이 세계화시대의 생산방식이 되고 있다. 이제 생산과 기술의 국적이 중요한 것이 아니라 국제화한 생산과 기술을 결합하여 상품을 만들어 낼 수 있는 '글로벌 네트워크'(global network)를 형성할 수 있는 능력이 중요해지고 있다.[15)]

세계화가 가속화되는 또 다른 요인으로서는 과학기술의 발달과 정보통신혁명을 지적할 수 있다. 로스노(J. Rosenau)는 세계화를 기술의 진보에 의한 것으로 분석한다. 기술과 그 변형적 능력이 세계화의 기초적 원인요인이며, 기술의 발전이 세계적 상호연계를 심화시킨다고 주장한다. 지방과 국민 그리고 국제공동체를 연결짓고 상호의존의 관계를 마련해 주는 것이 기술이라는 것이다.[16)]

---

13) 임혁백, "세계화와 민주화," 김경원 · 임현진 편, 『세계화의 도전과 한국의 대응』(서울: 나남출판, 1995), p. 110.

14) 유석진(1995), p. 133.

15) 임혁백(1995), p. 111.

16) James Rosenau, *Turbulence in World Politics*(Brington: Harvester Wheatsheaf, 1990),

이처럼 세계화를 가능하게 하는 기술은 이른바 '공간조정 테크놀로지'(space-adjusting technology)이다. 공간조정 테크놀로지는 말 그대로 공간이라는 물리적 거리의 장벽을 허무는 것으로 '지리의 종말'(end of geography)을 도래시키고 있다. 다시 말해서 공간조정기술은 세계화라는 새로운 문명사의 물리적 기초를 제공하고 있는 셈이다. 정보통신혁명으로 인해 세계화의 기술적 기초가 확립되었다는 것이다. 전지구적 상호의존의 심화, 시간과 공간의 재구성이라는 새로운 문명사의 태동은 전 지구를 하나로 연결시킬 수 있는 커뮤니케이션의 네트워크 속에서 가능하다. 금세기 '정보기술'(information technology)혁명 속에서 진행된 서비스부문에서의 테크놀로지 발달, 특히 통신 · 전자 · 운수분야에서의 첨단기술 발달은 시간과 공간의 의미를 새롭게 부여하는 토대가 되었던 것이다.[17)]

이와 같이 '지구촌 정보체계'의 등장으로 문화적 국경이 허물어지고 있다. 헐리우드(Hollywood)에서 제작된 영화가 통신위성을 통해 전 세계의 TV시청자들에게 직접 동시에 전달되고 있으며, 소비주의 이데올로기와 문화가 지구적으로 확산되고 있다. 초국적 미디어 기업과 광고기업들은 전세계인들이 공유할 수 있는 소비욕구를 창조하고 수요를 동질화하는 데 성공하고 있다. 이제 지구인들은 선택 · 모방 · 세뇌를 통해서 슈왈츠네거 · 치어스 · 펩시 · 빅맥 · 디즈니월드 · 베네통과 같은 세계화한 상품을 소비하고 소비유형의 공유에 기초한 거시문화를 창조하고 있는 것이다.[18)]

뿐만 아니라 상품유통망의 활성화와 기업 간의 전략적 제휴 그리고 금융자본의 획기적인 이동성 등도 모두 이러한 지구촌 정보체계의 등장에 기인하는 것이다. 동경의 주식시세를 뉴욕과 파리에서 동시에 파악하여 주식의 매입과 매각을 결정할 수 있으며, 초고속 인터넷(internet)을 통한 통신의 급속한 증대 등은 모두 이제 우리들이 지구마을에 살고 있다는 의미를 확인시켜주고 있다고 하겠다.

---

p. 17.

17) 박길성, "세계화의 사회구성 논리와 한국사회의 발전과제," 백완기 편, 『국제화에 대한 사회과학적 이해』(서울: 박영사, 1995), p. 69.

18) M. Ferguson, "The Mythology about Globalization," *European Journal of Communication*, Vol. 7(1992), p. 80.

마지막으로 세계화를 촉진시키고 있는 또 하나의 요인으로서 오늘날의 세계는 전 지구적 차원에서 해결해야 할 문제들이 크게 증대되었기 때문이라는 점을 지적할 수 있다. 즉 과거에는 인간안보(human security)문제가 주로 개별 주권국가 차원에서 다루어 졌으나, 이제는 지구적 차원에서 대처하지 않으면 안 되는 새로운 이슈들이 등장하고 있기 때문이다. 이러한 문제들로서는 환경・마약・테러・질병 등을 들 수 있으며, 이는 국경을 가로질러 나타나고 있기 때문에 전 지구적 차원의 공동노력이 없이는 해결하기 어렵다. 한 국가에서의 환경파괴와 오염물질의 투기는 당해 국가에만 피해를 끼치는 것이 아니며, 마약거래나 테러의 문제도 개별 국가적 통제가 불가능한 상황이 되고 있다. 이러한 문제들을 방치할 경우에는 그 자체가 인간안보에 위협이 됨은 물론이고, 이로 인한 이해관계 당사국간의 분쟁가능성이 증대하게 된다. 따라서 이제 지구마을에 살고 있는 세계시민들은 '지구공동체의식'과 '세계시민정신'으로 이러한 문제해결에 상호협력하지 않으면 안 된다.

Ⅱ. 세계화의 양면성과 한국에의 함의

1. 야누스의 두 얼굴: 세계화의 양면성

신자유주의적 세계화는 야누스(Janus)의 두 얼굴, 즉 기회와 위험을 동시에 가지고 있다. 따라서 우리는 이처럼 양면성을 내포하고 있는 세계화의 실체적 진실을 정확히 인식함으로써 세계화가 가져다주는 기회를 최대한 활용하면서 그에 수반하는 위험은 최소화시키기 위한 방법을 적극적으로 모색하지 않으면 안 된다.

그렇다면 먼저 신자유주의자들은 세계화의 기회적 측면, 즉 그 의의와 가능성에 대해서 어떻게 설명하고 있는가? 무엇보다도 그들은 세계화가 민주주의를 더욱 확대, 심화시킬 것이라고 주장한다. 신자유주의자들이 민주주의에 대한 장밋빛 전망을 내리고 있는 근거는 세계화가 경제적 비효율성과 정치적 억압의 근원이었던 국가주의를 마침내 지구촌으로부터 추방하고 시민사회를 해방할 것이라는 데 있다. 세계화는 보호지대와 기득권의 온상이 되어 온 국경의 장벽을 해체함으로써 주어진 영토 내에서 물리적 폭력의 사용을 합법적으로 독점해 온 국가의 권력을 잠식하고 국경의 보호 하에 독점적 기득권을 누려온 이익집단의 영향력을 감소시키는 반면 개인의 자유로운 선택권을 증대시킬 것이라는 것이다.[19]

이와 함께 신자유주의자들은 세계화가 시장의 힘을 강화시킴으로써 '시장에 의한 정부'(government by the market)의 이상이 실현될 수 있는 호기를 제공하고 있다고 주장한다.[20] 그들에 의하면 시장에 의한 정부 하에서 이상적인 민주주의가 달성될 수 있는데, 그 이유는 시장과 민주주의는 소비자와 시민들에게 최대한 개인적인 선택의 자유와 권력을 부여하는 동일한 조직 원리에 기초하고 있기 때문이라는 것이다.

뿐만 아니라 신자유주의자들은 시장경제가 경제적 풍요를 가져다줌으로써 민주주의를 번성케 한다고 말한다. 헌팅턴(S. P. Huntington)은 "경제적으로 시장경제는 명령경제보다도 경제성장을 지속시키는 것으로 나타나고 있다. 따라서 시장경제는 경제적 부를 창출하며 그 결과 민주주의의 하부구조를 제공하는 평등한 소득분배를 창출한다."[21]고 하였는데, 이처럼 경제적 풍요가 관용과 화해, 타협을 선호하는 민주적 정치문화의 형성에 비옥한 토양을 제공해 줄 것으로 기대하고 있는 것이다. 신자유주의자들은 시장 지향적인 산업화를 추구해 온 제3세계 국가들에서 민주화가 일어남으로써 자본주의의 발전이 오히려 권위주의를 초래할 것이라는 '관료적 권위주의' 이론은 종말을 고하고, 이제 국제화한 자본주의 모델의 범세계적 확산은 제2세계의 스탈린주의체제, 제3세계의 권위주의체제의 민주화를 계속 확대시켜 나갈 것이라고 주장한다.[22]

---

19) 임혁백(1995), p. 112.

20) Peter Self, *Government by Market?: The Politics of Public Choice*(London: Macmillian, 1993).

21) S. P. Huntington, "Will More Countries Democratic?," *Political Science Quarterly*, Vol. 99, No. 2(1984), p. 205.

22) Marc F. Plattner, "The Democratic Moment," in Diamond & Plattner(eds.), *The Global Resurgence of Democracy*(Baltimore: Johns Hopkins Univ. Press, 1993), p. 31.

한편 세계화를 가능케 한 기본 동력인 정보통신혁명은 정보의 획득과 처리에 있어 시간적 · 공간적 제약을 해제시킴으로써 중앙정부와 대기업에 의해서 독점되어 왔던 정보를 일반 시민들도 접근할 수 있는 기회를 획기적으로 증대시켜 주고 있다. 세계화한 정보체계는 선진국과 후진국간의 세계시간(world time)의 차이와 공간의 거리를 좁혀 줄 것으로 기대되고 있으며, 지방의 도시가 세계의 각 지역을 대상으로 직접적인 커뮤니케이션을 할 수 있는 소위 '글로컬리제이션'(glocalization: global localization)시대가 전개되고 있는 것이다. 이제 지방정부나 지방기업, 지방주민들이 중앙정부나 대기업 본사를 통하여 세계와 접촉할 필요가 없어졌으며, 자신의 정보와 판단에 기초하여 해외시장을 개척하고 외국자본과 기업을 유치할 수 있는 시대가 된 것이다. 따라서 세계화는 글로벌 시민사회를 창출하면서 다양한 공간에서 세계시민들이 자신의 능력과 개성을 최대한 발휘할 수 있는 기회를 확대시켜 주고 있다고 하겠다.

이와 같이 세계화는 신자유주의자들의 주장처럼 상당한 가능성과 기회를 제공해 주고 있지만, 반면에 적지 않은 문제점과 위험도 내포하고 있다는 사실을 간과해서는 안 된다. 특히 선진 강대국의 논리를 반영하고 있는 신자유주의적 세계화가 우리들에게 미칠 도전과 위험에 대한 정확한 인식은 아무리 강조하여도 지나치지 않을 것이다.

세계화의 위험에 대한 인식은 무엇보다도 그 이론적 근거인 신자유주의에 대한 비판으로부터 출발하여야 한다. 길핀(R. Gilpin)은 세계화를 역사적 맥락에서 강대세력이 주도하는 특수한 조작물로 간주하는데, 그에 의하면 세계화란 자유주의 강대국들의 주도하에 전략적이며 정치적 요인 및 강대국들의 역학관계, 그리고 지배적 국가들의 이데올로기 성향에 의하여 추진되는 현상이라는 것이다.[23] 말하자면 세계화란 선진 강대국들의 신자유주의적 이데올로기의 범세계적 확산에 불과하다는 것이다. 따라서 신자유주의적 세계화는 강대국에게는 기회의 확대를 의미하지만, 약소국에게는 위험의 증대로 나타날 가능성이 매우 크다고 하겠다.

23) McGrew(1992), p. 85.

실제로 세계화 추세에도 불구하고 고전적인 남북 이데올로기 문제는 아직도 잔존하고 있으며, 경제적 약자로서 제3세계의 의미 역시 여전히 타당성을 갖고 있다. 개발도상국은 과거나 지금이나 자신의 처지와 거리가 먼 국가들이 만들어 놓은 세계상에 깊이 침윤(浸潤)되어 있는 실정이다.[24] 이러한 점에서 헌팅턴의 '문명충돌론'은 기본적으로 문화론적인 설명이지만, 그 근저에는 세계화시대에 남북 간의 경제적 불평등이 심화되고 있다는 진단이 깔려 있으며, 세계화로 인한 불평등이 초래할 수 있는 반민주적 사회의 출현에 대한 경고라고 할 수 있다. 세계화로 인해 경제적 지위와 정치적 권력의 불평등이 심화되고 서구의 비서구에 대한 패권이 강화되면 비서구 사회에서는 서구적 문화·스타일·습관에 저항하면서 비서구화를 주장하는 반민주적 토착엘리트들의 부활이 일어날 수도 있다는 것이다.[25]

그런데 세계화시대에 있어서 불평등의 구획은 과거와 같이 승자와 패자의 단위가 국가로만 구분되는 것이 아니라 보다 복잡한 성격을 띠고 있다는 사실에 주목할 필요가 있다. 세계화시대의 경쟁단위는 더 이상 국가에만 국한되지 않으며, 국가의 경계와 상관없이 지역간·부문간·사회 집단간 등으로 광범하게 확산되고 있는데, 그 어느 경우에도 경쟁력이 없는 약자에게는 세계화 자체가 커다란 도전이 아닐 수 없다. 세계화시대에도 강자와 약자의 영향력관계는 여전히 비대칭적이며, 경쟁력을 확보한 자에게는 더 큰 이익을 제공해 줄 수 있으나 그렇지 못한 자에게는 생존 자체를 위협하게 된다.

뿐만 아니라 신자유주의적 이데올로기의 범세계적 확산은 국가 간·지역 간·국민 간의 불평등을 낳아 정치적으로 민주주의를 위협할 수도 있다. 왜냐하면 어떤 민주주의도 심각한 경제적 불평등 위에서는 살아남을 수 없기 때문이라는 것이다. 선진 자본주의국가들은 세계화의 이득은 나눠주지 않으면서 신생 민주주의국가들에 신자유주의적인 경제개혁 규범을 강요하고 있다. 그러나 신자유주의적 개혁의 제3세계로의 확산은 시장민주주의를 가져오기보다는 시장권위주의(market authoritarianism)로의 퇴행(退行)을

---

24) 박길성(1995), p. 76.

25) Samuel P. Huntington, "The Clash of Civilization?," *Foreign Affairs*, Vol. 72, No. 3(1993).

초래할 가능성이 더 크다. '워싱턴 컨센서스'(Washington consensus)가 컨센서스를 이루지 못한 것은 세계화와 민주화를 어떻게 동시에 추진할 것인가에 대한 처방이다. 세계화와 민주화를 동시에 추진하기 위해서는 경쟁의 도입과 함께 경쟁에서 낙오한 자들의 눈물을 닦아주고 그들에게 피난처를 제공해 줄 수 있는 사회적 보호를 제공하는 데서 나오나, 그러한 피난처를 제공해 줄 수 있는 국가는 이미 약화되어 있거나 존재하지 않는 것이 동구와 남미의 시민들이 처한 딜레마이다.[26] 따라서 정치의 세계화는 사르토리(G. Sartori)가 적절히 지적하고 있는 바와 같이 개별 주권국가의 차원에서 자신의 역사와 정치 문화적 여건에 따라 추진될 수밖에 없다. 그는 "모방에 의해 민주주의를 창조하는 것은 상대적으로 쉬운 일이다. 그러나 문제는 복사할 때 대개는 '달력의 시간'(calendar time)을 따라야 한다는 데서 발생한다. 진정으로 중요한 것은 '역사적 시간'(historical time)을 따라 복사하여야 한다는 것"[27]이라고 강조하고 있다.[28]

한편 신자유주의적 경제의 세계화는 노동자들로 하여금 새로운 위험에 직면하게 하고 있다. 유연성 있는 생산체제의 확립이 시대적 구호로 등장하면서 기업경영자들은 기업 내에서 노동자들을 유연하게 재배치하려 할 뿐만 아니라(기능적 유연화), 파트타임 노동자의 고용· 고용안전 규정의 폐기·하도급 등의 수단을 통해 노동자의 규모를 신축적으로 조정하고(수적 유연화), 임금인상양보·이중임금제·성과급의 도입을 통해 임금을 신축적으로 조정하려 할 것이다(보수 유연화). 세계화시대의 기업가들은 이제 더 낮은 임금을 받고도 기꺼이 일할 수 있는 적은 규모의 노동자들을 고용하여 생산해야 한다는 확신을 갖고 있다.[29] 또한 세계화시대의 생산방식은 컴퓨터화한 생산공정의 자동화를 가능케 함으로써 노동자들의 소외를 가속화시

---

26) 임혁백(1995), p. 125.

27) Giovanni Sartori, "Exporting/Importing Democracy," *A Paper Presented at the International Conference on 'The 21st Century and Democracy: Theory, Reality and Tasks,'* The Korean Association of International Studies, Seoul, Korea(October 28-29, 1994), p. 7.

28) 임혁백 교수는 이 문제를 '세계시간'(world time)과 '민족시간'(national time)으로 구분하고 있다. 임혁백(1995), pp. 105-138 참조.

29) *Ibid.*, p. 129.

키고 노동 강도를 강화시키는 '컴퓨터화한 테일리리즘'을 낳을 위험성이 있다. 오페(C. Offe)는 이러한 국제화시대의 새로운 생산방식은 노동자들에게 '집단적 정체성'(collective identity)의 문제를 초래할 위험이 있다고 경고한다. 특히 노동의 유연화는 숙련화한 핵심노동자와 비숙련, 반실업 상태의 주변부 노동자간의 분절현상을 가속화시킴으로써 상대적으로 안정적이고 포괄적인 경제적 이익·소속단체·문화적 가치·생활양식의 공통성 등이 해체되면서 노동자들 간의 집단적 유대는 사라지고 있는 것이다.30) 이처럼 세계화시대의 도래는 국제적 및 국내적 차원에서 반드시 정치적 민주화와 경제적 평등화를 보장하는 것이 아니며, 오히려 힘의 우열에 의한 수직적 계열화가 보다 심화될 가능성이 크다는 점에서 경쟁력이 약한 자들이 위험에 노출되고 있는 것이다.

2. 세계화의 도전과 한국에의 함의

이상의 논의에서 알 수 있는 것처럼 신자유주의적 세계화는 원천적으로 강자들에게는 기회와 가능성의 확대를 의미하지만 약자들에게는 엄청난 위험과 도전이 되고 있다. 바로 이러한 점에서 개도국 지도자들은 힘의 우열에 관계없이 모든 세계시민에게 유익한 '인간의 얼굴을 가진 세계화'를 주장하고 있는 것이다. 그러나 이러한 약자들의 주장은 하나의 소박한 바람일 뿐이고 현실은 적자생존의 논리가 지배하는 '정글의 세계'가 되고 있다는 점에서, 우리는 세계화가 수반하고 있는 도전에 효율적인 대응방안을 강구하여야 한다는 점은 아무리 강조하여도 지나치지 않을 것이다.

그렇다면 우리의 입장에서 볼 때 세계화의 도전은 무엇이며, 그것은 어떠한 함의(implication)를 던져 주고 있는가? 신자유주의적 세계화는 외형적으로 볼 때 지구촌의 공동체 운명을 앞세워 보편적 질서를 추구하는 듯하지만, 내면적으로는 특수이익을 앞세운 '국가주의' 혹은 '블록화 현상'을 오히려 조장하고 있다. 이러한 세계화의 양면성은 현대국가로 하여금 크게 두

30) Claus Offe, "Democracy Against Welfare States?: Structual Foundations of Neoconservative Political Opportunities," *Political Theory*, Vol. 15, No. 4(1987), p. 527.

가지의 시대적 과제를 부과한다. 하나는 국제화·개방화를 대비한 국가경쟁력 강화이고, 다른 하나는 국제사회의 일원으로서 인류공영에 이바지하는 일이다. 이에 따라 각국은 내적으로는 국가체제의 정비 및 기술향상, 그리고 외적으로는 단순한 경제논리를 넘어 국가 간의 안보 및 생존을 위한 다원적 협력체제를 구축하고자 한다. 특히 인간의 삶의 질적인 측면이 강조되면서 인구·환경·자원·식량·무기 등에 대한 국제적 협력이 주된 쟁점으로 등장하고 있다. 그러나 이러한 협조체제는 각국이 지닌 산업구조나 경쟁능력 그리고 이해관계 등의 충돌로 인하여 그 진전이 느리고 대부분의 국가들이 인류공영보다는 국가이익에 초점을 두기 때문에 부차적 관심으로 끝나는 경우가 많다.[31]

경제적 측면에서 볼 때 세계화란 자본주의가 전 지구적으로 재구조화되면서 강화(reglobalization)되고 동시에 해체(deglobalization)되는 양면적 성향을 갖고 있다. 세계화과정에서 나타나는 상호의존은 호혜 평등이라기보다 수직적 위계를 갖는 불균등성을 내재하고 있다. 바로 이 점에서 세계화의 와중에서 다시금 중심과 주변 사이에 등장하고 있는 '새로운 종속'(new dependency)의 문제를 차분하게 반추해 볼 필요성이 있는 것이다.[32] 신자유주의적 세계화는 기본적으로 자본주의 선진국의 위치에 있는 중심부 강자의 논리이다. 이는 세계화의 배면에 깔려 있는 자유무역에 근간한 개방화·민영화·안정화를 통해 시장의 원리를 강화하려는 선진국들의 의도에서 잘 입증된다. 우루과이라운드 이후 제기되고 있는 TR·GR·BR·CR과 같은 메가라운드도 따지고 보면 기술이전·환경보호·근로조건 혹은 공정경쟁을 내세워 후발개도국을 견제하려는 중심부의 고도계산이 그 바탕에 은밀히 깔려 있다. 따라서 세계화를 만병통치약으로 생각하면 큰 착각이다. 오히려 신흥공업국에는 병주고 약주는 결과를 가져올 수 있기 때문에 세계화를 잘못 추진하다가는 껍데기만 남은 '선진' 한국이 될 위험이 없지 않다.[33]

---

31) 김호섭, "세계화와 정부 관료제의 재정립: 과제와 방안," 제4회 한국정치 세계학술대회(한국정치학회, 1994. 7. 18), pp. 3-4.

32) 임현진, "지구시대 한국의 진로," 김경원·임현진 편, 『세계화의 도전과 한국의 대응』(서울: 나남출판, 1995), p. 533.

33) *Ibid.*, pp. 535-536.

강자의 논리를 반영하는 신자유주의적 세계화는 '정글의 법칙'이 적용되고 있기 때문에 무엇보다도 중요한 것은 각 행위자들의 경쟁력이다. 국가와 기업 및 국민 각자의 경쟁력의 확보가 생존과 발전의 필수적 조건이다. 그러나 현재 우리가 안고 있는 문제는 일부의 기업과 국민만이 경쟁력을 갖추고 있지, 나머지 대부분의 국민은 그렇지 못하다는 사실이다. 이러한 조건 속에서는 세계화가 가속화될수록 국민 내부의 간격과 균열은 더욱 벌어질 수 있기 때문에 경쟁력이 없는 행위자들에 대한 정부의 적극적 역할이 더욱 요구되고 있다.

뿐만 아니라 세계화과정의 가속화는 필연적으로 우리의 정체성 문제를 야기하게 된다는 점에서 충분한 대비책을 강구하지 않으면 안 된다. 신자유주의적 가치관에 입각한 세계화는 단순히 선진자본주의의 경제논리만 강요하는 것이 아니라 그들의 문화와 가치가 함께 유입된다는 점에서 우리의 정체성위기를 초래할 수 있다. 라이시(Robert B. Reich)가 지적했듯이 국민 혹은 민족 구성원들이 자기 정체성에 회의를 갖거나 이중적 정체성을 가질 수도 있고, 나아가 페더스톤(M. Featherstone)이 주장하는 제3의 정체성을 지니게 됨으로써 국가의 공동체적 기반이 약화될 가능성이 증대된다.[34] 따라서 세계화과정에 대한 우리의 인식과 대응은 단순히 개방과 폐쇄 또는 종속과 자주의 선택 문제로만 보아서는 안되며, 보다 근본적인 문제 즉 '우리는 누구이며, 어디로 가고 있는가?'라는 정체성의 문제도 함께 고려된 것이어야 한다.

Ⅲ. 지구시대 한국의 진로

신자유주의적 세계화의 심화는 우리에게 커다란 도전이 되고 있다. 그렇다면 우리는 21세기의 생존과 번영을 위한 진로를 어떻게 설정하여야 할 것

34) Robert B. Reich, *The Work of Nations: Preparing Ourselves for 21st Century Capitalism*(Alfred A. Knopf, 1991); Mike Featherstone(eds.), *Global Culture: Nationalism, Globalism and Modernity*(Sage Publisher, 1991) 참조.

인가? 그것은 한마디로 지구시대의 도래에 걸맞은 정신적 자세를 바탕으로 미래지향적인 대내외정책을 추진하는 것이라고 하겠는데, 이제 이를 좀 더 구체적으로 논의하여 보기로 하자.

1. 지구시대의 정신: 세계화 마인드와 열린 민족주의

지구시대의 도래는 무엇보다도 우리에게 세계화 마인드(mind)를 요청하고 있다. 과학기술의 발달과 정보통신혁명으로 시간과 공간이 압축되고 있는 세계화시대에는 그에 걸맞은 정신과 가치체계가 필요하기 때문이다.

그런데 우리들의 의식은 어떠한가? 객관적 현실의 세계는 이미 산업사회에서 지식정보사회로 옮겨가고 있는데 우리들의 주관적 의식의 세계는 여전히 구태를 버리지 못하고 있는 것은 문제가 아닐 수 없다. 합리성과 투명성이 중시되는 세계화시대에 지연과 학연, 혈연에 의존하는 전통적이고 폐쇄적인 정실규범(情實規範)이 위력을 발휘하고, 행위자관계가 개성과 능력을 중심으로 수평적 관점에서 조정되는 민주화시대에 가부장적 권위에 의존하여 수직적인 질서를 유지하려고 한다면, 이것은 시대착오적인 사고가 아닐 수 없다. 또한 질적 경쟁력 제고의 관건이라고 할 수 있는 창의성이 요청되는 시대에 구태의연한 교육방식으로는 미래를 기약하기 어렵다.

따라서 우리는 21세기가 요구하는 새로운 패러다임(paradigm)의 구축을 위하여 발상을 전환하고 기존의 고정관념과 잘못된 관행을 청산함으로써 재도약의 토대를 견고히 구축해야 한다. 세계중심국가 또는 세계일류국가라는 요란한 슬로건보다는 비합리적이고 후진적인 요소들을 과감히 청산해 나가는 지속적인 노력을 기울이게 될 때, 비로소 우리는 세계화의 주변으로 전락하지 않고 주역이 될 수 있을 것이다.

한편 우리의 이념적 좌표와 관련하여 한국 민족주의의 진로를 제대로 설정하는 것도 매우 중요한 문제이다. 우리는 지구시대를 맞아 폐쇄적이고 배타적인 민족주의는 단호히 배격해야 하겠으나, 강자의 논리가 지배하는 신자유주의적 세계화 세력에 맞서 우리의 소속감과 정체성을 지키려는 노력은 결코 소홀히 되어서는 안 되기 때문이다. 따라서 우리는 21세기 한국 민족주의가 나아가야 할 방향을 올바르게 설정하고 이를 내면화시킴으로써 세계화의 도전을 극복하고 민족 웅비(雄飛)의 시대를 열어 나가야 한다.

그렇다면 현 시점에서 세계화추세와 관련한 한국민족주의의 이념적 좌표는 무엇인가? 그것은 한마디로 민족적 정체성을 확보하면서도 세계화의 도전을 극복할 수 있는 '개방적 민족주의'(open nationalism)라고 할 수 있다.

우리는 지금 제도정비와 지방화라는 국가 내부적 차원의 과제, 민족통일로 근대국가를 완성해야 되는 남북간 차원의 과제, 지역주의의 도전을 극복해야 하는 좀 더 광역적인 차원의 과제, 그리고 세계화의 도전을 극복해야 하는 세계적 차원의 과제 등의 중층적인 도전에 직면하고 있다. 이러한 도전을 극복해 나가기 위해서는 우리 스스로의 의식이 그만큼 복합적이고 중층적인 현실에 맞게 변화되어야 한다. 농경사회적·폐쇄적·단순논리적인 민족주의 관념이나 중상주의적 국가관을 가지고는 이러한 복합적이고 중층적인 도전들을 극복해 나갈 수가 없다. 결국 우리 민족과 국가의 이익을 위해서는 역설적으로 전통적 의미의 민족지상주의와 국가관을 지양하고 포용적이고 진취적인 개방적 민족주의를 정립해 나가지 않으면 안 되기 때문이다.[35]

이처럼 탈근대 지구화시대의 한국민족주의는 영토적 배타성에 근거하는 근대적인 것을 넘어서 보다 탄력적인 것으로 변모해야 한다. 말하자면 한국민족주의는 안과 밖으로 '열려진' 민족주의여야만 할 것이다. 즉 밖으로는 인류공동체에 대한 전망을 내포하는 스스로를 보편화시킬 수 있는 것이어야 하고, 안으로는 개인들의 행복한 삶 및 다양한 소그룹들을 고려하는 '열린 민족주의'를 지향하여야 한다.[36]

이와 함께 한국민족주의는 세계화의 도전을 극복하기 위한 남북통합이념의 모색과 전 세계에 흩어져 있는 민족세력의 결집 및 조직화를 지향하는 것이어야 한다. 우리가 추구하는 세계화정책은 민족과 국가의 힘을 기르고

---

35) 윤영관, "세계화: 민족주의의 새로운 지평을 위하여," 김경원·임현진(1995), pp. 66-67.

36) 김성배, "지구화시대의 민족주의," 하영선 편, 『탈근대지구정치학』(서울: 나남출판, 1993), p. 393.

그 위상을 높이기 위한 하나의 민족웅비 수단으로서의 정책과정인 경우에 의미를 갖는 것이라고 볼 때, 한국민족주의는 이를 뒷받침하여 21세기 통일한국을 실현시켜야 할 것이기 때문이다.

2. 개혁정책의 추진과 방향

신자유주의적 세계화는 약육강식의 '정글의 세계'를 만들고 있다는 점에서 반드시 도덕적 정당성을 갖는 것은 아니다. 따라서 우리는 오늘날의 신자유주의적 세계화를 비판적으로 수용하면서 장기적으로는 자유와 평등이 함께 보장되는 '인간의 얼굴을 가진 세계화'가 될 수 있도록 국제적 노력을 경주할 필요가 있다.[37] 그러나 동시에 신자유주의적 세계화로 인해 현실적으로 당면한 도전과 위험을 극복하기 위한 정치·경제·사회적 대응노력을 더욱 강화하지 않으면 안 된다.

이러한 대응은 기본적으로 세계화시대의 '무한경쟁'에서 승리할 수 있는 '경쟁력'을 확보하는 것이어야 하겠으며, 경쟁력의 제고는 정치·경제·사회·문화 등 모든 영역에서 비능률적이고 비합리적인 의식과 관행 및 제도를 개혁하는 것으로부터 시작되어야 한다.

우선 우리의 정부와 정치권은 다른 모든 영역에서의 개혁을 주도하는 입장에 있을 뿐만 아니라 세계화에 따른 갈등을 최소화하고 사회통합을 유지해야 한다는 점에서 가장 중요한 위치에 있다. 그러나 오늘날 한국정치의 후진성과 비합리성으로 인하여 사회전반의 비효율성과 갈등이 오히려 증폭되고 있음은 문제가 아닐 수 없다. 권력에만 혈안이 된 대립과 투쟁의 정치, 당내민주주의와 거리가 먼 보스 중심의 정치, 국민통합을 가로막는 지역감정을 볼모로 하는 정치로는 세계화의 도전을 극복하기 어렵다. 따라서 정치인의 의식개혁과 더불어 고비용 저효율의 정치풍토를 혁신하기 위한 각종 정치관계법의 개혁은 가장 시급한 개혁과제가 되고 있다. 정경유착의 고리

---

37) 이러한 관점에서 안병영교수는 신자유주의적 세계화의 신화를 극복해야 한다고 주장하고 있다. 구체적인 내용은 안병영, "세계화를 다시 생각하는 이유," 『계간 사상』(사회과학원, 1998년 겨울호), pp. 7-37 참조.

를 끊고 부정부패를 척결하며 사회기강을 확립함으로써 합리적이고 공정한 게임의 룰에 의한 경쟁이 이루어질 수 있는 민주적인 정치문화를 조성하여야 한다. 나아가 우리의 정치는 세계화의 도전을 극복하면서 국민에게 희망과 비전을 제시할 수 있는 미래지향적인 것이어야 한다.

이와 함께 세계화와 지방화가 동시에 이루어지고 있는 글로컬리제이션 시대를 맞이하여 지방이 보다 능동적으로 세계화 추세에 참여할 수 있도록 지방자치를 더욱 강화하여야 한다. 세계화되면 될수록 지방화될 것이라는 나이스비트(J. Naisbitt)의 역설적 주장처럼, 세계화시대에는 국가나 지역블록 보다도 지방이 더욱 중요한 생활단위로 작동하게 되는 것이다.[38] 풀뿌리 민주주의나 참여민주주의 등 진정한 의미의 민주정치가 구현되기 위해서는 지방자치가 전제되지 않으면 안 되며, 지방이 하나의 자율적인 행위자가 되어 세계화의 도전을 극복하고 그 과정에 적응해 나가도록 하기 위해서도 지방분권과 지방자치의 확대, 강화는 필연적이라고 하겠다. 이처럼 세계화시대에 지방자치가 특별한 의미를 갖는 것은 중앙집권적 권력구조를 지방으로 분산하고 지방 상호간의 경쟁을 통해 국가조직 자체에 유연성과 효율성을 제고시킴으로써 국가경쟁력을 강화하는 데 있다.

다음으로 세계화시대의 무한경쟁을 가장 극명하게 드러내고 있는 경제적 영역에 있어서 우리의 대응방향은 무엇인가? 글로벌 경제시대의 도래는 우리에게 지난 30여 년 간 지배해 온 신중상주의적, 국가주의적 관점의 탈피를 요구하고 있다. 과거 한국의 신중상주의 발전전략의 핵심은 규모의 경제라는 명분하에 이루어진 국가의 대기업에 대한 특별한 지원과 '국가-대자본' 간의 특수한 유대관계였다. 경제발전의 초기단계에 이르기까지는 이러한 특수 관계의 순기능이 발동되었던 것이 사실이다. 그러나 경제의 구조가 내부적으로 복잡해지고 외부적으로 세계화가 진행되고 있는 현시점에서는 그 역기능이 너무 크다. 이제 국가가 경제발전을 주도하기보다는 경제발전

---

38) John Naisbitt, *Global Paradox: The Bigger the World Economy, the More Powerful Its Smallest Players*(William Morrow & Co., 1994); Richard J. Barnet & John Cavanagh, *Global Dreams: Imperial Corporations and the New World Order*(Simon & Schuster, 1994), p. 22.

과정에서 공정성과 효율성이라는 게임의 규칙을 보장하는 심판자로 변해야 되고, 국가의 제도와 정책도 시장 억압적이 아니라 시장 순응적이고 더 나아가 시장창조적인 방향으로 변할 필요가 있다.[39]

이처럼 글로벌 경제시대에 있어서 정부는 자국기업에만 특별한 혜택을 주거나 규제를 할 수 없는 상황에 놓이기 때문에 과거와 같은 방식으로 우리 경제를 보호하기는 어렵다. 오히려 정부는 우리나라에서 기업 활동을 하는 것이 유리한 인적·물적·시스템적 환경을 구축함으로써 우리 기업의 경쟁력 제고에 기여하는 동시에 외국기업의 국내유치를 도모할 수 있어야 하겠다.

한편 우리는 21세기의 세계경제의 향방과 관련하여 이에 대한 준비도 병행하지 않으면 안 된다. 서로우(L. Thurow)는 향후 수십 년간은 전자공학·생명공학·신소재산업·민간항공기 산업·원거리통신·로봇 및 공작기계·컴퓨터와 소프트웨어 등의 지식산업이 주도할 것으로 전망하면서, 미래의 경제전쟁은 두뇌의 전면전쟁이 될 것이라고 하였다.[40] 말하자면 산업화시대를 주도해왔던 대량생산체제에 의한 가격경쟁력이 아니라 고급두뇌들의 지식에 의한 질적 경쟁력의 확보가 무엇보다도 중요한 시대가 되고 있다는 것이다. 따라서 우리는 21세기 지식정보산업을 이끌어 갈 고급인력의 양성을 위한 중장기적인 관점에서의 구체적인 계획을 수립하고 지속적인 노력을 경주하여야 한다.

이와 함께 우리의 기업인들은 과거와 같은 '국지적 경쟁력'(local competitiveness)이 아니라 지구촌시대에 걸맞은 '세계적 경쟁력'(global competitiveness) 확보를 위한 자구 노력을 배가하지 않으면 안 된다. 국가의 보호막이 제거된 적자생존의 경제 환경에서 살아남을 수 있는 길은 시시각각으로 변하는 수요자의 요구에 부응하고 가격과 품질 면에서 경쟁력을 갖춘 상품을 생산하는 것밖에 없다. 이를 위하여 기업인들이 세계화 마인드를 가져야 함은 물론이고, 경쟁력 제고를 위한 끝임 없는 연구개발에 노력해야 할 것이며, 안정된 생산체계를 유지하기 위한 원만한 노사관계의 구축에도

---

39) 윤영관(1995), p. 50.
40) Lester Thurow, 이창근 역, 『세계경제전쟁』(서울: 고려원, 1993), pp. 33-53 참조.

힘써야 한다.

마지막으로 국가경쟁력의 원동력이 되고 올바른 국가발전 방향을 제시할 수 있는 교육의 중요성을 강조하고자 한다. 21세기의 지식산업시대에 있어서 경쟁력은 국민이 보유하는 지식·정보·기술 등 지적 자산의 수준에 의해 결정된다는 사실을 인식할 때, 기존 교육체계의 문제점을 시정하고 새로운 시대가 요구하는 인재양성을 위한 교육개혁의 필요성은 아무리 강조해도 지나치지 않을 것이다.

그 동안 우리의 교육은 객관식 입시위주로 이루어져서 교육의 질이 크게 저하되었으며, 암기식·주입식 교육으로 인하여 새로운 시대가 요구하고 있는 창의성과 상상력을 개발하지 못하고 단색화(stereo type)된 인간형들을 만들고 말았다. 따라서 향후 교육개혁의 방향은 각자의 개성과 창의성을 최대한 발휘할 수 있도록 하는 데 초점을 맞추어야 한다. 나아가 기존의 평준화교육은 자칫 하향평준화의 우려가 있을 뿐만 아니라 우수한 인재를 양성하는 데는 한계를 갖고 있기 때문에 이와는 별도로 영재교육과정을 조속히 설립, 운영하여야 한다. 우리가 영재교육시스템을 갖추지 못하여 그들의 잠재력을 개발하지 못하거나 선진국들이 이들을 교육하게 된다면 국가적 차원의 손실이 아닐 수 없다.

이처럼 우리의 지적 자산의 수준을 제고하기 위해서는 교육과 연구분야에 대한 과감한 투자가 절실히 요청되고 있다. 이러한 투자를 바탕으로 중장기적으로는 기초과학의 발전을, 그리고 단기적으로는 당면한 국가경쟁력 제고를 위한 연구 분야에 있어서 획기적인 진전이 이루어지도록 하여야 한다. 세계 최고 수준에 있는 우리 국민의 교육에 대한 열의를 생각할 때, 정부의 교육과 연구에 대한 투자는 가장 확실한 국가경쟁력 확보 방안의 하나라고 하겠다.

3. 한국외교의 진로

세계화시대의 도래는 한국외교에 있어서도 상당한 도전이 되고 있으며, 우리의 외교정책에 있어서 커다란 변화를 요구하고 있다. 그것은 세계화시대의 국제관계가 정치경제적 측면에서 과거와는 크게 다른 양상을 보여 주고 있기 때문인데, 변화의 실상은 대체로 다음 몇 가지로 요약될 수 있겠다.

첫째, 국제체제의 구조적인 변화로서 미·소 중심의 냉전적 '양극체제'(bipolar system)가 소련 및 동구권의 붕괴로 미국을 정점으로 하고 EU·중국·일본 등이 부상하는 이른바 '단극-다극체제'(uni-multipolar system)의 성격을 띠게 되었다는 점이다.

둘째, 탈 이념적이고 상호의존적인 국제관계가 발전하고 있다는 사실이다. 오늘날의 정치적 세계시간(world time)은 자유민주주의의 범세계적 확산이며, 경제적 세계시간은 신자유주의적 시장경제의 세계화이다. 이로 인하여 탈이념적, 경제적 실리위주의 국제관계가 진전되고 있고, 과학기술과 정보통신혁명은 국가간의 상호의존성을 더욱 심화시키고 있다.

셋째, 국제관계에 있어서 안보 개념이 광역화되었다. 과거 냉전시대의 전통적 안보 개념은 '군사안보'(military security)였으나, 오늘날에는 세계화와 상호의존을 촉진시킨 경제·환경·인권·테러·마약 등 비군사적 안보의제의 중요성이 증대됨에 따라 '포괄적 안보'(comprehensive security) 개념으로 변화하였다.

넷째, 국제경제질서에 있어서는 다자주의(multilateralism)와 지역주의(regionalism)가 강화되는 한편, 쌍무주의(bilalteralism)도 나름대로 기능하고 있는 보다 복잡한 양상을 보여주고 있다는 사실이다. WTO의 출범이 보여주듯이 보편적 국제기구나 국제레짐(international regime) 등 다자주의가 강력한 힘을 발휘하고 있으나, 동시에 EU의 단일통화 실시 및 북미자유무역지대(NAFTA, North America Free Trade Area)와 아세안(ASEAN, Association of Southeast Asian Nations)의 경제적 결속 강화는 각국이 지역주의를 통한 실리 확보에도 지대한 관심을 갖고 있음을 증명하고 있다.

마지막으로 국제평화의 관리방식에 있어서도 변화가 일어나고 있다는 사실이다. 경제에 있어서 다자주의가 선호되고 있듯이, 국제평화와 안정의 유지에 있어서도 다자적 접근의 틀이 모색되고 있다. 유럽에서는 CSCE(Conference on Security and Cooperation in Europe)가 OSCE(Organization for Security and Cooperation in Europe)로 발전하였으며, 아·태지역에는 최초의 공식적 다자안보대화체인 ARF가 아세안의 이니셔티브에 의해서 1994년에 시작되는 등 다자적 관리방식에 의한 예방 및 협력외교가 활성화되고 있다.

이상과 같은 세계적 차원의 정치 및 경제관계에 있어서의 변화는 동북아 지역차원의 국제관계에도 적지 않은 영향을 미쳤는데, 그 결과 한·소 및 한·중 수교가 이루어지고 다자간 경제·환경·안보협력이 모색되는 등 상당히 변화된 모습을 보여주고 있다. 그러나 동시에 우리는 세계적인 탈냉전에도 불구하고 여전히 '최후의 빙산'(the last glacier)으로 남아 있는 한반도 문제를 간과해서는 안 된다. 따라서 우리는 세계적 추세의 보편성과 동북아 지역의 특수성을 함께 고려하면서 21세기 한국외교의 진로를 모색해 보고자 한다.

우선 무엇보다도 중요한 것은 한반도의 평화를 안정적으로 관리하면서 나아가 통일에 접근하기 위한 통일안보외교의 추진이다. 세계적인 탈냉전은 동북아지역에도 긍정적 영향을 미치고 있는 것은 사실이지만, 남북한 관계는 여전히 별다른 진전을 보여주지 못하고 있는 상황에서 일본과 중국 및 미국과 중국의 지역패권경쟁이 우려되는 등 불안정요인도 적지 않다.

이러한 상황에서 우리의 안보외교에 있어서 최우선 과제는 한반도의 분단을 안정적으로 관리하는 것이다. 소위 대북포용정책은 북한체제를 연착륙(soft landing)시킴으로써 그들의 우려를 불식시키고 남북대화를 진전시키고자 한다는 점에서 상당한 의의가 있다. 그러나 이 정책이 실효성을 갖기 위해서는 북한이 도발을 도저히 생각할 수 없을 정도의 강력한 억지력(deterrence)의 확보가 전제되어야 하며, 만약 그렇지 않다면 그들에게 악용될 소지가 크다는 점도 잊어서는 안 된다. 이러한 점에서 확고한 한미안보체제의 유지는 탈냉전에도 불구하고 여전히 중요한 역할을 하고 있다고 하겠으며, 이와 병행해서 한반도문제에 이해관계를 갖고 있는 주변 강대국과의 양자간 및 다자간 안보협력을 보다 적극적으로 추진할 필요가 있다.

나아가 우리는 이러한 안보외교를 바탕으로 세계화의 도전을 극복하고 세계중심국가로 민족웅비의 시대를 열기 위한 통일외교를 더욱 강화하여야 한다. 이러한 통일외교의 기본원칙으로서는 탈냉전사고에 입각한 실용성과 유연성을 중시해야 하고, 일관성과 지속성을 유지해야 하며, 통일외교가 정치적으로 악용되지 않도록 국내정치 및 정치 권력적 차원과 가급적 단절되어야 한다.[41] 그리고 이러한 기본원칙을 견지하면서 자주적이고 다변적인 통일외교를 보다 강화하고, 미래 통일한국의 대외관계에 대한 4강의 우려를 불식시킴으로써 통일과정에서 그들의 지지와 협력을 끌어내어야 하겠다. 동시에 북한과 미일간의 수교문제를 전향적으로 검토하는 등 북한이 국제사회의 일원으로 적극적으로 참여할 수 있도록 지원함으로써 한반도의 안정과 남북관계의 진전에 기여하는 외교가 요구되고 있다.

둘째, 세계화시대의 도래와 함께 그 중요성이 크게 증대되고 있는 다자주의 외교의 강화이다. 우선 경제적 측면에서 볼 때 수출 지향적 경제구조를 갖고 있으면서 별다른 배타적 경제블록에 소속되어 있지 못한 우리의 입장에서 다자간 경제협력의 중요성은 재언할 필요가 없다. 따라서 우리는 무역·금융·환경 등의 국제적 규범을 설립하기 위한 다자간 대화와 협상에 적극적으로 참여함으로써 국익을 보호, 확대시킬 수 있어야 하겠다. 과거 UR의 다자간 협상과정에서 충분히 대비하지 못했던 결과가 어떠했는지를 우리는 잊어서는 안 된다.

뿐만 아니라 정치안보분야에 있어서도 다자간 접근의 필요성과 유용성은 크다. 이미 아·태지역 광역차원에서는 아세안의 주도로 1994년에 출범한 ARF가 가동 중에 있으며, 우리도 여기에 참여하고 있다. 그러나 이 협의체는 아세안이 주도하고 있기 때문에 특히 동남아지역문제에 관심이 집중되어 있고, 동북아지역의 안보관심사들은 상대적으로 소홀히 다루어지고 있는 것이 사실이다. 이러한 이유 때문에 우리 정부는 ARF와는 별개로 한반도를 중심으로 하는 동북아 안보문제를 논의하기 위한 Track I 차원의 동북아다자안보대화(NEASED, Northeast Asia Security Dialogue)의 구성을 공식적으로 제안한 바 있으나 북한의 반대와 중국의 소극적 입장으로 아직 실현되지 못하고 있다. 물론 현재 TrackⅡ 차원의 동북아협력대화(NEACD,

41) 이에 대한 구체적 논의는 변창구, "한국의 대북정책에 있어서 남남갈등의 요인" 『통일전략』, 제11권 3호(한국통일전략학회, 2011), pp. 173-210.; 변창구, "한국의 대중국통일외교: 콘텐츠와 전략" 『통일전략』, 제12권 4호(한국통일전략학회, 2012), pp. 169-202. 등을 참조할 것.

Northeast Asia Cooperation Dialogue)가 이루어지고 있기는 하나, 북한이 불참하고 있고 민간 차원에서의 대화라는 한계가 있다.

이 지역에 공식적인 다자안보대화체가 형성된다면 이를 통하여 한반도의 분단 상황을 안정적으로 관리할 수 있고, 주변 4강간의 관계를 평화적으로 유지하며 이들이 통일과정에 무력적으로 개입하거나 방해하는 것을 방지할 수 있다. 그리고 이 협의체에 북한이 참여할 경우 북한체제의 붕괴우려를 완화시켜 개혁과 개방을 유도할 수 있으며, 한반도의 평화체제 구축과정에도 기여할 수 있다. 따라서 우리는 기존 민간차원의 다자안보대화체를 적극 활용하는 한편, 정부차원의 공식적 다자안보체제의 설립을 위한 외교적 노력을 일관성 있게 지속적으로 경주하여야 한다.

셋째, 세계화시대에 걸맞은 국제기구 및 국제레짐(international regime) 외교를 전개하여야 한다. 세계화현상의 본질은 과학기술과 시장기능의 확대에 의한 상호의존성의 증가이다. 이러한 상호의존의 심화로 특징되는 국제질서 속에서는 그 상호의존의 결과를 규제하고 국가 간의 협조를 강화하기 위한 국제기구의 중요성이 강조된다.[42] 오늘날에는 무역·금융·환경 등의 영역에서 수많은 국제레짐 및 국제기구들이 생겨나고 있고, 이들이 상호의존의 심화로 파생되는 다양한 문제들을 해결해 나가는 주역이 되고 있는 것이다.

그런데 한국의 외교는 그 동안 냉전적 권력정치의 최전선에 존재해 온 이유로 대단히 국가중심적이고 안보중심적인 시각에 의해 지배받아 왔다. 따라서 외교정책에서 국제기구의 중요성이 충분히 인식되지 못했다. 그러나 한국과 같은 중소국의 입장에서 국제기구는 대국들에 의한 쌍무적이고 일방적인 압력을 어느 정도 막아낼 수 있는 방패막이가 될 수 있을 뿐만 아니라, 복잡한 현안문제들의 해결방향을 예측하게 하는 정보의 교환 장소로서의 기능도 담당하고 있기 때문에 국제기구외교의 강화가 절실하다.[43]

마지막으로 외교정책의 실효성을 증진시키기 위하여 관련 부처 간 협력

---

42) Robert O. Keohane & Joseph S. Nye, *Power and Interdependence: World Politics in Transition*(Boston: Little, Brown & Co., 1977), pp. 54-57.

43) 윤영관(1995), p. 54.

및 조정메커니즘을 더욱 강화할 필요가 있다. 세계화시대에 국제적 현안으로 대두되고 있는 문제들, 예를 들어 환경·무역·금융 등의 이슈들은 정치·경제·과학·기술 분야들이 서로 얽혀 있는 복합적인 성격의 문제들이기 때문에 이를 효율적으로 해결하기 위해서는 관련 정부부처간의 협력과 조정이 필수적이다. 그러나 이러한 문제들에 접근하는 우리 외교담당자들의 인식구조나 접근방법은 복합적이지 못하고 어느 한 특정분야로만 환원해 파악하려는 경향이 강하며, 설혹 복합적인 접근법의 필요성을 인식하는 경우에도 부처이기주의 때문에 관련 부처간 협력과 조정이 잘 이루어지지 못하고 있는 실정이다.[44] 따라서 국제적 이슈의 논의에 효과적으로 대응하기 위하여 관련부처간 협력과 조정기능을 더욱 강화하는 동시에 장기적이고 종합적인 전략을 수립하기 위한 제도적 장치를 강구할 필요가 있다.

새로운 시대는 새로운 사고와 행동을 요구한다. 비록 강대국이 주도하는 신자유주의적 세계화가 반드시 도덕적 정당성을 갖고 있지는 않다고 하더라도, 이는 새로운 세계로 나아가는 강력한 대세가 되고 있다는 사실을 잊어서는 안 된다. 더욱이 힘이 지배하는 현실의 국제정치에서 강대국의 부도덕성만 탓하면서 이에 대한 대응노력을 소홀히 한다면, 그것은 결과적으로 세계화의 주변으로 전락하여 국가와 민족을 존망의 위험에 처하게 할 뿐이다. 구한말(舊韓末) 조선의 지도자들은 급변하는 국제질서의 본질을 제대로 꿰뚫어보지 못한 채 친중·친러·친일파로 갈라져 정파 간 세력 다툼만 벌리고 있었던 반면에, 일본은 이미 명치유신을 통하여 서구적 근대화를 추진하면서 대륙에로의 세력 확대를 도모하고 있었다. 결국 국제환경변화에 기민하게 대처하면서 대륙 침략을 준비해 온 일본에 의한 식민통치는 필연적일 수밖에 없었다는 뼈아픈 역사의 교훈을 다시 한 번 생각해 보아야 할 시점이다.

따라서 우리는 새로이 전개되고 있는 지구시대의 실체적 모습을 정확히 인식하면서 신자유주의적 세계화가 수반하는 도전을 극복함으로써 위기를 기회로 승화시키는 노력을 배가하지 않으면 안 된다. 이러한 노력 가운데 무엇보다도 중요한 것은 이미 지적한 바와 같이 지구시대를 살아가는 우리

44) *Ibid.*, pp. 54-55.

들의 정신자세이다. 혼돈의 시대에 우리의 정체성을 지키기 위한 '신토불이'(身土不二)정신이 나름대로 의미가 없는 것은 아니지만, 만약 그것이 개방과 상호의존을 특징으로 하는 지구시대에 타민족이나 타문화에 배타적인 자세를 취하게 된다면 결코 국익에 도움을 줄 수가 없다. 우리는 '한국적인 것이 세계적인 것'이라는 그 역설의 허실(虛實)을 차분하게 검토해 보면서, 그것이 국가와 민족의 이익에 도움이 되기 위해서는 그 바탕에 어떠한 정신이 흐르고 있어야 하는가를 진지하게 생각해 보아야 한다. 소위 세계화 마인드가 있는 개방적 민족주의 정신이야말로 지구시대를 살아가는 우리의 이념적 지향이 되어야 할 것이다.

이러한 시대정신을 바탕으로 무한경쟁에서 살아남기 위한 대내적 개혁정책을 더욱 적극적으로 추진하여 국가경쟁력을 지속적으로 제고시키는 한편, 급변하는 국제환경에 적응력 있는 외교를 전개하여 통일한국을 이룩함으로써 민족웅비의 시대를 열어가야 한다. 우리가 당면하고 있는 개혁과제들을 자율적으로 해결하지 못하면 마침내 타율적으로 강제될 수밖에 없는 시대에 우리는 살고 있다. 비합리적 사고와 비효율적 시스템을 가지고서는 세계화의 도전을 극복할 수 없으며, 개혁은 바로 우리 스스로를 위한 것임을 잊어서는 안 된다. 기득권을 지키기 위하여 개혁을 거부하고 살아남고자 한다면 결국은 생존 자체가 불가능하게 되지만, 각고의 고통을 감내하면서 스스로를 개혁하고자 한다면 반드시 승자의 기쁨을 누릴 수 있다. 지금 우리들에게는 '필사즉생(必死卽生), 필생즉사(必生卽死)'라는 충무공 이순신의 비장한 각오가 요구되고 있는 것이다.

참고문헌

Ⅰ. 한국문헌

김석근, "세계화, 전통사상 그리고 교육: '새 문명의 모색'과 '자기확인'의 대위법," 세계정치학회(IPSA) 17차 서울세계대회 동시학술회의, 1997. 8.

김성배, "지구화시대의 민족주의," 하영선 편, 『탈근대지구정치학』, 서울: 나남출판, 1993.

김성한, "세계화, 분권화, 지방화," 『계간 사상』(사회과학원, 1995년 봄호).

김호섭, "세계화와 정부 관료제의 재정립: 과제와 방안," 제4회 한국정치 세계학술대회(한국정치학회, 1994. 7. 18).

박길성, "세계화의 사회구성 논리와 한국사회의 발전과제," 백완기 편, 『국제화에 대한 사회과학적 이해』, 서울: 박영사, 1995.

변창구, "한국의 대중국통일외교: 콘텐츠와 전략," 『통일전략』, 제12권 4호(한국통일전략학회, 2012).

———, "한국의 대북정책에 있어서 남남갈등의 요인,," 『통일전략』, 제11권 3호(한국통일전략학회, 2011).

서진영 외, 『21세기 한국의 비전』, 서울: 도서출판 삶과 꿈, 1998.

안병영, "세계화를 다시 생각하는 이유: 세계화의 신화와 그 극복," 『계간 사상』(사회과학원, 1998 겨울호).

유석진, "세계화・국제화와 정치," 백완기 편저, 『국제화에 대한 사회과학적 이해』, 서울: 박영사, 1995.

윤영관, "세계화: 민족주의의 새로운 지평을 위하여," 김경원・임현진 편, 『세계화의 도전과 한국의 대응』, 서울: 나남출판, 1995.

임혁백, "세계화와 민주화," 김경원・임현진 편, 『세계화의 도전과 한국의 대응』, 서울: 나남출판, 1995.

임현진, "지구시대 한국의 진로," 김경원・임현진 편, 『세계화의 도전과 한국의 대응』, 서울: 나남출판, 1995.

정진영, "세계화: 개념적・이론적 분석," 정진영 편저, 『세계화시대의 국가발전전략』, 성남: 세종연구소, 1995.

Lester Thurow, 이창근 역, 『세계경제전쟁』, 서울: 고려원, 1993.

Ⅱ. 외국문헌

Barnet, Richard J. & John Cavanagh, *Global Dreams: Imperial Corporations and the New World Order*, Simon & Schuster, 1994.

Castells, Manuel, "The Information Age and the New International Division of Labor," in Martin Carnoy et al., *The New Global Economy in the Information Age*, University Park, PA: Pennsylvania University Press, 1993.

Dicken, Peter, *Global Shift: The Internationalization of Economic Activity*, London: Paul Chapman Publishing Co., 1992.

Featherstone, Mike(eds.), *Global Culture: Nationalism, Globalism and Modernity*, Sage Publisher, 1991.

Ferguson, M., "The Mythology about Globalization," *European Journal of Communication*, Vol. 7, 1992.

Giddens, A., *The Consequences of Modernity*, Stanford: Stanford University Press, 1990.

Huntington, Samuel P., "The Clash of Civilization?," *Foreign Affairs*, Vol. 72, No. 3, 1993.

———, "Will More Countries Democratic?," *Political Science Quarterly*, Vol. 99, No. 2, 1984.

Keohane, Robert O. & Joseph S. Nye, *Power and Interdependence: World Politics in Transition*, Boston: Little, Brown & Co., 1977.

McGrew, A., "Conceptualizing Global Politics," in A. McGrew & Paul Lewis et al., *Global Politics: Globalization and the Nation State*, Cambridge: Polity Press, 1992.

Naisbitt, John, *Global Paradox: The Bigger the World Economy, the More Powerful Its Smallest Players*, William Morrow & Co., 1994.

Offe, Claus, "Democracy Against Welfare States?: Structual Foundations of Neoconservative Political Opportunities," *Political Theory*, Vol. 15, No. 4, 1987.

Reich, Robert B., *The Work of Nations: Preparing Ourselves for 21st Century Capitalism*, Alfred A. Knopf, 1991.

Robertson, Ronald, *Globalization: Social Theory and Global Culture*, London: Sage Publishing Co., 1992.

Rosenau, James, *Turbulence in World Politics*, Brington: Harvester Wheatsheaf, 1990.

Sartori, Giovanni, "Exporting/Importing Democracy," *A Paper Presented at the International Conference on 'The 21st Century and Democracy: Theory, Reality and Tasks,'* The Korean Association of International Studies, Seoul, Korea, October 28-29, 1994.

Self, Peter, *Government by Market?: The Politics of Public Choice*, London: Macmillian, 1993.

Wallerstein, I., "Patterns and Prospectives of Capitalist-World Economy," in *The Politics of the World-Economy*, Cambridge: Cambridge University Press, 1984.

Waters, Malcolm, *Globalization*, London: Routledge, 1995.

집필자 약력(가나다 순)

김 관 옥
인하대학교 정치학사
Univ. of Delaware(국제정치학 석사)
Univ. of Utah(국제정치학 박사)
현, 계명대학교 정치외교학과 교수
주요저술: 『갈등과 협력의 동아시아와 양면게임이론』(2010), "쇠퇴하는 패권국의 부상하는 도전국 정책연구: 오바마 민주당후보와 롬니 공화당후보의 중국정책 비교연구"(2012) 외 다수

김 옥 준
단국대학교 문학사
고려대학교 대학원(정치학 석사)
국립 대만 정치대학(정치학 박사)
현, 계명대학교 정치외교학과 교수
주요저술: 『중국외교노선과 정책』(2011), "양안관계발전과 통일방안에 대한 기능주의적 고찰"(2011) 외 다수

김 일 수
Eastern Kentucky Univ.(정치학사)
Eastern Kentucky Univ.(정치학 석사)
Miami University(정치학 박사)
현, 충북대학교 정치외교학과 교수
주요저술: "Kim Jong Il and Denuclearization of the Korean Peninsula"(2009), "The Denuclearization of North Korea: Evaluating U. S. Presidential Power and Performance"(2004) 외 다수

박 형
영남대학교 정치학사
경북대학교 대학원(정치학 석사과정 수료)
University of Houston(정치학 박사)
현, 영남대학교 정치외교학과 강사
주요저술: "사회자본과 지방자치: 대구 수성구와 경북 봉화군 비교"(2003), "Globalization and Nationalism in Korea, China and Japan"(2012) 외 다수

변 창 구
고려대학교 정치학사
경북대학교 대학원(정치학 석사)
경북대학교 대학원(정치학 박사)
현, 대구가톨릭대학교 정치외교학과 교수
주요저술: 『동아시아 지역질서의 변화와 한국의 선택』(2011), 『중국의 부상과 동아시아』(공저, 2012) 외 다수

성 장 환
경북대학교 정치학사
Univ. of New Orleans(정치학 석사)
경북대학교 대학원(정치학 박사)
현, 대구교육대학교 윤리교육과 교수
주요저술: 『우리시대와 윤리』(공저, 2010), "역대정부의 통일정책 검토와 이명박정부의 통일정책 변화 방향" (2011) 외 다수

윤 순 갑
경북대학교 정치학사
경북대학교 대학원(정치학 석사)
경북대학교 대학원(정치학 박사)
현, 경북대학교 정치외교학과 교수
주요저술: "한말 한국사회에서 민주주의 수용"(2008), "위정척사파의 정치적 현실인식"(2010) 외 다수

이 승 근
경북대학교 문학사
경북대학교 대학원(정치학 석사)
프랑스 Paris-I 대학교(국제정치학 박사)
현, 계명대학교 정치외교학과 교수
주요저술: 『국제정치의 이해』(공저, 2010) "EU 안보영역의 이중구조: 영국과 프랑스 간의 유럽안보인식비교"(2011) 외 다수

이 재 영
계명대학교 문학사
계명대학교 대학원(국제정치학 석사)
경남대학교 대학원(국제정치학 박사)
현, 경남대학교 정치외교학과 교수(강의전담)
주요저술: 『국가의 힘: 남북한의 국력비교』(2002), 『전쟁: 개념, 발발과정, 원인』(2005) 외 다수

이 해 영
영남대학교 행정학사
경북대학교 대학원(행정학 석사)
University of Maryland, Baltimore (정책학 박사)
현, 영남대학교 행정학과 교수
주요저술: 『정책학신론』, 전정3판, (2010) "정책포퓰리즘과 온정주의적 정책의 균형"(2012) 외 다수

조 용 상
계명대학교 문학사
Hastings College 정치학사
Kansas State Univ.(정치학 석사)
Southern Illinois Univ.(정치학 박사)
현, 계명대학교 정치외교학과 명예교수
주요저술: Conflicts and Harmony in Modern Societies(공저, 1985), "부시 행정부의 한반도 정책과 한·미 협력의 강화 방안"(2001) 외 다수

최 병 덕
경북대학교 정치학사
경북대학교 대학원(정치학 석사)
경북대학교 대학원(정치학 박사)
현, 경북대학교 정치외교학과 강사
주요저술: "조선조의 유교정치문화와 '기강(紀綱)' 담론의 존재양상"(2011), "여헌 장현광의 군주론"(2011) 외 다수

편저자 소개

이 책의 편저자 조용상(趙鏞晌) 교수는 계명대학교 영어영문학과를 졸업(1968)하고 미국 해이스팅스 대학에서 정치학을 전공한 후 캔저스 주립대학원에서 정치학 석사(1971), 남(南) 일리노이 주립 대학원(SIU) 박사학위(1977)를 취득한 후 일리노이 주립대학교(ISU)에서 정치학 조교수, 계명대학교에서 정치학 교수(1981~2005)를 역임하였다. 한국정치학회 이사와 부회장, 국제정치학회 이사, 한국행정학회 이사, 대한정치학회 회장, 동아시아국제정치학회 회장 등을 역임하면서 활발한 학술활동을 하였다. 또한 1983년에는 계명대학교 사회과학연구소(KRISS)를 창설하여 '현대사회의 갈등과 조화'(1984), '지방화와 정책과제'(1985) 등의 주제로 수많은 국제 및 전국규모 학술회의를 개최하였으며, 『사회과학논총』을 창간(1984)하여 오늘에 이르고 있다. 조 교수는 본 편저 외에도 *Conflicts and Harmony in Modern Societies*(공저, Seoul Computer Press, 1985), 『지방화와 정책과제』(공저, KRISS, 1986), 『북한이해의 길라잡이』(공저, 서울: 법문사, 1997, 제2판, 1999), 『현대정치와 정책과제』(공저, 대구: 태일사, 2000) 등 많은 서적을 출간하였으며, 그 외 수많은 학술 논문들을 발표하였다. 학문 활동 외에도 계명대학교 교무부처장, 기획실장, 국제교육원장, 정책대학원장, 국제부장, 정경학부장 등 중요 보직을 역임하였으며, 특히 국제교류 업무에 많은 노력을 기울여 왔다. 조 교수는 2005년 8월 계명대학교 정치외교학과 교수로서 정년퇴임하였으며, 이후 동 대학의 명예교수로서 강의와 연구활동을 계속 진행하고 있다.

정치학의 이해[제2판]

2005년 8월 30일 초판 발행
2013년 2월 25일 제2판 1쇄 발행
2019년 8월 5일 제2판 4쇄 발행

검 인
BUM MOON SA

편저자 조 용 상
발행인 배 효 선
발행처 도서출판 法 文 社
주 소 경기도 파주시 회동길 37-29 ㉾ 10881
등 록 1957년 12월 12일 제2-76호(윤)
전 화 031-955-6500~6, 팩 스 031-955-6525
e-mail(영업) : bms@bobmunsa.co.kr
(편집) : edit66@bobmunsa.co.kr
홈페이지 http://www.bobmunsa.co.kr
조 판 광 암 문 화 사

정가 25,000원 ISBN 978-89-18-03183-5